1768

W0235965

Das Buch

Mit »Harro und Libertas« hat der Schriftsteller Norman Ohler eine historische Leistung erbracht. Mit seinem überaus spannend erzählten und sorgfältig recherchierten Buch hat er Harro Schulze-Boysen und seine Frau Libertas endlich als das gezeigt, was sie waren: zwei historisch höchst bedeutsame Helden des Widerstands gegen das Naziregime, die lange Zeit sowohl in Westdeutschland als auch in der DDR nicht die Anerkennung gefunden haben, die sie verdienen.

Es ist die wahre Geschichte zweier Liebender, die um sich herum im Berlin der NS-Zeit ein Netzwerk von Gleichgesinnten aus allen Berufen und sozialen Schichten gebildet und sich mutig dem Naziterror entgegengestellt haben. Zugleich lebten Libertas und Harro einen offenen Liebes- und Lebensstil und weigerten sich, diesen der rigiden NS-Moral unterzuordnen.

Nach seiner deutschsprachigen Veröffentlichung hat Norman Ohlers Buch sofort in einer Vielzahl von Übersetzungen international Karriere gemacht – in den USA unter dem Titel »The Bohemians«, in England (»The Infiltrators«) sowie in Italien, Frankreich und den Niederlanden.

Der Autor

Norman Ohler, 1970 geboren, ist der Autor von vier Romanen und zwei Sachbüchern. 2015 erschien »Der totale Rausch« über die Rolle von Drogen im Dritten Reich. Es wurde in mehr als 30 Sprachen übersetzt.

www.normanohler.com, instagram/twitter: normanohler

Norman Ohler
Harro & Libertas

Kiepenheuer
& Witsch

Verlag Kiepenheuer & Witsch, FSC® N001512

1. Auflage 2021

© 2019, 2021 Verlag Kiepenheuer & Witsch, Köln
Alle Rechte vorbehalten. Kein Teil des Werkes darf in irgendeiner
Form (durch Fotografie, Mikrofilm oder ein anderes Verfahren)
ohne schriftliche Genehmigung des Verlages reproduziert
oder unter Verwendung elektronischer Systeme verarbeitet,
vervielfältigt oder verbreitet werden.
Historisches Lektorat: Dr. Hans Coppi
Umschlaggestaltung: Barbara Thoben, Köln,
nach einem Entwurf von © gray318
Umschlagmotiv Vorderseite: © Gedenkstätte Deutscher Widerstand
Umschlagmotiv Rückseite: © Getty Images/Imagno/Kontributor
Gesetzt aus der Whitman
Satz: Buch-Werkstatt GmbH, Bad Aibling
Druck und Bindung: CPI books GmbH, Leck
ISBN 978-3-462-00150-1

Für die Kinder

»Das gäbe einen wunderbaren Stoff,
wenn es nicht so verboten wäre.«

Ein Gestapo-Kommissar[1]

»Vergangenes historisch artikulieren heißt nicht,
es erkennen ›wie es denn eigentlich gewesen ist‹.
Es heißt, sich einer Erinnerung bemächtigen,
wie sie im Augenblick einer Gefahr aufblitzt.«

Walter Benjamin

Inhalt

Vorbemerkung

0

Als ich ungefähr zwölf Jahre alt war, saß ich im Garten des Hauses meiner Großeltern, das im Klingeltal lag, am Rande einer kleinen Stadt im Südwesten Deutschlands, nahe der Grenze zum Elsass. Noch im März 1945 war dieser Ort, wo ich auch geboren bin, bei einem Angriff der Royal Air Force dem Erdboden gleichgemacht worden, über 95 Prozent der barocken Gebäude zerstört. Meiner Großmutter und meinem Großvater war es wie so vielen ergangen: Von ihrem Besitz hatte nichts den Bombenhagel überstanden. Also baute mein Großvater nach dem Krieg ein neues Haus, mit seinen »eigenen Händen aus dem Schutt«. Er taufte es *Haus Morgensonne* und den Feldweg, der durch das Klingeltal dahin führt, *Wiesengrund*, was später auf den offiziellen Straßenkarten so verzeichnet wurde. Wir spielten oft *Mensch ärgere Dich nicht* im Garten des *Hauses Morgensonne*, und vor dem ersten Würfeln sagte mein Großvater stets: »Es wird hart gespielt, aber fair!« Dieser Satz verursachte bei mir immer einen kleinen Schrecken, auch wenn ich gegen faires Spielen nichts einzuwenden hatte und auch das *hart* nicht sonderlich ernst gemeint war, da wir im Grunde nur miteinander spielten, um möglichst viel Spaß zu haben und uns die Zeit zu vertreiben. Doch an jenem Nachmittag, fair oder unfair, weigerte ich mich, die Runde zu beginnen, es sei denn, er erzählte mir eine Geschichte vom Krieg. Am Morgen hatten wir im Gymnasium einen Dokumentarfilm über die Befreiung eines Konzentrationslagers gesehen, die Brillenberge, die ausgemergelten Gesichter, dazu effektvoll zwischengeschnitten ein jubelndes deutsches Volk, und keinem von uns war es gestattet gewesen, den Raum zu verlassen.

Also wollte ich wissen, ob mein Großvater etwas damit zu tun gehabt hatte. Zunächst schüttelte er den Kopf und wollte mit dem *Mensch ärgere Dich nicht* beginnen. Doch ich nahm die beiden elfenbeinfarbenen Würfel und sah ihn auffordernd an. Die Sonne schien durch die Blätter der Apfelbäume auf unseren Tisch und zeichnete ein Tarnmuster aus Licht und Schatten auf das gelb grundierte Spielbrett. Da sagte er mir, er habe für die Reichsbahn gearbeitet. Das war nichts Neues für mich, und ich drängte ihn, mir etwas Interessantes zu berichten.

Gedankenverloren starrte er rüber zu den Blautannen, die die Grenze bildeten zum Wiesengrund. Dann hustete er. Schließlich sagte er langsam und wie nebenbei, dass er ja schon immer ein wahrer und begeisterter Eisenbahner gewesen sei, weil er die Verlässlichkeit und Präzision geliebt habe, die mit dem Eisenbahnwesen einhergingen. Und dass er sich nie hätte vorstellen können, wozu es dann kam. Ich fragte sofort: Wozu ist es denn gekommen? Zögernd erzählte er mir, er sei als Ingenieur tätig gewesen – ob ich wisse, was ein Ingenieur sei? Obwohl ich es nicht so genau wusste, nickte ich. Während des Krieges, fuhr er fort, sei er in das nordböhmische Brüx versetzt worden, ein Kaff am Knotenpunkt der Strecken Aussig–Komotau, Pilsen–Priesen und Prag–Dux.

Eines Winterabends, als hoher frischer Schnee die schwarzen Doppelbänder der Gleise, die Wiesen, Bäume, den gefrorenen Fluss, die Eger, bedeckte, so erzählte mein Großvater mit zögerlicher Stimme, wurde ein ankommender Zug auf ein Nebengleis rangiert, ein langer Güterzug mit Viehwaggons, der einem eiligen Munitionstransport den Weg frei machen musste.

Räder schrammten kreischend über die Weichen, Rufe hallten, ein lang gezogener Pfiff. Dampf wallte auf und verlor sich. Die Viehwaggons wurden abgekoppelt. Stille kehrte in das weiße Tal zurück.

Irgendetwas stimmte nicht. Das spürte mein Großvater; das sagte ihm sein Eisenbahnerinstinkt. Nach einer Weile verließ er sein flaches Dienstgebäude und näherte sich dem Nebengleis. Nur das murmelnde Wasser unter dem Eis der überfrorenen Eger war zu hören. Unruhig lief er die lange Reihung der Waggons entlang. Als er sich gerade wieder abwenden wollte, bewegte sich ein Gegenstand durch einen der schmalen Lüftungsschlitze oberhalb einer Schiebetür. Eine Blechtasse an einer Kordel wurde aus der Öffnung herabgelassen, klapperte gegen die Holzwand des Waggons, hakte sich am Türgriff fest, befreite sich, pendelte langsam hinab und tauchte in den Schnee neben dem Gleis. Kurz darauf straffte sich die Schnur und holte das gefüllte Gefäß wieder ein. Eine Kinderhand – nur sie passte durch den Schlitz – erschien oben und nahm den Becher in Empfang.

Menschen, kein Vieh! Menschen in Viehwagen, aber das verstieß doch gegen die Beförderungsvorschriften! Eine Sauerei. So etwas machte man bei der Reichsbahn nicht. Erregt ging mein Großvater in seine Dienststube zurück, um Auskunft einzuholen, wohin der Zug unterwegs war: Theresienstadt. Der Name sagte ihm wenig. Ein kleiner Ort ein paar Kilometer nördlich von Bauschowitz, der Endstation an der Grenze des Protektorats. Erneut lief er nach draußen, um sich die Waggons anzusehen, doch nun kamen zwei Wachposten in schwarzer Uniform im Eilschritt die Gleise entlang, Maschinenpistolen im Anschlag. SS. Mein Großvater drehte sich um und hastete zurück. Ein barscher Zuruf wurde ihm drohend nachgeschickt.

Es ist Krieg, dachte er und schaute wenig später aus den angelaufenen Scheiben der überhitzten Dienststube nach draußen. Da fragt kein Mensch nach Beförderungsvorschriften. Kriegsgefangene werden es sein, Russen. Doch er wusste, dass das nicht stimmte. Der Zug war aus westlicher Richtung gekommen. Die Hand war die eines Kindes gewesen. Er wusste auch, er würde nichts dagegen tun. »Ich fürchtete mich vor der SS.«

Er erzählte es mir, in dem sonnendurchfluteten Garten seines gelb gestrichenen Hauses, und obwohl ich ihn liebte, weil er mein Großvater war, den ich immer nur *Pa* nannte, hasste ich ihn, und er spürte das. Wir begannen mit dem *Mensch ärgere Dich nicht.*

Dann passierte etwas Merkwürdiges. Mitten im Spiel fingen seine Hände an zu zittern, er hielt den Blick zur Seite gerichtet, um mich nicht anschauen zu müssen, und seine Stimme klang brüchig: »Ich hab damals gedacht, wenn jemand rauskriegt, was wir den Juden antun, wird es schlimm für uns.«

Ich blickte ihn an und brachte kein Wort heraus. Mein Großvater schien auf einmal ganz weit weg von mir zu sitzen. Die Distanz zwischen uns war überwältigend, obwohl ich ihn mit der Hand hätte berühren können. Alles war plötzlich weit weg; der Garten um uns herum, die Apfelbäume hinter unserem kleinen Tisch, der Tisch selbst in einer anderen Dimension. Ich konnte ihn nicht mehr anfassen. Ich konnte die Figuren unseres Spiels nicht mehr führen. Meine Großmutter saß da wie eine Statue, verschwommen, am linken Rand meines Blickfeldes. Mein Großvater irgendwo vor mir. Ich schloss die Augen. Alles war ganz still. Eine Ruhe, die man hören konnte.

1

Es ist nicht immer kalt in Berlin. Es gibt Sommertage, an denen die Stadt glüht und der märkische Sand heiß zwischen den Zehen reibt. Dann schwebt der Himmel so hoch droben, dass man spürt, sein Blau gehört zum Weltall. Dann wird das Leben in dieser Stadt, in der gleichzeitig so viel und rein gar nichts passiert, kosmisch. Im August 1942 gab es solche Tage, als mehrere Menschen zum letzten Mal in ihrem Leben auf dem Wannsee segelten, und auch im August fünfundsiebzig Jahre später gibt es sie, als ich einen Mann treffe, der Hans Coppi heißt. Hans ist seinerseits fünfundsiebzig Jahre alt, wirkt aber jünger. Er ist schlank, groß gewachsen (wie sein Vater, den seine Freunde den »Langen« nannten), trägt eine runde Brille und hat einen wachen, ironischen Blick. Ich weiß nicht genau, wohin dieses Treffen mit ihm führen wird, zwar bin ich Autor eines Sachbuches über die Nazizeit, aber eigentlich will ich Romane schreiben oder Spielfilme machen. Doch was mir Hans Coppi angekündigt hat, ist eine *authentische* Geschichte, die nach einem weiteren Sachbuch verlangt.

Hans ist im Osten Berlins zu Zeiten des Kalten Krieges als eine Art VIP aufgewachsen. Das hängt mit seinen Eltern zusammen, die dort posthum als Berühmtheiten galten. Sie waren nämlich sogenannte antifaschistische Widerstandskämpfer gewesen. Seine Mutter durfte ihn in Nazihaft noch gebären. Dann wurde ihr der Prozess gemacht, und nach acht Monaten wartete auch auf sie die Guillotine. Hans Coppi, ein promovierter, feinsinniger Historiker, hat sein Leben lang versucht zu verstehen, was damals geschehen ist mit seinen Eltern und wieso sie, wie

15

einige ihrer Freunde, die in jenem Sommer 1942 ein letztes Mal segeln waren, so jung sterben mussten.

Ich hatte geglaubt, die wichtigsten Widerstandskämpfer gegen das NS-Regime zu kennen: Graf Schenk von Stauffenberg mit seiner Bombe am 20. Juli 1944, Georg Elser, der manische Einzelkämpfer mit dem selbst gebastelten Sprengsatz, der Hitler 1939 um nur wenige Minuten verfehlte, die kreuzbrave und doch so aufmüpfige Sophie Scholl, ihr Morphin und Pervitin konsumierender Bruder Hans. Doch es gibt eine weitere Geschichte, die laut Hans Coppi in diesen Kanon gehört, sie kreist um ein Paar, mit dem auch sein Vater befreundet war: zwei Menschen, die über viele Jahre die Diktatur bekämpften und für die dieser Kampf immer auch ein Ringen um die Offenheit in der Liebe war. Ihre Namen lauteten Harro und Libertas Schulze-Boysen, und um sie herum scharten sich im Laufe der Jahre weit über einhundert Personen und ließen ein schillerndes Netzwerk entstehen, in dem beinahe so viele Frauen wie Männer sich zusammenschlossen. Das hat es in keiner anderen Gruppierung gegeben. Es ist eine Geschichte junger Leute, die vor allem eines wollten: *leben* – und sich lieben, selbst wenn die Zeit, in der sie in ihrer Blüte standen, auf Tod gepolt war.

Es ist nicht einfach, was Hans Coppi sich vorgenommen hat: herauszufinden, was damals wirklich geschehen ist. Als Hitler nämlich erfuhr, was im Herzen der Reichshauptstadt gegen ihn unternommen wurde, war er so erbost, dass er befahl, die Erinnerung an diese außergewöhnlichen Vorgänge zu tilgen, sie bis zur Unkenntlichkeit zu verfälschen. Die Wahrheit um Harro und Libertas und all die anderen untergehen und verschwinden zu lassen. Beinahe hätte es der Diktator geschafft.

Ich treffe Hans Coppi in einem Café am Engelbecken, an der Nahtstelle zwischen Ost und West, dem Berührungspunkt der urbanen Parabeln der alten Hauptstadt der DDR und der ehemaligen Mauerstadt Westberlin. Hier stehen sozialistische Plattenbauten gentrifizierten Gründerzeitwohnhäusern gegenüber: Hier ragt die von einem Schinkel-Schüler erbaute Sankt-Michael-Kirche nach einem Bombardement noch immer dachlos in Richtung Himmel, in den Hans Coppi an diesem heißen Sommernachmittag skeptisch blinzelt, da er weiß, dass sich die angestaute Hitze am frühen Abend gerne entlädt über dieser wunderlichen, manchmal so angespannten Stadt.

Mein kleiner Sohn ist mitgekommen zu dem Treffen, er ist etwas älter als anderthalb, aber schon so groß wie ein Zweijähriger. Er findet unser Gespräch weniger interessant als die Enten im Teich am Engelbecken. Immer, wenn eine von ihnen aus ihrem Nest im Schilf aufs Wasser entschlüpft, weil er zu nahe gekommen ist, stehe ich auf und bremse ihn, der zum Uferrand trippelt, hole ihn zum Tisch zurück, setze ihn auf den Stuhl und biete ihm seine Rhabarbersaftschorle an. Vielleicht wäre es besser gewesen, ihn zu Hause zu lassen, um mich ganz auf das Treffen konzentrieren zu können. Hans Coppi scheint sich an den Unterbrechungen nicht zu stören. Er beobachtet uns aufmerksam.

Als seine Eltern knapp zwei Wochen nach Harros Festnahme im September 1942 ebenfalls verhaftet wurden, hat Hans das vielleicht gespürt, im Schoß seiner Mutter Hilde. Sie wurde zunächst mit weiteren Frauen ins Polizeigefängnis am Alexanderplatz und Ende Oktober – inzwischen hochschwanger – in das Frauengefängnis Barnimstraße gesperrt. Dort durfte sie Ende November ihr Kind auf die Welt bringen und nannte es Hans, so hieß auch ihr Mann.

Plötzlich schrecke ich auf: Ich höre ein Klirren und schaue zu meinem Sohn hin. Er hat ein Stück aus seinem Glas mit

Rhabarbersaftschorle, das vor ihm auf dem Tisch steht, heraus-gebissen. Ich brauche einen Moment, bis ich die Situation be-greife. Doch der fehlende kleine Halbmond spricht eine ein-deutige Sprache. Vorsichtig fasse ich in seinen Mund und hole das perfekt geformte gläserne Stück heraus. Zum Glück hat sich der Kleine nicht verletzt! Verblüfft schaue ich ihn an, und er blickt ebenfalls etwas verdutzt zurück. Ich wusste nicht, dass kleine Kinder Gläser zerbeißen können, so sauber zumal, und er wusste das offenbar auch nicht. Hans neigt den Kopf zur linken Seite:»Hat janz schön Energie, der Junge.« Und auf einmal ist mir klar, wieso mein Kind zu diesem Gespräch mitgekommen ist, denn plötzlich wünsche ich meinem Sohn, dass auch er, ebenso wie Hans Coppi, das Leben meistert, indem er sich spä-ter einmal mit der Geschichte auseinandersetzt.

Es ist heiß an diesem Nachmittag in Berlin, und ich fahre im Anschluss an das Gespräch an den Wannsee, zum Baden und weil es dort noch mehr Enten gibt. Und es außerdem ein Gewässer ist, das mit diesen Vorkommnissen aufs Engste ver-woben ist. Es ist der 31. August 2017, auf den Tag genau 75 Jahre nach Harros Festnahme. Wind kommt auf, das Gewitter naht.

2

Spurensuche in Mitte. Dort, wo einst das Reichssicherheits-hauptamt stand, gibt es heute eine Gedenkstätte mit dem Namen *Topographie des Terrors*. Hier befand sich die Gestapo-zentrale, hier hatte Himmler sein Büro, in dem er jeden Mor-gen zwei Stunden Yoga übte und sich dann an sein tägliches Ge-schäft begab. Hier organisierte Eichmann den Völkermord an den Juden. Und hier, im zubetonierten Keller, wo der Kerker untergebracht war, wurden Harro und zunächst auch Libertas gefangen gehalten und auch der Vater von Hans Coppi. Harros Zelle, die Nummer 2, ist ebenso wie die der anderen nicht mehr vorhanden. Bei einem Bombenangriff der Royal Air Force wurde das Gebäude schwer beschädigt, nach dem Krieg die Ruine abgerissen. In den Siebzigerjahren handelte hier eine Bauschuttfirma, und auf einer ringförmigen Teststrecke konnte man ohne Führerschein in Autos über die freie Fläche brausen. Heute befindet sich in dem früheren Kellerbereich eine Ausstellung, in der auch an Harro Schulze-Boysen erinnert wird.

Ich begegne Hans Coppi vor den Schautafeln. Er wirkt fragil an diesem Tag, fragt, wie es meinem Sohn gehe, dann laufen wir das ehemalige Tirpitz- und heutige Reichpietschufer entlang zum Bendlerblock in der Stauffenberg-Straße. Dort ist neben dem Verteidigungsministerium die *Gedenkstätte Deutscher Widerstand* beheimatet. In dem soliden Bau gibt es ein Zimmer im vierten Stock, das die »Sammlung Rote Kapelle« beherbergt. Vieles haben Hans Coppi und weitere Mitstreiter bei Recherchen in den vergangenen Jahren gefunden oder von Zeitzeugen und Angehörigen erhalten, um die Geschehnisse um Harro und Libertas und all die anderen zu erhellen. Es ist ein Raum voller Briefe, Fotoalben, Akten und Gesprächsnotizen, Befragungen von Zeitzeugen, Tagebüchern, Verhörprotokollen.

So merkwürdig, dramatisch oder unwahrscheinlich einige der hier folgenden Ereignisse auch klingen: Es handelt sich *nicht* um einen fiktionalen Text. Alles, was zwischen Anführungszeichen steht, wird mit einer Quelle belegt. Der Ort ist Berlin, eine Stadt, die schon viele Metamorphosen durchmachte, in der aber stets Menschen mit ähnlichen Bedürfnissen lebten: Leute, die gerne gut aßen, ins Kino oder zum Tanzen gingen – die Familien hatten, Kinder großzogen oder sich einfach nur lieb haben wollten. Menschen, die sich in Cafés trafen, selbst wenn am Nebentisch Gestalten in schwarzen Uniformen saßen. Farbtupfer, mit der Zeit immer mehr, im um sich greifenden Grau oder vielmehr Braun. Menschen, die darüber nachdachten, wie auf unhaltbare politische Zustände zu reagieren ist: wie sich verhalten in Zeiten, die Konformität verlangen. Menschen auch, die sich von meinem Großvater, der einfach weitermachte mit seiner Ingenieurstätigkeit für die Reichsbahn, deutlich unterschieden.

Norman Ohler, Berlin, jetzt

Sprung mitten hinein

o

Der Oberreichskriegsanwalt   Berlin, 18. Januar 1943
St. P. L. (RKA) III 495/42
Herrn
Fregattenkapitän E. E. Schulze
Feldpostnummer 30 450

Auf Ihren Antrag vom 9. Januar 1943 teil ich Ihnen mit, dass
die erkannte Vermögenseinziehung nicht nur die Einziehung
der Werte, die in dem Besitz des Verurteilten sind, bedeutet,
sondern dass darüber hinaus auch die Erinnerung an den Verurteilten als zusätzliche Strafe ausgelöscht werden soll.
Im Auftrage
Oberstkriegsgerichtsrat d.Lw.[2]

Dieser Brief von Dr. Manfred Roeder erreichte Erich Edgar
Schulze drei Wochen nach der Exekution seines Sohnes Harro.

1

Knapp zehn Jahre zuvor, am Mittwoch, den 26. April 1933, ist es in der deutschen Hauptstadt bei 16 Grad wolkenlos, ein wunderbarer Frühlingstag. Seit knapp drei Monaten ist Hitler Reichskanzler, und der 23-jährige Harro Schulze-Boysen hat den *Gegner* noch immer nicht zugemacht, seine unabhängige Publikation, die zu Zeiten der Weimarer Republik mit über 5000 Abonnenten florierte und deren junger Chefredakteur er ist. *Gegner von heute – Kampfgenossen von morgen*, lautet das Motto der vom Expressionismus beeinflussten Zweimonatsschrift. Im *Gegner* schreiben Autoren aus den unterschiedlichsten Lagern, gerade so, als gäbe es die von den Nazis eingeführte Pressezensur nicht. Der auf Dialog setzende, zutiefst humanistische Ansatz der Publikation lautet, dass alle gesellschaftlichen Probleme durch das Herausfinden von Gemeinsamkeiten selbst zwischen den unterschiedlichsten Standpunkten lösbar sind.

An diesem 26. April ordnet Hermann Göring, die Nummer zwei im Hitler-Reich, die Bildung eines Geheimen Staatspolizeiamtes an. Am selben Tag treffen sich die Freigeister des *Gegner* zu ihrer wöchentlichen Redaktionskonferenz, um die Rolle der Kirche im neuen, sich mit ungeheurer Geschwindigkeit entwickelnden NS-Staat zu diskutieren, als es laut an die Eingangstür der Schellingstraße 1 in der Nähe des Potsdamer Platzes pocht.

Harro öffnet. Männer in schwarzer Uniform. Was wollen die hier? Wenn es eine neue Ordnungsmacht gibt, dann doch die SA, in ihren braunen Hemden. Aber weiß man dieser Tage immer so genau, wer nun gerade welche Macht hat? Das hier ist jedenfalls die SS, der Abschnitt III aus der nahe gelegenen Potsdamer Straße 29, das sogenannte »Hilfspolizeikommando Henze«.[3]

Die Männer dringen ein, beenden die Redaktionskonferenz, beschlagnahmen einige von Harros Büchern, seine Fotos und Briefe, seine Schallplatten, Notizhefte und Schriften. Alles stopfen sie in einen Lederkoffer, dann prügeln sie Harro und seinen besten Freund, den schmalen, dunkelhaarigen Henry Erlanger, und die anderen Autoren des *Gegner* die Treppen hinunter.

Henry heißt eigentlich Karl Heinrich, sein Vater ist Berliner Bankier und Jude, seine Mutter Rheinländerin aus Ingelheim. Der zurückhaltende Henry ergänzt den draufgängerischen Harro perfekt. Er ist, so beschreibt ihn ein gemeinsamer Freund, »der Typ eines ewigen Regieassistenten: fleißig und heiter, der gute Geist, den man einfach braucht, (...) in beflissener Unterstützung der *Gegner*-Sache«.[4] Anders als Harro hat der introvertierte Henry keine direkten politischen Ambitionen, er versteht es nicht, mit diplomatischer Geschicklichkeit andere für sich einzunehmen. Literarische Kenntnisse sind ihm wichtiger. Zeitgenössische Philosophie und die jungen Schriftsteller, Ernst Jünger zum Beispiel, liest er am liebsten. Als ausgebildeter Bibliothekar ist Henry an jedem geschriebenen Wort interessiert.

Sie werden in einen Kleintransporter bugsiert, die Fahrt geht ins Hauptquartier des SS-Abschnitts III in die Potsdamer Straße. Mit vehementer Stimme setzt Harro sich beim Verhör zur Wehr. Er ist sich keiner Schuld bewusst und pocht darauf, lediglich eine Publikation herauszugeben, in der die Zukunft Deutschlands und Europas offen und ohne Scheuklappen diskutiert werde. Doch genau dies ist ja sein schlimmes Vergehen. Zum Morgengrauen findet er sich im Kleintransporter wieder, eng an Henry gekauert. Kreuz und quer geht es durch die Stadt, von ihren Bewachern hagelt es Schläge und Tritte. Harro bekommt es zum ersten Mal mit der Angst zu tun. Die ganze Zeit über hat er sich nicht wirklich für gefährdet gehalten, auch wenn es nicht das erste Mal ist, dass er Ärger mit der Staatsgewalt hat. Aber dieses Mal fühlt es sich anders an. Sein unerschütterlicher Glaube, dass alles schon irgendwie gut ausgehen wird, greift plötzlich nicht mehr. Was haben sie mit Henry und ihm vor? Irgendwann hält der Wagen. Die Tür fliegt auf. Ist das nicht die Reichsstraße – und dort der *Spandauer Bock*, das beliebte Ausflugslokal, wo auch die Straßenbahn hält? *Raus!* Harro blinzelt gegen das Licht einer Straßenlaterne an. In der Luft hängt ein Duft von Frühling, der ihm wie Hohn vorkommt. Neben ihm stolpert Henry.

Ausgetretene Stufen führen nach unten. Eine Holztür steht offen. Da geht es hindurch. Auf dem Boden liegt Stroh, eine improvisierte Bettstatt, darüber schwarz-rot-goldene Fahnen als Bezüge, eine Verhöhnung der untergegangenen Weimarer Republik. Dort liegt bereits jemand, ein weiterer *Gegner*-Autor, der Schweizer Adrien Turel. Ihn hat die SS Stunden zuvor aus seiner Wohnung geholt. Harro und Henry müssen sich neben ihn auf den Rücken legen und »die Schnauze halten«.⁵

Die ganze Nacht über wird scharf geleuchtet. Schlaf gibt es so gut wie gar nicht. An der Tür hält ein uniformierter Hüne Wache, sitzt auf einem Schemel, spielt zwischen den Knien mit seiner Pistole: nimmt das Magazin heraus, schiebt es mit einem Knacken wieder hinein, nimmt es wieder heraus, schiebt es wieder hinein, während die drei Freunde nebeneinander im Scheinwerferlicht liegen, vollkommen zu Unrecht verfolgt, wie sie es empfinden, weshalb noch immer auch die Hoffnung besteht, dass sich alles als ein großes Missverständnis entpuppt.

Man kann doch jegliche Gegensätze durch ein vernünftiges Gespräch überbrücken, nicht? Das ist das *Gegner*-Konzept. Was aber, wenn sich eine Partei nicht an so etwas hält? Vor Kurzem noch, vor der sogenannten Machtergreifung, war es in Ordnung gewesen, kritische Schriften zu verfassen. Wie kann es sein, dass dies nun so schwer geahndet wird? Welches Recht maßen sich diese Rohlinge an? Und was werden sie mit Henry anstellen, dem »Halbjuden«?

Gegen ein Uhr nachts reißt jemand die Tür auf und brüllt: »Ist hier ein gewisser Turel?«[6]

Adrien erhebt sich.

»Strammstehen! Wie heißen Sie?«

»Adrien Turel.«

»Wie?«, fragt der SS-Mann nach und hält die Hand ans Ohr. »Ich hör' immer nur *Jid!*« Doch Turel ist kein Jude, aber Schweizer. Als der Irrtum aufgeklärt ist, wird er entlassen, seine Nationalität rettet ihn. Doch Turel weigert sich und verlangt, bei seinen Freunden zu bleiben. Gegen seinen Widerstand führt ihn ein Bewacher nach draußen. Nun werden den zurückbleibenden Harro und Henry mit einer Gartenschere die Haare abgeschnitten, als Nächstes Henry in den Innenhof gebracht. Dort muss der *richtige Jid* laufen, im Karree an den Mauern entlang, während die SS-Männer mit Nilpferdpeitschen in der Mitte stehen und auf ihn einschlagen. Henry ist, was die physische Konstitution betrifft, nie der Allerstärkste gewesen.

»Du auch«, brüllt jemand Harro an: »Ausziehen!« Er streift sich seinen blauen Lieblingspullover über den Kopf. Der hat ihn bislang immer geschützt und überallhin begleitet.

Bei der zweiten Runde, die Harro mit nacktem Oberkörper im Hof des umfunktionierten Kegelkellers des Vergnügungslokals Spandauer Bock drehen muss, reißen die Peitschen ihm die Haut auf, und ihm wird klar, dass er sich gewaltig geirrt hatte. Er fährt sich über das Gesicht, über die Brust. Wo seine Hände Blut berühren, fühlt sich die Haut wie Horn an. Er wird gegen die Backsteinwand gestoßen. Zwei Mann halten je einen Oberarm, vier weitere die Beine. Einer zieht ihm die Hose über die Knie, ein anderer zückt das Messer, beugt sich nach unten und sticht mit der Klinge in Harros Oberschenkel, zieht eine scharfe Linie, schlägt einen rechten Haken, noch einen rechten Haken, dann das Ganze spiegelverkehrt, zum Kreuz, und mit jeder Linie, jedem Haken wächst Harros Hass ins Unermessliche, da sie ihm in diesen Momenten den Glauben rauben, das Urvertrauen an die eigene Allmacht. Denn ein Harro konnte bislang stets *alle* versöhnen. Zumindest hat er das immer gedacht. Jetzt denkt er das nicht mehr. Jetzt kann er gar nicht mehr klar denken, sondern spürt nur den Schmerz. Jetzt muss er kämpfen, alles andere nützt nichts mehr. Er hat es mit *Argumenten* versucht, mit Worten, das war zu wenig gewesen, eine ungenügende Technik und vollkommen unbefriedigende Vorgehensweise, wenn der Gegner der Nationalsozialismus ist.

2

Drei Tage später, am 29. April 1933, läuft die groß gewachsene 20-jährige Regine Schütt in einem eleganten grauen Flanellanzug von der Geburtstagsfeier ihres Vaters zu den Redaktionsräumen des *Gegner*. Sie freut sich auf den Abend mit Harro: Sie zeichnet an ihren Mode-Entwürfen, er sitzt an Texten für die Zeitschrift, dann lieben sie sich, auch wenn sie nicht verheiratet sind. Als die Eingangstür verschlossen ist und sich auf ihr Klingeln niemand meldet, läuft sie zur Eckkneipe, um Harro von dort anzurufen. Doch dazu kommt es nicht. »Sie haben ihn mitgenommen«, sagt ihr der Barkeeper. »Wir haben es gesehen.«[7]

Sofort macht sie sich auf die Suche. Eine Kneipe nach der anderen klappert sie ab, da sie gehört hat, dass jede Sturmabteilung ihr eigenes informelles Hauptquartier in einer dieser Spelunken unterhält. Viele gibt es davon im Zentrum, es ist die Suche nach der Nadel im Heuhaufen, doch eine andere Vorgehensweise fällt ihr nicht ein. Gut aussehend, chic gekleidet und ohne Angst zu zeigen, fragt sie jedes Mal korrekt und höflich: »Haben Sie oder Ihr Sturm Harro Schulze-Boysen festgenommen?« Die Befragten, einige von ihnen betrunken, antworten ihr durch die Bank geradeheraus. Die rotblonde Regine ist ein Typ, der gut ankommt, und deshalb versuchen die Männer, sie mit anständiger Haltung zu beeindrucken.

Endlich, am Abend des 30. April, vier Tage nach Harros Festnahme, trifft sie auf einen jungen Mann vom SS-Abschnitt III, der ihr bestätigt: Ja, wir haben ihn. Auch seinen Aufenthaltsort nennt er ihr. Sofort fährt Regine los, allerdings nicht zum Spandauer Bock, sondern zum Botanischen Garten, weil sie weiß, dass in dieser Gegend der Reichsgerichtsrat Dr. Werner Schulze wohnt, Harros Onkel. Seine genaue Adresse kennt sie nicht, kann die Möglichkeiten aber anhand des Fernsprechbuches minimieren und findet um drei Uhr morgens, die Busse haben längst aufgehört zu fahren, endlich die richtige Anschrift. Alles, was sie in Erfahrung gebracht hat, teilt sie der Familie mit, die, wie sie glaubt, bessere Chancen als sie selbst hat, sich für eine Freilassung starkzumachen.

Als Harros Eltern, die im Ruhrgebiet leben, vom Verschwinden ihres Sohnes erfahren, macht sich Mutter Marie Luise, geborene Boysen, eine »starke Frau, obwohl sie sehr klein ist«, wie Regine sie später beschreibt, zur NSDAP-Zentrale in Duisburg auf, trägt nicht nur ihren Namen, sondern auch den ihres Mannes in die Mitgliederliste ein. Sie ist überzeugt davon, mit Parteiabzeichen bessere Chancen zu haben, ihren Sohn lebend wiederzusehen.[8] Zu ihrer Bestürzung erfährt sie, dass das sogenannte Bonbon erst ein paar Wochen später zugeschickt wird. Doch sie steckt nicht auf, erzählt erregt, schon lange Duisburger Vorsitzende des *Frauenbundes der Deutschen Kolonialgesellschaft* (»Was stimmte!«) und als solche natürlich schon lange Parteimitglied zu sein (»Was nicht stimmte!«). Sie hätte an diesem Abend eine Kolonialveranstaltung, bei der sie öffentlich sprechen müsse (»Was nicht stimmte!«), und das wolle sie nicht ohne Abzeichen.[9] Ihre Chuzpe trägt Früchte: Ausnahmsweise erhält sie die Anstecknadel auf der Stelle, pinnt sie sich auf die Brustpartie ihres gedeckten Jackenkleides, setzt einen zurückhaltenden Hut auf und fährt mit dem nächsten Zug los, die ganze Nacht hindurch, Ankunft in Berlin in der Früh, wo ihr Schwager sie vom Bahnhof abholt. Als er ihr von Regine Schütt und ihrer Auskunft, welche Einheit Harro habe, erzählt hat, fährt Marie Luise in die Potsdamer Straße, »zwischen Potsdamer Platz und Potsdamer Brücke auf der linken Seite, wenn man vom Potsdamer Platz kommt«.[10] Dort fällt ihr Blick zunächst auf ein Schild »Marineoffizierverband«. Sie tritt spontan ein, da sie über ihren Gatten Erich Edgar, der bei der Marine Korvettenkapitän war, einige Seeoffiziere kennt und aus dieser Richtung auf mögliche zusätzliche Hilfe hofft. Tatsächlich sind zwei Kapitäne da, ebenfalls mit Bonbon am Revers. Als sie von Harros Festnahme hören, sagen sie übereinstimmend, wenn er bei der SS sei, könne man unbesorgt sein, da werde ihm kein Härchen gekrümmt. Die SS sei nicht die

SA, man wisse zwar nicht so viel über sie, stufe sie aber eher als harmlos ein.

Eine Spur beschwichtigt erreicht Marie Luise die Räumlichkeiten des SS-Abschnitts. Zwei Männer sitzen an einem Tisch. »Wo ist mein Sohn Harro Schulze-Boysen?« Sie bemerkt, wie sich die Männer einen Blick zuwerfen. »Das können wir doch nicht wissen«, gibt einer von ihnen zurück. Da kommt einer der beiden Marineoffiziere von eben zur Tür herein und sagt, dass er bedauert hätte, ihr nicht weitergeholfen zu haben, obgleich sie ja extra aus Duisburg angereist sei. Er habe soeben bei Henze, dem Leiter des Hilfspolizeikommandos, angeklopft, ein Stockwerk höher. Dieser sei willens, sie zu empfangen, sie solle sich aber kurz fassen, er habe wenig Zeit.

Aufgeregt steigt Harros Mutter die Treppe nach oben. Sie weiß, sie muss sich jetzt zusammennehmen: selbstbewusst auftreten in diesem neuen System, das so schwer zu überschauen ist. Deshalb ist es wichtig, sich nichts gefallen, sich nicht einschüchtern zu lassen. Sie findet die richtige Tür und wird vorgelassen.

»Ihr Sohn hat nicht im Sinne der Partei geschrieben«, empfängt sie Henze, der einen Schatten unter der Nase trägt.

»Mein Sohn ist ein Idealist«, entgegnet sie, »erst 23 Jahre alt, natürlich noch unreif. Ich verspreche, ihn aus der Politik herauszuholen.« Sie bringt diese Worte mit Überzeugung vor, da sie tatsächlich der Meinung ist, dass Harro es mit seinen nationalrevolutionären Ideen mitunter übertreibt. »Wenn er eine Tracht Prügel bekommen hat«, fügt sie hinzu, weil sie sich vorstellen kann, dass die Nazis mit ihren Gegnern nicht zimperlich umspringen, »wäre das nicht das Schlimmste. Darüber kommt ein so junger Mann schnell hinweg.«[11]

»Ja, glimpflich werden sie wohl nicht mit ihm umgegangen

sein«, murmelt Henze in seinen Schatten. Marie Luise spürt, dass es etwas gibt, das ihn daran hindert, Harro herauszugeben, obgleich er ihr als Parteigenossin gerne behilflich wäre.

»Ich mache Ihnen noch ein Versprechen«, bietet sie an: »Ich werde ihn aus Berlin entfernen.«

Nachdem Henze zugesagt hat, Harro am selben Abend in das Haus ihres Schwagers am Botanischen Garten bringen zu lassen, begibt sich Marie Luise dorthin und wartet. Doch ihr Sohn kommt nicht, weder am Abend noch in der Nacht. Am Morgen ruft sie in der Potsdamer Straße an, aber Henze lässt sich verleugnen. Als sie endlich seinen Stellvertreter an der Strippe hat, sagt der, es sei völlig ausgeschlossen, Harro zu entlassen. Es lägen jetzt schwere Verbrechen vor.

»Aber er kann doch nicht in der Gefangenschaft etwas derart Schlimmes angestellt haben!«, ruft die Mutter verzweifelt in den Hörer.

3

Nein, Harro hat im umfunktionierten Kegelkeller nichts Schlimmes angestellt. Dennoch treffen die Worte von Henzes Stellvertreter zu. Es gibt mittlerweile ein Verbrechen, und zwar ein schwerwiegendes. Henry steht nämlich aus dem Staub nicht mehr auf. Immer wieder hatte er im Kreis laufen müssen, und die Männer hatten ihn mit ihren Peitschen geschlagen, das war über Tage so gegangen, und irgendwann hatte sein Herz ausgesetzt.

Henrys Leiche liegt auf dem Boden wie ein Haufen Unrat, den man dort zusammengekehrt hat. Er war das geschäftliche Gehirn des *Gegner* gewesen. Mit ihm war Harro um die Häuser gezogen, gemeinsam hatten sie sich weiterentwickelt. Und jetzt hat Harro ihn nicht schützen können, nichts hat er für ihn unternehmen können, gar nichts. Harro fühlt sich schuldig. Er hat Henry auf dem Gewissen. Jetzt muss er härter werden, viel härter – oder auch sterben. Nein, ihn werden diese brutalen Idioten nicht kleinkriegen, das schwört er sich. Sollen sie sich an ihm die Zähne ausbeißen! Er ist ihnen überlegen, intellektuell wie körperlich! Harro wird ihnen die Stirn bieten, er ist plötzlich überzeugt davon, dass sie ihn nicht töten *können* – reißt sich los und absolviert wie von Sinnen eine weitere Runde an den Backsteinmauern entlang, und sie dreschen wieder auf ihn ein, sein linkes Ohr ist halb abgerissen, die Lippe geborsten, Brauen zerschnitten, seine Nase wie Brei. Er blutet, innerlich wie äußerlich, und das tut er für Henry. Wenn er noch einmal läuft und es überlebt – wenn er mehr Schmerzen ertragen kann, als sie ihm zugedenken –, wird er sie besiegen.

»Das ist meine Ehrenrunde!«, ruft er seinen Peinigern zu, als er es ein letztes Mal ums Karree im Innenhof geschafft hat.

»Mensch, du gehörst doch zu uns! Dich wollen wir aufnehmen!«, entgegnet einer der SS-Männer, von so viel Courage verblüfft.

Doch das stimmt nicht. Harro gehört nicht zu ihnen. Er ist jetzt wirklich ihr Gegner.[12]

4

Es ist die Nacht auf den 1. Mai 1933: Hexennacht. Streiche sind erlaubt, aber es ist auch Frauennacht, Marie Luises Nacht. Sie hat nicht aufgegeben, im Gegenteil, sondern niemand Geringeren als den Polizeipräsidenten von Berlin aktiviert, Admiral von Levetzow, einen alten Marinekameraden ihres Mannes. Jetzt rast deshalb eine grüne Minna der Berliner Polizei unter einem klaren Sternenhimmel in Richtung Nordwesten der Stadt, Beamte springen heraus, pochen an die Kellertür am Spandauer Bock, verlangen auf Anordnung ihres Präsidenten die sofortige Entlassung der Gefangenen. Doch es gibt nur noch *einen* Gefangenen, und die SS-Männer reagieren verunsichert auf den Besuch der regulären Polizei. Sie besitzen keine Ermächtigung für politische Morde, sondern unterstehen ebenfalls dem Polizeipräsidenten, seit Göring SA und SS zur Hilfspolizei erklärt hat. Unter Murren geben sie Harro heraus.

In Schlafrobe steht Marie Luise in der Tür des Hauses am Botanischen Garten, als der Wagen hält. Leichenblass, mit tiefen Schatten unter den Augen, keinen Knopf mehr am Rock und mit kahl geschorenem Sträflingskopf tritt Harro ihr entgegen. Sonst hat er immer so gestrahlt, war so hoffnungsvoll und lebenslustig und allen gegenüber aufgeschlossen gewesen. Jetzt brennen die Hakenkreuze auf seinen Oberschenkeln, und vor Schmerz verzieht er das Gesicht, das nicht mehr wie das Gesicht eines 23-Jährigen wirkt. Er hat eine Erfahrung hinter sich gebracht und weiß jetzt etwas, das seine Mutter noch nicht wissen kann – was zu diesem Zeitpunkt die wenigsten in dieser Deutlichkeit begreifen: dass die Nazis brutale, skrupellose Mörder sind, die vor nichts zurückschrecken.

Seine Mutter bringt ihn in eine Pension, wo sie ihn unter falschem Namen registriert, aus Angst vor weiterer Verfolgung. Sie organisiert zwei private Wachmänner und holt einen Arzt. Dann kommt Regine zu Besuch. Vorsichtig legt sie sich mit Harro hin, und sie lieben sich. Seine Nieren sind von Haus aus anfällig, doch jetzt krümmt er sich regelrecht, wenn sie ihn an den falschen Stellen berührt. Es ist merkwürdig, aber er fühlt sich nicht schwächer dadurch, nur anders. Er hat einen neuen, bitteren Geschmack im Mund. Er ist jung, doch er hat bereits den Tod geschmeckt. Es gibt eine Distanz jetzt, zwischen ihm und dieser Welt, die so feindlich sein kann. Regine versucht, seine Wunden zu streicheln, doch sie sind zu frisch, die eingeritzten Hakenkreuze brennen wie Feuer, doch das Schlimme ist ein Bluten, das viel tiefer im Innern passiert. So wie früher im Bett ist es ganz sicher nicht.

Teil I

Gegner

(1932–1933)

»Niemand konnte mehr als sein Leben wagen.« [13]

Hans Fallada

»Es wurde der Versuch gemacht,
über alle alten Gegensätze hinweg zusammen-
zukommen. Man nannte uns Gegner.« [14]

Harro Schulze-Boysen

1

Ein halbes Jahr zuvor und in einer gänzlich anderen Zeit, denn
noch herrscht Demokratie in Deutschland. Zum Mittag hin
gibt es Unruhen an der Uni, wieder einmal – 1932, Herbst, ein
Braunhemd hat Hakenkreuzbänder an die Kränze des studentischen Ehrenmals gehängt, ein Linker sie wieder abgeschnitten.
Hasserfüllt stehen sich die verfeindeten Lager vor dem Haupt-
gebäude der Berliner Friedrich-Wilhelms-Universität gegenüber, nur durch eine schmale Gasse getrennt, »bereit, sich jeden
Augenblick aufeinanderzustürzen, wenn von irgendeiner Seite
ein provozierendes Wort fiel«, wie sich ein Studienfreund Harros erinnert.[15] Auf der einen Seite positionieren sich die roten
Studenten, die Sozialisten und Kommunisten und das kleine
Häuflein der bürgerlichen Demokraten. Von rechts schreien die
Nazis und die mit ihnen verbündeten nationalistischen Corps-
studenten ihre Kampflosungen gegen »Juda« und »das System«.
So oft schon ist der Unterrichtsbetrieb in dieser unsicheren
Weimarer Republik wegen politischer Proteste lahmgelegt worden. Auch dieses Mal ringt der Rektor hilflos die Hände, redet
vergeblich auf beide Seiten ein.

Harro Schulze-Boysen ist ein junger Student der Staats-
wissenschaften und hat an diesem Tag ausgeschlafen in der
rotgrauen garnison, einer der ersten WGs in Deutschland, in
einer Achtzimmerwohnung in Kreuzberg untergebracht, in der
Ritterstraße: keine Möbel, alles wird geteilt, Abwasch, Essen,
Geld. Es ist ein sozialrevolutionäres Experiment von Eberhard

Köbel, besser bekannt unter dem Pseudonym *tusk*. Er führt die »dj.1.11« an, eine *Deutsche Jungenschaft*, die Folgendes propagiert: *verschwörung gegen verkrustete strukturen, unabhängigkeit, eigenständiges freies jugendleben, provokation gegen die alten herren, autonomes jugendreich: fahrt – kleidung – sprache – grafik – kleinschrift, ein gradliniger stil*, weg mit sämtlichen übrig gebliebenen Resten an Miefigkeit der wilhelminischen Zeit.

Neben Harro liegt Regine, seine »Räuberbraut«, eine schlanke junge Modedesignerin aus ehemals reichem Haus. Sie streicht sich die rotblonden Haare aus dem Gesicht, nur etwas Lippenstift trägt sie, sonst nichts, sagt aber plötzlich etwas derart Schockierendes, verliebt wie sie ist, dass Harro aufsteht, den notorischen blauen Pulli überstreift, erst mal das Weite sucht und in die Küche schlurft, wo er nach Essbarem fahndet, aber nichts findet, nur zwei trockene Brötchen. Egal, das Streben nach Besitz gehört sowieso überwunden; immerhin gibt's einen guten Tee dazu. *Ob er ein Kind wolle …?* Hängt die Räuberbraut etwa bürgerlichen Idealen nach?

Harro ist dreiundzwanzig und will die Gesellschaft radikal umgestalten, zusammen mit Henry Erlanger und den anderen. Er dient nicht der Zukunft *eines*, sondern vieler Kinder – der Kinder von ganz Europa, der ganzen Welt. Da gibt es doch genug zu tun, zumal in der verheerenden Krise weltweit: Notstandsküchen überall, Bankenkollaps, die Mieten unbezahlbar, sechs Millionen Arbeitslose allein in Deutschland, Depression und Hoffnungslosigkeit quer durch alle Schichten, der drohende Sturz in den Abgrund ständig zu spüren. Eine ganz neue Gesellschaft muss her, die Lage ist polarisiert, die Parteien haben abgewirtschaftet und repräsentieren das Volk nicht mehr.[16] So empfindet Harro. Aber was soll an die Stelle der Parteien treten? Was soll das überhaupt sein, das *Volk*? Harro denkt mit seinem jungen Kopf viel zu komplex, um einfache Lösungen anbieten zu können. Noch ist seine Zielsetzung diffus, und er liebäugelt auch mit rechten Positionen, unterstützt beispielsweise den Kampf gegen das »Versailler Diktat«, das Deutschland nach dem verlorenen Weltkrieg mit hohen Reparationszahlungen belastet. Es sind solche Querfrontgedanken, die auch sein Hirn durchziehen, antiparlamentaristische Impulse, alles noch unausgegoren. In dieser Spätphase der Weimarer Republik sind die ideologischen Fronten nicht immer eindeutig, und wenn es heißt, dass im *Gegner* Texte aus allen Lagern veröffentlicht werden, führt das dazu, dass auch solche von Ernst Niekisch darin stehen, von Karl Otto Paetel und anderen Nationalbolschewisten oder von oppositionellen Nazis aus der SA. Auch Kommunisten, Abtrünnige der offiziellen Linie der KPD, kommen hier zu Wort, ebenso Katholiken oder auch der Vorsitzende des Berliner »Reichsbanners«, einer sozialdemokratischen Wehrorganisation. Es ist eine wüste Gemengelage, die am ehesten noch mit *national bis revolutionär* umschrieben werden kann. Wie soll man da verantwortungsvoll ein Kind großziehen, wo es so viel Grundsätzliches zu klären gilt? Dass Regine das nicht versteht! Harro blickt durch den Flur in das große Zimmer, wo sie auf der Matratze liegt, verführerisch. Doch er muss los, an die Uni.

Die Elektrische ist proppenvoll, Linie 88, Gören wuseln, Gerüche nach Schweiß und Tabak hängen in der Luft, Werbeplakate an den gelackten Türen aus hellem Holz: *KAKADU – die beste Bar am Kurfürstendamm. Berlin weiß: Man kauft gut bei Karstadt.* Ein Tippelbruder lehnt gegen ein Fenster und schläft, eine ausgemergelte Frau um die fünfzig starrt den blonden Harro mit seinen eins fünfundachtzig, dem sportlichen Körper, den blitzenden blauen Augen unverhohlen an. *IA Grundseife – Philipp*

Kochmann, Grundseifen-Siederei. Pferdefuhrwerke, Droschken, Lastkraftwagen. *Nazi & Junker – Schluss damit! Wählt Sozialdemokraten!* Eine Schlange vor einem Arbeitsamt, die Leute überraschend gut angezogen, anders die Morphinisten dort auf einer Bank, mit großen, dunklen Augenhöhlen und schmächtigen Körpern: wie bestellt und nicht abgeholt, süchtig noch vom Krieg. *Die fortschreitende Entwicklung: OSRAM.* »Europa war die Uhr der Welt. Sie steht«, hat Harro letztens im *Gegner* geschrieben: »Die Räder dieser Uhr fangen an zu rosten. Ein Fabriktor nach dem anderen schließt.«[17] Überall wogen die ökonomischen Prozesse, die den Kartellen eine Macht gestatten, von der in der Weimarer Verfassung kein Wort geschrieben steht. Der Kapitalismus gehört weg! Aber der Kommunismus taugt auch nichts: zu starrer Apparat, moskauhörig. *Nach Sowjet-Rußland!*, ruft eine Werbeannonce: *Billige Studienreisen für Ärzte, Pädagogen, Arbeiter. INTOURIST.* »Ich stelle nochmals fest, dass ich kein Kommunist bin.« So hat er es seiner verunsicherten Mutter Marie Luise mitgeteilt, die einen bürgerlichen Haushalt in Mülheim an der Ruhr führt: »Die kommunistische Partei ist eine Ausdrucksform der sozialistischen Weltbewegung, die bolschewistische Partei zum Beispiel die typisch russische. Für Deutschland daher nicht annehmbar.«[18] Es ist eine wirre Stadt, durch die die 88 sich schlängelt. Die »Großstadtkrankheit« grassiert, wie Harro es nennt, Friedrichshain wird wegen seiner Gangsterbanden das Chicago Berlins genannt – eine verwirrte Zeit, die experimentierfreudig ist, in alle Richtungen.[19] Bietet vielleicht der *Personalismus* einen Ausweg, wie ihn Harros französische Philosophenfreunde von der Pariser Monatsschrift *Plans* propagieren? Der Personalismus: ein komplettes revolutionäres System, das sich als kritische Alternative zu kommunistischen und faschistischen Theorien versteht und den liberalen Individualismus ersetzen will durch eine Konzentration auf die *Person*. Nie dürfe der Staat das höchste Gut darstellen, nie dürfe der Mensch zum *Individuum* herabgestuft werden. Das klingt ebenso einleuchtend wie schwammig, da die Mechanismen zur Umsetzung dieser Ziele unklar bleiben, aber das stört Harro nicht. Für ihn gehört es dazu, dass diese Bewegung des Personalismus, der er sich vage zugehörig fühlt, offen ist und ebendies: eine *Bewegung*, mit der Vorstellung einer permanenten Revolution bei offenem Weltbild und sozialistisch orientierter Wirtschaft. Ein Weg, der die Freiheit der Entscheidung als Grundprinzip menschlichen Lebens postuliert. Belle-Alliance-Platz, Landwehrkanal, Anhalter Bahnhof. Doch was heißt das eigentlich, *Freiheit der Entscheidung?* Im Personalismus soll der Mensch zum Autor seiner eigenen Lebensgeschichte werden. In Gesprächen mit den jungen französischen Intellektuellen aus dem Ordre Nouveau hat Harro die Idee einer neuen europäischen Ordnung diskutiert, Europa als ein Europa der Regionen visioniert. Es sollte das Vorrecht der Jugendgruppen in Deutschland und Frankreich sein, den nationalistischen Tunnelblick der Alten und vor allem der Regierenden zu überwinden.

Um die Freundschaft zu vertiefen, die nationalen Verkrustungen zu überwinden, hat Harro ein Jugendtreffen organisiert, im Februar '32 war das gewesen, an der Uni in Frankfurt. Ca. 100 Teilnehmer aus Frankreich, Deutschland, Italien, Belgien und der Schweiz hatten teilgenommen, Heißsporn Harro in seiner Rede die Abschaffung des kapitalistischen Systems und die Liquidierung des »Diktats« von Versailles gefordert. Statt einer glatten Beseitigung der Verträge hatten die französischen Teilnehmer daraufhin vorgeschlagen, eine neue europäische Ordnung zu schaffen, um Deutschland einzubetten. Es war eines der wenigen öffentlichen Foren abseits der Treffen hochrangiger Politiker, bei dem sich Franzosen und Deutsche überhaupt zusammensetzten, wo doch beide Seiten ansonsten in Schützengrabendenken verharrten. Doch die Diskussion war schwierig verlaufen, die deutsche Seite hatte sich heillos zersplittert gezeigt. Neben einigen Linken war vor allem das nationalrevolutionäre Spektrum anwesend gewesen, von den oppositionellen Kommunisten der KPO, Vertretern des Jungpreußischen Kampfbundes, der anarchistischen Syndikalisten bis zu Otto Strassers Schwarzer Front und dem elitären Grauen Corps – ein Tohuwabohu an Meinungen, Wünschen, Standpunkten. Harro entwickelte sich hier zu einem gefragten Redner, behauptete sich in den hitzigen Debatten und verstand es, im Dialog die Argumente des anderen aufzunehmen – oder zu zerpflücken. Nur seiner guten Verhandlungsführung war es zu verdanken gewesen, dass die Tagung nicht in einem Eklat endete – sondern lediglich in Ergebnislosigkeit. Um künftig in zielgerichteten Dialog mit den europäischen Nachbarn treten zu können, will er nun den *Gegner* zur deutschen Meinungsplattform ausbauen.

Er steigt aus der Tram, da wird die Straße erneuert. Man reißt das alte Kopfsteinpflaster weg wie von einer Wunde, gießt heißen Asphalt hinein. In der Erde brodelt es, da grummelt die Untergrundbahn. Unter den Linden sind die Blätter schon braun, es wird kalt. Lockeren Schritts, Hände in den Hosentaschen, nähert er sich dem Vorplatz der Universität, an dessen Gitter Bettler vor kleinen Tischen sitzen. Plötzlich sieht er die sich gegenüberstehenden Studenten, und sofort ist ihm klar: Die Lage erfordert vollsten Einsatz. Harro kennt seine Pappenheimer, und jeder kennt Harro in seinem ewigen blauen Pullover.[20] Über die ideologischen Grenzen hinweg genießt er das Vertrauen der Kommilitonen – weil er so versiert diskutiert, aber auch, weil er so blendend aussieht und etwas Seltenes besitzt, das umso nötiger ist in einer Zeit, die nach Orientierung sucht: Charisma. Während die Kampflust die Gemüter auf beiden Seiten verkrampft, behält er seine liebenswürdige und heitere Ausgeglichenheit: Ein Braunhemd nach dem anderen begrüßt er mit Handschlag, fragt, worum es gehe. Seelenruhig hört er sich die Geschichte von den abgeschnittenen Hakenkreuzbändern an. Nein, er ist kein Freund der Nazis, er findet sie zu dumpf, lehnt ihren Antisemitismus strikt ab, doch er kann auch mit solchen Leuten reden. Als Nächstes spaziert er auf die Seite der Linken, wo lauthals die *Internationale* ertönt, schüttelt auch hier jedem die Hand. Es ist die Seite, die ihm selbst zusagt: Er liest Karl Marx und kann sehr wohl unterscheiden zwischen einem internationalistisch orientierten Streben für eine gerechtere Gesellschaftsordnung, in der alle Zugang zu Bildung, Wohnraum und medizinischer Versorgung haben sollen, und dem rechtsextremen und antisemitischen Gehabe der Nationalsozialisten mit ihrem Ziel der Spaltung und Abgrenzung.

Mittlerweile sind die Parolen auf beiden Seiten verhallt. Alle schauen ihn an, auch der Rektor, und wie jeder instinktsichere Revolutionär packt Harro die Gelegenheit beim Schopf und verteilt erneut *Shakehands*, abwechselnd nach beiden Seiten jetzt, löst den Konflikt dadurch auf.[21]

2

Das mit Regine läuft eigentlich ganz flott. Alle zusammen sind sie eine lustige Clique: Künstler, Schwule, schwule Künstler, Revolutionäre, Bohemiens. Alle sind sie jung und attraktiv und führen ein unstetes Leben in dieser unsteten Weimarer Zeit. Für Harro ist aber nicht die Liebe zu seiner Räuberbraut, sondern die Politik das Wichtigste, und so war es schon immer. Ein »glühender Deutscher« ist er, wie ihn ein Freund beschreibt, mit einem »ganz tiefen, vielleicht angeborenen, aus der Familie kommenden, aber auch erworbenen deutschen Kulturbewusstsein: künstlerisch und philosophisch«.[22] In Freiburg, wo Harro sein Studium begonnen hat, war er Mitglied einer schlagenden Verbindung und hat seit 1924 bei der Ordensjugend des Jungdeutschen Ordens mitgemacht, einem nationalliberalen Wehrverband. Jungbündische Ideen und Ideale haben ihn stark beeinflusst: Leben als Dauerkampf, Kompromisslosigkeit, strenge Disziplin, hohe Opfer- und Leidensbereitschaft, aber auch Kameradschaft. Schon als Schüler in Duisburg war er aktiv, 1923 gegen die französische Besetzung des Ruhrgebiets auf den Barrikaden, hat deshalb als 14-Jähriger eine Nacht im Knast verbracht – Ehrensache in seiner Familie, wo gesellschaftliches Engagement dazugehört. Der Onkel von Harros Mutter, Ferdinand Tönnies, hat die Soziologie in Deutschland mitbegründet: Bildungsstreben, Toleranz und Weltoffenheit nehmen in der Familie einen hohen Stellenwert ein. Harros berühmtester Verwandter ist der Bruder seiner Oma väterlicherseits, der rechtskonservative Großadmiral Alfred von Tirpitz, der für Kaiser Wilhelm die Hochseeflotte aufgebaut hat, damit Deutschland in einer kriegerischen Auseinandersetzung mit Großbritannien bestehen könne. Bis ins hohe Alter trägt von Tirpitz einen aufsehenerregenden Gabelbart, der in einem militärisch anmutenden Doppelkeil nach unten stößt und die Enkel stets beeindruckt. Onkel Tirpitz ist das Schlachtschiff der Familie und großes Vorbild des heranwachsenden Harro. Er will einmal genauso viel für »die deutsche Sache« tun wie dieser und »sich für das Land einsetzen, bewusst auf eine Besserung hinarbeiten«, wie er es 1929 in einem Brief an den legendären Großonkel schreibt.[23]

44

Harros Vater, Erich Edgar, ebenfalls bei der Marine, engagiert sich – wie auch Tirpitz – bei der rechts stehenden Deutschnationalen Volkspartei. Mit seiner intellektuellen Ausrichtung hätte er auch Wissenschaftler, vielleicht sogar Künstler werden können, doch gibt Erich Edgar, kurz E. E. genannt, mit seinem starken Pflichtbewusstsein geradezu das Paradebeispiel von preußischem Arbeitsethos ab. Er ist ein Vater, der dem Sohn erklärt, dass man weinen nicht nur dürfe, sondern sogar solle, um nämlich zu beweisen, dass man Gefühle empfinden könne, aber nur *eine* Träne bitte, dann sofort Selbstbeherrschung, bevor die zweite kommt. Harros Mutter Marie Luise ist weniger diszipliniert, dafür temperamentvoll: eine zähe, durchsetzungsfähige Person von kleiner Statur und manchmal großer Nervosität, eine quirlige, romantische Frau, die zu allem eine dezidierte Meinung hat, manchmal schneller spricht, als sie denkt, und ihren besonnenen, auch im Bett mehr als zurückhaltenden Gatten des Öfteren vor den Kopf stößt damit.

In seinem Vater, der professoralen Gestalt mit der großen Bibliothek, vor der dieser häufig stundenlang kerzengerade am Mahagoni-Schreibtisch sitzt, beinahe etwas unheimlich in seiner Stringenz, hat Harro mit den Jahren den idealen politischen Sparringspartner gefunden. Erich Edgars Ziel ist es, seinen Sohn zu einem konservativen Freidenker zu erziehen. Mittlerweile überflügelt Harro ihn in den Argumentationen immer häufiger, da in ihm auch das heiße Blut der Mutter fließt und die Leidenschaft in der Politik ebenso dazugehört wie die Ratio.

Das Vehikel für Harros Engagement, der *Gegner*, hat unter seiner Chefredaktion in diesem Jahr 1932 ein neuartiges Konzept entwickelt, um von einer statischen Publikation zu einer tatsächlichen Bewegung zu wachsen: Es finden sogenannte *Gegner*-Treffen statt, bei denen Autoren und Leser ins Gespräch

45

kommen: »öffentliche kontradiktorische Aussprache-Abende«, wie es im Blatt dazu heißt.[24] Selbstbewusst schreibt Harro seinen Eltern von diesem Ansatz: »Es gibt keine Zeitung in Deutschland, die in so unabhängiger Weise Menschen, die etwas zu sagen haben, heranholt.« Visionen jenseits der Parteigrenzen entwickeln, Konventionen überwinden und frische Argumente testen: Das spricht viele an. Vor allem junge Leute, die nach Antworten suchen auf die brennenden Fragen, die alle so heftig bewegen, nehmen an *Gegner*-Abenden im *Café Adler* am Dönhoffplatz teil. Rasch sind die Treffen derart populär geworden, dass Parallelveranstaltungen stattfinden, nicht nur in Berlin, sondern in mehreren Städten Deutschlands.[25] »Es herrschte eine außerordentliche Disziplin, eine merkwürdige Kameradschaft zwischen links und rechts«, berichtet ein Teilnehmer und weist darauf hin, wie ungewöhnlich ein solches Verhalten in den überhitzten Zwanzigerjahren ist: »Junge Leute, die sich auf der Straße sofort verprügelt hätten, hörten sich Argumente an, einig in der gemeinsamen Ablehnung des doktrinären bramarbasierenden Parteibonzentums.«[26] Auch wenn der Weg zum Ziel noch unklar ist, schreibt Harro der *Gegner*-Bewegung ein rebellisches Moment zu und spricht von einem »unsichtbaren Bund von heute schon Tausenden, die vielleicht noch verteilt in allen Lagern stehen, die aber wissen, dass der Tag nahe ist, an dem sie zusammenkommen müssen«.[27] Harro will die Gesellschaft, die auseinanderzureißen droht, aussöhnen – genauso, wie er es an der Uni getan hat. »Ein Volk, das durch Hass entzweit ist, *kann* nicht wieder hochkommen«, schreibt er im *Gegner* – eine Abwandlung des alten Wortes von Abraham Lincoln: *Ein Haus, das mit sich selbst uneins ist, kann nicht bestehen.*[28] Nicht ganz einfach, was sich Harro vorgenommen hat, in dieser Spätphase der Weimarer Republik.

3

Es sind manische Tage und Nächte in diesem Herbst 1932, den letzten Monaten der Freiheit, eine der geistreichsten Zeiten in der deutschen Geschichte überhaupt, mit Berlin als möglicherweise intellektuell lebendigster Stadt der Welt. Ein literarischer Zirkel reiht sich an den nächsten, und Henry Erlanger schleppt Harro überallhin mit: Montags sind sie im *Freiwerk-Arbeitskreis*, am Dienstag im *Signal-Kreis* und bei der *Fichte-Gesellschaft.* »Die Kruste ist plötzlich durchbrochen, da die alten Mächte, die des Weimarer Systems, endlich abzutreten begannen«, beschreibt ein Bekannter von Harro die ebenso prekäre wie spannende Lage: »Über die Nebelwolken des Jargons reckten sich auf einmal allerorten die Köpfe und begannen, in einer Sprache zu reden, die ihnen in einem neuen Sinne gemeinsam war. (…) Es war wie ein Rausch.«[29]

Die Orte, an denen dieser rauschhafte Diskurs kulminiert, sind unter anderem die Redaktionsräume der unabhängigen Blätter wie Carl von Ossietzkys *Weltbühne,* in der auch Kurt Tucholsky schreibt, oder Harro Schulze-Boysens *Gegner,* Letzterer untergebracht in einem spärlich möblierten Dachgeschoss mit Blick auf den Potsdamer Platz. Vom Flur gelangt man direkt in das erste der beiden schmalen, langen Zimmer, das zweite ist »voll mit Bücherregalen, Hegel, Feuerbach, die ganzen deutschen Philosophen«, einer Schreibmaschine, Sitzgelegenheiten, einem Klappbett.[30] Häufig schläft Harro hier, da es am bequemsten ist, gleich in der Redaktion zu bleiben, wo es ständig etwas zu tun gibt: Texte redigieren, mit neuen Autoren sprechen, Vorträge vorbereiten, und abends ist das Theater nicht weit, *Mahagonny* von Brecht zum Beispiel, ein »ziemlich verrücktes Stück, Musik allerdings recht gut«, wie Harro seine Eltern informiert.[31]

Es ist ein erfülltes, aufregendes Dasein – trotz oder vielleicht aufgrund der offenen Zukunft. »Jeder hat irgendwo einmal die Stimme Gottes in sich«, schwärmt Harro in einem Brief von dieser *Gegner*-Zeit: »Und er kann dieses arrogante Wort ersetzen durch Gewissen, Müssen oder Wollen; es bleibt sich gleich.«[32] Die Mission mag hochgestochen klingen, ist aber bitter nötig: Rettung der vom Untergang bedrohten Welt. Denn während »die Diskussionen zwischen Fisch und Braten, bei Tee und Whisky munter dahinplätschern und sich erhitzen, marschiert draußen die SA mit ruhig-festem Schritt«, arbeitet auf die Machtübernahme hin.[33]

Es gibt ein Foto von Harro aus diesen Tagen, vor dem sich seine Mutter regelrecht fürchtet: Da sind seine Gesichtszüge noch markanter als sonst, und seine schönen blauen Augen schauen besessen – und das ist er auch, wie er in hellem Mantel, buntem Hemd und mit zerzaustem Schopf von einer Aktion zur nächsten braust und sich »dem Leben so nah wie nie« fühlt.[34] Unermüdlich schreibt er und vernetzt sich. Auch Alfred Döblin, Autor des Romans *Berlin Alexanderplatz*, hört von dem umtriebigen Jungintellektuellen und schickt ihm einen Brief:

»Ich möchte versuchsweise die im Frühjahr begonnenen Aussprachen über kulturelle und prinzipielle Dinge in einem kleinen Kreis fortführen. Falls es Ihre Zeit erlaubt, wollte ich Sie bitten, am Donnerstag, den 29. d.M. gegen halb neun Uhr mich zu besuchen. Ich darf dabei wohl eine ungefähre Kennt-

nis und allgemeine Übereinstimmung mit meinen grundsätz-
lichen Gedanken voraussetzen. (...) Die Einladung ist persön-
lich. Die Damen der verheirateten Herren sind willkommen.«[35]

Harro erscheint ohne Regine in der großbürgerlichen Schrift-
stellerwohnung am Kaiserdamm 28 und versucht, Döblin für
den *Gegner* zu gewinnen, vergeblich, weshalb der Kontakt wieder abreißt. Bertolt Brecht streckt ebenfalls seine Fühler nach
Harro aus, für eine geplante »Zeitschrift zur Klärung der faschistischen Argumente und der Gegenargumente«. Kernthemen
der antifaschistischen Arbeit sollen darin erörtert werden:
»Kulturpolitik und Frauenfrage, Ökonomie, Führerproblem,
Rassenfrage, Nationalismus usw.« Harro wird gebeten, etwas
zum Thema »Nationalsozialistischer Staat und Nation« beizutragen, doch das Projekt bleibt im Anfangsstadium stecken.[36]
Ohnehin hat Harro anderes zu tun: Er wird nun auch Herausgeber des *Gegner,* steckt jeden Groschen, den er von den Eltern bekommt, in das Blatt, seine Zeit sowieso, und wenn es an
Straßenverkäufern mangelt, schnallt er sich den Rucksack um,
steht vor der Uni oder der Technischen Hochschule und verkauft
die Exemplare eigenhändig, Zeitungsmütze auf dem Kopf. »Der
Gegner macht sich wirklich famos«, berichtet er nach Mülheim:
Die Auflage ist auf über 5000 Exemplare gestiegen, einhundert
neue Abonnenten kommen mit der Oktoberausgabe 1932 hinzu.[37] Der aus der jüdischen Jugendbewegung kommende spätere Zukunftsforscher Robert Jungk, ein guter Freund Harros,
beschreibt das expandierende *Gegner*-Universum: »Revolutionäre Bewegung in Essenz. Es waren auch expressionistische Li-
teraten dabei, es waren auch Künstler dabei – das war nicht rein

politisch. Das hat mich begeistert. Ich wollte nicht die klare Zuordnung, ich wollte nicht, dass das Fließende zu früh fest wird. Das Fließende als etwas, was neu ist, was Dinge auflöst und Dinge lebendig macht.«[38] Auch Harros politische Vorstellungen werden allmählich klarer: sozialistische Wirtschafts-, freiheitliche Gesellschaftsordnung, Gleichstellung der Geschlechter, da politische Veränderungen ohne die »Befreiung der Frau aus den Fesseln der bürgerlichen Gesellschaft« für ihn unvollständig sind: »Der patriarchale Imperialismus ist zu Ende«, bezieht er im *Gegner* hierzu eindeutig Stellung.[39]

Ein weiterer Autor, der die Richtung der Publikation bestimmt, ist der Schweizer Universaldenker Adrien Turel, der Philosophie, Biologie, Psychoanalyse, Geschichte und Politik in Relation setzt und dessen Losung lautet, immer das Potenzial zu suchen, etwas *nicht* zu verstehen. Über seine erste Begegnung mit Harro schreibt er:

»Bei der Redaktionssitzung begrüßte mich ein junger Mann von ein Meter fünfundachtzig Länge. Sein blasser, schmaler Kopf mit den stechenden Augen hätte an den jungen Bonaparte erinnern können, nur dass dieser Kopf auf dem Körper eines typischen Ulanenoffiziers saß. [Es] ergab sich prima vista Sympathie und Zusammenarbeit zwischen uns. Wir bildeten ein so hervorragendes Bipol, dass später einmal ein gemeinsamer Freund aus Wut darüber, dass man uns mit keiner Intrige auseinanderbringen konnte, ausrief: ›Ihr seid ja schwul miteinander!‹ Worauf Boysen mit souveräner Sachlichkeit feststellte: ›Wir sind nicht schwul, wir sind lesbisch.‹«[40]

Der November 1932 beginnt turbulent. Bei der »Berliner Verkehrs-Aktiengesellschaft« bricht ein Streik aus: Keine S- oder U-Bahn fährt, kein Omnibus, keine Elektrische. Während der darauf folgenden Auseinandersetzungen mit der Polizei sterben drei Menschen. Kurz danach, bei den Reichstagswahlen am 6. November, verliert die NSDAP zum ersten Mal wieder Stimmen, nämlich 4,6 Prozent, während die KPD um 2,6 Prozent zulegt. Im Hitler-Lager kommt Panik auf. »Das Jahr 1932 war eine einzige Pechsträhne«, schreibt Goebbels in sein Tagebuch: »Man muss es in Scherben schlagen. Die Zukunft ist dunkel und trübe; alle Aussichten vollends entschwunden.«[41]

Doch Harro glaubt zu wissen, dass das Kapital hinter den Kulissen unermüdlich an einer Machtergreifung der Nationalsozialisten arbeitet. Mit Spannung verfolgt er die Regierungserklärung von Kurt von Schleicher vom 15. Dezember 1932, in der der Reichskanzler nicht nur dem Sozialismus, sondern auch dem Kapitalismus eine Absage erteilt. Wird er dadurch für die Industriellen zum unsicheren Kantonisten? Hitler hingegen hofiert die Wirtschaftsbosse seit Jahren. Noch im Januar 1932 hat er vor dem einflussreichen Düsseldorfer Industrie-Club in einer Rede klargemacht, dass die »sozialistischen« Elemente im Parteiprogramm der NSDAP lediglich Stimmen bei den Arbeitern und kleinen Mittelständlern fangen sollen. In keinster Weise sei daran gedacht, den Einfluss der Unternehmer auf die Politik zu beschneiden. Zudem ist klar: Im Zuge einer von den Nationalsozialisten geplanten Wiederaufrüstung stünden große Aufträge für die deutsche Wirtschaft in Aussicht. Seitdem fließen die Spenden an die Nazipartei reichlich.

4

Nicht nur Großindustrielle hofieren Hitler, auch für Groß-
grundbesitzer ist der Mann aus Braunau ein Hoffnungsträger.
Fünfzig Kilometer nördlich von Berlin erwacht am 30. Januar
1933 die 19-jährige Libertas Haas-Heye, schaut aus dem Fenster
ihrer Wohnung über der Nordischen Halle auf den Vorplatz von
Schloss Liebenberg, dem Stammsitz ihrer Familie. Der Schnee,
der alles bedeckt, das Wirtschaftshaus und die Feldsteinkirche,
gleißt in der kalten Morgensonne. Auch der Brunnen, den Kaiser Wilhelm einst ihrem Großvater, mit dem er eng befreundet
war, geschenkt hat, trägt eine weiße, glitzernde Haube. Libertas
steht auf, zieht das Nachthemd mit dem Rundausschnitt über
den Kopf, wirft es in den offenen Kleiderschrank. Es ist ein besonderer Tag. Der Liebenberger SA-Sturm will nach Berlin auf-
brechen, zur Machtergreifung der Nationalsozialisten, und ihr
Onkel, der Fürst Friedrich-Wend zu Eulenburg und Hertefeld,
der Chef über Liebenberg, dieses Gut, dem es wirtschaftlich
besser gehen könnte, fährt ebenfalls und hat gefragt, ob auch
sie mit von der Partie sein will.

Doch bevor es losgehen soll, sattelt Libertas erst einmal ihr
Pferd. Es trägt den Namen *Scherzo*, die Bezeichnung für eine
musikalische Satzform, weil es stets rhythmisch unterwegs
und so wahnsinnig beweglich ist. So wie Libertas, meistens
jedenfalls. In ihr gibt es zudem eine Molltonlage. Seit sie denken kann, kümmern sich nämlich ihre Eltern eher sporadisch
um sie. Vor zehn Jahren haben sie sich scheiden lassen: Ihr
Vater Otto Haas-Heye ist ein bekannter Modeschöpfer, Kunst-
professor und Bonvivant, eine Art Vorläufer von Karl Lagerfeld

und in allen Metropolen Europas zu Hause, die Mutter Tora hingegen findet die Modewelt »horrible«, ist mit schwachen Nerven ausgestattet und versteckt sich vor der etwas zu realen Welt auf Schloss Liebenberg. Eine Weile lang hat sich eine Erzieherin um Libertas gekümmert, dann die jüdische Zeichenlehrerin Valerie Wolffenstein, eine Mitarbeiterin ihres Vaters. Eine schöne Zeit ist das gewesen mit Valerie, doch nicht von Dauer. In einem Berliner Pensionat hat Libertas gewohnt, in Paris, London, der Schweiz, und immer dann, wenn sie irgendwo vertraut wurde, musste sie wieder weg, sich neu eingewöhnen in einer fremden Stadt, an einem neu zu erobernden Ort: neue Kontakte knüpfen, neue Sympathien gewinnen, sich frisch orientieren und beweisen. Mittlerweile hat sie sich Techniken angeeignet, um anderen zu gefallen. Libs gilt als offen, lebenslustig und bezaubert Menschen mit ihrer fröhlichen Art, kann gut singen und hinreißend Ziehharmonika spielen, kennt tausend Lieder. Aber wer kennt sie?

Der Ausritt durch den Liebenberger Forst, dem das vom Schnee gedämpfte Getrappel der Hufe den Takt vorgibt, ist ihr ganzes Glück. Es ist ein eiskalter Tag, dieser 30. Januar 1933, aber wunderschön, klirrender blauer Himmel zwischen den weiß gepuderten Wipfeln der hohen Bäume, die den Park des Schlosses säumen. Sie kennt hier, auf dem Weg zum gutseigenen Lankesee, jeden Baum. »O, du mein Liebenberg, wo die Trauerweiden hängend grüne Zweige träumerischen Teichen neigen!«[42] Das hat sie, Rilke als Vorbild, mit vierzehn gedichtet.

Das Musische hat auf Liebenberg Tradition. Ihre Mutter trägt gerne vor, vor allem die europaweit bekannten »Rosenlieder« ihres Vaters, des Fürsten Philipp zu Eulenburg, des heiß geliebten *Opapas* von Libs. Auch ein »Märchen von der Freiheit« hat der geschrieben, darin taucht eine Libertas auf, Ver-

53

körperung der individuellen Freiheit, nach der ist sie benannt. 1921 ist der Fürst gestorben, vor elf Jahren, und sie erinnert sich gut an ihn. Opapa Philipp war nämlich nicht irgendjemand, sondern früher einmal, in einer längst untergegangenen und dennoch präsenten Zeit, der intimste Freund und engste Berater des Kaisers. Doch um diese Freundschaft rankt sich ein Skandal, der größte der Wilhelminischen Ära und der erste Homosexuellenskandal des 20. Jahrhunderts, von der Presse weltweit kommentiert. Was war geschehen? In der Zeitschrift *Zukunft* erschienen ab 1906 mehrere Artikel des jüdischen Publizisten Maximilian Harden, in denen die überraschte Öffentlichkeit las, dass der Kaiser *zu* häufig auf Schloss Liebenberg weile, und zwar nicht nur, um sich dort bei der Hirschjagd zu ergötzen. Von einer Tafelrunde war die Rede, die heimlich die Politik des Kaiserreiches bestimme, sich in spiritistischen Sitzungen ergehe – und in schwulen Praktiken. Kuno von Moltke, der hochangesehene preußische Generalleutnant, Flügeladjutant des Kaisers und Stadtkommandant von Berlin, trage dort Kimono und Schleppröcke und würde *Tütü* genannt. Philipp Fürst von Eulenburg fungiere im Negligé als *Philine*, und Kaiser Wilhelm II. sei das *Liebchen*. Nicht nur Singspiele in der dreißig Meter langen, zehn Meter breiten Nordischen Halle praktiziere man, sondern im Kaminzimmer auch Onanie und Analverkehr sowie, was irgendwie erschwerend hinzukam, die Heraufbeschwörung von Toten, die »Geistmaterial« zurückließen, das der Kaiser in einem Ring bei sich trage. Diese *Kamarilla* verfolge aufgrund ihrer moralischen Verworfenheit einen undeutschen, verweichlichten Kurs gegenüber Frankreich, dem Erbfeind. Die Liebe sei hier wichtiger als die Interessen des Staates: Verrat am Vaterland auf höchster Ebene.

Das Liebchen des Großvaters von Libertas: Kaiser Wilhelm II.,
hier in einer Karikatur aus Frankreich.

Am 27. April 1907 legte Harden nach und bezichtigte Eulenburg öffentlich der Homosexualität. Der Fürst wies die Vorwürfe zurück und zeigte sich gemäß Paragraf 175 selbst bei der Staatsanwaltschaft an, die im Juli des gleichen Jahres die Ermittlungen mangels Beweisen einstellte. Von diesem Gerichtserfolg ermutigt, reichte General Kuno von Moltke Verleumdungsklage gegen Harden ein. Das entpuppte sich als Fehler, da im Prozess saftige Details ans Tageslicht gelangten. So sagte Moltkes geschiedene Frau, die junge attraktive Lily von Elbe, unter Eid aus, in ihrer neunjährigen Ehe selbige mit ihrem Mann nur in den ersten beiden Nächten vollzogen zu haben. Außerdem bestätigte sie dessen enge Freundschaft zu Eulenburg. Magnus Hirschfeld, führender Sexualwissenschaftler seiner Zeit, wurde um eine gutachterliche Einschätzung gebeten und konstatierte im Gerichtssaal eine »homosexuelle Veranlagung mit ausgesprochenem seelisch-ideellem Charakter« bei Moltke. Am 29. Oktober 1907 befand das Gericht Moltke für homosexuell und sprach ihn nach Paragraf 175 schuldig. Eine Sensation nach der anderen erschütterte in Folge das prüde, sogenannte *eiserne Zeitalter* Preußens. Berlin, wo angeblich das Leben seine strenge Ordnung hatte, löste binnen kurzer Zeit Paris, Rom oder London ab, was Verrufenheit betraf. Plötzlich galt das vormalige *Sparta an der Spree* als neues *Babylon*. »Ja ja mein Sohn, und nun denke wieviele es heimlich für Geld thun, wieviele Du einfach ansprechen und mitnehmen kannst, wieviele es aus bloßer Liebe und aus Geilheit thun, dann haste ne Ahnung von Berlin, wie es weint und lacht. Rede mal mit Ausländern. Für die ist Berlin der Weltpuff, na Deutschland überhaupt. Paris nischt mehr dagegen, ganz abgekommen«, beschreibt Rudolf Borchardt in seinem 1000-Seiten-Porno-Opus *Weltpuff Berlin* die sich wandelnden Sitten.[43] Binnen kurzer Zeit löste sich die postulierte moralische Überlegenheit der Preußen in nichts auf. Plötzlich lästerte die Welt über die sexuell aufgeladene Subkultur Berlins – oder man bewunderte sie, reiste dorthin und mengte mit: eine sich selbst erfüllende Prophezeiung. »Da habt Ihr das züchtige Deutschland!«, titelte die französische Tageszeitung *Figaro*. Überall in Europa und in den Vereinigten Staaten schlug man in dieselbe Kerbe, nutzte die Gerüchte um den Liebenberger Kreis als Keule in der erbittert und stets auch moralisch geführten Auseinandersetzung um Kolonien, sprach den Preußen das Recht auf Eroberungen in der Welt schlichtweg ab.

Der Skandal, der immer weitere Anschuldigungen und Gerichtsprozesse nach sich zog, zerrüttete die wilhelminische Gesellschaft derart, dass das Wort vom Volk der *Dichter und Denker* durch den Wiener Publizisten und Gesellschaftskritiker Karl Kraus abgewandelt wurde in jenes der *Richter und Henker.*[44] Als im April 1908 ein Fischer vom Starnberger See in einem Folgeprozess aussagte, er habe in seinem Kahn Sex mit Eulenburg gehabt, wurde der Fürst verhaftet, bestritt die Vorwürfe erneut – und wurde deshalb auch noch des Meineids angeklagt.

Mit dunkler Sonnenbrille, um unerkannt zu bleiben, musste er immer wieder mit dem Zug nach Berlin, um sich dort auf seine Gesundheit untersuchen zu lassen und vor den Richtern zu erscheinen. Mitunter ließ sich der einst so vitale Mann, entweder weil er tatsächlich heruntergewirtschaftet war oder aus taktischen Gründen, sogar auf einer Bahre in den Gerichtssaal tragen.

Um seinen eigenen Kopf zu retten, distanzierte sich Kaiser Wilhelm von Eulenburg, seinem besten Freund, besuchte Schloss Liebenberg nicht mehr und umgab sich mit neuen Beratern, die der Friedenssehnsucht der nun abgedankten Liebenberger Tafelrunde diametral entgegenwirkten. An einem warmen Junitag 1908 wurde das Verfahren gegen Eulenburg wegen Verhandlungsunfähigkeit unterbrochen und nie wieder aufgenommen. Der Verdacht auf Homosexualität konnte weder bestätigt noch ausgeräumt werden. Dies bedeutete zwar keine rechtliche, wohl aber eine persönliche, gesellschaftliche Verurteilung des Fürsten – ein Makel, den er zeit seines Lebens nicht wieder loswurde. Zurückgezogen, von kaum jemandem besucht, lebte er bis zu seinem Tod 1921 auf dem Schloss und kümmerte sich um seine Enkel, erzählte ihnen Geschichten von gemeinsamen Sommerfahrten mit dem Kaiser auf der Jacht *Hohenzollern* in die tiefen Fjorde Norwegens, wo sie Wale jagten. Doch nie mehr meldete sich sein einst bester Freund, der einzige, der ihn hätte rehabilitieren können, auch nach dem verlorenen Weltkrieg aus dem Exil im niederländischen Doorn nicht.

5

Am Mittag des 30. Januar 1933 ruft Harro bei Adrien Turel an: »Hitler ist Reichskanzler! Fahr doch mal mit der Untergrundbahn bis Potsdamer Platz und sieh dir das Volksfest an. Dann kommst du vielleicht auf die Redaktion. Zunächst wird uns ja kaum etwas passieren.«[45] Turel deckt die Schreibmaschine ab, steigt in die Bahn, fährt ins Zentrum und läuft auf dem mittleren Spazierweg Unter den Linden in Richtung Schloss. Beiderseits auf dem Fahrdamm kommen ihm massive Kolonnen von SA-Leuten entgegen, mit Fackeln in den Händen, für die Umzüge am Abend, strammen Schritts, so wie Gladiatoren in die Arena schreiten. »Ich meinerseits marschierte gegen den Strom. Und siehe da: Entgegen kam mir nun ein jüdischer Fabrikant und seine Frau, Menschen, die ich sehr gut kannte. Ich begrüßte sie freudig als Judengenosse, der ich bin, mitten zwischen den Heersäulen der SA-Leuten (...) und sagte: ›Menschenskinder, dicke Luft! Hauen Sie ab!‹ Worauf die Dame mich anstrahlte und mit kindlicher Naivität sagte: ›Aber lieber Turel, seien Sie doch nicht hysterisch! Das ist ja ein Volksfest.‹«[46]

6

Mit mehreren Wagen fahren sie in der Eiseskälte zum Bahnhof in Löwenberg, unweit von Liebenberg entfernt. Neben Libertas sitzt ihr Onkel Wend, der 51 ist, ein Mann mit einem Grinsen wie ein Strich im Gesicht, nicht allzu vielen Haaren auf dem Kopf, die er flott zurückgekämmt hat. Libs weiß, wie viel ihm dieser Tag bedeutet: Die Nazis übernehmen in Berlin die Macht. Wend ist nämlich ganz hin und weg von diesem Hitler. Vor zwei Jahren hatte er eine Audienz bei ihm, da versicherte der Mann aus Braunau: »Den Kampf gegen den Marxismus führe ich [...] bis zur völligen endgültigen Vernichtung und Ausrottung dieser Pest am Deutschen Volke. [...] Hierfür kämpfe ich ohne Erbarmen und rücksichtslos bis ans Ziel.«[47] Das war nach dem Geschmack des Gutsbesitzers, denn auch in Liebenberg hatten schon Leute gefordert, das viele Land, das derzeit nur einem gehöre, dem Fürsten, aufzuteilen. Um die Nazipartei zu unterstützen, hatte Wend daraufhin einen von Hitler autorisierten Rundbrief an seine Landadel- und Großgrundbesitzerfreunde geschickt, allen dringend empfohlen, *Mein Kampf* zu lesen, das eine Fülle genialer Gedanken enthalte. Seine ursprünglichen Bedenken Hitler gegenüber wegen etwaiger sozialistischer Tendenzen hatte Wend fallen gelassen: »Wenn wir aber den Bolschewismus nicht wollen, bleibt uns keine andere Wahl, als in die Partei hineinzugehen, die trotz mancher sozialistischer Ideen der Gegenpol des Marxismus und des Bolschewismus ist.« Nicht nur glaubt er, dass die NSDAP die Probleme des Landes am besten lösen kann, sondern ist davon überzeugt, dass »ohne Hitler auf die Dauer keine Staatsform haltbar ist«.[48] Und wären die Nazis nicht auch prädestiniert, seinen Vater, den Fürsten Philipp, zu rehabilitieren, da Maximilian Harden, der den Eulenburg-Skandal losgetreten hatte, Jude war?

Doch wie denkt Libertas über die neue starke Bewegung? Ist sie ähnlich enthusiastisch wie ihr Onkel? Am 30. Januar 1933 nehmen die Liebenberger am Fackelumzug teil, und dieser gefällt Libertas. Für eine solche übersteigerte Pfadfinderromantik

Eine freie Stimme in bald unfreien Zeiten:
Harro Schulze-Boysens Gegner.

hat sie etwas übrig – von den Zielen Hitlers weiß sie hingegen wenig und interessiert sich auch nicht sonderlich dafür, da sie aus dem Herzen lebt und aus dem Bauch. *Das* sind die Zentren, aus denen heraus sie ihre Gedichte schreiben will. Allerdings sind es auch genau diese, unterhalb der Ratio liegenden Ebenen, die die Propaganda des Nationalsozialismus gezielt anspricht. Wenn die Liebenberger am Lehrter Bahnhof aussteigen und mit den aufgeregten Massen in Richtung Brandenburger Tor und Wilhelmstraße ziehen, ist deshalb auch Libertas bewegt. Ist dies vielleicht die lang ersehnte starke Familie, die sie die ganze Zeit über vermisst hat?

Fakt ist: Obwohl sie mit Politik nichts am Hut hat, sucht auch Libertas Anlehnung an die plötzlich so mächtige Bewegung und tritt im März 1933 in Liebenberg, das schon zuvor zu einem Nazinest mutiert ist, mit der Mitgliedsnummer 1 551 344 der dortigen Ortsgruppe bei und ist damit eine sogenannte »Märzgefallene«.

7

Wie so viele glaubt Harro an ein baldiges Scheitern des Hitler-Kabinetts. Sämtliche Koalitionen der letzten Jahre haben sich als nicht von Dauer erwiesen, wieso sollte es dieses Mal anders sein? Deshalb denkt Harro gar nicht daran, den *Gegner* einzustellen. Er ist überzeugt, dass nun endlich eine Zeit anbricht, in der gesellschaftlicher Wandel möglich ist, und da will er dabei sein, seine Stimme einbringen. »Fest davon überzeugt, dass die politischen Dinge noch keineswegs zum Stillstand gekommen sind (...), würde es mir geradezu dumm erscheinen, jetzt die Zeitschrift aufzugeben«, schreibt er den Eltern.[49] Er baut darauf, dass die Energie, die die Nazis entfesselt haben, genutzt werden kann für eine wirkliche soziale Revolution. Da er in Hitler eine Marionette des Kapitals zu erkennen glaubt, schließt er aus, dass dieser halten kann, was er dem Volk verspricht, und prophezeit, dass die NSDAP an ihrem inneren Widerspruch zwischen sozialistisch angehauchtem Programm und kapitalistischen Finanziers zerbrechen wird. »Die ersten zwei Regierungswochen haben uns in keiner Weise zu überzeugen vermocht«, schreibt er unerschrocken im *Gegner* vom 15. Februar 1933.[50] Aber die Nazis sind zäher und fintenreicher als gedacht – und vor allem brutaler. So stellt die NSDAP neben dem Reichskanzler Hitler zwar nur zwei weitere Minister, doch ihre Ressorts sind entscheidend. Mit Innenminister Frick sowie Göring, der als Reichskommissar für das preußische Innenministerium Dienstherr der gesamten preußischen Polizei wird, halten die Braunen den Schlüssel für die Kontrolle der Ordnungsorgane. Sofort kann die Regierung effizient gegen jegliche Opposition vorgehen – und schnell wird auch der Antisemitismus der Nazis in die Tat umgesetzt. Erste Boykottaktionen gegen jüdische Geschäfte, Kaufhäuser, Arztpraxen, Anwaltskanzleien gibt es bereits wenige Wochen nach der »Machtergreifung«, die eigentlich eine Machtübergabe gewesen ist. Rasch findet die rassistische Ideologie Eingang in das »Gesetz zur Wiederherstellung des Berufsbeamtentums«, welches sogenannte nichtarische Beamte in den Ruhestand versetzt. Der Unterschicht in Deutschland mag es weiterhin dreckig gehen, doch plötzlich gibt es eine Vielzahl von Menschen, die noch tiefer stehen, weil man ihnen die bürgerlichen Rechte aberkennt. Antisemitismus, um sich vor möglichen sozialen Umwälzungen zu schützen: ein perfider Mechanismus, den der Nationalsozialismus perfektioniert. Dies geht einher mit einer massiven Unterdrückung aller Andersdenkenden. Ein

Pluralismus der Meinungen, wie der *Gegner* ihn praktiziert, ist nicht mehr gewünscht. Nur noch eine einzige Stimme soll gelten:»Allein in Berlin sind heute abend zehn Lautsprecher auf den größten Plätzen aufgestellt, um die herum sich bereits wahre Menschenhorden versammelt haben«, prahlt Goebbels Mitte Februar im *Sportpalast*, bevor Hitler das Podium betritt:»Es steht an diesen Lautsprechern ein Publikum von ca. 500 bis 600 Tausend Menschen, die die Rede des Führers und Reichskanzlers zu Gehör bekommen werden.« Propaganda und Unterdrückung dominieren das tägliche Leben mehr und mehr. Hermann Göring ordnet für die Polizei den sogenannten *Schießerlass* an, den rücksichtslosen Schusswaffengebrauch gegen alle politisch Andersdenkenden. Auch die Arbeit in der *Gegner*-Redaktion verändert sich dadurch. Die Spreu trennt sich vom Weizen,»denn alles bisherige Mitläufertum wurde nun durch den aktiven persönlichen Einsatz vor die Frage gestellt: Kämpfen oder Kapitulieren«, wie es ein Redaktionsmitglied schildert.[51] Zwei Kollegen von Harro bekommen den neuen Wind am eigenen Leib zu spüren. Sie sitzen im *Tary Bary*, einem Szenerestaurant in Wilmersdorf, wo es russische Spezialitäten zu amerikanischen Drinks gibt, als sie verhaftet und im Polizeipräsidium am Alexanderplatz»von subalternen Kriminalbeamten vernommen« und als»asiatische Untermenschen« beschimpft werden.[52] Doch Harro zeigt sich unbeirrt:»Wenn ich wegen dieser Ziele ins Gefängnis komme, bin ich durchaus einverstanden, denn dann bin ich im Recht.«[53] Als der *Gegner* einen Antrag für einen politischen Diskussionsabend im Hotel *Nordischer Hof* in der Invalidenstraße in Mitte stellt, beginnt die Polizei mit der Observation. Ziel der Überwachungsmaßnahmen ist die»geflissentliche Feststellung der politischen Einstellung des *Gegner*-Kreises«.[54]

Am 16. Februar 1933 findet ab 20 Uhr der beantragte *Gegner*-Abend statt. Es geht um die Auseinandersetzung mit Ernst Jüngers Buch »Der Arbeiter«, das sowohl Henry Erlanger als auch Harro beeindruckt hat. Der Saal ist mit 200 Leuten unterschiedlichster Couleur besetzt. Sogar Hitlerjungen beteiligen sich »freundlich, sachlich, interessiert« an der Diskussion.[55] Die Polizei schaut zu, greift aber kaum ein. »Es stand höchstens einmal einer der Beamten auf und wies darauf hin, dass das in der Diskussion Gesagte doch wohl zu weit ginge«, berichtet ein Teilnehmer: »Das Erstaunliche des Ereignisses war die absolute Einmütigkeit und brüderliche Verbundenheit, die aus jeder Äußerung der Sprecher hervorklang. (...) Allen war trotz der verschiedenen politischen Akzente das ›Dennoch‹ und das ›Nichtaufgeben-Wollen‹ gemeinsam.«[56] Harro bekennt in seiner Ansprache Flagge, reagiert auf die neuen Machthaber nicht unterwürfig wie das Gros der Bevölkerung, sondern geht, wo andere sich wegducken oder anpassen, in die Offensive. Und vor allem spricht er hier schon etwas an, das ihn bis zum Schluss von der braunen Bewegung trennen wird, und das betrifft deren moralischen Kern: »Der ewige Deutsche hat zwei Seelen in seiner Brust. Er kann nicht die eine töten, ohne Schaden an seinem innersten Wesen zu nehmen. Er muss sich in seiner Eigenart und Mannigfaltigkeit erkennen. Der eigentliche Feind bleibt der deutsche Spießer, überall nistet er sich ein, und nirgends füllt *er* die Gefängnisse.« Eigenarten anerkennen, Verschiedenheiten begrüßen: *Das* bestimmt Harros politische Ziele. Alle im Raum fordert er auf, die persönlichen Interessen hintanzustellen und für die Freiheit einzustehen, für die Revolution zu leben, inklusive aller Gefahren und sonstiger Konsequenzen. Eine Rede voller Zivilcourage angesichts des täglich sich verschärfenden Unterdrückungsapparats.

Am 19. Februar 1933 – Hitlers Kanzlerschaft ist gerade einmal drei Wochen alt – nimmt Harro bei erneut eisigen Temperaturen an der letzten Großkundgebung gegen die rechte Regierung teil. Aus allen Teilen der Stadt strömen trotz starken Schneefalls über 10 000 Menschen zum zentral gelegenen Lustgarten am Schloss. Mehrfach gibt die SA aus ihren Lokalen heraus Schüsse ab, während sich die Menge bis zum Gendarmenmarkt ergießt. Zur gleichen Zeit versammeln sich rund eintausend Künstler, Schriftsteller und Wissenschaftler in der Kroll-Oper, protestieren gegen die Zensur von Kunst, Forschung und Presse. Als sich Harro auf den Weg dorthin begibt, ballert ein Polizist knapp an ihm »vorbei, was sagste nun, aber getroffen hat er nicht«, wie Harro es mit lakonischer Distanz seinem jüngeren Bruder Hartmut schreibt – gerade so, als könne ihm nie etwas passieren.[57]

Am 24. Februar 1933 ordnet Göring gegenüber der Polizei an, künftig sämtliche Beobachtungen und Feststellungen politischer Art zu melden. Die systematische Bespitzelung verschärft sich. Drei Tage später, am 27. Februar, ist es noch immer klirrend kalt in der Stadt. Erneut fallen mehrere Zentimeter Schnee. Am Abend wird der Himmel über Berlin von einem Feuerschein erhellt, einem samtenen Rot, das die Luft durchtränkt. Es ist der brennende Reichstag. Ohne Beweise vorzulegen, behauptet das Regime, der am Tatort festgenommene arbeitslose Holländer Marinus van der Lubbe soll im Auftrag der KPD die Brandstiftung begangen haben. Noch vor dem Morgengrauen werden in Berlin 1500, in ganz Deutschland über 8000 Menschen verhaftet, darunter die Schriftsteller Erich Mühsam, Carl von Ossietzky, Egon Erwin Kisch. Harro bleibt zunächst verschont. Am folgenden Tag setzen die Nazis per »Verordnung des Reichspräsidenten zum Schutz von Volk und Staat« die Bürger- und Freiheitsrechte außer Kraft. »Jetzt wird rücksichtslos durchgegriffen!«, titelt der *Völkische Beobachter*, das Parteiorgan der NSDAP. Persönliche Freizügigkeit, freie Meinungsäußerung, Pressefreiheit, das Vereins- und Versammlungsrecht, das Briefgeheimnis: All das gibt es schlagartig nicht mehr, während die Trümmer des Parlaments noch rauchen. Sogenannte wilde Konzentrationslager entstehen: im Wasserturm am Prenzlauer Berg beispielsweise und an vielen anderen Orten in Deutschland. Jetzt kommen die Listen zum Einsatz, die die Nazis vorbereitet haben, darauf stehen Sozialdemokraten, Kommunisten, Andersdenkende. Es dauert nicht lange, bis ein Polizeikommissar in der *Gegner*-Redaktion erscheint, um Harro zu befragen. In dem entsprechenden Polizeibericht heißt es:

»Die Vereinigung setzt sich nicht aus einer
feststehenden Mitgliederzahl zusammen, und
sie verfügt auch über keinerlei Satzungen. Der
Personenkreis, der sich zu dieser Vereinigung
hingezogen fühlt, setzt sich zum größten Teil
aus jungen Leuten aus allen Ständen und politischen Lagern zusammen. Die ungefähre Zahl
der Interessenten konnte nicht festgestellt
werden. Der eigentliche Leiter ist der Student
Harro Schulze-Boysen, evangelisch, Staats-
angehörigkeit Preuße. Die Büros befinden sich
Berlin W 9, Schellingstraße 1, IV. Etage und
bestehen aus 2 Zimmern. Hier ist der Leiter
der Vereinigung ständig aufhältlich und auch
polizeilich gemeldet. Über Schulze-Boysen ist
hier bei der Abteilung I in politischer Hinsicht nichts bekannt, desgleichen hat er bei

der Abteilung K keine Vorgänge. Der durch die
Ermittlung gewonnene Eindruck bestätigt die
Annahme, dass diese Vereinigung radikal kommu-
nistisch eingestellt ist.«[58]

»Radikal kommunistisch«? Das soll Harro nicht zum letzten
Mal unterstellt werden. In einer Kurzfassung erscheint der Report auch in den Mitteilungen des Landeskriminalamtes Berlin und enthält die Aufforderung, »sachdienliche Feststellungen
unter Aktenzeichen I 2e 7045/X mitzuteilen«.[59] Nun ist Harro
im Visier.

8

An einem der letzten Tage dieses Februars 1933 schlendert
Henry Erlanger die zentrale Lützowstraße entlang, kommt an
der im neoromantischen Stil aus rotem Backstein erbauten Ge-
meindesynagoge vorbei, die Platz für über 2000 Gläubige bietet,
als er einen Gegner-Kollegen mit Namen Schreiber im Braunhemd gekleidet »recht zackig und mitmachend« aus einer Eckkneipe, einem Sturmlokal der SA, kommen sieht.[60] Im Gegner-Kreis findet eine Aussprache statt, bei der Schreiber alles
abstreitet. Werner Dissel, einer der engsten Freunde von Harro
und Henry, beobachtet den Spitzel daraufhin: »Eines Tages stand
Schreiber nachts um 11 Uhr vor meiner Tür und äußerte, dass
er das Bedürfnis habe, sich mit mir auszusprechen. Er wollte
aber nicht in die Wohnung kommen, täuschte Unwohlsein vor
und bat mich, mit ihm einen Spaziergang zu unternehmen. Wir
gingen in Richtung Krumme Lanke durch den Wald. Mitten in

der Unterhaltung hatte ich plötzlich zwei Gorillas an der Seite, die mich auch gleich mit ihren Fäusten bearbeiteten und zusammenschlugen.«[61]

Am 3. März 1933, zwei Tage vor den Reichstagswahlen, bei denen Hitler seine Macht bestätigt sehen will, geht es auch Harro an den Kragen. Er wird festgenommen, zum ersten Mal, und in einen dunklen, überheizten Keller verschleppt, vermutlich im Polizeigefängnis am Alexanderplatz. »Üble Schikanen«, schreibt er den Eltern auf einer Postkarte, als alles überstanden ist: »Eben wieder freigelassen.« Immerhin weiß er von seinen Mitgefangenen Gutes zu berichten: »Ich habe in diesen Stunden herrliche Menschen kennengelernt. Darum: Nun erst recht!«[62]

Tatsächlich geben die Reichstagswahlen vom 5. März 1933 Harro Anlass zur Hoffnung, dass politische Mitbestimmung noch möglich ist. In Berlin beispielsweise hat die Hitlerpartei nur 31,3 Prozent erreicht, während SPD auf 22,5 und KPD auf 30,1 Prozent kommen, die beiden Arbeiterparteien in der Hauptstadt also deutlich mehr Stimmen auf sich vereinen als die Rechten. Doch die Mandate nutzen der KPD wenig: Das Regime lässt die kommunistischen Abgeordneten schlichtweg verhaften. Somit hat plötzlich die NSDAP die absolute Mehrheit und bereitet das Ermächtigungsgesetz vor, das das Parlament bedeutungslos macht. Als mit Ausnahme der Sozialdemokraten die bürgerlichen Parteien der Mitte am 23. März 1933 dieser Selbstentmachtung zustimmen und damit die benötigte Zweidrittelmehrheit erreicht wird, ist der Weg zum nächsten Schritt geebnet, dem Verbot aller Parteien außer der NSDAP. Die totalitäre Schlinge, Gleichschaltung genannt, zieht sich immer enger zu, einhergehend mit einem rapiden Ausbau des Verfolgungsapparates. Auch die Entführungen kritischer Geister nehmen zu: Immer mehr Menschen werden von der Straße weg einkassiert und misshandelt, um sie »umzuerziehen«. Bereits ein Witz auf Hitlers Kosten kann zu schweren Konsequenzen führen, überall gibt es plötzlich Spitzel, immer schwieriger wird es, anderen Leuten zu vertrauen.

Längst nicht jede Maßnahme des Regimes findet in der Bevölkerung Unterstützung. So wird ein angeordneter »Judenboykott«, der ab dem 1. April 1933 die Menschen davon abhalten soll, jüdische Geschäfte, Warenhäuser, Banken oder auch Arztpraxen zu frequentieren, nach 24 Stunden wieder abgebrochen, weil sich nicht genügend Bürger daran beteiligen.

Harro versucht in diesen Tagen, einen Termin im *Braunen Haus* zu organisieren, der Parteizentrale der NSDAP in München. Dort will er seine sozialrevolutionären Vorstellungen mit der Führung der Hitlerjugend abgleichen. Noch immer nährt er die Illusion, dass im Prinzip alle an einem Strang ziehen können für das Wohl des Landes. Als er tatsächlich eine Einladung erhält, präsentiert er sie triumphierend seinen *Gegner*-Freunden. Stundenlang müssen sie mit ihm diskutieren, um ihm klarzumachen, dass es mit den Faschisten keine Gemeinsamkeiten geben kann und er auf keinen Fall in die bayerische Hauptstadt reisen soll.[63]

Dass sie recht haben, begreift Harro wenige Wochen später, an jenem 26. April 1933, als die nationalsozialistische Staatsgewalt erneut an seine Tür in der Schellingstraße pocht – dieses Mal die schwarz uniformierte SS, die ihn und Henry Erlanger mitnimmt – und es plötzlich um alles geht.

9

Harros Mutter Marie Luise ist wegen des Mordes an Henry so erschüttert, dass sie es für ihre Pflicht hält, »dies Verbrechen bei der Polizei anzuzeigen«.[64] Sie kann die wahren Beweggründe für die Gewalt gegen Henry Erlanger und ihren Sohn noch nicht einordnen, nicht einschätzen, wie willkürlich die Machtausübung der Nationalsozialisten bereits geworden ist. Harro, der in den Tagen und Nächten im Folterkeller am Spandauer Bock jegliche Naivität verloren hat, beschwört sie, auf die Anzeige zu verzichten, da es nur an ihm hängen bliebe und sie ihn erneut festnehmen würden. Er betrachte dies als eine Angelegenheit unter Männern, die hiermit erledigt sei, flunkert er sie an, um sie von ihrem Vorhaben abzubringen. Um hier Widerstand zu leisten, das weiß er jetzt, müssen andere Techniken und Taktiken zur Anwendung kommen, als sie Marie Luise zur Verfügung stehen. Der Rechtsstaat ist ebenso tot wie Henry Erlanger.

Doch seine Mutter lässt sich nicht beirren, und als Reaktion auf ihre Anzeige wird Harro, genau wie er es vorhergesehen hat, nach seinem Aufenthalt im Kegelkeller erneut in Verwahrung genommen, dieses Mal von der im Aufbau befindlichen Gestapo, der Geheimen Staatspolizei, die ihn zu den Vorfällen befragen will. Es ist der 1. Mai 1933, ein Tag, an dem viel passieren wird. »Gestern drohte noch Regen, heute strahlt die Sonne. Richtiges Hitlerwetter!«, jubelt der frischgebackene Reichsminister für Volksaufklärung und Propaganda Joseph Goebbels in seinem Tagebuch: »Nun wird alles zum Besten verlaufen.«[65] Er hat seit Langem auf diesen 1. Mai hingearbeitet. Ziel ist die

Entmachtung der Gewerkschaften, jener Massenorganisationen, die den Nazis noch gefährlich werden könnten. Schon einmal haben die organisierten Arbeiter den Versuch von rechts, die Demokratie abzuschaffen, im Keim erstickt. Das war im März 1920 gewesen, als ein von den Gewerkschaften ausgerufener Generalstreik den sogenannten Kapp-Putsch beendete. Ausgerechnet über den Arbeiterfeiertag, den 1. Mai, plant die NS-Spitze nun, die Gewerkschaften auszulöschen. Seit 1890 feiern die Arbeiter überall auf der Welt dieses Datum als das ihre. Die Idee stammt aus Amerika: Dort hatte der Arbeiterbund am 1. Mai 1886 zum ersten Mal einen großen Streik organisiert. In den stürmischen Zwanzigerjahren hatten sich die 1.-Mai-Feiern in Berlin als Demonstrationen der Macht der Arbeiterklasse fest etabliert. Doch war der »Kampftag der Arbeiterklasse« mit Ausnahme von 1919 nie gesetzlicher Feiertag in Deutschland gewesen, sondern die Teilnehmer hatten sich freinehmen und auf ihren Lohn verzichten müssen. All das hat Hitler in einem Handstreich geändert und den 1. Mai zum »Tag der nationalen Arbeit« erklärt, einem gesetzlichen Feiertag bei vollem Lohnausgleich – wie auch heute noch. Es ist ein geschickter Schachzug, um den Gewerkschaften das Wasser abzugraben und den ehemaligen internationalen Protesttag umzufunktionieren in eine Feier zu ihren Ehren.

»Wenn es klappt, haben wir einen Sieg ohnegleichen errungen«, fährt Goebbels in seinem Tagebuch fort.[66] Doch werden die Gewerkschaften der NSDAP auf den Leim gehen? Ist mit Protestaktionen der Kommunisten zu rechnen? Im Polizeipräsidium am Alexanderplatz, der »Roten Burg«, herrscht nervöse Stimmung – in die nun ausgerechnet Marie Luise, dieses Energiepaket einer sich sorgenden Mutter, hineinplatzt. Aufgewühlt besteht sie darauf, zu Polizeipräsident von Levetzow vorgelassen zu werden, und wartet auf ihn, ihr Bonbon, das Abzeichen der NSDAP, sichtbar auf dem Busen tragend,»in einem Raum mit Fenstern nach der Straße zu, wo sehr viele Menschen mit dem Parteiabzeichen standen, um den Vorbeimarsch der SS, der SA und der Hitlerjugend mit Fahnen und Musik anzusehen, die zu einer Kundgebung (...) zogen«. Irgendwann kommt ein Beamter herein und gibt ihr zu verstehen:»Wir haben gehört, welches Pech Sie mit Ihrem Sohn hatten. Aber das waren keine SS-Leute, sondern verkappte Kommunisten.«[67] Doch Marie Luise weiß es besser, und als klar wird, dass der Polizeipräsident sie nicht empfängt, da er selbst zur Mai-Veranstaltung auf dem Tempelhofer Feld aufbricht, kann sie lediglich mit einem seiner Vertreter sprechen, einem Mann namens Bredow, ein früherer Landrat,»der wohl froh war, wieder einen Posten bekommen zu haben, und nichts riskieren wollte, um ihn nicht zu gefährden«, wie es in Marie Luises Erinnerungen heißt.»Ich berichtete alles, vor allem den Mord an dem jungen Halbjuden Erlanger.«

Doch Bredow weiß nicht so recht, wie er auf diese für ihn unangenehme, komplizierte Angelegenheit reagieren soll. Längst hat seine Behörde das Gewaltmonopol verloren. Außerdem hetzt die Regierung seit Monaten gegen die Juden. Darf die Polizei sich um deren Belange überhaupt noch kümmern? Auch in anderen deutschen Städten, wo Juden, Kommunisten, Sozialdemokraten und Intellektuelle in diesem Frühling 1933 durch die Horden der SA drangsaliert worden sind, stellt sich diese Frage – und wird unterschiedlich beantwortet. In Leipzig beispielsweise hält der rechtskonservative Bürgermeister Carl Friedrich Goerdeler seine Polizei dazu an, Juden gegen die Übergriffe der Nazis beizustehen. Aber Bredow hat nicht die Zivilcourage Goerdelers.»Ich kann doch unmöglich einen ganzen SS-Sturm gefangen nehmen und bestrafen«, sagt der Berliner Polizeibeamte konsterniert. »Warum nicht, wenn es Verbrecher sind!«, entgegnet Marie Luise, die bürgerliche Hausfrau und Mutter, die noch immer an den Rechtsstaat glaubt.

Endlich, während in der ganzen Stadt die Berliner Arbeiter in zehn riesigen Kolonnen zu je 50 000 Leuten in einem Sternmarsch zur zentralen Kundgebung strömen, wird ihr Harro vorgeführt. »Mama, du hast mich durch die Anzeige von Erlangers Mord hier hereingebracht«, ruft er ihr kopfschüttelnd zu: »Jetzt bringe mich auch wieder heraus.« Doch so einfach ist das nicht, vor allem nicht an diesem prekären Tag. Ursprünglich hatte Harro geplant, sich mit seinen Freunden und einem großen Plakat »Redaktion *gegner*« am Demonstrationszug zu beteiligen, um mit den Gewerkschaften »ins Gespräch zu kommen und neue Kräfte zu sammeln«.[68] Doch um Selbstbestimmung und die Rechte der Arbeiter geht es in diesem Jahr nicht mehr. Nicht wie früher entscheiden die Gewerkschaften über den Ablauf des 1. Mai, sondern Joseph Goebbels. Für Hitler lässt er auf dem Tempelhofer Feld eine riesige Tribüne mit vorgeschobener Kanzel und sechs gigantischen Hakenkreuzfahnen aufbauen, die bei Einbruch der Dunkelheit von starken Scheinwerfern ins Licht getaucht werden. Diese pompöse Präsentation hat Albert Speer erdacht, der den ursprünglichen Entwurf der Berliner Stadtverwaltung für die Maikundgebung als »Dekoration zu einem Schützenfest« kritisierte und durch sein Engagement für diesen Tag den ersten Karriereschritt auf dem Weg zum nationalsozialistischen Stararchitekten macht. Während Hitler ein großes Arbeitsbeschaffungsprogramm mit dem Bau der Autobahnen verkündet – ohne freilich zu enthüllen, dass dafür Löhne weit unter den Sozialhilfesätzen gezahlt und Arbeitsverweigerer ins KZ gesperrt werden würden –, verbringt Harro mit seinen frischen Wunden eine weitere Nacht auf einer Strohmatratze in Gefangenschaft. »Überwältigend«, lautet das Fazit in Goebbels' Tagebuch zu diesem 1. Mai: »Ganz unfassbar noch in seinen Ausmaßen. Das Leben ist so schön!«[69]

Während die Titelschlagzeilen der Berliner Morgenpost am Tag darauf überall in der Stadt die »größte Kundgebung aller Zeiten« bejubeln, geht die Aktion zur Entmachtung der Gewerkschaften weiter. Nun holen die Nazis zu ihrem großen Schlag aus: »Am 2. Mai werden wir dann die Gewerkschaftshäuser besetzen. Gleichschaltung. Ein paar Tage Krach, dann gehören sie uns«, triumphiert Goebbels.[70] Gegen 10 Uhr am Morgen trifft Marie Luise Schulze in der »Roten Burg« erneut auf Bredow und verlangt, »er möchte jetzt endlich – als Vertreter von Levetzow – einen Zettel schreiben, dass mein Sohn entlassen werden solle«. Zur gleichen Zeit fahren überall in der Stadt sowie im ganzen Land Rollkommandos der SA vor den Gewerkschaftshäusern vor, verhaften deren führende Funktionäre und beschlagnahmen das Vermögen der Gewerkschaften. Gegenwehr gibt es nur sporadisch und wird brutal niedergeschlagen. In Mülheim an der Ruhr beispielsweise, wo Harros Eltern wohnen, werden vier Gewerkschaftsfunktionäre ermordet. Rasch zeichnet sich ab: Die deutsche Arbeiterbewegung, einst die stärkste der Welt, ist endgültig zerschlagen. Künftig werden die Arbeiter zentral in der Deutschen Arbeitsfront (DAF) geführt. Mitbestimmung gibt es nicht mehr.

Die Aufzeichnungen von Harros Mutter zu diesem Tag der weiteren Gleichschaltung tragen nicht von ungefähr kafkaesken Charakter. Auch die Polizei verliert wie im Zeitraffer ihre Unabhängigkeit und wird zum Instrument der braunen Partei.

Marie Luise ist mittlerweile klar geworden, dass es sich im Falle ihres Sohnes um einen Streit zwischen der verunsicherten Polizei, die Harro freigeben will, und der SS, »die wohl wegen der von ihr begangenen Verbrechen ein sehr schlechtes Gewissen hatte«, gekommen ist. Als sie Bredows Büro verlässt, der ihr schriftlich bestätigt, dass nichts mehr gegen eine Freilassung Harros spricht, wird ihr auf dem Gang dieses Schreiben von einem Mann aus der Hand gerissen, der damit hinter einer Tür mit der frisch angebrachten Aufschrift »Geheime Staatspolizei« verschwindet. Erregt läuft Marie Luise zu Bredow zurück, der ihr aber nicht mehr helfen will. Nur seine Sekretärin, die mutiger ist als ihr Chef, geht auf die aufgebrachte Mutter zu: »Kommen Sie mit, ich bringe Sie zu dem Türhüter des Gefängnisses, den ich kenne, der wird Sie hereinlassen.« Marie Luise folgt der Sekretärin durch einen Wirrwarr an Gängen, bis sie eine schwere eiserne Schiebetür erreichen. Die Sekretärin wechselt einige Worte mit dem Türhüter, bis er Marie Luise auf die andere Seite durchlässt, wo sie »zwischen lauter abgehärmten Frauen steht, die wohl in ähnlicher Sorge waren wie ich«. Bald darauf erscheint ein Beamter: »Bitte warten Sie doch außerhalb der Pforte. Es fällt so auf, wenn eine Dame wie Sie mit dem Parteiabzeichen hier drinnen wartet.«

»Entweder ich gehe mit meinem Sohn heraus, oder ich bleibe hier«, entgegnet Marie Luise.

Irgendwann wird ihr Harro gebracht, und im Anschluss an seine Freilassung trifft die Mutter tatsächlich noch mit Polizeipräsident Levetzow zusammen, der sich zunächst jovial nach dem Ergehen ihres Gatten erkundigt, seines alten Kameraden von der Marine. Dann sagt Levetzow das Entscheidende: »Aber ein anderes Mal müssen Sie zu Ihrem Wort stehen, ein Mord ist immerhin ein Mord.« Marie Luise stutzt für einen Moment, bis sie versteht: Ihr Zugeständnis für die Freilassung Harros soll darin liegen, dass sie ihre Anzeige nicht weiterverfolgt und die Polizei davor bewahrt,»den SS-Sturm zur Rechenschaft zu ziehen«. Sie überlegt einen Moment, wie auf diesen durch die Blume geäußerten Vorschlag, den Mord nicht weiterzuverfolgen, zu reagieren ist.»Wenn eine Aussage von mir verlangt wird, bin ich jederzeit bereit, sie zu geben«, erklärt sie. Doch wie erwartet: Ihre Aussage wird nicht mehr verlangt. Es ist eine Zeit des Umbruchs, der Angst und des Kompetenzgerangels im Verfolgungsapparat des sich konsolidierenden NS-Staats. Da macht niemand für einen toten »Halbjuden« einen Finger krumm.»So sind die rohen Mörder an Erlanger ohne jede Strafe davongekommen«, fasst Marie Luise ihre niederschmetternden Erfahrungen mit der Berliner Polizei zusammen.[71]

10

Libertas zieht in dieser Zeit nach Berlin. Jetzt spielt ihr Leben an genau dem Ort, der von dem Skandal um ihren Großvater Philipp aka »Philine« beeinflusst worden ist. Hier wird sich zeigen, ob sie sich mit all ihrer Ungebundenheit und Haltlosigkeit in eine Göttin der Freiheit verwandelt oder beim Ausleben ihrer Bedürfnisse ebenso wie der Fürst unter die Räder kommt.

Es lässt sich gut an: Sie ist erst neunzehn und hat ohne Berufserfahrung oder fachliche Ausbildung gleich eine erstaunliche Stellung ergattert, die sie ihrer zweiten großen Leidenschaft neben dem Dichten näherbringt: dem Film. Metro-Goldwyn-Mayer, das größte Hollywoodstudio, lockt sie mit einem Angebot in ihre Berliner Dependance in der Friedrichstraße. Aber vielleicht ist ihr guter Start in die Arbeitswelt gar nicht so erstaunlich, wie es zunächst scheint. *MGM* feuert in diesen Frühlingsmonaten 1933 ein Gros seiner jüdischen Mitarbeiter: mehr als die Hälfte der Beschäftigten und so gut wie alle Geschäftsführer. Der Deutschlandchef des Studios, Frits Strengholt, lässt sich nach Aufforderung des Propagandaministeriums sogar von seiner jüdischen Frau scheiden, die später in einem Konzentrationslager endet. Die entstehenden Lücken muss das Studio füllen und offeriert der mit exaltiertem Elternhaus und antrainiertem Kommunikationsgeschick sowie sogar dem richtigen Parteibuch ausgestatteten Libertas einen Job in der Öffentlichkeitsabteilung. Sie erhält einen eigenen Schreibtisch mit Schreibmaschine und Telefonanschluss und informiert fortan die Medien und das Propagandaministerium über die neuen Kinostarts, organisiert Pressevorführungen in den Premierenkinos am Kurfürstendamm: dem Marmorhaus, Capitol oder UFA-Palast am Zoo.

Rasch trägt ihre Arbeit Früchte: Der Film »Die Wüstensöhne« mit Stan Laurel und Oliver Hardy, in Deutschland etwas tapsig als »Dick und Doof« vermarktet, ist eine Sensation, ebenso das Musical »Ich tanze nur für dich« mit Joan Crawford, Clark Gable und Fred Astaire. MGM, wo auch Greta Garbo unter Vertrag steht und das seinen brüllenden Löwen im Vorspann zum Markenzeichen macht, gedeiht im Nazireich, dem zweitgrößten Filmmarkt der Welt. Es ist eine goldene Ära für die Träume auf der Leinwand. James Stewart, Henry Fonda, Katherine Hepburn, Gary Cooper, Humphrey Bogart – das sind die Namen, die MGM ab Mitte der Dreißigerjahre für die Zukunft aufbauen will. Die Bilder der Hollywoodstars zieren die populären Zeitschriften und Magazine. Überall in der Reichshauptstadt hängen Kinoplakate, und alle wichtigen Produktionen werden auch dank der Tätigkeiten von Libertas ausführlich in den Illustrierten besprochen. »Wir haben fantastische

Einkünfte aus Deutschland«, bringt es Studiochef Louis B. Mayer auf den Punkt.[72]

Doch der Preis ist hoch, den die amerikanischen Filmschaffenden zu zahlen haben. Goebbels hat nämlich einen Zensor nach Los Angeles entsandt, den Konsul Georg Gyssling. Dieser hält mit Änderungsvorschlägen nicht hinterm Berg, und Hollywood hört auf ihn, da Gyssling einen wirksamen Hebel hat. Es ist Artikel 15 der deutschen Filmgesetzgebung: Eine Firma, die nazikritische Produktionen zur Aufführung bringt, egal wo auf der Welt, wird mit allen ihren künftigen Filmen aus Deutschlands Kinos verbannt – ein Albtraumszenario für die amerikanischen Produzenten. Ohne größeres Murren stimmen sie deshalb zu, dass ihre Streifen um ganze Szenen, sogar Handlungsstränge gekürzt werden, wenn diese der NS-Führung nicht passen – ein Skandal, über den stillschweigend hinweggegangen wird. Profit über Prinzip, so handeln die Studiobosse und kollaborieren bis zur Selbstverleugnung mit den Antisemiten in Berlin.

Der Kotau vor Hitler geht so weit, dass sogar ein groß angelegtes Filmprojekt, das der Weltöffentlichkeit die menschenverachtende Behandlung der Juden in Deutschland vor Augen führen sollte, auf Wunsch der NS-Regierung fallen gelassen wird. Herman Mankiewicz, der später in Zusammenarbeit mit Orson Welles »Citizen Kane«, einen der besten Filme aller Zeiten, schreiben wird, arbeitet in diesem Mai 1933 an einem Drehbuch mit dem Titel »The Mad Dog of Europe«. Über drei Kilometer Film aus der *Deutschen Wochenschau* sind bereits angesammelt, um sie in den Film einzuweben und authentisch zu zeigen, wie es den Juden in Deutschland ergeht. Ein Schauspieler wurde gecasted, der Hitler wie aus dem Gesicht geschnitten ähnelt: Zum ersten Mal würde der »Führer« in einem

In erster Reihe mit übereinandergeschlagenen Beinen im Berliner Büro des Hollywoodstudios MGM: Libertas hört Hitlers »Friedensrede« am 17. Mai 1933.

Film dargestellt, lange vor Charlie Chaplins »Der große Diktator«. Den Rest der Besetzung soll die Creme der Hollywoodmimen bilden. »Dieser Film ist für die Interessen der Demokratie«, beginnt Mankiewiczs Drehbuch selbstbewusst, »ein Ideal, das die Menschheit zu ihren nobelsten Anstrengungen inspiriert hat.« Erzählt wird das Verhältnis einer jüdischen Familie Mendelsohn mit ihren Nachbarn und besten Freunden, den Schmidts – bis Hitlers rassistische Politik sie gegeneinander aufbringt. Als Konsul Gyssling von dem Projekt Wind bekommt, setzt er alle Hebel in Bewegung und macht deutlich, dass nicht nur sämtliche amerikanische Produktionen künftig in Deutschland verboten, sondern auch das Eigentum aller US-Filmstudios in Berlin konfisziert würde, falls man den Film realisiere. Erneut gibt Louis B. Mayer klein bei: »Wir haben Geschäftsinteressen in Deutschland. Wir generieren ein enormes

79

Einkommen in Deutschland. Deshalb wird dieser Film niemals gemacht.«[73] Was wäre wohl geschehen, wenn der Welt durch einen überzeugenden »Mad Dog of Europe« die antisemitische Fratze des NS-Regimes – vielen Menschen auf der Welt noch längst nicht bewusst – bereits Mitte der Dreißigerjahre vor Augen geführt worden wäre? Doch in diesem entscheidenden Moment, in dem Hollywood den Planeten hätte warnen können, obliegt nicht den Filmemachern der Final Cut, sondern Goebbels.

Kein Wunder, wenn Libertas' Arbeit für MGM nichts an ihrer unreifen, nationalsozialistisch orientierten Weltsicht ändert. Für sie ist Karriere wichtig, und wo könnte ihr das Arbeiten mehr Spaß bereiten als in der glamourösen Filmwelt? Doch ist es wirklich die reine Freude?

Es gibt ein Profilbild von ihr aus dieser Zeit, aufgenommen in der Friedrichstraße 225, dem Büro von MGM, da sitzt sie an ihrem Schreibtisch, vor sich eine schwarze Schreibmaschine, neben ihr mehrere Stapel Papier und im Hintergrund eine Handvoll Leitz-Ordner. Sie trägt ein für ihren Geschmack biederes schwarzes Strickkleid mit hausmütterlich wirkendem weißem Spitzenkragen und hat ein ganz offenes Lächeln. Entscheidend ist das Datum der Aufnahme, der 10. Mai 1933, es ist der Tag der Bücherverbrennungen. Nur wenige Fußminuten entfernt stehen bereits die Lastwagen in den Straßen, auf denen für alle Bürger sichtbar über 25 000 Bücher lagern. Der große Scheiterhaufen am vom MGM-Büro fußläufig erreichbaren Opernplatz ist ebenfalls schon errichtet.

Wie geht es Libertas damit, die aus einer bis auf ihren Onkel Wend künstlerisch orientierten Familie stammt, dass die Werke des Journalisten und Satirikers Kurt Tucholsky verbrannt werden sollen, die Romane der großen Schriftsteller Heinrich und

Thomas Mann, die Arbeiten des genialen Sigmund Freud, des unglücklichen Joseph Roth, des so bewundernswerten Stefan Zweig oder von Bertolt Brecht, dessen Liedtexte sie so gerne singt? Der von Libs verehrte Lyriker Joachim Ringelnatz gehört ebenfalls zu den verbotenen Autoren, auch Erich Kästner – der als Zeitzeuge selbst am Opernplatz dabei ist und sieht, wie seine Bände in die Flammen geworfen werden.

Dichterin hatte Libertas werden wollen, sie ist mit Büchern aufgewachsen. Jetzt ziehen 70 000 Menschen vor ihrem Fenster vorbei, um sich das Spektakel nicht entgehen zu lassen. Studenten der Berliner Universitäten haben die Verbrennung organisiert, die Universitätsbibliotheken »gesäubert«, aber auch Buchhandlungen beteiligen sich freiwillig, ohne sich über den finanziellen Verlust zu beklagen. Da wird Kultur zerstört. Kümmert Libs dies gar nicht? Kann sie das mit ihrer Liebe für Rilke vereinbaren, die ja eine Liebe zum schön geschriebenen Wort im Allgemeinen ist? Kann sie guten Gewissens – oder vielmehr: guter Laune – dasitzen, mit der Belegschaft zusammenkommen, um im Versammlungsraum des US-Studios, der mit einer wandgroßen Hakenkreuzflagge dekoriert ist, den Reden des Führers zu lauschen, wie es ein weiteres Foto aus jenen Tagen bezeugt? Libertas ist auf diesem Bild zu sehen, in vorderster Reihe mit übereinandergeschlagenen Beinen – was eine Abwehrhaltung oder auch geforderte Sittsamkeit sein kann – nur wenige Plätze entfernt von Frits Strengholt, dem Büroleiter von MGM mit der jüdischen Frau, die im KZ landen wird. Hollywood unter dem Hakenkreuz – und das Gesicht von Libertas mit distanziert skeptischem Blick in Richtung Stirnseite des Raumes, wo der Volksempfänger steht.

11

Wie ein Geist läuft Harro nach seiner Freilassung aus SS- und
Polizeigewahrsam durch die Straßen Berlins, die nicht mehr ihm
gehören. Er fühlt sich beobachtet, bedroht: ein Gezeichneter.
An die Universität geht er nicht mehr; das Studium fortzu-
führen, käme ihm absurd vor. Auf dem Kurfürstendamm trifft
er den Schriftsteller Ernst von Salomon, der im Rowohlt Verlag
publiziert, einen Kontakt von früher. »Ich erkannte ihn nicht«,
beschreibt dieser die Begegnung: »Er trat mir in den Weg. Sein
Gesicht war sehr verändert. Ihm fehlte ein halbes Ohr, sein Antlitz war von rötlichen, kaum vernarbten Wunden gezeichnet. Er
sagte: Ich habe meine Rache auf Eis gelegt.«[74]

Kurz darauf lädt Harro seine ehemaligen *Gegner*-Mitstreiter
in ein Café in der Potsdamer Straße ein. Unten ist die Kondi-
torei, oben über der Hälfte des Raumes eine Empore, wo man
an kleinen Tischen sitzen kann. Sie bilden einen Kreis, was in
diesen Zeiten an sich schon kühn ist, schauen immer wieder hinunter, um zu überprüfen: »Wer geht hinein, und wer geht hinaus. Wir waren ja noch im SS-Abschnitt Henze«, wie sich Werner Dissel erinnert.[75] Harro erzählt allen vom Schicksal Henry
Erlangers und was ihm selbst im Kegelkeller am Spandauer
Bock widerfahren ist. Er informiert seine Freunde über die Auflage, die er erhalten hat: nicht mehr politisch tätig zu sein und
Berlin für mindestens ein Jahr zu verlassen. Ins Exil werde er allerdings nicht gehen. Er betrachte sich als »Sprengstoff gegen
die faschistische Machtzusammenballung« und müsse deshalb
bleiben.[76] Es ist die Reibung mit den Verhältnissen in Deutschland, aus der er sein Lebenselixier zieht. Sein Ziel laute Lega-

lisierung und »Unterwanderung bestehender Organisationen«, Stichwort »Trojanisches Pferd«. In Vergessenheit geraten, vortäuschen, man habe die Lektion gelernt und gliedere sich voller Reue ein. Es ist die Strategie, einen nach außen hin unverdächtigen Weg einzuschlagen, um das System von innen her zu verändern – eine Herangehensweise, die drei Jahrzehnte später während der Studentenbewegung der Sechzigerjahre von Rudi Dutschke als *Marsch durch die Institutionen* bezeichnet wird.[77] Doch wohin wird es Harro ziehen? Welche Institution will und kann er infiltrieren? Er verabschiedet sich von allen seinen Freunden, gibt ein letztes Mal *Shakehands* und umarmt jeden einzelnen. Noch am selben Abend verlässt er die Stadt.

Teil II

Karriere und Ehe

(1933–1939)

---

*»Eine solche Existenz kann doch nur ein
Traum sein, denkt man – und man wartet,
was nun passieren wird.«*[78]

Libertas Schulze-Boysen

1

Harro bewirbt sich bei einer Einrichtung, wie sie unauffälliger nicht sein könnte, die *Deutsche Verkehrsfliegerschule* in Warnemünde. Dort findet ein »Kursus für Seebeobachter« statt. Die zivile Bezeichnung ist irreführend, tatsächlich wurde die Einrichtung in Görings im Aufbau befindliche Luftwaffe eingegliedert, die aufgrund der Versailler Verträge, die die Remilitarisierung Deutschlands untersagen, nicht so heißen darf, noch nicht. Es ist ein Schritt, der nur auf den ersten Blick überrascht, aber tatsächlich in der Familie liegt. Indem er sich militärisch ausbilden lässt, beschreitet Harro den Weg seines Vaters und des Großonkels, des Admirals von Tirpitz. Nur zieht es ihn nicht zur Marine, sondern er will Flieger werden – will nun einmal, seinem Charakter entsprechend, hoch hinaus. Es ist ein Schritt, von dem er sich erhofft, dass es ihn aus der Schusslinie nimmt, ihm andererseits nach dem gescheiterten Versuch als Herausgeber des *Gegner* neue Karrieremöglichkeiten verschafft. Er ist 23 Jahre jung. Zwar mag er seine Rache auf Eis gelegt haben, doch brennt er auf Aktion und Verwirklichung.

2

Ausschlafen, solange er möchte, mit seiner Räuberbraut Regine im Dachgeschoss am Potsdamer Platz, das geht nun allerdings nicht mehr. Jetzt ist Aufstehen um fünf Uhr in der Früh angesagt, wenn die Tür des mit warmem Mief und sägenden, rö-chelnden Tönen erfüllten Schlafsaals aufgerissen wird und eine raue Stimme den alten Preußenbefehl brüllt: *Aufstehen!*

Zusammen mit Harro fahren dann mehrere Dutzend schlaf-trunkener Männer mit jähem Ruck von ihren mit deutscher Holzwolle gefüllten Papierstoff-Matratzen empor, hüllen sich mit stummer Verbissenheit und in fieberhafter Eile in ihre uniformen Gewänder. Es ist ein Wort von gewaltigem, ge-bieterischem Klang, das Harro jetzt kennenlernt: der *Dienst*, und die Stimme, die ihm den lieben langen Tag Order erteilt, gehört dem Unteroffizier vom Dienst, *UvD* genannt, ein Kerl mit Stahl-helm. Die jungen Männer, die dieser herumkommandiert, sind lauter deutsche Flieger-Aspiranten der Jahrgänge 1900 bis 1910, unter denen es die seltsamsten und abenteuerlichsten Figu-ren gibt, Harro mit seinen Albträumen zum Beispiel, in denen Henry Erlanger immer wieder totgeschlagen wird.[79]

Jeden freien Sonntag fährt Regine Schütt mit dem Zug an die Ostsee zur Verkehrsfliegerschule und versucht, ihren Freund aufzumöbeln. Sie weiß, wie sehr es Harro frustriert, stumpf-sinnige Befehle zu erhalten, wo er doch selbst so gerne an-führen will. Wie schlimm es für ihn ist, mit Leuten zusammen-gepfercht zu sein, mit denen er nichts anfangen kann, an einem Ort, wo »die Feigheit herrscht«, wie er es in einem Brief nach Hause formuliert – und wo ein zerbrochener Propeller sinnbild-lich an der Stubenwand hängt.[80]

Regine und er sitzen bei diesen Besuchen auf einem mit De-cken und Kissen ausstaffierten Feldbett, und sie erzählt von Berlin, hält ihn über die Entwicklungen des Freundeskreises auf dem Laufenden, um ihn im Geiste weiterhin mit der Hauptstadt zu verbinden – was ihm aber gar nicht gefällt. Harro will den konsequenten Bruch mit dem alten Leben, das er so geliebt hat.

Seit den Tagen und Nächten im Folterkeller weiß er, mit welchem Gegner er es zu tun hat. Naivität gibt es nicht mehr bei ihm. Er muss zur Maschine werden, komplett durchorganisiert gegen den schier übermächtigen Feind. Jeder Muskel in seinem Körper muss sich straffen: keine Ablenkung mehr, keine Auffälligkeiten, keine Fehler oder Schwächen. So wie er es seiner ein Jahr jüngeren Schwester Helga schreibt:»Man kann ja allerhand machen, nur seine Unabhängigkeit darf man nicht aufgeben! Am besten immer so leben, dass man jede Minute die Zelte abbrechen kann, mit einem kleinen Handkoffer.«[81] So erklärt er Regine am Strand von Warnemünde, dass er ein Schwimmer sei: Jemand, der nicht untergehen dürfe, sondern oben bleiben müsse, bis eine neue Ordnung kommt. Die alten Kontakte zu pflegen erscheint ihm deshalb riskant, da er befürchten muss, unter Beobachtung zu stehen.

Auch was das Körperliche betrifft, wird Harro Regine gegenüber zurückhaltender. Seit der Folter hat er Probleme, Nähe zuzulassen, der intime Austausch bereitet ihm Schmerzen. Immer mehr entfernt er sich physisch, emotional und mental nicht nur von Berlin, sondern auch von seiner Freundin. Gerade *weil* er die Fäden seines alten Lebens noch an sich ziehen fühlt, will er sie kappen, einen nach dem anderen, um sich freizuschwimmen für etwas Neues.

3

In aller Herrgottsfrühe steht er jeden Morgen vor dem Spiegel, der in der Tür seines Spindes klebt. Jetzt ist er also allein, auch wenn die Kameraden um ihn herum lärmen. In seinem Innern schabt und kratzt es, das sind die Nieren. Doch er lässt sich nichts anmerken, sein Blick ist der eines Offiziers – genauso würde auch sein Vater blicken: die Nackenmuskeln angespannt, ebenso der Kiefer, der Körper kerzengerade, steif, mit korrekt gezogenem Scheitel und hellen, etwas harten Augen. Das ist die schneidige Haltung, die ihm gefällt, in der provisorischen Uniform, auf die er stolz ist – so wie sein Vater und sein Onkel stolz auf die ihre waren. Noch immer ist Harro Patriot, vielleicht mehr als je zuvor; die Liebe zum Vaterland lässt er sich durch das NS-Regime nicht nehmen. Doch es ist keine ruhige, keine selbstverständliche Pose, die er vor dem Spindspiegel einnimmt. Es fühlt sich an, als sei da etwas in ihn eingedrungen, was da nicht hingehöre. Etwas, das der Körper loswerden möchte, das ihn zappelig macht. Das sind die Ablagerungen in den Nieren, entstanden durch die Schläge der SS. Die Uniform kann noch so perfekt sitzen, sie liegt an einer Physis an, die verletzt ist. Die Schmerzen kommen in Wellen, tief aus der Flanke, immer überraschend, rollkommandohaft. Krampfartige Kontraktionen kleinster Muskeln – Kolik. Sein Urin ist rot. Der Dienst beginnt.

Morgens um sechs schon ziehen sie in Turnhose und Sweater über den Flugplatz zum Frühsport. Stundenlang exerzieren sie im Gelände. Die Feldübungen sind hart, manche der Kameraden zerbrechen daran, geben nach wenigen Wochen auf.»Hier ist furchtbar starke Konkurrenz«, schreibt er seinen Eltern:»Augenblicklich scheiden gerade 50 % aus unserer Gruppe aus. Es werden andauernd welche abgelöst, d. h. nach Hause geschickt.«[82] Harro macht weiter, trotz der inneren Verletzungen. Er stählt sich für die große Aufgabe, von der niemand etwas weiß – und die ihm selbst noch unklar ist. Er marschiert im Gleichschritt: *Die Fahne hoch, die Reihen fest geschlossen.* Er singt das Horst-Wessel-Lied, den Nazi-Propagandasong, aus voller

Kehle mit, weil alles andere auffallen würde, auch wenn es ihn quält. Er sieht den glühenden Eifer mancher Kameraden und verachtet sie dafür. Die Tarnung gelingt. Die Uniform sitzt ihm »zwar nicht grade erstklassig; es sieht aber ganz nett aus«, wie er es selbst beschreibt.[83] Seine militärischen Leistungen sind tadellos, die Vorgesetzten loben ihn sogar als »bestes Pferd im Stall«. Niemand ahnt, was in seinem Kopf vorgeht. Niemand versteht, warum er den Duschraum meidet: Keiner soll die Narben sehen, die ihn täglich an Henrys Tod erinnern und an sein eigenes Versagen, den Freund nicht retten zu können. Alle sollen nur auf dieses markante Kinn achten, den durchdringenden Blick und schlank gewachsenen Torso. Er ist der perfekte Deutsche. Die nazistische Obsession von der Züchtung des vollkommenen Menschen scheint in ihm realisiert. Er wird zum »Gruppenführer« und Vertrauensmann ernannt – was ihm dann doch etwas peinlich ist und einigen »Kameraden« an der Verkehrsfliegerschule, die der SA angehören und instinktiv spüren, dass etwas anders ist bei ihm, sauer aufstößt. »Ja, die letzten Monate sind schon schwer gewesen, aber ich will sie gar nicht in meinem Leben missen«, berichtet er dem Vater, der in dieser durch und durch männlichen Zeit, dem Dienst am sogenannten Vaterland, zur wichtigsten Bezugsperson wird: »Allen Gewalten zum Trotz sich erhalten – das macht auch stark. Und ich glaube, es kommen Zeiten, wo man gar nicht stark genug sein kann, in jeder Hinsicht.«[84]

Sich schützen, sich wappnen und rüsten: Harro läuft mit Sonnenbrille über das Gelände in Warnemünde, betritt die Unterrichtsräume, setzt sich in die hinterste Bank: Wetterkunde, Flugrecht, Funken, Morsen. Er lernt reiten, schießen, Auto fahren: zivilisatorische Techniken, die er noch brauchen wird. Politik bleibt außen vor, was für ihn ungewohnt ist:»Ich bin jeden Tag neu erschrocken, mit welcher Selbstanmaßung und Leichtfertigkeit man die schwierigsten Fragen der Zeit anfaßt.«[85] Es ist nicht mehr die große, zusammenhängende Welt, in die er vor Kurzem noch einzugreifen versuchte, sondern ein eng begrenztes Spektrum:»Das Geistige wird allgemein stark gemieden.«[86] Harro geht, für sich, einen Weg, den ganz Deutschland geht. Es ist eine fortschreitende Verarmung, Funktionalisierung des Privaten, eine Verhärtung der gesamten Persönlichkeit. Doch für ihn macht diese Verzerrung Sinn, er sieht sie als Werkzeug, um zu überleben, um sich kampfbereit zu machen. Die von der Gartenschere im Folterkeller entstellte Frisur sieht mittlerweile wieder manierlich aus:»Mein Haupthaar, das edle, ist schon längst wieder unauffällig; kurz soll es hier ja sowieso sein. Überhaupt wird hier alles immer militärischer. Nächstens kriegen wir grau-blaue Uniform; ich kaufe mir deshalb garnicht erst einen blauen Anzug.«[87]

Einfach ist diese Verwandlung nicht. Sie bedingt eine permanente Verstellung. Anstatt seinen geliebten blauen Pullover zu tragen und offen zu kommunizieren, wie es seinem Wesen entspräche, spielt er das uniforme Spiel mit, das ihm aufgezwungen wird. Die Diktatur ist in sein Inneres gelangt. Beim Essenfassen in der Messe sucht er Schutz unter dem überlebensgroßen Porträtgemälde des Alfred von Tirpitz, das die Rückwand schmückt, und versucht, normal zu wirken, also wie die anderen. Doch er spürt, dass einige ahnen: Etwas stimmt nicht mit ihm. Wenn er den Blick über die Reihen der Gesichter streichen lässt, sieht er keinen Gleichgesinnten. Weit und breit keinen Henry Erlanger. Söhne kaiserlicher Marineoffiziere hocken da – genau wie er –, doch im Unterschied zu ihm akzeptieren sie widerspruchslos, was vor sich geht.»Ich sitze eben hier doch – von meinem Standpunkt aus gesehen – wie im Gefängnis«, schreibt er dem Vater:»Weit ab von allen Dingen, die mich in Wirklichkeit innerlich angehen, und meine Nerven reagieren von Tag zu Tag fauler. Ich bin selbst gespannt, wie lange sich das noch mit dem Willen meistern läßt. Da hilft auf die Dauer alle gute Verpflegung nichts. Im Grunde bin ich ein ehrlicher und anständiger Mensch, und das Heucheln übersteigt mal meine Kräfte.«[88] Es ist nicht mehr wie früher, als er für seine Art bewundert worden ist, seine Energie, die verrückten Ideen, seinen Esprit:»Alles in allem wird es mir persönlich eben nur unsinnig schwer, inmitten einer – geistig gesehen – fremden Umwelt mit einem anderen Bewusstsein als die anderen zu leben. Und das wird wohl nie anders werden mit mir, und die Konsequenzen dieser Tatsache muss ich eben auf mich nehmen.«[89]

Nur einen Ort gibt es, an dem er durchatmen kann, und das ist der Himmel. Harro liebt das Fliegen, egal ob im Segelflieger oder in den schweren Kähnen, den Wasserflugzeugen. So häufig wie möglich ist er in der Luft. Wenn er in einem der Segler im Aufwind steigt, in den Gleitflug übergeht und sich die Materie so leicht anfühlt, fällt alle Last von ihm ab. Dort droben zeigt selbst an trüben Tagen das metallische Grau der Ostsee alle Farben des Lichts. Dann hat er keine Schmerzen mehr, sondern folgt dem Rand des Sturms, folgt ihm mit einem sechsten Sinn, dem Fliegersinn, der nirgendwo lokalisierbar ist, aber all seine Nerven elektrisiert.»Fliegen ist eine saubere und anständige Sache«, schreibt er seiner Schwester Helga:»Oben in der Luft ist es zu Zeiten noch am Besten.«[90] Die Augen hinter der Pilotenbrille versteckt und die blonden Haare unter der Fliegerkappe, die zur Tarnkappe wird, kann er in Ruhe nachdenken. Bis nach Dänemark hinüber schweift sein Blick, wo Prinz Hamlet sich mit ähnlichen Problemen herumgeschlagen hat. Oder einmal, in einem schweren Seeflugzeug der Klasse B1, überfliegt er Lübecks Backsteingotik, die Heimat von Thomas Mann, der längst dem Terror entflohen ist, in die Schweiz. Wäre es nicht auch für Harro besser, zu flüchten und als Journalist und Schriftsteller irgendwo anders zu leben, in einem freien Land? Muss er diesen Kampf, der ihm bevorsteht und der so aussichtslos scheint, wirklich kämpfen?

Hellwach ist er droben in der Luft und umso aufnahmefähiger für alles, was sich unten abspielt. Durch die Distanz registriert er wie ein Seismograf die Erschütterungen des Kontinents: »Ich habe das zwar unbestimmbare, aber sichere Gefühl, dass wir – à la longue – einer europäischen Katastrophe von Riesenausmaßen entgegengehen«, notiert er in diesen Wochen – und mehr als sechs Jahre, bevor der Krieg tatsächlich losgeht.[91] Wie Hamlet muss er den ermordeten Vater rächen: das von den Nazis vergiftete Deutschland – und sich auf keinen Fall mit den neuen Machtverhältnissen arrangieren, mit den Tätern ins Bett steigen, wie so viele das tun. Wenn er über die spielzeugkleinen Gebäude der Verkehrsfliegerschule gleitet, über Warnemünde und Rostock und vor allem über die See, denkt er an Henry Erlanger und weiß, dass er nicht fliehen darf, sondern aktiv werden muss. Doch da gilt es, ähnlich feinfühlig zu agieren wie beim Segelflug: die Winde genau wahrzunehmen und für den Auftrieb zu nutzen – nicht abzuschmieren, nicht zu zerschellen. Es gibt für alles den richtigen Zeitpunkt, die ruhige Vorbereitung, und wenn gelandet werden muss, wird gelandet und ausgestiegen, festen Boden betreten, den festen Boden der eigenen Überzeugung, um nicht unterzugehen in diesem »Meer von Heuchelei und Mittelmaß«, wie er es nennt, dieser Welt, die »den leeren Hut auf der Stange grüßt und sich zur selben Zeit als Wilhelm Tell gebärdet«.[92]

Leicht macht es ihm diese Welt nicht. Die neu geschaffene Gestapo ist es, die mittlerweile den Fall Erlanger bearbeitet und nun beim »Kursus für Seebeobachter« nicht von ihm ablässt. Fritz Zietlow, ein Nazi erster Stunde, der 1923 schon Antrag auf Mitgliedschaft in der NSDAP gestellt hat und unter SS-Standartenführer Henze für den Sicherheitsdienst tätig ist, nimmt Kontakt mit Regine Schütt auf, besucht sie mehrfach in ihrer Wohnung, um ihr einzureden, dass Henry Erlanger Selbstmord begangen hat. Immer stärkeren Druck übt Zietlow aus der Ferne auf Harro aus, dem von einem Ausbilder in Warnemünde mitgeteilt wird, dass unentwegt gegen ihn gehetzt werde. »Man muss mißtrauisch sein bis dorthinaus«, schreibt Harro wütend nach Hause: »Wir haben es fein weit gebracht, weiß Gott! Meine ›speziellen Freunde‹ hier haben mir manche Kränkung zugedacht, und zuerst war ich ratlos, wie ich das alles überstehen sollte. Aber je kräftiger ich mich allmählich wieder fühle und je mehr wertvolle Kameraden ich hier finde, die auch zu mir halten, desto weniger bange ist mir die Zukunft, so sehr ich auch besorgt bin um das Allgemeine.«[93]

Tatsächlich wird Harro beim Gros der Flugschüler immer beliebter. Er hält Vorträge oder textet ein »Beobachterlied«, mit dem seine Gruppe bei einem geselligen Abend einen Preis erringt und für das sie vom Chef der Schule für die »qualitativ hochwertige Leistung unter Leitung von Schulze-Boysen« belobigt wird.[94]

Doch der Konflikt mit der Staatsmacht spitzt sich zu. Eine Weile hat die Mutter von Henry Erlanger von Staats wegen nichts über den Verbleib ihres Sohnes gehört. Dann teilt die Polizei ihr mit, dass ein Toter aus dem Hohenzollernkanal in der Nähe von Plötzensee gefischt worden sei, mit den von ihr in der Vermisstenanzeige angegebenen Merkmalen. Der Mutter wird eine verstümmelte Leiche präsentiert: Es ist ihr Sohn. Als Todesursache wird Suizid genannt – von Harro weiß sie, dass das nicht stimmt. Der Tote wird verbrannt, die Asche ihr übergeben, und sie lässt Henry im Familiengrab in Ingelheim am Rhein beisetzen.

Auch deshalb kommt es für Harro trotz wiederholter Aufforderung nicht infrage, das Lügenprotokoll der Gestapo zu unterschreiben und den Schlusspunkt unter die Anzeige seiner eigenen Mutter zu setzen. Daraufhin kündigt Zietlow Regine Schütt unverhohlen an, es sei ein Leichtes, ein Flugzeug zum Absturz zu bringen.

Harro nimmt die Drohung ernst. Niemandem in Warnemünde würde ein solcher Tod als ungewöhnlich erscheinen. Schon mehrere Unfallopfer hat es gegeben, wie einer seiner Briefe an die Eltern bezeugt:»Gestern ist leider wieder einer von meinen Kameraden verunglückt. In den Propeller reingelaufen. Hoffnungslos, Schädelbruch, ein Auge ganz weg, Arm ab. Armer Kerl, schon der zweite. Man muss seine Gedanken verflucht beisammenhalten, hier.«[95] Ein weiterer aus Harros Gruppe stürzt aus 150 Metern ab:»Gottlob überm Wasser. Die Maschine war völlig zertrümmert, aber der Mann – wie durch ein Wunder – am Leben. Er liegt mit Gehirnerschütterung und einigen zerbrochenen Gliedern im Krankenhaus. Er hatte nicht genügend aufgepaßt und war in der Kurve abgerutscht und ins Trudeln gekommen.«[96] Sosehr Harro das Fliegen liebt: Um sich vor Zietlow zu schützen, trägt er seinem Ausbilder den Wunsch vor,»eine Weile mehr den navigatorischen und theoretischen Teil der Fliegerei zu betreiben«. Als Grund gibt er an, mit den Nerven etwas herunter zu sein:»Es haben in letzter Zeit so viele Leute hier Bruch gemacht (erst gestern hat es wieder ein Seeflugzeug völlig zerschmissen!); da möchte ich nicht auch noch dazu gehören. Man hatte volles Verständnis.«[97]

Nicht nur vom geliebten Fliegen verabschiedet er sich. Auch mit Regine will er jetzt den klaren Schnitt, um ganz auf sich allein gestellt zu sein. Irgendwann steht er vor ihr, um ihr die Trennung zu erklären, ganz rational, während es ihn innerlich schier zerreißt, da er sie doch liebt und sie ihn auch. Doch er kann ihr nicht mehr die Gefühle entgegenbringen, wie er es gerne tun würde, wie er es früher getan hat – und weiß nicht, wie er ihr das erklären soll. Er fühlt sich nicht mehr so, dass er sie befriedigen kann, dass er sie schützen kann und ihr so viel zu geben hat, wie sie es braucht. »Ich werde wahrscheinlich für meine Überzeugungen sterben«, sagt er ihr und schließt an, dass er frei sein müsse in seinem Schalten und Walten – und ohne das Gefühl, für eine andere Person verantwortlich zu sein. Deshalb könne er keine Liebesbeziehung mehr aufrechterhalten und schlägt ihr stattdessen vor, Seite an Seite mit ihm zu kämpfen, rein politisch, ohne romantische Verknüpfung. Er schaut sie an und weiß, dass sie Besseres verdient hätte.

Tränen treten in Regines Augen. Sie sieht einen Verlorenen vor sich, wo eben noch der junge, begehrenswerte Typ stand, mit dem sie ihr Leben verbringen wollte. Ist es nicht wichtiger zu lieben, als sich in einem aussichtslosen Kampf zu verzehren?

Wenn er ihre Beziehung beende, entgegnet sie ihm, dürfe er nicht erwarten, sie künftig noch zu sehen, unter irgendeiner Art von neuer Vereinbarung.

Harro nickt. Er hat es nicht anders gewollt. Er ist jetzt allein.

4

Zu Harros 24. Geburtstag, am 2. September 1933, steigt das
»größte, riesigste Feuerwerk der Welt«, beim ersten Reichs-
parteitag nach der Machtergreifung.[98] Leni Riefenstahl filmt,
Albert Speer leuchtet, die Sonne strahlt dem Führer aus den
Händen: 340 Sonderzüge karren die Teilnehmer nach Nürnberg, triumphierend wird der Sieg über die politischen Gegner gefeiert, Hitler im Rathaus ein Originalabdruck des Kupfer-
stichs »Ritter, Tod und Teufel« von Albrecht Dürer überreicht.

»Die Macht und ihre brutale Anwendung kann vieles«, pro-
klamiert der Diktator, während Goebbels in seiner Rede vor
den jubelnden Massen erklärt, dass die »Regelung der Judenfrage auf gesetzmäßigem Wege« nur ein Teil eines viel größeren Planes sei, und unmissverständlich droht er »äußerst unangenehme Folgen für die ganze jüdische Rasse« an.

Die Botschaft, so wie Harro sie versteht, ist eindeutig: Henry
Erlanger war einer der ersten von den Nazis ermordeten Juden,
aber er wird nicht der letzte sein. Furcht einflößend formiert
sich das braune Regime, auf dessen rasches Verschwinden niemand mehr hoffen kann. Einschüchtern lässt Harro sich trotzdem nicht, sondern begleitet die politischen Entwicklungen
mit klarem Blick und definiert noch immer die Ablehnung jeglicher Diskussionsbereitschaft als die Crux der herrschenden
Partei: »Ich bin jeden Tag neu erschrocken, mit welcher Selbstanmaßung und Leichtfertigkeit man die schwierigsten Fragen
der Zeit anfaßt. Ich sehe Massengünstlinge (…), ratlose Bürger,
gläubige Jugend, aber keinen einzigen großen, klaren staats-
männischen Geist«, teilt er dem Vater mit und fährt mit einem

Seitenhieb auf Hitler fort: »Das Volk ist gar nicht so dumm, und wo ich auch hinhöre, vom Arbeiter bis zum SA-Mann, sehr kritisch. Nur die Kleinbürger sind noch gläubig und bedenkenlos. Sollte man nicht gerade heute offene, freimütige Kritik wünschen und zulassen. Dass man das nicht tut, stimmt verdächtig. [...] Die Partei als bestimmender Machtfaktor kommt eben nicht (als Ganzes gesehen) über das Wesen des ersten, inneren Kreises hinaus, und der ist menschlich und geistig durchaus eng, um nicht zu sagen: borniert.«[99]

Harro selbst hingegen fühlt sich gedanklich klar und allmählich bereit für den nächsten Schritt. Was seinen Gemütszustand betrifft, lässt er die Zeit an der Verkehrsfliegerschule in einem Brief an Adrien Turel, den früheren *Gegner*-Kollegen, Revue passieren:

»*Ich bin überzeugt, dass gerade Du verstanden hast, wenn ich mich so völlig auf mich selbst zurückgezogen habe während dieser Monate. Du musst wissen, dass dieses Warnemünde primär und vor allen Dingen eine ›Verpuppung‹ bedeutet, um in der Sprache der Insekten zu reden. [...] Da hält man eben das Maul. Zuerst war ich noch ziemlich wütend über all die Berliner Ereignisse. Ich habe mich aber beherrscht und dann immer mehr eingesehen, dass ich mich eben zu früh in den Strudel der Politik gestürzt habe. Dafür habe ich eine Niederlage einstecken müssen. – Dann habe ich weiter gesehen, dass ich an dieser Niederlage stärker geworden und gewachsen bin. (...) Allmählich wächst mein Aktivitätswille natürlich wieder an. Ich habe alle Ressentiments über Bord geworfen und mich immer mehr dazu durchgekämpft, den neuen Zustand auch*

*innerlich ganz zu bejahen. Ohne eine Selbstverwandlung hätte
ich mich gleich zum alten Eisen legen können. Aber ich sage
dir, ich habe es geschafft.«*[100]

Lange dauert es nicht, und seine Worte werden auf die Probe gestellt. Als der Herbst zur Neige geht, muss Harro nach Berlin. Regine trifft er dort nicht mehr, verkehrt kaum noch in den alten
Kreisen. Mit fünf Grad minus ist es bitterkalt, doch sein dicker
Uniformmantel schützt ihn, und Schutz benötigt er: Die Gestapo
hat ihn vorgeladen. Zum ersten Mal betritt Harro deren düsteres
Hauptquartier, das *Geheime Staatspolizeiamt* (Gestapa) in der
Prinz-Albrecht-Straße 8. SS-Männer mit Gewehren flankieren
das Portal, eine Beschilderung, die Aufschluss darüber gäbe, um

*Herren in schlecht geschnittenen Anzügen: Sitz der Gestapo,
Prinz-Albrecht-Straße 8, Berlin.*

welche Behörde es sich handelt, existiert nicht. Harro sagt, dass er bestellt sei, der Posten nickt und drückt auf einen Knopf. Ein Summer ertönt, die Scherengitter klaffen auf, und als Harro den Vorraum betritt, fällt die schwere Tür, die innen keine Klinke hat, scheppernd hinter ihm ins Schloss. Durch ein Pförtnerfenster schaut ihn ein weiterer Türhüter in schwarzer Uniform an, verlangt Ausweis und den Namen des Beamten, zu dem er soll. Harro erhält einen Besuchsschein. Es wird erneut auf einen Knopf gedrückt, wieder ein Summen, und er gelangt in ein großzügiges Treppenhaus. Zum ersten Stock führt eine breite Freitreppe, die sich in zwei Seitentreppen teilt. Bleiglasfenster vermitteln ein beinahe sakrales Ambiente, Licht fällt auf Parkett und die gewölbten Decken, fast wie in einer Kirche.[101] Kein Mensch ist zu sehen, doch Harro geht davon aus, dass er beobachtet wird.[102] Jetzt muss er zeigen, ob er sich unter Kontrolle hat.

Er wird empfangen, durch eine Bürotür eskortiert und nimmt Platz. Zwei Beamte sitzen dort, einer von ihnen ist Zietlow. Er fordert Harro auf, endlich zu bestätigen, dass Karl Heinrich Erlanger Selbstmord begangen habe. Längere Zeit sei dieser depressiv gewesen, suizidal sogar, und in dieser extremen Verfassung habe ihn die Behandlung durch die SS dazu gebracht, sich das Leben zu nehmen. Zietlow hat alles aufnotiert und schiebt ein Blatt über den Tisch. Harro liest es sich durch. Da steht sie, die erfundene Geschichte. So einfach wäre es, zu unterschreiben und diesen Druck von sich zu nehmen. Zögert Harro? Bittet er sich Bedenkzeit aus, raucht er eine Zigarette? Würden die Polizisten Gewalt anwenden, um ihn gefügig zu machen? Fakt ist: Seine Signatur setzt er nicht unter das Schreiben, sondern verweigert sich weiterhin diesem Ansinnen, die Tatsachen zu verfälschen. Zu seiner Überraschung bewahren die Beamten Contenance. Er darf gehen, und als die Scherengitter beim Verlassen des Gebäudes hinter ihm zuklappen, klingt das in seinen Ohren wie die reinste Musik. »Der betreffende Kommissar war sehr nett und gewissenhaft«, notiert Harro nach der Befragung.[103] Doch er macht sich nichts vor. Wenn die Gestapo »nett« ist, heißt das wahrscheinlich, künftig doppelt auf der Hut zu sein.

5

Warnemünde hat Harro gezeigt, dass er innerhalb des Systems bestehen, dass er *funktionieren* kann und nicht auffällt: Der erste Schritt ist getan. Vom Lebenskünstler, der die Welt umstürzen wollte durch sein einnehmendes Wesen, seine unbändige Energie und Diskussionsleidenschaft, ist er zum disziplinierten Soldaten in eigener Sache mutiert. Zu einem Menschen, über dessen Inneres niemand mehr Bescheid weiß. Als seine Ausbildung zum 1. April 1934 endet und zur gleichen Zeit das Reichsluftfahrtministerium in Berlin – kurz RLM genannt – neu strukturiert und frisches Personal eingestellt wird, bewirbt sich Harro. Zwei Gründe sprechen dafür: Zum einen ist Görings Behörde eine der mächtigsten in der Reichshauptstadt und voller Karrierechancen, zum anderen kann er sich dort sicher fühlen, da Angehörige der Luftwaffe laut Gesetz nur der luftwaffeneigenen Jurisdiktion unterliegen – ein Schutz vor der Gestapo. »Ich hätte finanziell wesentlich bessere Sachen finden können, aber ich halte das im Augenblick *nicht* für die Hauptsache, sondern meine persönliche Sicherheit«, teilt er den Eltern mit, als er akzeptiert wird.[104] Doch rigide Regeln gelten auch im RLM. An seinem ersten Arbeitstag in der Behrenstraße in Mitte muss er ein Papier unterschreiben, das ihm Fliegerkapitän Hilmer

Freiherr von Bülow über den Tisch schiebt, der Leiter der Abteilung IV *Fremde Luftmächte*, wo Harro anfängt:

> »*Bei der heutigen Verpflichtung auf den Führer wurde ich darauf hingewiesen, dass im Dienst und innerhalb der dienstlichen Gebäude und Anlagen der Deutsche Gruß durch Erheben des rechten – im Falle körperlicher Behinderung des linken – Armes und durch den gleichzeitigen deutlichen Ausspruch ›Heil Hitler‹ auszuführen ist. Es ist ferner die Erwartung ausgesprochen, dass dieser Gruß auch im außerdienstlichen Verkehr in gleicher Weise angewandt wird.*«[105]

Zu seiner Erleichterung lernt er rasch, dass von Bülow wie auch Major Karl Bartz, als dessen Adjutant Harro fungiert, keine fanatischen Nazis sind, sondern Fliegerleute mit Leib und Seele, die sich »geradezu rührende Mühe« um ihren Neuzugang machen, wie Harro den Eltern mitteilt.[106] Auch ist sein Job nicht sonderlich anstrengend. Täglich hat er ausländische Zeitungen, Zeitschriften und Fachpublikationen zu lesen, um alle Nachrichten zum Rüstungsstand der Luftwaffen anderer, mit Deutschland konkurrierender Länder auszuwerten. Aktuelle Ausgaben von der Moskauer Tageszeitung *Prawda* bis zur *New York Times* werden ihm vom Sicherheitsdienst jeden Morgen auf den Schreibtisch gelegt. Als Hilfsreferent ist es eine Tätigkeit, die genau das zur Pflicht macht, was ihn ohnehin interessiert: sich jenseits der NS-Propagandaorgane, die für die allermeisten Deutschen zur alleinigen Nachrichtenquelle geworden sind, zu informieren, international auf dem Laufenden zu bleiben.[107] Endlich kann er auch sein Sprachtalent austoben, sein gutes Englisch, Französisch und Schwedisch anwenden und schließt sich außerdem

dem Studienkreis von Werner Dissel und einigen Freunden an, die in ihrer Freizeit Russisch pauken.

Doch es gibt etwas, das ihn an der neuen Stellung stört, und das ist die schlechte Bezahlung von nur 120 Reichsmark pro Monat – weil er keinen akademischen Abschluss vorweisen kann.[108] Zwar sind ihm die »Güter dieser Erde« seit dem Angriff auf die *Gegner*-Redaktion, bei dem die SS ihm alles gestohlen hat, noch »wurstiger geworden, als sie es vorher schon waren«.[109] Aber die Ausbeutung, die er in der großen Behörde von Tag eins an erfährt, stößt ihm bitter auf, da sie dazu führt, dass sein Leben außerhalb der Bürozeiten mager ausfällt.[110] Die Knausrigkeit verstärkt seine kapitalismuskritische Haltung. Wenn irgendwo viel Geld verdient wird in der Reichshauptstadt, dann mit Sicherheit im RLM, wo die Flugzeug- und Rüstungsindustrie lukrative Deals mit der Regierung einfädelt, sich die Manager und höheren Ministerialbeamten die Taschen vollstopfen. Im Windschatten von Chef Göring, der sich eine derartige Wohlstandswampe anfuttert, dass er in kein Cockpit mehr passt, nur noch in seine maßgeschneiderten Fantasieuniformen, wuchert die Korruption die Wände empor. Doch für die einfachen Angestellten, die von morgens bis abends ranklotzen, bleibt nichts übrig; ihr kärglicher Lohn wird nicht einmal pünktlich ausbezahlt.

Harros Anfangseuphorie verfliegt deshalb schnell. Der Marsch durch die Institutionen ist mühsam und mit andauernden Zugeständnissen gepflastert. Da können Bartz und von Bülow noch so freundlich sein. Harro missfällt es, mit seiner kostbaren Lebenszeit zu dienen, ohne dafür angemessen entlohnt zu werden, ein Rädchen im faschistischen System zu sein, das vorgibt, die Arbeitslosigkeit zu beseitigen, während es in Wirklichkeit die Menschen in mies bezahlten Jobs hält.[111] »Man wird eingestellt«, berichtet er nach Hause,»und muss nach allgemeinem Urteil ›froh sein, wenn man bis Weihnachten seinen Vertrag hat‹! (…) Es ist doch unglaublich unsozial, einen den ganzen Tag schuften zu lassen, alle Abmachungen aber im bürokratischen Apparat zu vertrödeln.«[112]

Nach außen hin verströmt das RLM eine Aura der Professionalität und Effizienz und erweckt den Eindruck einer modernen, hochtechnisierten Herangehensweise an das Kriegshandwerk, doch tatsächlich regiert in der Behrenstraße der Schlendrian, wie Harro es immer deutlicher erlebt. Es gibt eine Grundstimmung der Angst und Anpassung, die sich in jeden Büroraum schleicht. Hatte das RLM als ursprünglich zivile Behörde einen Ehrenkodex, kristallisieren sich um Harro immer unehrenhaftere Mixturen heraus: strammer Nationalsozialismus gepaart mit blanker Gier angesichts der märchenhaften Gewinne, die die Luftfahrtindustrie im Zuge der Aufrüstung einfährt.

Die Zustände im Ministerium erscheinen Harro wie ein Spiegel. Auch auf den Straßen Berlins und überall im Reich leiden die Menschen unter den ökonomischen Prozessen. Die Arbeitslosenzahlen steigen 1934 wieder an, das Wirtschaftswachstum der ersten Monate nach Hitlers Machtübernahme hat sich abgeschwächt. Die Bauern protestieren gegen die neu eingeführte Zwangsbewirtschaftung, die Kleinhändler fühlen sich in ihrem Kampf gegen die Warenhäuser betrogen. So wie Harro es prophezeit hat: Die NS-Regierung kann die »sozialistischen« Versprechen ihres Programms nicht einlösen und kämpft mit internen Widersprüchen. Der Missmut in der Bevölkerung wächst.

Wie der Nationalsozialismus mit sozialen Problemen umgeht, offenbart sich Harro am 1. Mai 1934, dem mittlerweile so genannten Nationalfeiertag des Deutschen Volkes – wobei der Teufel bereits in der Semantik steckt. Das Wort *Arbeit*, das diesen Tag über Dekaden definierte, ist verschwunden. Es gibt keine Arbeiterklasse mehr, alles geht ein in die postulierte »Volksgemeinschaft«, jenes rechtspopulistische Konzept, das immer von der gleichen Sache ablenken will: der Ausbeutung der Arbeitskraft des Einzelnen, die riesigen Einkommensunterschiede zwischen den Leuten in den Chefetagen und den kleinen Rädchen, die die Maschine am Laufen halten und mit Brosamen abgespeist werden.

Harro wird abkommandiert und hat an diesem 1. Mai 1934 um Punkt 10 Uhr und gut ein Jahr nach seiner Folterung auf dem Feld des Tempelhofer Flughafens zu erscheinen. Dort hat sich eine unübersehbare Menge zur Abspeisung eingefunden, »furchtbar in viehmarktähnlichen Verschlagen zusammengepfercht«, wie Harro es im Brief an Schwester Helga beschreibt. »Die Frauen schwitzten, zogen sich die Schuhe aus und saßen in Strümpfen in der Gegend herum. Die Männer aßen Würstchen und tranken Bier, soviel sie erwischen konnten. Die Sonne brannte unbarmherzig heiß.«[113] Ein völkisches Frühlingsfest soll es sein, die Fruchtbarkeit gefeiert werden, ein angeblich germanischer Brauch. Mit Hakenkreuzen geschmückte Maibäume stehen herum, das Zeichen der *Deutschen Arbeitsfront*, die die Gewerkschaften ersetzt hat, baumelt hier und dort. Doch so richtige Stimmung kommt nicht auf. Alles ist viel zu gezwungen, nicht einmal gesungen wird viel, nur immer mal wieder die *Lore*, ein Volkslied:

Im Wald, im grünen Walde
da steht ein Försterhaus
da schauet jeden Morgen
so frisch und frei von Sorgen

des Försters Töchterlein heraus
Trallala des Försters Töchterlein heraus
Trallala des Försters Töchterlein heraus
Lore Lore Lore –
schön sind die Mädchen von siebzehn, achtzehn Jahr'
Lore Lore Lore –
schöne Mädchen gibt es überall

Dann spricht der Reichskanzler. Um ein Uhr gelingt es Harro, durch eine Zaunlücke zu entkommen:»Die Rede von Hitler war eben: Schlagsahne«, schreibt er Helga:»Nicht *ein* neuer Gedanke. Na, es ist ja schließlich auch Wurst ... Tatsachen sind stärker als alle Reden. Und da er sich so verzweifelt gegen die bösen Nörgler ausgesprochen hat, will ich deren Zahl nicht noch unnötig vermehren.«[114]

Harro bekommt in den folgenden Tagen im Ministerium mit: Hinter den Kulissen rumort es. Forderungen nach einer zweiten, einer wahren national*sozialistischen* Revolution werden lauter. Es ist der Riss im NS-System, den Harro vorhergesagt hat: die Reibereien zwischen dem konservativen Lager, das sich der Wirtschaft verpflichtet fühlt, und dem radikalen, sozialistisch orientierten Flügel um SA-Chef Röhm, der bei den Massen und Jüngeren verankert ist. Wird die Hitler-Regierung daran zerbrechen? Im Devisenhandel in London ist die Reichsmark bereits ins Rutschen geraten.»Die politische Atmosphäre hier in Berlin«, schreibt Harro seinem Vater,»ist zur Zeit wie mit Elektrizität geladen.«[115]

Auch was die Außentemperaturen betrifft, sind es aufgeheizte Wochen. Kalendarisch noch Frühling, fühlt es sich längst wie Sommer an. Kobaltblau strahlt der Hauptstadthimmel, die Luft ist schwül, der Druck bricht sich in Gewittern.

Der 20. Juni 1934 ist der heißeste 20. Juni, seit es meteorologische Aufzeichnungen gibt. Harros Boss Göring weilt an diesem Tag nördlich von Berlin in der Schorfheide, wo alle Dörfer Grünschmuck tragen, da die Leiche seiner ersten Frau Carin auf seinen nach ihr benannten Jagdsitz *Carinhall* umgebettet wird – unweit von Schloss Liebenberg. Hitler, Himmler, Goebbels stehen auf der Gästeliste.

Wie angespannt die Lage ist, zeigt ein Vorfall bei der Hinfahrt. Auf der Autobahn Berlin-Stettin zerspringt die Windschutzscheibe des Himmler'schen Mercedes – Anschlag oder nur harmloser Steinschlag? Mit quietschenden Reifen kommt die Kolonne zum Stehen, SS-Männer springen aus den Fahrzeugen, ballern in den Wald, schwärmen aus, finden aber niemanden. Später an diesem drückenden Tag zeigt Göring seinen Kumpanen stolz seinen neuen Landsitz mitsamt Schießstand, Tennisplatz, Bootshäusern, unterirdischer Bunkeranlage, Flakturm, Schwanenhaus und – für seine Lieblingshaustiere – Löwengehege. Danach hocken die Schergen in der Jagdhalle, regen sich über das vermeintliche Attentat auf der Autobahn auf, spekulieren, wer dahintersteckt – und besprechen den geplanten Schlag gegen SA-Chef Röhm.

Es ist das finale Meeting dieses NS-Kleeblatts vor der sogenannten Nacht der langen Messer. Einen Konflikt mit dem militärisch-industriellen Komplex, dem Motor der faschistischen Gesellschaftsordnung, will man auf alle Fälle vermeiden. Für seine Kriegspläne braucht Hitler ein gutes Verhältnis zu den Generälen der Reichswehr ebenso wie zur Wirtschaft. Röhm ist deshalb zur doppelten Gefahr geworden, weil er mit seiner SA dem Militär den Rang streitig machen will – und seine sozialistischen Tendenzen den Konzernbossen nicht gefallen. Außerdem ist vor allem Himmler, dem ehemaligen Hühnerzüchter

und selbst ernannten Sittenwächter, die intern bekannte Homosexualität Röhms ein Dorn im Auge. Durch dessen geplante
Entmachtung will Himmler seine SS, bislang im Schatten der
SA stehend, zur vorherrschenden Organisation entwickeln –
und vor allem zum Wirtschaftsimperium. Die Konzentrationslager, in seinen Augen von der SA mehr schlecht als recht, nämlich finanziell ineffizient verwaltet, sollen zur ökonomischen
Basis eines Großunternehmens SS umorganisiert werden, mit
ihm als schwarz uniformiertem Direktor.

Die entscheidende interne Abrechnung, die mit allen sozialrevolutionären Aspirationen der NS-Bewegung Schluss machen soll, findet zehn Tage später statt, am 30. Juni 1934. Unmittelbar zuvor wird das Gerücht gestreut, dass Röhm einen
Putsch plane, die Macht in Deutschland an sich reißen wolle.
Nachts um zwei startet Hitlers Maschine in der Nähe von
Bonn und landet gegen vier in München, der»Hauptstadt der
Bewegung«, wo es sogleich ins bayrische Innenministerium
geht. Dorthin wurden der Münchner Polizeipräsident und
die örtlichen SA-Befehlshaber bestellt. In einem gespielten
Wutausbruch reißt Hitler ihnen die Schulterstücke herunter,
wirft ihnen Verrat vor und lässt sie verhaften. Um fünf Uhr in
der Früh, als es dennoch schon so warm ist, dass alle schwit-
zen, hält der Diktator, der auf Verstärkung durch seine Leib-
standarte warten wollte, die Spannung nicht mehr aus. Er befürchtet, dass Röhm, der sich mit der gesamten SA-Spitze zu
einer Tagung am Tegernsee aufhält, von der geplanten Attacke Wind bekommt und zum Gegenangriff übergeht. Rasch
bestimmt Hitler ein paar SS-Männer als Begleitschutz. Nach
anderthalb Stunden Fahrt durch die morgendliche ober-
bayrische Landschaft haben sie den Tegernsee erreicht: *Ge-
schlossene Gesellschaft* steht auf dem Schild des *Hotel Hansel-*

bauer in Bad Wiessee, wo die Spitze der *Sturmabteilung* noch in den Betten liegt.

Mit der Peitsche in der Hand stürmt Hitler um 6 Uhr 30 in das Zimmer Nummer 7 und schreit, wie sein Chauffeur später bezeugt, seinen Duzfreund an, der ebenso verschlafen wie verschreckt aus den Federn glotzt: »Röhm, du bist verhaftet!« Fein säuberlich hängen Röhms seidenes braunes Hemd und die tadellose Schneiderarbeit der geschweiften Hose über dem Stuhl. »Heil, mein Führer!«, stammelt der SA-Chef und wischt sich den Schlaf aus den Augen. Da brüllt Hitler zum zweiten Mal: »Du bist verhaftet!«[116] Schwarzuniformierte betreten derweil die restlichen Räume des Hotels, zerren die verkaterten SA-Führer, die am Abend zuvor wild gezecht haben, auf den Gang. Das Metzeln beginnt. Über einhundert Menschen werden erschossen, auch Röhm.

An den Mord schließt sich Rufmord an. Die Tatsache, dass einige der Männer die Betten im *Hanselbauer* geteilt haben, nutzt Goebbels aus, um die tödlich getroffene SA bei der Bevölkerung zu diskreditieren. Erneut, wie im Falle von Libertas' Großvater Fürst Philipp und Kaiser Wilhelm II., jedoch unter anderen, verschärften Vorzeichen, wird mit Homophobie in Deutschland Politik gemacht.

6

Harros Eltern sind um ihren Sohn besorgt. Das große Morden des Sommers 1934 trifft nicht nur Angehörige der SA, sondern beispielsweise auch Kurt von Schleicher, den letzten Kanzler der Weimarer Republik, ebenso Ferdinand von Bredow, den früheren stellvertretenden Reichswehrminister oder auch den

Sozialrevolutionär der NSDAP Gregor Strasser sowie andere Unliebsame des Regimes. Harro bleibt von der Säuberungswelle verschont, doch ihm ist klar: Hoffnung auf einen Wandel des Regimes gibt es jetzt endgültig nicht mehr. Der »sozialistische« Ast der NSDAP ist abgehackt – national*kapitalistisch* wäre künftig ein treffenderes Wort.

Unentschlossen, wie es weitergehen soll, zwiespältig in seinen Überlegungen, läuft Harro in diesen Sommernächten 1934 durch Charlottenburg, nervös, unruhig, »liederlich und schmuddlig angezogen«, wie eine Freundin bezeugt – und was eine Ausnahme bei ihm ist. Seine einzige Ablenkung sind neue Kumpels, die er an der Havel kennengelernt hat, in der Marina *Blau-Rot*, wo das blaue Paddelboot eines Freundes liegt, das er manchmal benutzt. Richard von Raffay heißt der Mittelpunkt dieser Clique, *Ricci* genannt, ein Werbezeichner und »Hamburger, wie er sein muss, ruhig und immer lustig«.[117] Sie nehmen Harro gerne mit, wenn sie am Abend ausgehen, in die *Lunte* zum Beispiel, »ein Bohemienlokal dritter Sorte«, ins Künstlercafé *Josty*, das auf der rechten Seite liegt, wenn man vom Potsdamer Platz in die Leipziger Straße spaziert – oder zum Swing in die *Rio-Rita-Bar*.

Aber es ist nicht das Gleiche wie damals, als er mit Henry um die Häuser zog. Harro kommt, wenn der Morgen graut, nicht mehr als Held in seine Wohnung zurück, wie zu Zeiten des *Gegner*. Er schreibt nicht mehr an Texten, die die Welt verändern sollen, während eine Räuberbraut ihn in den Armen hält, sondern kriecht alleine unter die Decke, um noch eine Mütze Schlaf zu nehmen, bevor es am Morgen wieder *Heil Hitler* im Ministerium heißt.

7

1934 schafft es Metro-Goldwyn-Mayer in Deutschland gleich viermal unter die zehn erfolgreichsten Produktionen des Jahres. Libs macht ihre Arbeit offenbar gut – und hat im Gegensatz zu Harro keinerlei Skrupel dabei. Doch erhält sie die Chance, sich beruflich weiterzuentwickeln? Es ist nicht einfach als Frau, Karriere zu machen im nationalsozialistischen Deutschland, da macht auch ein Hollywoodstudio keine Ausnahme. Ihre Vorstellung, sich durch die Tätigkeit für MGM ihrem wahren Ziel zu nähern, selbst einmal Filme zu machen, stellt sich als naiv heraus. Sie kommt über PR-Tätigkeiten nicht hinaus und spielt mit dem Gedanken zu kündigen. Aber was soll sie tun? Ein Studium zu beginnen, ist für eine junge Frau seit dem 1933 verabschiedeten »Gesetz gegen die Überfüllung deutscher Schulen und Hochschulen«, das die Zahl der Studentinnen auf zehn Prozent beschränken soll, nicht einfach. Als Pressedame von MGM hat Libertas eine Reihe von Journalisten kennengelernt, und sie überlegt, ob nicht hier ein Weg läge: Filmkritikerin zu werden bei einer größeren Zeitung oder Zeitschrift.

Privat haben sich neue Verbindungen für sie aufgetan, und diese stellen sich als schicksalhaft heraus. Denn auch Libertas hat Richard von Raffay kennengelernt, und am 14. Juli 1934, dem Revolutionstag in Frankreich und Tag der Freiheit, segelt sie bei angenehmen 25 Grad auf seiner *Haizuru* getauften Jolle mit, liegt im Bikini, der offiziell *Zweiteiler* heißt und seit dem »Zwickelerlass« von 1932 in der Öffentlichkeit verboten ist, im Bug, als ein blaues Paddelboot zu ihnen stößt.

Eine einzige Quelle gibt es, die das Zusammentreffen be-

An der Pleib maschine. Aff. 44

Libertas als Pressereferentin bei Metro-Goldwyn-Mayer.

schreibt. Es ist ein Gedicht, das Libertas über ihre erste Begegnung mit Harro verfasst hat:

»Durch weiße Wasserrosen,
ein kleines Segelschiff im Abendgold.
Und weil es der Augenblick ganz so gewollt,
steht sie am Bug in weiten roten Hosen
und ihrem ärmellosen Kleid.
Ein blaues Schiffchen kommt herangefahren,
darin ein Jung' mit winddurchwehten Haaren
und mit dem Leuchten einer ganzen Welt.
Ein Jauchzen plötzlich durch die Stille gellt.
Von Sonne ist der Abend überschwemmt.«

Ricci von Raffay, dem die Anziehung der beiden nicht entgeht, verlässt taktvoll am Steg von *Blau-Rot* sein eigenes Boot und ver-

Libertas liebt die Freiheit auf dem Wasser.

abschiedet sich. Harro und Libertas segeln alleine weiter, und
das Gedicht nimmt seinen Lauf:

»Die warme Julinacht brach an
Es war so voller Zärtlichkeiten
und sie so voll Glückseligkeit,
weil ihre Seelen sich gefunden,
so dass das weite Sternenzelt
kaum Raum genug war ihrem Streben
die neu entdeckte Wunderwelt
mit allen Fasern auszuleben
Die warme Julinacht verrann ...«[118]

Als Harro sein Hemd auszieht, erschrickt sie über die Strie-
men, die noch immer zu sehen, die Wunden, die teilweise ver-
narbt sind, und als er ihr erzählt, leise und zögerlich, irgendwann voller Leidenschaft und mit intensivem Blick, während
ihre Finger seine Verletzungen streicheln, da fängt bei Libertas, wie sie ihm zuhört, das heiß ersehnte Denken und bei
Harro, wie er ihre Zärtlichkeit spürt, die bitter benötigte Hei-
lung an.

8

Beide haben sie unglaublich viel Energie. Keine Sekunde ist es
langweilig. Vollkommen atemlos, der Sommer wird schön, sie
sehen gut aus, sind jung – und haben beide interessante Eltern-
häuser, wobei ihres das größere ist, dafür im Ruf nicht un-
umstritten, bei ihm hingegen alles tadellos, Stichwort Tirpitz.
Was Harro tatsächlich hat: eine familiäre Sicherheit, Eltern, die

immer ansprechbar sind, und genau das fehlt Libertas, die dafür mit einem Schloss prunken kann.

Am 1. August 1934 zieht Harro in die Wohnung von Ricci von Raffay am Hohenzollerndamm ein. Seine Isolation ist vorbei, jetzt gibt es große, gemeinsame Abendessen, zu denen auch Libertas kommt. Sie halten Händchen, knutschen, gehen ins Kino, sehen »Christine« mit Greta Garbo, einen neuen Western mit John Wayne, einen Johnny-Weissmüller-Tarzan. Auch Kneipen besuchen sie, durchtanzen die Nacht in der *Jockey-Bar*, wo der Pianist, ein Mann namens Engel, der später bei den *Comedian Harmonists* einsteigen wird, sein Repertoire aus Jazz und populären Schlagern mit Stücken von Bach und Mozart kombiniert. Oder sie frequentieren Restaurants, besonders gerne die angesagten neuen asiatischen Läden. In der Kantstraße zum Beispiel kann man »echt chinesisch essen, mit viel Reis, Bambus, scharfen Soßen und merkwürdigen Fischen«.[119]

Es beginnt eine Zeit in Harros Leben, der am 2. September 1934 fünfundzwanzig wird, die fast an Normalität erinnert, würden nicht überall Hakenkreuzfahnen an den Fassaden hängen. Auch wenn er seit der Trennung von Regine erst mal keine Freundin mehr wollte: Libertas passt zu ihm, und auch im Bett funktioniert es. Wer könnte sich ihr schon entziehen? Sie ist erst zwanzig, aber mit allen Wassern des klaren, hochromantischen Lankesees in Liebenberg gewaschen. Jetzt kann all ihre Verführungskraft endlich zur vollen Anwendung gelangen! Heißa, ihr Großvater hat sogar Sex mit dem Kaiser praktiziert! Kenntnis vom großen Skandal um die Liebenberger Tafelrunde kann Harro bei seinen Eltern voraussetzen, wenn er ihnen schreibt: »Und dass sie die Enkelin vom alten Eulenburg ist, dafür kann sie ja nichts: Die *ihm* zusagten Eigenschaften hat *sie* jedenfalls nicht.«[120] Er ist stolz: Unverfänglicher, solider hätte er sich der

Gestapo gar nicht präsentieren können. Libertas von Schloss Liebenberg auszuführen, die sogar Parteimitglied ist, klingt nun wirklich nicht nach Kommunismus. »Ich muss mich ja mit völlig harmlosen, guten Leuten umgeben; diese sind als Umgang sehr geeignet«, schreibt er seinen Eltern.[121] Auch für Libertas funktioniert die neue Beziehung. Harro stillt ihren Wissensdurst, besitzt eine Ernsthaftigkeit und Tiefe, die sie anspricht und mit ihrem eigenen Streben nach seelischer, poetischer Tiefe harmoniert. Außerdem sieht er verdammt gut aus – und will Gott sei Dank vorerst keinen Nachwuchs, lehnt die vom Nationalsozialismus propagierten Geschlechterrollen vom Heimchen am Herd ebenso ab wie sie selbst.

Am liebsten gehen sie zusammen segeln, verbringen so viel Zeit wie möglich auf Riccis Jolle, die er ihnen großzügigerweise überlässt, nur eine kleine Überholung müssen sie bezahlen, den Bootsstand bei *Blau-Rot* erhalten sie vergünstigt. Diese August- und Septembertage 1934 auf Havel und Wannsee, wenn der Himmel über ihnen leuchtet, das Land nach Sommer riecht und es still ist, nur der Wind in den Blättern am Ufer rauscht und im Segel knattert, schweißen sie zusammen. Wenn die Brise dann stärker wird und man sich komplett auf den anderen verlassen können muss, sich Befehle geben darf und der andere sie ausführt, ohne sie zu hinterfragen … Wenn abends die Wolken rot werden, sie die Nacht auf dem Wasser verbringen, leidenschaftlich miteinander schlafen, und das vor Anker liegende Boot in einer Havelbucht ins Schwojen gerät.

Dann wird es Herbst, Richard von Raffay und seine beiden Kumpels ziehen aus der Wohnung am Hohenzollerndamm aus, Libertas zum 1. Oktober 1934 ein. Die zwei frei gewordenen Zimmer vermieten sie unter, sodass es weiterhin wie eine WG wirkt. Von ihrem Aussteuergeld kauft Libs für 1000 Reichs-

Gegner aus Leidenschaft: Harro, Libs und Kurt Schumacher auf dem Wannsee.

mark im Jahr darauf ein gebrauchtes Opel-Cabrio, das sie *Spengler* nennt, nach dem Verfasser des kulturphilosophischen Buchs »Der Untergang des Abendlandes«. Ob sie hierbei Kulturpessimismus zeigt oder die Referenz an den rechts stehenden Spengler ihre noch immer vorherrschende Gesinnung bezeugt, kann nur gemutmaßt werden. Der *Spengler* bringt sie jedenfalls mühelos zu allen Vergnügungseinrichtungen der Stadt und zum Entspannen hinaus nach Liebenberg, wo Libs auf *Scherzo* umsattelt, während Harro am Ufer des Lankesees liegt.

Mit Widerstand hat dieses verliebte Dasein noch wenig zu tun. Nach außen hin spielen sie brav nach den Regeln, nehmen an einem Empfang des britischen Luftattachés teil, einem Freund von Libertas, bei dem nur hohe Offiziere und ausländische Diplomaten herumstolzieren und wo sie als Paar gute Wirkung erzielen, oder sie fahren mit den Kollegen aus dem RLM auf Be-

118

triebsausflug, wodurch Harros Renommee gewaltig steigt, da Libertas alle bezaubert. Harros Taktik ist aufgegangen. Alles sieht unverdächtig und vielversprechend aus, und die attraktiven, durch und durch »arisch« anmutenden Harro und Libertas werden nonchalant zu einem neuen Traumpaar der Reichshauptstadt.

9

Doch in seinem Inneren kratzt und reibt es noch immer, und Harro beschließt, wieder politisch aktiv zu werden. Erneut will er sein Glück im Schreiben versuchen, seiner großen Leidenschaft. Das Vehikel, das er sich dieses Mal aussucht, ist die Publikation *Wille zum Reich*. So systemkonform, wie der Titel klingt, ist die Zeitschrift keineswegs, vielmehr ein Sammelbecken nicht nur nationalrevolutionärer Intellektueller; auch einige von Harros alten Weggefährten veröffentlichen dort. Stets wirkt die Titelseite unverfänglich und regimetreu, doch weiter innen, im Kulturteil zum Beispiel, finden sich Texte mit anderem Duktus. Da geht es um den umstrittenen französischen Schriftsteller André Gide, den deutschen Bildhauer und Zeichner Ernst Barlach, obwohl dessen Werke als »entartet« gelten, oder um den im NS-Staat ebenfalls verpönten französischen Maler Paul Gauguin. *Wille zum Reich* ist eine Art Trojaner am Kiosk; viele der Autoren arbeiten unter Pseudonym, auch Harro, der als *Türke* zeichnet und ab Frühling 1935 wie damals beim *Gegner* als Herausgeber fungiert. Unter seiner Leitung wird das Blatt flotter und die Unterzeile »Eine Zeitschrift aus dem Geiste deutscher Jugend« in das modernere »Halbmonatsschrift für Kultur und Politik« umbenannt.

Auch Libertas arbeitet hier mit, übersetzt Texte ausländischer Autoren, erledigt redaktionelle Arbeiten und versucht auf diese Weise, sich die Lebenswelt ihres Partners anzueignen. Das Problem ist nur, dass ihr dabei schnell langweilig wird. *Wille zum Reich* ist eine Bleiwüste voller schwerer, weltbewegender Gedanken. Da muss man sich schon sehr für die Zeitläufte interessieren, wie Harro oder der sarkastisch-intellektuelle Walter Küchenmeister, der ebenfalls mitschreibt, ein gelernter Eisendreher und 1918 als Matrose an der Novemberrevolution beteiligt. Nein, für politische Theorie kann Libertas sich nicht begeistern. Für sie sind alle rationalen Erläuterungen, wie Harro sie so leidenschaftlich gerne äußert, weniger wichtig als ein Gefühl für das richtige Leben im Falschen. Mit angezogenen Knien hockt sie in der winzigen Redaktion und *träumt* von Deutschland, diesem »rotten country«, in das sie so verliebt ist, wie sie es in einem Brief formuliert.[122]

Für Harro hingegen ist *Wille zum Reich* ideal. Endlich kann er sich wieder austoben, findet Raum für seine außen- und wehrpolitischen Betrachtungen. Für ihn verstecken sich hinter den trockenen Titeln seiner Texte wie »Krisenprobleme in USA«, »Antiprofithetze oder Rüstungsstärke«, »Gegen Imperialismus – für Rohstoffbasis«, »Liberale Wirtschaft ist Wehrverrat« die wahren Tragödien der modernen Zeit. Sein altes Thema, die Kritik am Kapitalismus, scheint aktueller denn je. Auch den europäischen Schulterschluss strebt er wieder an, schickt früheren *Plans*-Weggefährten in Paris eine Ausgabe zu. »Diese Zeitschrift muss natürlich sehr brav und gleichgeschaltet sein, aber sie ist besser als nichts, um einen Kontakt zu unseren Freunden aufrecht zu erhalten«, heißt es im Begleitschreiben, das er mit der Post ab Genf versenden lässt, weshalb er keine Angst vor Zensur haben muss.[123] In diesem Brief skizziert er auch seine Strategie für die kommenden Jahre und teilt den französischen Freunden mit, dass er zwar noch nicht daran denke, sich zu organisieren, aber schon kleine intime Zusammenkünfte mache und beginne, »aktivere Leute kennenzulernen«.[124] Die Chancen, effektiv gegen das Regime vorgehen zu können, sieht er mittelfristig positiv: »Die Aufgabe der Gestapo wird von Tag zu Tag schwieriger, weil die Öffentlichkeit der freien Kritik immer größer wird.« Auch der Marsch durch die Institutionen trägt seines Erachtens Früchte: »Die Gegner des Regimes befinden sich in den Ministerien, in der Partei, in der Geheimpolizei, überall. Viel pubertärer Revolutionarismus ist verschwunden.«[125] Jeder, der sich in diesen Tagen mit Politik beschäftige, führt er aus, befinde sich in Gefahr, und das sichere ein bestimmtes Niveau.

Doch wirklich hoffnungsvoll ist die Lage nicht. In diesem Jahr 1935 sind die zuvor noch mit illegalen Zeitschriften und Flugblattaktionen aktiven Untergrundnetzwerke der Sozialdemokraten und Kommunisten kaum mehr existent. Fast überall hat die Gestapo ihre Spitzel eingeschleust und die auf Erhalt der organisatorischen Strukturen ausgerichtete illegale Arbeit der Kommunistischen Partei weitgehend zerschlagen. Zu viele Leute wurden dort aufgenommen, die gar keine Sozialdemokraten oder Kommunisten sind, sondern anderen Zielen dienen. Harro, der dies beobachtet, mag daraus den Schluss ziehen, dass solche starren Verbindungen, die nicht auf persönlichen Beziehungen gründen, für die illegale Arbeit gegen ein totalitäres System ungeeignet sind. Kleinere Zirkel hingegen, die nicht von einer Ideologie geleitet werden, sondern von Freundschaft, sind viel schwerer zu penetrieren.

Dass Handeln nottut, zeigt der Sommer 1935, als es zu offen antisemitischen Ausschreitungen kommt, und zwar im Herzen der Reichshauptstadt. Auslöser ist ein »Lustspielfilm«, der erfolgreich in den Ku'damm-Kinos läuft: *Pettersson & Bendel*, ein schwedischer Streifen, von Goebbels als erster ausländischer Film mit dem Prädikat »staatspolitisch wertvoll« ausgezeichnet: Ein Jude geht im Stockholmer Hafen an Land und betreibt unter dem falschen Namen Bendel faule Geschäfte, betrügt einen ehrlichen schwedischen Arbeitslosen namens Pettersson. Bendel fliegt auf, nachdem er Pettersson auch die Verlobte ausspannen will, wird ausgewiesen, muss auf das Schiff zurück und verlässt Schweden auf dem gleichen Weg, auf dem er gekommen ist. Während der Film am Kurfürstendamm gezeigt wird, kommt das Gerücht auf, dass jüdische Zuschauer die Vorführungen immer wieder störten. Die gleichgeschalteten Berliner Tageszeitungen greifen die Story auf, und es kommt zu antisemitischen Übergriffen in Charlottenburg, dem bevorzugten Wohnviertel von Ärzten, Bankiers, Rechtsanwälten und Künstlern, des jüdischen Großbürgertums und der kulturellen Avantgarde. Einem Viertel, in dem auch die Eltern des ermordeten Henry Erlanger wohnen.

Am 15. Juli 1935 versammelt sich vor einem Premierenkino am Kurfürstendamm ein brauner Mob und prügelt auf vermeintlich jüdisch aussehende Passanten ein, protestiert vor jüdischen Geschäften und Künstlerkneipen, prangert »jüdische Rassenschänder« und das Verhalten »artvergessener deutscher Frauen« an. Vier Tage lang, bis zum 19. Juli 1935, gelingt es der Berliner Polizei nicht, die Ordnung wiederherzustellen. »Dieselben Leute, die gestern bei den Krawallen mitmachten, stehen zum Teil heute (diesmal in Uniform) Posten, um eine Wiederholung der Krawalle zu verhindern«, lautet Harros bitterer Bericht an die Eltern.[126] Die Verquickung zwischen Polizei und gewalttätigen Organisationen der Partei wie SS und SA, begonnen im Frühling 1933, als Henry Erlanger starb, schreitet weiter fort. Die NS-Führung nimmt die Vorkommnisse am Kurfürstendamm zum Anlass, diesen vermeintlich authentischen, in Wahrheit durch Goebbels' Propaganda künstlich aufgeheizten »Volkszorn« aufzugreifen und die Rassengesetze vorzubereiten, die auf dem Nürnberger Parteitag 1935 beschlossen werden und die rechtliche Grundlage bilden für die Diskriminierung, Verfolgung und spätere Vernichtung der Juden in Deutschland.

10

An Weihnachten 1935 fährt das Paar, das nun anderthalb Jahre zusammen ist, zu Harros Eltern nach Mülheim. Libertas wird vorgestellt und erzielt die erwartete Wirkung. Der sonst so zurückhaltende Vater Erich Edgar gerät schier aus dem Häuschen, als er die Auserwählte in Augenschein nimmt. Auch Harros jüngerer Bruder Hartmut, Hartmut-Bruder genannt, verknallt sich mit seinen dreizehn Jahren auf der Stelle in die reizende Dame vom Schloss. Freimütig und etwas bombastisch, aber mit dem gewünschten Effekt, gibt Libertas der Runde kund, dass es »immer größer und schöner« werde mit ihr und Harro. Dann inspiziert sie das Wohnhaus. War es für Harro exotisch, zum ersten Mal die leeren Ritterrüstungen in der Nordischen Halle zu begutachten und die Walfischzähne, die Fürst Philipp aus Norwegen mitbrachte, hat Libertas in der gutbürgerlichen Bleibe in Mülheim nicht weniger Spaß. Da Erich Edgar einige Jahre lang als Kapitän zur See gefahren ist, sind nicht nur antike Möbel aus aller Welt aufgestellt, auch eine Buschtrommel hängt da, ein riesiger chinesischer Gong, einige Kelims und Teppiche aus Afrika und dem Orient sowie überall Bücher, exotische Wälzer und Folianten.[127]

Vollkommen begeistert und zum Dank, dass ihr nun endlich »ein Elternhaus gegeben« worden sei, packt Libertas im Wohnzimmer, wo der Christbaum steht, die Ziehharmonika aus und spielt und singt im Laufe des Abends Weihnachtslieder, Volkslieder, Küchenlieder, Pfadfinderlieder, Lieder auf Deutsch, Englisch und Französisch.[128] Selbst Marie Luise, die der Liaison skeptisch gegenübersteht, weil sie für Harro eine solide Bürgerstochter statt einer schwer einzuschätzenden Adligen mit skandalumwittertem Großvater bevorzugt hätte, muss zugeben, dass Libertas ihre amüsanten Qualitäten hat sowie eine emotionale Tiefe und Intensität ausstrahlt, die sie selbst nur allzu gut kennt, mit der sie bisher in dieser Familie ziemlich alleine war. Libertas hat zudem Geduld genug, ihren Erzählungen von der Arbeit im *Frauenbund der Deutschen Kolonialgesellschaft* zu lauschen – was sonst bei den Schulzes keinen mehr interessiert.

Zu essen gibt es Kasseler Rippenspeer mit Sauerkraut. Traditionell wird am Heiligen Abend Hausmannskost serviert, damit eben die Hausfrau nicht zu viel Arbeit hat. Ohnehin ist Marie Luise eine miserable Köchin, der außer Roter Grütze kaum etwas gelingt. Erich Edgar kümmert das nicht, er ist es gewohnt und lobt stoisch selbst das fürchterlichste Gericht – und Harro fällt ohnehin über alles Essbare her, das vor ihm steht. Auch Libertas stören Marie Luises mangelhafte Kochkünste nicht. Sie hat oft genug fürstlich gespeist und genießt das bürgerlich Deftige. Alles kommt ihr sehr bodenständig vor, und sie verkündet gerührt, die neu gefundene Tochter des Hauses zu sein. Ausgerechnet Marie Luise mit ihrem für Harro manchmal schwer erträglichen Fürsorge-Tick hat es Libs angetan, da sie ein solches Kümmern in ihrer eigenen Familie vermisst. Nie hat das Mädchen aus Liebenberg eine derartige Nähe verspürt wie hier an der Ruhr – oder glaubt zumindest, sie zu verspüren. Die manchmal zutage tretende Übergriffigkeit von Harros Mutter interpretiert sie als Liebe – was sie wohl auch ist – und übersieht die Gräben zwischen dem Ehepaar, nimmt noch nicht wahr, wie uneins sich die Schulzes in vielem sind, wie häufig etwas unter den Teppich gekehrt wird – wie sie Liebe durch ein Dulden ersetzt haben. Lange schon übernachten Harros Eltern in separaten Schlafzimmern, deren Einrichtungen viel über ihre unterschiedlichen Charaktere erzählen: jenes von Erich Edgar ist asketisch reduziert und wirkt mit Einzelbett, Schrank, Waschbecken, auf dem nichts außer Zahnbürste und Rasierzeug liegt, wie eine Mönchszelle, während Marie Luises Gemach viel größer ist, mit eigenem Außenflur, der einen üppig bepflanzten Wintergarten bildet und von oben bis unten vollgestopft ist mit ihren Habseligkeiten, Parfümfläschchen, Krimskrams.[129]

Weihnachten – emotionale, fragile Stunden, die Zentralheizung zaubert wohlige Wärme, der geschmückte Tannenbaum leuchtet beruhigend, dann ist Bescherung: große Brottrommel, Messbecher aus Jenaer Glas, Fleischwolf, Bademantel. Kein Luxus, sondern mehr oder minder nützliches Haushaltszeug, doch auch das verdrießt Libertas nicht. Sie genießt es, im Sessel zu lümmeln, ein Glas Mosel in der Hand, und den Schnurren zu lauschen, die Erich Edgar zum Besten gibt, der kerzengerade auf seinem Stuhl sitzt, als hätte er einen Stock verschluckt. Da wird von Harro erzählt, wie er als Junge einen Mann aus dem rot geklinkerten Haus hat laufen sehen, mit einem Sack auf dem Rücken, einem *vollen* Sack, und als Nächstes bemerkte er die fehlenden Läufer im Treppenhaus – und rannte dem Mann hinterher. *Dieb, Dieb, Dieb!*, rief Harro, und dieser ließ seine Beute fallen. Die Läufer sind ins Haus zurückgekehrt, alle waren dem Filius dankbar. Harro freut sich mit den anderen an solchen alten Geschichten. Das Lob tut ihm gut, auch als von seinem Abiturzeugnis die Rede ist, worin stand, man erhoffe sich, dass Deutschland einmal von seinen hohen geistigen Fähigkeiten profitieren wird.[130] Doch Harro weiß auch: Heute geht es um mehr als um gestohlene Läufer, und wenn er sich in seiner Familie umsieht, vor allem, was seine Mutter betrifft – und dies hochrechnet auf die deutsche Bevölkerung –, kann ihm bange werden. Er gerät an diesem Heiligabend in Streit mit Marie Luise, da sie ihm gegenüber wie beiläufig erwähnt, dass Libertas einen »jüdischen Mund« habe: »Ich komme über ihren jüdischen Mund nicht hinweg.«[131] Einen ähnlich gelagerten Disput hatte Harro bereits im vergangenen Sommer mit seiner Mutter, als sie Röntgenaufnahmen seines Kopfes zum Anlass nahm, seinen vermeintlichen »Rundschädel« zu loben, der ihn als Arier auszeichne. »Solange Du solche Äußerungen von Dir gibst«, hatte er ihr damals in einem Brief geschrieben, »kannst du Dich nicht wundern, daß ich die Auseinandersetzung mit Dir für hoffnungslos halte. Und schließlich geht es ja um die Sache und nicht um meine Person allein. Tatsächlich hattest Du übrigens mit dem Hinweis ›Rundschädel‹ noch nicht einmal recht, aber Deine grundsätzliche Einstellung zu dem ganzen Problem zeigt mir, inwieweit Du schon zum Objekt bestimmter sehr billiger Anschauungen geworden bist.«[132] Nur zweieinhalb Jahre hat es gedauert, um eine intelligente Frau, die 1933 noch die Chuzpe hatte, wegen des Mordes an Henry Erlanger gegen die SS vorzugehen, so weit zu verbiegen, dass sie in den Kategorien der »Rassenhygiene« zu denken beginnt.

Auch was das Frauenbild betrifft, divergieren Harros Vorstellungen von denen seiner Mutter. Ihre Sympathie für seine Freundin empfindet er zwar als erfreulich, doch solange sie nicht erfasst habe, »dass Libertas nie eine Verbürgerlichung Deines Ältesten, sondern immer nur eine Potenzierung seines Wesens und ganz und gar ein Stück seiner Welt bedeutet (mit allem Drum + Dran!)«, solange würde er einen bitteren Beigeschmack beim Wahrnehmen ihres liebevollen Eifers und etwas naiven Stolzes nicht los.[133] In einem Brief wenige Wochen nach Weihnachten geht er noch einmal auf das Thema ein, das für ihn auch ein politisches ist:

>»Wenn Libs den Tag benutzt, um mir bei der Arbeit zu helfen, so ist das bis auf Weiteres noch lange weit sinnvoller und einträglicher, als wenn sie sich in die Küche stellt und kocht, auf den Markt geht oder Staub wischt. Die allgemeine, mitteleuropäische Strafversetzung der Frau in die Küche will ich bei uns jedenfalls nicht einführen. Und zwar nicht, weil ich auf diesem Gebiet irgendwelche revolutionären Ideale oder Rosinen im Kopf hätte, sondern ausschließlich deshalb, weil eine Ehe zwischen Libs und mir, die nicht auf der gemeinsamen Lebensarbeit aufgebaut ist, auf Sand errichtet wäre, nämlich auf der Verfallssituation der Frau in der bürgerlichen Gesellschaft überhaupt.«[134]

Später am Heiligen Abend nimmt der Vater Harro beiseite. Er müsse der Mutter zustimmen: Es gehe zum Beispiel nicht an, dass die Nachthemden von Libertas in Berlin sogar bei Familienbesuchen offen herumlägen – scheinbar nur, um das unkon-

ventionelle Zusammenleben zur Schau zu stellen.[135] Auch wenn
er wisse, dass sein Sohn gerne provoziere, eine solche wilde Gemeinschaft müsse auf die Dauer nicht sein.

Heirat – Harro mag es nicht, doch das Wort schwebt in
der Luft, und ebenso wie Libertas weiß auch er: Erich Edgar
hat recht. Ihr nicht legales Zusammenleben fällt auf, und das
möchte Harro nicht, aus Gründen der Sicherheit. Außerdem
gibt es ein profanes Argument, das aufgrund seiner noch immer
miserablen Bezahlung im RLM zu Buche schlägt: Eine Heirat
hätte finanzielle Vorteile, Libs würde bei Eheschließung ihre
stattliche Mitgift von 10 000 Reichsmark erhalten und er selbst
im Ministerium endlich etwas besser gestellt sein. An Ostern
fahren sie deshalb nach Liebenberg, besprechen die Details mit
Libs' Mutter Tora, und am 26. Juli 1936 ist es so weit. Aus dem
Stil der Einladung an seine Eltern spricht Harros innere Distanz
zu der geplanten Zeremonie:

»Am Sonntagvormittag standesamtliche und kirchliche Trauung. Eintreffen von einigen weiteren Gästen der nächsten Verwandtschaft (Endgesamtzahl: 18). ›Jesu geh voran!‹ hab ich
vom Programm streichen lassen, dafür habe ich ›Eine feste
Burg‹ vorgeschlagen, die Hartmut also auswendig lernen muß,
denn einer muß ja schließlich singen. Der Pfarrer wird sich
kurz fassen. Er ist im Bilde. Anschließend großes Mittagessen.
Libs und ich fahren dann weg. Ihr könnt den Nachmittag noch
mit Tee und Spaziergängen verbringen.«[136]

Die Schulzes reisen einen Tag vorher aus Mülheim an, Harros
Schwester Helga kommt mit ihrem italienischen Ehemann Carlo

aus Venedig, alle erhalten im Schloss ein eigenes Zimmer mit fließend warmem Wasser, sogar Hartmut-Bruder. Ausnahmsweise
trägt Harro weder Luftwaffenuniform noch blauen Pullover, sondern erscheint im Smoking, während Libs ein weißes Kleid präsentiert, das ihr Vater, der Modeschöpfer, seit Ewigkeiten wieder
einmal auf dem Schloss, zu diesem Anlass für sie entworfen hat.
Es ist eine Feier im kleinen Kreis, ohne Freunde, rasch und
reibungslos soll es vonstattengehen. So richtig warm ist Harro
mit Liebenberg ohnehin noch nicht: Er liebt zwar Wald und
Lankesee, aber mit der Familie, vor allem Fürst Wend, dem Nazi,
hat er politische Differenzen. Die Trauung findet in der kleinen Schlosskapelle statt. Es ist eine »schöne – wenn auch nicht
glänzende, so doch stimmungsvolle Hochzeit«, wie Libs' Mutter Tora es beschreibt.[137] Sie singt die *Monatsrose*, das erste der
fünf Rosenlieder ihres Vaters Philipp, das Brautpaar bekommt
von Staats wegen »Mein Kampf« als Hochzeitsgeschenk, dann
sitzen sie auf der Terrasse, die mit Lampions geschmückt ist.
Erich Edgar hält eine tadellose Rede, auf die er sich ewig lange
vorbereitet hat, sie tafeln und genießen einen guten Tropfen
aus dem Liebenberger Keller, darauf hat sich Harros Vater besonders gefreut.[138] Königinsuppe steht auf dem Menü, Mayon-
naise von Lankehechten, Damwildrücken nach Reiterart mit
Salat und selbst eingemachten Preiselbeeren. Auf dem Spinat
liegen kleine Gebäckstücke aus Blätterteig in der Form der Frei-
heitsgöttin, *Libertas-Fleurons* genannt. Der Nachtisch geht an
Harro: *Fliegerbombe*, ein Ungetüm aus Eis, Kuchen, kandierten
wie frischen Früchten, Nüssen, Sahne, Schokoladensoße.

Nach dem Essen werden in der Nordischen Halle Cognac
und Schnaps gereicht, Erich Edgar konsumiert eine seiner drei
Zigaretten pro Tag, es gibt Präsente: Libs erhält 500 Mark und
eine Porzellangarnitur von Onkel Wend, silbernes Besteck von

Kann man unauffälliger wirken? Harro, Libertas und ihre Mutter
Gräfin Tora zu Eulenburg an Ostern 1936 auf Schloss Liebenberg.

ihrer Mutter. Die für Neuvermählte obligatorischen Handtücher und Bettwäsche steuern Marie Luise und Erich Edgar bei. Jedes einzelne Stück Linnen hat Harros Mutter mit den Initialen SB verzieren lassen. Der Doppelname Schulze-Boysen, vorher von Harro nur inoffiziell benutzt, weil er ihm lässiger erschien als das biedere *Schulze* allein, ist mit der Eheschließung amtlich geworden und in die Einwohnermeldeliste eingetragen, auch für Libertas. Sie ist bester Laune, denn für sie fängt mit diesem Tag ein neuer Akt an, ein Sprung, wie sie hofft, in jene Freiheit, die ihr Vorname verspricht – eine Freiheit allerdings, die in Zeiten der Diktatur, zumal wenn der Gatte Harro Schulze-Boysen heißt, lebensgefährlich werden kann.

11

Nach den Flitterwochen, die sie in Schweden verbringen, wo sie Verwandte von Libertas und alte Bekannte Harros besuchen, kommen die Frischvermählten in ein Berlin zurück, das sich festlich herausgeputzt hat: Seit dem 1. August 1936 finden dort die Olympischen Spiele statt. »Die Damen tragen hübsche Sommerkleider, sehr angenehme junge Mädchen in flottem weißem Dress überreichen den Siegern die Lorbeer- oder Eichenkränze, und die stolze neue deutsche Flagge wird bei jeder für einen Deutschen bestimmten Goldmedaille hochgezogen, von Matrosen in weißer Parade-Uniform«, schreibt Harros früherer Bekannter Ernst von Salomon über das Spektakel: »Die Straßen wimmeln von Ausländern.«[139] Diese bekommen allerdings kein authentisches, sondern ein stark geschminktes Antlitz der Reichshauptstadt präsentiert. Die Aushangkästen der Wochenzeitung *Stürmer* mit den antisemitischen Schlagzeilen sind verschwunden, ebenso die Aufschriften auf den Bänken, die den Juden das Verweilen verbieten, und das Strandbad Wannsee, wo es Mode geworden ist, das Parteiabzeichen auf der Badehose zu tragen, steht in diesen olympischen Wochen jüdischen Badegästen ausnahmsweise wieder offen.[140] Deutschland präsentiert sich als ein Land der Ordnung, der Sitte und des Rechts. Doch dass das Friedensgetue Fassade ist, um die internationalen Gäste aufs Glatteis zu führen, muss all jenen klar werden, die durch die Innenstadt bummeln und den frisch eingeweihten Neubau des Reichsluftfahrtministeriums passieren, den neuen, martialischen Dienstsitz auch von Harro.

In diesem größten Verwaltungsgebäude des Dritten Reichs,

bestehend aus mehreren vier- bis siebengeschossigen Trakten mit insgesamt sieben Kilometern Flur, an denen über 2000 Büros liegen, wird nämlich der Krieg vorbereitet. Offenbar im Zeitraffer entstanden, tatsächlich aber im Schweiß von 6000 Bauarbeitern rund um die Uhr im Dreischichtendienst, parkt dieses Riesenraumschiff, das die Welt erobern will, in direkter Nachbarschaft zum alten Kriegsministerium, das ausgemustert und abgerissen wird.

In diesem Skelett aus Stahlbeton sitzt künftig Görings Mannschaft: 3000 Mitarbeiter stark, inklusive großer Ingenieurabteilung für die Entwicklung neuer Flugzeugtypen, die Planung und Einrichtung neuer Flugplätze überall auf der Welt. Hier werden von mehreren Dutzend im Akkord tippenden Stenotypistinnen die militärisch-industriellen Konzepte von morgen in die Tasten gehämmert. Im Gehirn des Nationalsozialismus ist dieses neue, enorm gewucherte RLM eine Schaltstelle – und ein Tumor. Hier wird Gift produziert, in Metall gegossen und über die Himmel gejagt, um die Menschen drunten am Boden zu töten. Hier schwingt sich das Nazitum in höhere Sphären auf, greift nach den Sternen, will stählerne Prothesen über alle Gebirge und Weltmeere schicken. Es ist ein architektonisches Scharnier, gelegen zwischen dem altem Regierungszentrum um die Reichskanzlei und der neu entstehenden Machtzentrale in der nach Kreuzberg angrenzenden Prinz-Albrecht-Straße, wo die Gestapo ihren Hauptsitz ausbaut – und wo auch Himmler wohnt. Ein Gigantengebäude, das Berlin zur *Welthauptstadt Germania* machen soll: hartlinig und gerade, kühl minimalistisch und funktional modern, gleichzeitig ideologisch aufgeladen, die Fassade mit fränkischen Muschelkalkplatten verblendet, die nicht nur schwer sind, sondern auch schwer wirken. Bei gutem Wetter lässt diese Fassade den Gebäuderiegel, in dem heutzutage das

Bundesfinanzministerium sitzt, nach außen hin in strahlendem Weiß erscheinen. Doch es ist ein vergängliches Weiß, das sich bei Niederschlag dunkel verfärbt –

An seinem ersten Arbeitstag im August 1936 tritt Harro von der Wilhelmstraße her kommend zwischen den fünf Meter hohen Bronzeadlern auf den Ehrenhof, läuft durch ein gusseisernes Tor in die steinerne Empfangshalle, die alles andere als empfangend ist, sondern bedrückend mit ihrer niedrigen Steindecke, erhellt von den lodernden Flammen aus einer Feuerschale, die in einem Steinalkoven hinter einem Zaun aus umgedrehten Lanzen steht. Flackernd tanzt Harros Schatten auf dem Boden aus Granit, dem Marmor imitierenden Gipsbelag, einem Surrogat, das auf den Oberflächen jener Säulen klebt, die nicht tragend sind, sondern nur Attrappe, um den Raum klaustrophobisch zu verdichten.[141] Schemen geistern über die ausgestellte *Blutfahne* vom Hitlerputsch in München, bei dem Hausherr Göring sich am Morgen des 9. November 1923 einen Unterleibsschuss einfing, der ihn zum Morphinisten machte.

Harro steigt die hinter der Steinhalle liegende Treppe empor, ohne sehen zu können, wohin sie führt, so sehr gleißt dort das Licht. Nur die schwülstigen Worte kann er lesen, die unter dem reliefartig an der Wand angebrachten Reichsluftwaffenadler stehen, dessen Schwingen mit sechs Metern Spannweite ausgestreckt sind:

Entstanden ist uns wieder
Die Deutsche Wehrmacht
Die Deutschen Städte und die schönen Dörfer
Sie sind geschützt
Über ihnen wacht die Kraft der Nation
Wacht die Waffe in der Luft

Harros Finger gleiten über die Handläufe aus Flugzeugaluminium, *dem Metall der Flieger.* Er nickt Kollegen zu, passiert zahllose Türen, kommt über immer weitere Flure und an weiteren Türen vorbei, besteigt einen mit Eiche ausgekleideten Paternoster, der ihn mit über einem halben Meter pro Sekunde viel rascher als in anderen Berliner Gebäuden nach oben bringt.

Doch seltsam: Wie er den langen Gang im fünften Stockwerk auf die Nummer 5148 zuläuft, sein Büro, ist niemand zu sehen. So still ist es, dass er um mehrere Ecken das Klacken der genagelten Stiefel einer sich nahenden Patrouille hört. Bevor sie herangekommen ist, hat er die Tür seiner neuen Dienststube erreicht, drückt die Klinke und tritt ein.

15 Quadratmeter, die Standardgröße für alle Einzelbüros im RLM, mit Schrankwand, integriertem Waschbecken, Tresor zur Aufbewahrung sensibler Dokumente. Links und rechts, gleich wenn man reinkommt, gehen zwei Türen ab, die offen stehen. Sie verbinden Harros Raum mit dem sogenannten Beamtengang, über den der gesamte interne Besuch und Verkehr abgewickelt wird. Deshalb auch ist es auf dem Flur draußen so leer und still, und die Patrouillen können ungestört auf und ab marschieren und dabei »herrschaftlich« wirken, genau wie es Görings Wunsch war.

Harro schnallt das Koppel ab, hängt die Schirmmütze auf, sieht durch das Fenster, dessen Griffe ebenfalls aus Flieger-aluminium gefertigt sind. Draußen pulsiert die Leipziger Straße, ragen die Pfeiler der tempelartigen Fassade von *Wertheim* empor, des größten Warenhauses in Europa.

Stets war es während der sogenannten Kampfzeit vor dem 30. Januar 1933 Hitlers erklärtes Ziel gewesen, mit seiner braunen Bewegung die Wilhelmstraße zu erobern. Mit dem neuen Reichsluftfahrtministerium, das einen ganzen Block dieser

Achse der Macht abdeckt, hat er es endgültig geschafft. Doch ebenso, wie die Nazis hier angekommen sind, ist es auch der Widerstand, in Form der schlanken Gestalt von Harro.

12

Das erste militärische Geheimnis, von dem Harro hinter der Muschelkalkverblendung erfährt, ist gleich ein großes. Werner Dissel, sein Freund aus Gegner-Tagen, trifft ihn im Casino des Hauses der Flieger, das zum RLM gehört. Unter lauter Luftwaffenoffizieren sitzen sie dort, und Harro fordert den Freund auf, in ganz normaler Lautstärke zu sprechen. Nur wer leise rede, mache sich verdächtig.[142] Dennoch fällt es Dissel schwer, die Stimme nicht zu senken, berichtet er doch von Geschehnissen, die nicht an die Öffentlichkeit sollen: Zwei Panzerregimenter sind außerhalb von Neuruppin, der Geburtsstadt des Schriftstellers Theodor Fontane im Norden Brandenburgs, stationiert worden – mit Marschroute Spanien.

Die Auskunft deckt sich mit Informationen, die Harro selbst im Ministerium zu Ohren gekommen sind. Streng geheim, aber von ihm an seinem Arbeitsplatz mit den offenen Türen zum Beamtengang eben doch bemerkt, wird bei der Luftwaffe eine sogenannte Legion Condor organisiert. Sie geht aus einem »Sonderstab W« unter der Leitung des Luftwaffengenerals Helmuth Wilberg hervor. Teilnehmende Soldaten erhalten erhöhten Sold und können mit früherer Entlassung aus dem Wehrdienst rechnen. In Zivilkleidung als Urlauber getarnt reisen sie im Rahmen eines Kraft-durch-Freude-Ferienprogramms nach Spanien, erhalten bei Ankunft allerdings kein Hotel am Strand zugewiesen, sondern eine bräunlich olivfarbene Uniform ohne Hoheitszeichen. Derart verkleidet unterstützen sie die Truppen des faschistischen Generals Franco bei seinem Putsch gegen die demokratisch gewählte Linksregierung in Madrid. Es ist das erste Mal seit 1918, dass deutsche Soldaten wieder im Ausland agieren, noch dazu verdeckt.

Als Harro wenige Tage nach der Unterredung mit Dissel erfährt, dass in Barcelona, fest in republikanischer Hand, unter Mitwirkung der deutschen Abwehr Saboteure für einen konterrevolutionären Putsch eingeschleust werden sollen, will er die Verantwortlichen vor Ort warnen. Da passt es gut, dass der Londoner Journalist Evan James als Logiergast bei ihnen am Hohenzollerndamm weilt, ein entfernter Bekannter von Libertas, der die Insel über die Olympischen Wettkämpfe und die Stimmung in Berlin auf dem Laufenden halten soll.[143] Harro bittet ihn, die Liste der Saboteure an die BBC weiterzureichen. Doch der junge Engländer weigert sich. Die Sache ist ihm zu heikel, er möchte seine Karriere nicht gefährden. Über den Spanischen Bürgerkrieg zu berichten sei nicht sein Auftrag. Auf Harro wirkt diese Reaktion ebenso enttäuschend wie symptomatisch für die Strategie der Engländer, Hitler als Bollwerk gegen den Kommunismus gewähren zu lassen, ohne sich mit seiner Aggression in *alle* Richtungen auseinanderzusetzen. Was der britische Premierminister Chamberlain – als *J'aimeBerlin* verspottet – mit seiner Appeasementpolitik im Großen betreibt, führt der Journalist Evan James im Kleinen weiter. Harro mit seiner Erfahrung aus dem Kegelkeller weiß, dass Appeasement bei den Nationalsozialisten nicht funktioniert. Doch entmutigt zeigt er sich von dem Fehlschlag nicht. Er beschließt, nun erst recht Fakten zu sammeln, um Deutschlands Verwicklung in den Spanischen Bürgerkrieg umfassend darzustellen.

Allmählich begreift er auch: Mit seiner Entscheidung, im

RLM zu arbeiten, hat er sich in eine strategisch wichtige Ausgangsposition gebracht, da er hier an einer Quelle sitzt. Um seinen Zugang zu militärischen Informationen auszubauen, will er in der Behörde aufsteigen, ist übereifrig im Dienst und erledigt alle Aufgaben zur Zufriedenheit, schreibt beispielsweise fundierte, rundum gelobte Fachartikel für die hauseigene Luftwaffenpostille. Seine Bemühungen fruchten. In einer internen Dienstbeurteilung bescheinigt ihm sein Vorgesetzter Bartz:

»S. B. hat als Sohn eines Seeoffiziers von Hause aus ganz zweifellos eine besonders gute Erziehung mitbekommen und darüber hinaus mit großem Fleiß an sich selbst weitergearbeitet, so dass er trotz seiner Jugend in geistiger und gesellschaftlicher Hinsicht bereits als vollwertige Persönlichkeit angesprochen werden kann. Er besitzt eine uranständige Gesinnung und Lebensauffassung und hat charakterlich eine vornehme Denkungsart. Im Auftreten ist er taktvoll, zurückhaltend und bescheiden, jeder Wichtigtuerei abhold. Hervorzuheben wäre seine logisch-klare Art in Schrift und Wort, seine schnelle Auffassung und Denkweise. (...) Sein immer freundliches, hilfsbereites Wesen und die Aufrichtigkeit seines ganzen Auftretens haben ihn kameradschaftlich sehr beliebt gemacht. Gesellschaftlich ist er ein guter Unterhalter, der sich auch bei scharfen Diskussionen in der durch seine Jugend gegebenen Grenze hält und jede Schroffheit vermeidet.«[144]

Eine etwas naive, gleichwohl zutreffende Charakterisierung von Harro – dennoch übergehen sie ihn bislang, wenn Beförderungen anstehen, und zwar wegen seiner unsicheren politischen Einstellung, wie es hinter vorgehaltener Hand heißt. Dass er außerdem sein Studium nicht abgeschlossen hat, kommt erschwerend hinzu. Wie also kann er trotzdem aufsteigen? Libertas muss ran. Es ist ihr erster Einsatz, und wahrscheinlich denkt sie gar nicht an geplante illegale Tätigkeiten, sondern vielmehr daran, dass ihre Hilfe Harros Karriere förderlich ist. Dafür setzt sie gerne ihre effektivste Waffe ein, ihren Charme. Ziel der Aktion ist Hermann Göring, der Chef ihres Gatten, dessen Jagdsitz *Carinhall* unweit entfernt von Liebenberg liegt und dessen Förster der Sohn des Liebenberger Försters ist. Dieser hat dem übergewichtigen Reichsjägermeister von den kapitalen Liebenberger Damhirschen vorgeschwärmt, jenen sagenhaften Rekord-Schauflern, die bereits Kaiser Wilhelm dreißig Jahre zuvor begeisterten. Libertas weiß, dass ihr Onkel Wend einen offiziellen Anruf erhalten hat mit der Ankündigung, dass Göring zu Besuch kommen möchte, zwecks Erlegung eines solchen Exemplars. Als es am 6. September 1936 so weit ist, reist auch Libertas nach Liebenberg, kann von ihrem Zimmer über der Nordischen Halle beobachten, wie drei schwarze Mercedes-Limousinen auf den Schlosshof rollen und neben dem Pickelhauben-Brunnen parken, den der Kaiser ihrem Großvater geschenkt hat, als deren Freundschaft noch funktionierte. Göring steigt aus, begibt sich mit Gefolge zum Brunftplatz, der für die Tiere ausgeholzt worden ist. Nachdem »der Dicke« zwei Schaufler abgeknallt hat, ist großes Teetrinken im Schloss.[145] Dafür zieht der hohe Gast sich um, trägt Seidenhemd mit Puffärmeln, ein Lederwams, den ein breiter Gürtel mit Platinschnalle hält, auf der verschiedenfarbige Brillanten in Form eines Huber-

Reichsjägermeister Göring bei der Schaufler-Jagd.

tushirschen angebracht sind. Ein vierzig Zentimeter langes Schwert, der ebenfalls brillantenbestückte »Hirschfänger« mit Gehänge, Rufhorn und Schnüren, hängt an seiner Seite, die fetten Unterschenkel stecken in hohen, weichen Stiefeln. Derart ausstaffiert, während Libs auf einen günstigen Moment wartet, träumt er sich, von den Melodien des toten Fürsten Philipp und der Stimme Toras zu Eulenburg davongetragen, in eine heldenhafte nordische Herrenrassenwelt hinein, eine glorreiche germanische Vergangenheit, die es zwar nie gegeben hat, die aber im »Dritten Reich« mit Pomp wiederauferstehen soll.

Endlich erhebt er sich von der Teetafel, um in seine Gemächer zu wandeln. Da fängt Libertas ihn ab. Vor seinem Gästezimmer wartet sie, und weiblichen Reizen stets zugeneigt, bittet Göring die jüngste Tochter des Schlosses zu sich herein. Gerne unterhält er sich mit ihr, hört sich in aller Ruhe die Geschichte von ihrem begabten Gatten an, der bei ihm im Luftfahrtministerium sitzt und Offizier werden will – dessen Beförderungsanträge aber seit zweieinhalb Jahren abgelehnt werden, obwohl sein Vorgesetzter, der Fliegerkapitän von Bülow, seine Arbeit außerordentlich schätzt. Trotz seiner Tüchtigkeit müsse Harro mit 200 Reichsmark Monatsgehalt darben und würde im RLM keine Entwicklung mehr für sich sehen. Sollte man dies nicht ändern? Göring nickt, und er verspricht der charmanten Dame, die so überzeugend parlieren kann, sich persönlich der Sache anzunehmen.[146] Es ist ein Schritt, den der zweite Mann im Staat noch bitterlich bereuen wird.

13

Am 1. Oktober 1936 ziehen Harro und Libertas in ein helles Viereinhalbzimmer-Atelier im obersten Stock des Gartenhauses Waitzstraße 2, um die Ecke liegt der Kurfürstendamm. Es ist eine »Goldgrube« nach ihrem Geschmack: »Wunder- ja zauberhaft schöne Räume, die fast etwas Magisches haben«, schreibt Libertas ihrer Schwiegermutter Marie Luise begeistert.[147] Vor allem das zweite Zimmer ist wie gemacht für einen Salon: zehn Meter lang, beinahe sieben Meter breit, mit großem Seiten- und Oberlicht. Sein Hauptcharme besteht in einer dunklen Holztreppe, die den Raum abteilt, sodass seine Größe nicht zu saalartig wirkt, und hinauf zu einem winzigen Gästezimmer führt, dort eine Empore bildet mit Blick »sur les toits de Berlin«.[148]

Es ist eine bohemehafte Bleibe, die sie hell und modern einrichten: Schlafcouch statt Ehebett, Spiegel ohne Rahmen, und die alten dunklen Ebenholztische und -schränke, die ihnen Marie Luise aus Mülheim übersenden will, lehnen sie ab, weil Libertas regelrecht »Angst (hat) vor dem Stil dieser Möbel«.[149] Stattdessen schaffen sie sich Büroschreibmaschinentische an, einen Rollschrank für die Aufbewahrung vertraulicher Materialien und als Herzstück ein »4-Röhren-Radio-Super, mit dem wir in die Welt hinaushorchen. (...) Jetzt im Winter ist ein großes Empfangsgerät doch sehr amüsant, nutzbringend und technisch vorteilhaft. Wir bekommen tatsächlich die ganze Welt vollkommen störungsfrei.«[150]

Um weiterhin WG-Charakter zu bewahren und nicht zu sehr wie ein gesetztes Paar zu wirken sowie um Geld zu sparen, vermieten sie zwei der vier Zimmer unter. Von der Gesamtmiete von 100 Reichsmark zahlen sie deshalb lediglich »die lächerliche Summe von RM 50 pro Monat«, wie Libertas berichtet, die sich in der neuen Bleibe sofort wohlfühlt: »Wir sind beide (...) vergnügt und genießen unser Leben. Abends lesen wir oft zusammen und sprechen dies und jenes durch.«[151]

Doch die junge Ehe hat ein Problem, und das hat mit Harros Folterung zu tun. Nie hat er es abschütteln können seit dem Spießrutenlaufen im Hof des umfunktionierten Kegelkellers: Die Nieren bereiten ihm Schmerzen, die kleinen Steinchen darin »behindern den Harn-Stoffwechsel, dies führt zu ›vergiftenden‹ Ablagerungen im Körper, vor allem in den Gelenken«, und seit er im RLM auf Hitler vereidigt wurde, ist es schlimmer geworden – letztens wieder eine Kolik, die sich anfühlte, als ginge ihm eine Säge durch den Unterleib. »Die kleinen Kristalle kratzen das Nierengewebe an«, schreibt er seinem Bruder Hartmut: »Kein Wunder, dass man zu Ungeduld und Kribbeligkeit neigt. Die Steine machen im doppelten Sinne empfindlich. Das hat sein Gutes, man hat natürlich eine viel feinere ›Antenne‹ als die anderen Mitmenschen. Man empfindet feiner, man empfängt feiner, als ob man einen Radio-Kristall in sich hätte. Möglich, dass die Nierensteine diese Funktion übernehmen. Napoleon hat es um die ganze Welt gejagt. Goethe trieben sie von einer Frau zur anderen.«[152] Wohin treiben sie Harro? Zuallererst hat dieser »Nierengries« auch bei ihm einen Effekt auf die Sexualität: Da »kommen die Steine ins Rutschen: Körperliche und seelische Bewegung! Als Folge oft Nierenbluten (rötlicher Urin), Blutleere im Gehirn, schlechtes Aussehen (Augen!).« Das klingt ebenso beunruhigend wie schlecht für den täglichen Gebrauch: »Mit Nierensteinen taugt man nicht für eheliche Pflichten. Man bezahlt die Freuden der Liebe teurer als andere, also muss es sich schon sehr ›lohnen‹, der Stimulans muss stärker sein als beim Normalmenschen.« Die Konsequenz, die Harro zieht, ist gegensätzlich zu der von Goethe und heißt Abstinenz: »Ein bisschen Askese ist nur gut für den Geist.«[153]

Doch für Libertas, die blühende Frau, in die sich aufgrund ihres Charmes alle verlieben, ist das weniger gut. Sie ist 22 Jahre jung und kann sich ein enthaltsames Leben nicht vorstellen. Manches können Berührungen kommunizieren, das sie mit Worten nie so richtig trifft. Aber seit die Nilpferdpeitschen auf Harros Haut gelandet sind und sich die Hakenkreuze in seine Oberschenkel eingeschrieben haben, findet Harro nur schwer Zugang zum Sex. Seinem Bruder Hartmut gesteht er in einem Brief, dass auf diesem Gebiet sein Verhältnis zu Libs zu vergleichen sei mit dem zwischen Florett und Schwert, wobei sie das Schwert führe, da bei ihm »in der Region nicht alles so feurig [ist] wie bei ihr«.[154] Libertas spürt: Sie muss um ihren Gatten kämpfen, sich mit höchstem Einsatz einbringen, gerade jetzt nach der Hochzeit.

Um ihm zu imponieren, ihm zu beweisen, wie konsequent auch sie mittlerweile ist, gibt sie in diesem Winter 1936 auf 1937 das Parteibuch zurück. »Die Vorbedingungen für meinen politischen Einsatz als Frau sind seit meiner Verheiratung entfallen«, heißt es in ihrer pointiert formulierten Begründung. Der Witz, die NS-Rhetorik ebenso unauffällig wie effektiv zu verwenden, gelingt meisterlich, das System wird mit den eigenen ideologischen Waffen geschlagen: »Ich bin selbstverständlich, wie jeder andere deutsche Volksgenosse, immer dazu bereit, Opfer zu bringen, und werde mich nach wie vor voll und ganz für die Bewegung einsetzen, nur muss sich – so habe ich auch den Führer verstanden – dieser Einsatz stets im Rahmen dessen halten, was mir der Hausstand und meine sonstigen Pflichten als Frau und der Familie gegenüber gestatten.«[155] Nach außen hin mimt sie die unpolitische Hausfrau, die lediglich ihrem Manne zu Diensten ist – eine Aufgabe so heilig, dass sogar die Parteimitgliedschaft sie davon ablenken würde. Und Harro symbolisiert sie durch diesen Schritt: Er kann sich auf sie verlassen, sie steht in diesem Kampf an seiner Seite.

14

Am 21. Januar 1937 findet in der Waitzstraße 2 »Bohème echt Berliner Art«[156] statt. Im Brief an Harros Vater klingt es ganz harmlos: »Netter Picknick-Abend bei uns (...). Es ist eine famose Art, alle Freunde von Zeit zu Zeit zu sehen und alle Verpflichtungen auf vernünftige Weise zu erledigen. Wir reichen nur Tee, die anderen bringen Keks, Wein usw. mit. Zuerst wird 1-1,5 Stunden etwas Gutes gelesen, danach ist Musik und Tanz bis 12. Punkt 12 schmeißen wir alle raus.«[157] 25 bis 30 Leute sind an diesem kalten Winterabend da, der Ofen, für den die Kohlen unter der Treppe zur Empore lagern, schafft es,»auch bei etlichen Minusgraden nicht nur das ganze Atelier, sondern auch noch das Nebenzimmer gut zu heizen«.[158] Einige der Gäste tragen Baskenmütze, andere dunkles Hemd mit offenem Kragen: eben so, wie man sich anzieht, wenn man eine vom Nationalsozialismus abweichende Gesinnung hat.[159] Das Grammophon läuft, zwischendrin ergreift Libertas das Schifferklavier und bringt die Leute zum Mitsingen und Tanzen auf dem gelben Velours. *Diese* Art von Widerstand gefällt ihr, so muss es immer sein! Ein lockeres Zusammensein mit Flirt, und anders als bei den *Gegner*-Veranstaltungen früher sind Frauen zahlenmäßig stark vertreten, was an sich schon ein Politikum darstellt. Alles versuchen die Nazis, um die weibliche Bevölkerung aus dem gesellschaftlichen Leben zu verdrängen, zurück an den Herd zu ordern. Ein paritätisch besetzter Raum wie das Dachgeschoss der Waitzstraße 2 in dieser Donnerstagnacht Ende Januar 1937 kreiert da wie von alleine eine besondere Stimmung. Doch auch hier muss man abwägen, wem zu trauen ist. Da das sogenannte Heimtückegesetz, in Kraft seit Dezember 1934, auch »nichtöffentliche böswillige Äußerungen«, die angeblich das Ansehen des Reiches oder der Regierung schädigen, mit Gefängnis bestraft, heißt es, auf der Hut zu sein. Tausende sitzen in Konzentrationslagern wegen einer unbedacht ausgesprochenen Äußerung, einem Freud'schen Versprecher vielleicht. Das schafft beim»Picknick-Abend« in der Waitzstraße eine Intimität und schärft die Sinne. Menschenkenntnis kann lebensrettend sein.

Der gute Geist bei dieser und den folgenden Partys heißt Gisela von Poellnitz, eine schlanke 26-Jährige mit kurzem blondem Haar und leider einem Lungenknacks. Auf Vermittlung von Libertas, deren entfernte Cousine sie ist, arbeitet sie als Stenotypistin für *United Press*. Sie ist Untermieterin in der Waitzstraße und hat auf diese Weise Richard von Raffay kennengelernt, mit dem sie mittlerweile zusammen ist.[160] Ricci erscheint an diesem Abend ganz in Leder gekleidet, auf der Straße parkt seine Harley Davidson, die ihm das Segelboot ersetzt. Gisela lässt die Gäste ein, stellt vor, kümmert sich, dass jeder zu trinken hat. »Ihre gescheite Bewirtung empfand man als wohltuend«, erinnert sich ein Gast: »Gleichzeitig merkte man ihr ihre Freude an, dass da etwas zustande kam an Kontakten und Gesprächen. Sie hatte ein Organ für Leute, die zusammengehören.«[161]

Ähnlich wie Harro hat auch Gisela von Poellnitz schon Erfahrungen mit der Staatsgewalt gemacht. Im November 1933: zum ersten Mal Festnahme, ohne einen Grund zu erfahren. Während der Vernehmung wurde sie von einem der Beamten geschlagen, schlug zurück und erhielt dafür zwei Monate Gefängnis.[162] Im Jahr darauf geriet sie erneut in eine Kontrolle. Ein Zettel wurde sichergestellt, »auf dem sich in kommunistischem Sinne gehaltene Greuelverse befinden«, wie es im Gestapo-Bericht heißt.[163] Die anschließende Durchsuchung brachte ein in ihrer Unterhose verstecktes Mitgliedsbuch der seit 1933 verbotenen *Roten Hilfe Deutschlands* zutage, einer KPD-nahen, früher von Rosa Luxemburgs Freundin Clara Zetkin geleiteten Hilfsorganisation zur Unterstützung politischer Gefangener. Gisela riss den Beamten das Büchlein aus der Hand, zerfetzte es in Windeseile und schluckte die Schnipsel hinunter. Daraufhin verbrachte sie erneut zwei Monate im Gefängnis. Außerdem wurde ihr die Ausstellung eines Führerscheins verweigert, da von ihr »nicht zu erwarten ist, dass sie den im Interesse der öffentlichen Verkehrssicherheit ergangenen Bestimmungen die von einem Kraftfahrzeugführer unbedingt zu fordernde Achtung schenken wird. (...) Durch Erteilung der Fahrerlaubnis würde ihr (…) eine etwaige Propagandatätigkeit im staatsfeindlichen Sinne ebenfalls nur erleichtert werden.«[164] Doch Gisela von Poellnitz ist alles andere als eine dogmatische Linke, vielmehr eine Rebellin und Abenteurerin. Bei den Kommunisten nimmt man sie wegen ihrer adligen Herkunft ohnehin nicht ernst, sondern behandelt sie mit dem größten Misstrauen.[165] Durch die Weltgeschichte zu gondeln ist ihr Hobby: nach Schottland zur Himbeerernte oder über den Balkan bis nach Griechenland. Stets reist sie alleine.[166] Selbst die Gestapo bescheinigt ihr, es sei nicht anzunehmen, dass sie diese Ausflüge im Interesse der KPD unternommen habe, sondern lediglich aus Erlebnishunger.[167] Aber auch so etwas ist in der gleichgeschalteten NS-Gesellschaft verdächtig.

Werner Dissel, der Mann mit den Infos über die Panzer bei Neuruppin, ist an diesem ersten *Picknick-Abend* ebenfalls dabei, außerdem Walter Küchenmeister, Harros intellektueller Arbeiterfreund aus der *Wille-zum-Reich*-Redaktion, zusammen mit seiner Freundin, der Ärztin Dr. Elfriede Paul, einer klein gewachsenen Person, die bereits mehrfach nach London und Paris gereist ist, um jüdische Freunde bei der Emigration zu unterstützen.[168] Es sind ganz unterschiedliche Menschen zugegen – auch mit unterschiedlichen Ansichten, welche Freiheiten man dem eigenen Partner gönnen möchte. Was sie alle eint, und es mag die Essenz dieser Bewegung sein, die entsteht, ohne dass irgendjemand sie beim Namen nennt, ist die Übereinkunft, die vielleicht am ehesten noch auf das Wort Rosa Luxemburgs gründet: *Freiheit ist immer die Freiheit des Andersdenkenden.* Es ist der springende Punkt: Ob man das Privatleben des anderen in Ruhe lassen kann oder eben nicht. Das Perfide, Unangenehme an der NS-Diktatur ist nämlich: Sie dringt bis in die intimsten Bereiche vor, will die Gedankenwelt ebenso kontrollieren wie die sexuelle Sphäre, bestraft Schwule mit KZ, ächtet Geschlechtsverkehr zwischen »Ariern« und Juden. Sich freie Liebe zu gönnen mag vielleicht das Eintrittsbillet sein zu diesen Partys im Loft, aber es ist keine Voraussetzung. So hält beispielsweise Dr. Elfriede Paul gar nichts von offenen Liebeleien, findet sie unnötig, weil voller potenzieller Konflikte. Dennoch akzeptiert sie es, wenn andere sich für diesen Lebensstil entscheiden. Ihre beste Freundin ist Oda Schottmüller, die ebenfalls zu den Gästen zählt, eine 31-jährige Bildhauerin und Maskentänzerin, die mit Klaus Mann die Odenwaldschulbank gedrückt hat, eine geheimnisvolle, scharfsinnige Frau mit kernigem Humor, die eine Affäre mit dem weizenblonden Kurt Schumacher unterhält.[169] Jener ist einer der ältesten Freunde von Harro, nicht zu verwechseln mit dem SPD-Politiker gleichen Namens, sondern Bildhauer, mit Hang zu Veit Stoß und Albrecht Dürer, Meisterschüler der Akademie der Künste und schon als Student mit der Prämie des Großen Staatspreises ausgezeichnet.[170] Für Görings Landsitz Carinhall hat Kurt Schumacher den Auftrag für die Türschnitzereien erhalten, den er als geborener Schwabe trotz seiner Ablehnung des Systems pflichtgemäß ausführt.[171] Kurt ist ein quirliger, handfester Typ mit spitz zulaufenden Faunsohren, spontan in seinen kauzigen Äußerungen und hemmungslos in seinen Urteilen. Seine Frau Elisabeth begleitet ihn zur Party. Sie weiß von der Affäre mit Oda und macht sich nicht allzu viele Sorgen darum. Großzügigkeit gehört zu ihrer Persönlichkeit, auch findet sie selbst manchmal Gefallen an anderen Männern. Zudem ist sie überzeugt, dass Kurt ohnehin zu ihr zurückkehren wird, weil die autarke, eigensinnige Oda ihn irgendwann nicht mehr braucht. Elisabeth Schumacher ist die Tochter eines im Ersten Weltkrieg gefallenen Oberingenieurs der AEG und gilt, da dieser Jude war, als »Halbjüdin«. Deshalb darf sie nicht als freie Künstlerin tätig sein, lediglich als freiberufliche Grafikerin: ein Grund mehr, weshalb sie den Nazistaat ablehnt.

Es ist die erste Party von Harro und Libertas, und weil sie so gut funktioniert, bleibt es nicht die letzte. Alle vierzehn Tage laden sie ein, jeweils am Donnerstag. Die zweite Zusammenkunft findet am 4. Februar 1937 statt, zur Weiberfastnacht. Harro hält eine Büttenrede und macht sich über die Regierung lustig, was einigen im Raum allerdings zu wagemutig erscheint: Ist nicht der Kreis bereits zu groß, zu unübersichtlich und deshalb die offene Aussprache zu gefährlich?[172] Harro sieht das anders. Nach außen hin stellen solche Treffs seines Erachtens einen natürlichen gesellschaftlichen Umgang dar.[173] Für ihn selbst ist es ein Abtasten: Mit wem sind offene Gedanken möglich – und mit wem nicht? Manche von denen, die er an diesen Abenden besser kennenlernt, werden zu einem privateren Rendezvous eingeladen.[174] Dann geht es zum Rollschrank, in dem er die vertraulichen Materialien aus dem RLM aufbewahrt. Die Holzlamellen gleiten nach unten, er nimmt einen Ordner heraus: seine Materialsammlung über die deutsche Verwicklung im Spanienkrieg, zusammengestellt auf blauen und rosafarbenen Blättern, Abbildungen und Karten aus militärischen Fachzeitschriften sowie Tabellen, die Elisabeth Schumacher durch fotografische Bearbeitung zum Teil bis auf Briefmarkengröße gebracht hat. Doch die meisten Besucher der Picknick-Abende bekommen davon gar nichts mit.

So sind die Beamten in der Prinz-Albrecht-Straße 8 erst einmal nicht weiter interessiert an dem bunten Treiben in der Waitzstraße 2, sogar dann nicht, als Harro im Frühling 1937 angeschwärzt wird. Ein Partygänger namens Dr. Graf Karl von Meran, der früher schon als Nazispitzel im In- und Ausland agierte, berichtet bei einem Abendessen einem Mitarbeiter aus dem Persönlichen Stab Himmlers von seinen Erlebnissen bei den Schulze-Boysens und prangert Harro als »geschickt getarnten Kommunisten« an, mit einer ganzen Reihe von »Mitarbeitern«, die ebenso verdächtig seien.[175] Selbst jetzt greifen die Geheimen Staatspolizisten nicht ein, und das Tanzen im Loft geht weiter. Den Aussagen des als homosexuell bekannten Grafen misst man offenbar nicht allzu viel Bedeutung bei.

Das ändert sich zwei Monate später, im August 1937, als Harros Freund Werner Dissel wegen »kulturbolschewistischer Umtriebe«, »kommunistischer Zersetzung der Wehrmacht« und »fahrlässigem Verrat militärischer Geheimnisse«, wie es auf Gestapo-Deutsch heißt, verhaftet wird.[176] Das sind schwerwiegende Vorwürfe, die wegen Dissels ans Licht gekommener »Aufklärung über Wehrmachtsaktivität für Franco-Spanien« erhoben werden.[177] Um die beiden Panzerregimenter vor Neuruppin dreht es sich, von denen er ein Jahr zuvor auch Harro im RLM-Casino berichtet hat. Wird auch Harro in die Sache hineingezogen? Auf einen Schlag wird es brenzlig, als er eine Einladung in das Geheime Staatspolizeiamt erhält, zwecks Klärung offener Fragen. Zwar darf er annehmen, dass Dissel, was ihre Casino-Kommunikation betrifft, dichtgehalten hat. Doch kommt es nun darauf an, sich bei einer eventuellen Gegenüberstellung nicht zu verraten.

Wie vier Jahren zuvor, als er den angeblichen Selbstmord von Henry Erlanger bezeugen sollte, nun allerdings als gut präparierter Angehöriger der Luftwaffe in voller Kriegsbemalung – kurzer Degen im Koppel, 6,35-mm-Haenel-Schmeisser im Gürtel, Schirmmütze auf dem Kopf – steigt er zum zweiten Mal die Treppen des dunklen Sandsteingebäudes nach oben, das vis-à-vis des fränkischen Muschelkalks des RLM liegt.

15

Harro betritt das Zimmer, in dem die Befragung stattfinden soll. Er weiß, wie dünn das Eis ist, auf dem er wandelt, schafft es aber, locker zu wirken, freundlich und offen.[178] Wie er es vermutet hat, wird er Werner Dissel gegenübergestellt. Herzlich begrüßt Harro den Freund, lächelt aufmunternd und tut ungezwungen. Ob es gestattet sei, zu rauchen und dem Verhafteten ebenfalls eine Zigarette anzubieten?, fragt er die Beamten. Sie wollen Harro in Lässigkeit nicht nachstehen: »Ja, bitte sehr«, lautet wie selbstverständlich die Antwort.

Harro hält Dissel seine volle R6-Schachtel hin, Querformat. »Haben Sie etwas dagegen, wenn ich ihm die Packung schenke?«, fragt er die Polizisten mit kurzem Seitenblick.

»Aber selbstverständlich nicht.«

»Wollen Sie sie erst untersuchen?«

»Aber nein, wie kämen wir dazu.«

Tröstend sagt Harro zu Dissel: »Das wird schon alles nicht so schlimm werden. Du bist nicht der Einzige, dem so was mal passiert.«

Dissel hat den Wink verstanden, und während er eine Zigarette aus der Schachtel klaubt, untersucht er sie unauffällig und entdeckt einen versteckten Schriftzug. In kleinen Druckbuchstaben steht unter dem Silberpapier: *Extra Fontana Terra Incognita.*

Harro gibt ihm Feuer. Dissel inhaliert den ersten Zug und denkt angestrengt nach. *Fontana* – das deutet auf *Neuruppin* hin. Und *extra* – meint vielleicht *außerhalb* von Neuruppin, also dort, wo die Panzerregimenter standen. *Terra Incognita* kann dann nur heißen, dass die Gestapo von Harro nichts in dieser Sache erfahren hat. Dissel bläst den Rauch aus. Jetzt weiß er, dass er das Treffen im RLM-Casino weiterhin getrost verschweigen kann. Selten hat ihm eine Zigarette so gut geschmeckt. »Warum haben Sie Wirrkopf sich nicht Ihrem Freund, diesem Vorbild eines deutschen Offiziers, anvertraut?«, wird Dissel gefragt, als Harro das Zimmer wieder verlassen hat. »Ja, das hätte ich tun sollen«, antwortet er. »Ich habe es unterlassen, ich wollte meinen Freund nicht belasten.«[179] Gut gelaunt spaziert Harro in seine Burg aus Muschelkalk zurück. Dieses Mal hat er der Gestapo ein Schnippchen geschlagen. Sie sind eben doch nicht so schlau, wie sie immer tun, denkt er, als er die Tür mit der Nummer 5148 hinter sich schließt.

16

In der Zwischenzeit hat Luftwaffen-Chef Göring wegen Harro mit Oberstleutnant Stumpff telefoniert, dem Chef seiner Personalabteilung und späteren Leiter des Generalstabes der Luftwaffe. Als dieser aufgrund der früheren Aktivitäten Harros beim Gegner Bedenken gegen eine Beförderung äußert, da die Gewähr für eine positive Haltung zum nationalsozialistischen Staat nicht gegeben sei, wischt Göring die Einwände beiseite. Für ihn seien das olle Kamellen, und er ebnet dem Schwiegersohn seiner nachbarschaftlichen Bekannten Tora zu Eulenburg von oben den Karriereweg. Es ist der »Wunsch des Ministers persönlich (...), daß ich nunmehr sobald wie möglich meine Übungen absolviere und Reserveoffizier werde«, schreibt Harro seinen Eltern zufrieden.[180] Libertas' Intervention bei Göring ist somit von Erfolg gekrönt: Auch ohne abgeschlossenes Studium beschreitet Harro fortan den Weg seines Vaters und seines Großonkels und schlägt die Offizierslaufbahn ein. Das bedeutet mehr Gehalt und größeres Ansehen und bringt ihn gleichzeitig in eine bessere Position für das Sammeln vertraulicher Informationen. Doch es bedeutet auch noch mehr Arbeit – und damit zwangsläufig eine Vernachlässigung von Libertas.

17

In Spanien eskaliert der Bürgerkrieg. Die baskische Stadt Guernica, in der zahllose Flüchtlinge Schutz vor den Francotruppen gesucht haben, wird von den Flugzeugen der deutschen *Legion Condor* dem Erdboden gleichgemacht. Es ist das erste Luftbombardement gegen Zivilisten seit dem Ersten Weltkrieg, mit Hunderten von Toten. Die Verantwortlichen sitzen im RLM in Berlin, nur ein paar Türen vom Büro mit der Nummer 5148 entfernt.

Mittlerweile erhält Harro täglich genaueste Berichte über die Lage auf der Iberischen Halbinsel.[181] Seine Abteilung *Fremde Luftmächte* wird mit der Operationsabteilung verbunden, wo die Zielbearbeitung für die Bombenangriffe vorgenommen wird.[182] Guernica ist nicht die einzige Stadt, die die Deutschen aus dem Himmel zerstören. Das schneeweiße RLM ist zu einer Stätte mutiert, in der der Massenmord geplant wird, wo am offenen Beamtengang die Schreibtischtäter sitzen. Während alle um ihn herum kooperieren, sieht Harro die Situation klar vor sich: »Die spanischen Grausamkeiten und Schrecken auf beiden Seiten geben einen kleinen Vorgeschmack von dem Kommenden«, schreibt er seinen Eltern: »Mittelalterliche Kulturschätze, ganze Städte usw. gehen in Flammen auf und die modernsten technischen Mittel dienen nur dazu, in immer raffinierterer Weise zu töten und zu vernichten.«[183]

Doch wie kann Harro seine Informationen über die Saboteure, die Barcelona infiltrieren wollen, den Spaniern zukommen lassen? Nach dem Fiasko mit dem ängstlichen britischen Journalisten, der sich weigerte, die BBC zu beliefern, muss sein Ansprechpartner dieses Mal zuverlässig sein.

Es gibt nur eine Macht, die sich dem ausbreitenden Faschismus in Spanien wirksam entgegenstellt, und das ist die Sowjetunion. Selbstverständlich betreibt der Kreml sein eigenes Machtspiel, unterstützt die demokratischen Kräfte mit Kämpfern, Waffen und Materiallieferungen, nutzt diese Hilfe aber aus, um die bunt schillernde spanische Volksfrontregierung zu beeinflussen. Harro ist sich dessen bewusst: »Sowohl in Moskau, wie in Madrid werden die trotzkistisch-anarchistischen Elemente an die Wand gedrückt bzw. gestellt.«[184] Dennoch bleibt es Fakt, dass die Sowjets die Einzigen sind, die den Vormarsch der faschistischen Putschisten stoppen können. Sämtliche Informationen, die er über den verschwiegenen Einsatz in Erfahrung bringen kann, inklusive einer Aufstellung deutscher Agenten, die sich als *agents provocateurs* bei den Internationalen Brigaden eingeschlichen haben, stellt Harro zusammen und packt sie in einen Umschlag. Nun muss er ihn nur noch den Sowjets übergeben. Aber wie? Da er davon ausgeht, dass die Gestapo die Unter den Linden liegende Botschaft der UdSSR observiert, muss eine andere Lösung her. In der Gruppe besprechen sie das Problem, da tut sich eine Möglichkeit auf: Gisela von Poellnitz hat vor, die Weltfachausstellung in Paris zu besuchen. Dort könnte sie das Kuvert ohne Gefahr zur sowjetischen Botschaft bringen. Der Plan wird in die Tat umgesetzt: Mit dem Zug fährt Gisela, als Mitarbeiterin von *United Press* unverdächtig, zur sogenannten kleinen Weltausstellung, spaziert über Marsfeld und Trocadéro und besucht den von Albert Speer entworfenen deutschen Pavillon nebst dem auf der Seine schwimmenden deutschen Restaurant und schaut sich auch den spanischen Pavillon an, in dem ein aufsehenerregendes Gemälde präsentiert wird: *Guernica* von Pablo Picasso, das die Schrecken der deutschen Bombardierung der Weltöffentlichkeit vorführt. Solchermaßen motiviert erfüllt Gisela ihre Mission und wirft den Umschlag mit Harros Informationen in den Briefkasten der sowjetischen Botschaft am Bois de Boulogne ein.[185]

In Berlin warten Harro und Libertas nervös auf ein Lebenszeichen von Gisela. Es ist eine Zeit, in der die Verfolgung stetig zunimmt, auch die Zahl der Todesurteile gegen Regimegegner. Von Staats wegen werden mittlerweile derart viele Menschen exekutiert, dass Hitler 1936 angeordnet hat, für die Enthauptungen nicht mehr das schwere Handbeil zu verwenden, sondern die effizienteren Guillotinen. Im Tegeler Gefängnis, das über eine Schlosserei und Härterei verfügt, sind daraufhin zwanzig dieser Tötungsapparate angefertigt worden.

Harro überlegt, ob dies nicht ein guter Moment wäre, für ein paar Wochen abzutauchen, in einem Kurort weitab vom Schuss endlich die Nieren auszuheilen und körperlich fit zu werden. Auch für Libs käme es gelegen, sich in der Zeit, in der ihre Cousine im Einsatz ist, aus dem Staub zu machen. Über Richard von Raffay kennt sie den Reeder Hans Siemers in Hamburg, dessen Kohlefrachter *Ilona* dieser Tage in Richtung Schwarzes Meer ausläuft. Libs wollte schon immer einmal zur See fahren, es muss hochromantisch sein, stellt sie sich vor, außerdem hat Gisela ihr häufig genug von den Freuden des Alleine-Reisens

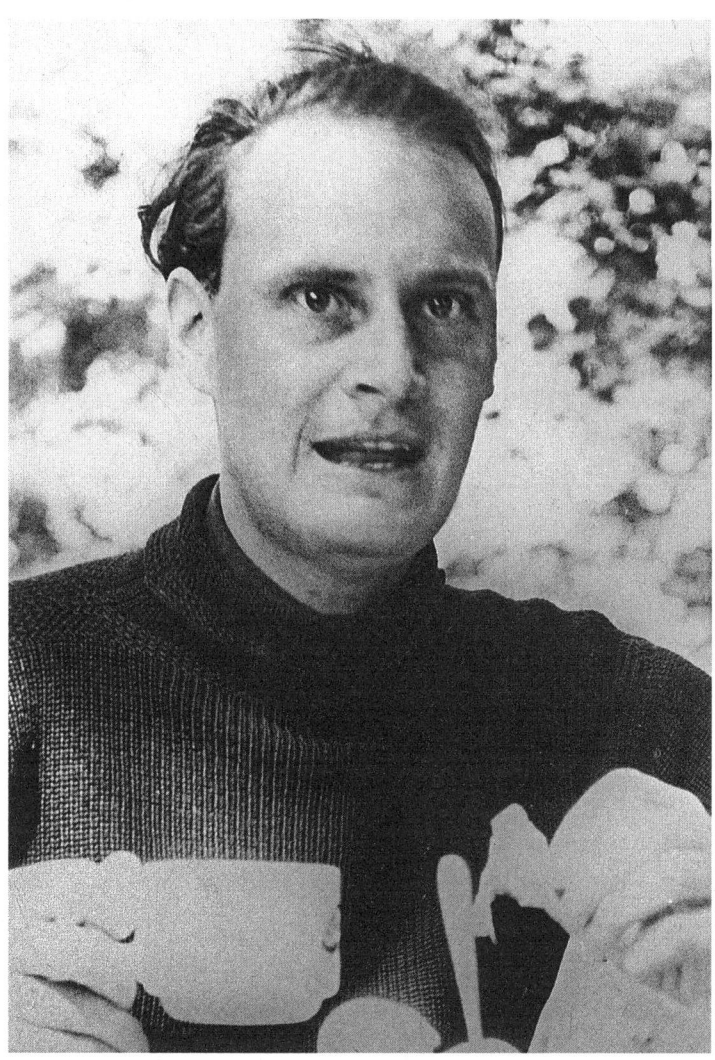

Vor dem Krieg und voller Tatendrang: der 28-jährige Harro Schulze-Boysen.

vorgeschwärmt. Am 27. September 1937 fahren Harro und Libertas mit dem *Spengler* zu den Landungsbrücken von St. Pauli, wo Libs, ausgerüstet mit Ziehharmonika, Leica, Malzeug, Büchern und einem leeren Notizbuch, das sie mit einer Reisereportage füllen will, an Bord geht.

»Junglein hat Nierenstein, und seine Katze dampft inzwischen durch die Welt«, schreibt sie von ihrem ersten Zwischenstopp, der algerischen Hafenstadt Oran. »Doller Zustand eigentlich!«[186] Doch Harro stört sich in keinster Weise an ihrer Abenteuerreise. Er liegt flach im hessischen Kurort Bad Wildungen, trinkt Rettich- und Selleriesäfte, bis der »1. Kieselstein gefunden« wird und er froh ist, ihn los zu sein: »Später wären sie vielleicht größer geworden und dann gefährlich und schwer zu beseitigen.«[187] Wieso soll Libertas, wo er ohnehin impotent mit zerschlagenen Nieren auf dem Krankenbett liegt, zur gleichen Zeit keine neuen Erfahrungen sammeln?

Wer diese Vorgänge gar nicht versteht, ist Harros Mutter Marie Luise. Sie bekommt es in den falschen Hals, dass ein frisch verheiratetes Ehepaar nicht etwa gemeinsam auf Tour geht, wie es sich gehöre, sondern die eine, noch dazu weibliche Hälfte alleine auf einem Frachter voller Kerle in See sticht, während die andere Hälfte, in diesem Fall ihr heiß geliebter Sohnemann, das Krankenbett hütet. Obgleich im *Kolonialen Frauenbund* aktiv, der junge deutsche Damen hinaus in alle Welt schicken will, findet sie Libertas' scheinbar keiner größeren Idee untergeordnete Abenteuerreise auf dem Schaum der Meere nicht tolerabel. Dass es dabei um Selbstfindung gehen könnte, versteht Marie Luise nicht. Als sie außerdem erfährt, dass sich nach Harros Rückkehr in die Waitzstraße die mittlerweile wohlbehalten aus Paris heimgekommene Gisela von Poellnitz, also Libertas' Cousine, seiner als Krankenschwester annimmt, ist das für Marie Luise ein weiterer

Beweis für die verlotterten Sitten der skandalumwitterten Familie zu Eulenburg. Harro muss ihr erklären, dass sie eben einer anderen Generation angehören, mit gänzlich verschiedenen Anschauungen, was Beziehungen angeht:»Es handelt sich einfach darum, dass ich *gewollt* habe, dass Libs fortfuhr, gerade weil ich wünsche, dass meine Frau sich daran gewöhnt, auch im Getrenntsein von mir als eigene Persönlichkeit zu bestehen. Wenn sie früher gesagt hatte, ›sie könne nicht einen Tag ohne mich leben‹, so war das eben ein Maß von Unselbständigkeit, das auf die Dauer nicht tragbar war, jedenfalls nicht im Rahmen des Lebens und der Lebensziele, die uns angemessen sind.« Offene Beziehung als Basis für den Kampf gegen den Nationalsozialismus, gegen den Muff und die Spießigkeit der kleinbürgerlichen Braunen. Was Harro mit *Lebenszielen* meint, ist allerdings nur ihm selbst klar, nicht seiner Mutter, die deshalb nicht begreifen kann, worauf er anspielt:»Gerade wenn es das Schicksal einmal wollen sollte, dass es uns mit Gewalt trennt (und dagegen gibt es für unsereinen keine Versicherung!), gerade dann muss Libertas – davon hängt alles ab – unter Umständen hundertprozentig arbeiten und funktionieren können.«

Als Marie Luise aufgrund der Schwarzmeerreise ihrer Schwiegertochter die gesamte Beziehung infrage stellt, platzt Harro der Kragen, und er holt zum Gegenschlag aus:»Was weißt du eigentlich von den feinen, unendlich feinen Gesetzen, nach denen sich eine glückliche Ehe aufbauen kann? Ich bin auch heute noch Manns genug, immer wieder das Bedürfnis zu haben, die Frau mir zu erkämpfen und die Liebe gegen Widerstände durchzusetzen. Und da ich kein sexueller Freibeuter bin und meine eigene Frau nun mal unendlich lieb habe, werde ich das Abenteuer und die Hindernisse nicht aus meiner Ehe herausverlegen, sondern in meine Ehe hinein.«

Harro ist überzeugt davon, dass ihre Liebe an der räumlichen Trennung nicht zerbrechen wird, wie seine Mutter es prophezeit, sondern dies im Gegenteil »dem Strom nur neues Wasser zuführt und dazu beiträgt, die Gefahr der Alltäglichkeit, die jede Ehe bedroht, zu besiegen«.[188] Und so kommt es auch: Libs kann mit den Matrosen, mit denen sie mehrere Wochen auf engstem Raum verbringen muss, nichts anfangen, nichts von ihnen lernen und denkt häufig an Harro, verfasst lange Briefe voller wachsender Sehnsucht.[189] Auch von früheren, namenlos bleibenden Liebschaften zeigt sie sich kuriert. »Was das Treubleiben betrifft, Junglein, so hast Du nichts mehr zu fürchten«, schreibt sie am 21. Oktober 1937 vom Schwarzen Meer.[190]

Mit jedem Tag, den die Reise dauert, vermisst sie Harro stärker und begreift aus der Ferne, was sie an ihm hat: einen Geist, eine Intelligenz, mit der der Austausch spannend bleibt. Ein Mann, dem sie vertrauen kann, bei dem sie geborgen ist. Harro *begreift* sie, anders als die Menschen in der Ferne oder die Matrosen, bei denen sie noch so viele Zigaretten drehen und »ohne mit der Wimper zu zucken vier Bier hintereinander kippen kann und am Ende doch falsch verstanden wird. (…) Ach Du«, schreibt sie ihm am 1. November 1937, die Krim in Sichtweite: »Wie spüre ich es doch mit jeder Stunde mehr, dass wir Zwei untrennbar zusammengehören! Du bekommst Deine Katze so zurück, wie Du sie in der grässlich schweren Abschiedsstunde geküsst hast, nur etwas stärker und klüger. Jawohl!«[191]

18

In dieser Strohwitwerzeit trifft Harro an einer Ku'damm-Bushaltestelle auf Günther Weisenborn, einen Freund aus *Gegner*-Tagen, Bekannten von Bertolt Brecht und früheren Dramaturgen an der Volksbühne. Mittlerweile veröffentlicht Weisenborn erfolgreich Romane und Theaterstücke, teils unter Pseudonym, bei unverfänglichen Texten mit eigenem Namen – und immer im prekären Eiertanz mit der Zensur des NS-Staats, der am 10. Mai 1933 seinen Roman »Barbaren« auf dem Berliner Bebelplatz verbrannt hat. Wäre Weisenborn, so fragt sich Harro, für den Widerstand geeignet? Unverbindlich treffen sie sich ein paarmal, bevor der Schriftsteller eine Einladung in die Waitzstraße 2 erhält.

»Hier saß ein kleiner dunkelhaariger Mann mit Brille, eines jener intelligenten Arbeitergesichter aus dem Ruhrgebiet, der Walter genannt wurde«, schreibt Weisenborn von seinem ersten illegalen Treffen, an dem Walter Küchenmeister teilnimmt, der frühere Mitstreiter bei *Wille zum Reich*, das mittlerweile verboten wurde, was auch diesen Versuch, trotz Diktatur publizistisch tätig zu sein, zunichtegemacht hat. Außerdem ist Kurt Schumacher anwesend, »ein junges, helles Künstlergesicht mit kurzen blonden Haaren und einem gewissen reinen Fanatismus in den Augen«, wie Weisenborn ihn beschreibt. Zu viert sitzen sie zusammen und trinken Tee, bereden allgemeine Dinge, dann kommen sie auf das Regime zu sprechen. »Wenn Sie dagegen sind, müssten Sie eigentlich nicht etwas dagegen tun?«, fragt ihn Kurt.[192]

»Natürlich … aber«, antwortet Weisenborn verunsichert:

»Hat es denn Sinn, etwas dagegen zu tun? Es ist doch fast aussichtslos. Und das Risiko unmenschlich.«

»Was aber nun«, entgegnet Harro und sieht ihn voller Güte an, »wenn viele, wenn Hunderttausende etwas tun, sieht es dann nicht ganz anders aus?«

Hier sitzen vier junge Männer an einem Tisch, auf dem Teetassen stehen, am Ende geben sich alle die Hand und duzen sich. Offen miteinander sprechen: Das bedingt in Zeiten der Diktatur, dass man ein Vertrauensverhältnis aufbaut. Das schafft eine Atmosphäre, in der tiefe Freundschaften entstehen können, einen Raum der Wahrheit in einer Stadt voller Lügen. »Es sind Leute, die Mut hatten – und mir Mut gemacht haben«, lautet Weisenborns Fazit, der nicht zum letzten Mal gekommen ist.

Was er noch nicht weiß: Dass er sich unsterblich in Harros Frau verlieben wird.

19

Zum Heiligen Abend ist Libertas von ihrer Schiffsreise wohlbehalten und mit vollem Notizblock zurück, singt, von ihrer Mutter am Flügel begleitet, Weihnachtslieder in der Nordischen Halle, wo eine »große echte Weihnachtstanne« aufgebaut ist, um die die Geschenktische stehen.[193] Libs und Harro haben den großen Baum schön mit Lametta behängt. Leider liegt kein Schnee, und im Schmuddelwetter geht es zur Liebenberger Kirche, wo die Feier ohne Pastor stattfindet, dafür unter der Obhut des ideologisch getrimmten Schulmeisters. Früher hatte Ersterer immer die traditionellen Weihnachtslieder mit der Dorfjugend einstudiert. Zur allgemeinen Enttäuschung soll das diesmal ersetzt werden durch Sonnenwend-Lyrik und führerbetonte Propagandasprüche, getreu Himmlers Bemühen, das christliche Weihnachten durch die heidnische »Jul-Feier« zu ersetzen. Doch Libertas' Tante Marie, Frau des Fürsten Wend zu Eulenburg und damit Herrin über Liebenberg, wird das zu dumm, und mit lauter Stimme ordnet sie »Stille Nacht« an, in das prompt alle einfallen. »Die Anordnungen des Kultus- oder Propagandaministeriums (...) sind also in diesem Fall durch die wahren Machtverhältnisse im großagrarischen Bereich gründlich ausbalanciert worden«, kommentiert Harro trocken.[194]

Um halb acht ist Bescherung. Harro und Libertas wickeln Präsente aus, einen silbernen Vierfarbendrehstift, einen Aschenbecher aus China, zwölf silberne Teelöffel (schwedische) von Oma Augusta, ein Paar schwarzlederne Hausschuhe, die Tora für Harro ausgesucht hat, sowie als Hauptgeschenk für ihn eine maßgeschneiderte Reithose, die mit 50 Reichsmark zwar teuer war, an deren Finanzierung sich aber auch Marie Luise und Erich Edgar beteiligten. Die Hose ist eine Investition in Harros Gesundheit, denn die Bewegungen im Sattel sollen die Steine in seinem Unterleib zermahlen. Diese plagen ihn trotz der Kur in Wildungen nämlich noch immer so, dass Libertas ihn während der Feiertage zum Arzt schleppt, einen in der Nähe ansässigen Spezialisten.[195] Der Doktor glaubt, dass auch Milz und Bauchspeicheldrüse geschädigt sind, weshalb Harro seinen Eltern berichtet: »Es sei für einen Arzt sehr schwer, da etwas zu tun. Der ganze Körper ist ›verhärtet‹ (...), er müsste durch eine Geburt (keine Angst, eine männliche, also eine Leistung, ein Werk) aufgelockert werden und das Blut wieder neu in Fluss kommen ...« Was Harro mit *Werk* meint, ist genauso klar wie noch unpräzise. Dass er weiterhin alles in seiner Macht Stehende tun wird gegen die Nazis, steht außer Frage, und das weiß auch Libertas. Als Harro die Praxis bereits verlassen hat, nimmt der

Arzt Libertas beiseite: »Ach, wenn bei Ihrem Mann ein *Organ* krank wäre, das wäre für mich viel einfacher!«

Am zweiten Weihnachtstag wird es kalt, in der Folgenacht schneit es, und das Pickelhaubendach des Kaiserbrunnens ist am Morgen weiß bedeckt. In seiner neuen Hose reitet Harro neben Libertas durch den verschneiten Wald zum Seehaus am Lankesee. Es ist ein Ausritt, der den Nierengries kleinkriegen soll, bis er ihn ausscheiden kann. All seine Organe, geschädigt durch die Nilpferdpeitschenhiebe, werden, wenn er diese würzige kalte Luft nur tief genug in sich einströmen lässt, wieder gesunden. Das ist die Hoffnung. Libertas wird ihm helfen dabei, so nimmt sie es sich vor, und sie werden sich auch körperlich wieder mit Leidenschaft lieben.

Im *Spengler* fährt das Paar über vereiste Straßen nach Berlin zurück. Die Festivitäten sind vorbei, sofort wird es ernst. »Ihr wisst ja«, schreibt Harro am 27. Dezember 1937 seinen Eltern, gerade so, als ob diese zwischen den Zeilen lesen könnten, »dass es mir nur auf die Sache, auf eine Sache ankommt, der ich dienen werde, solange ich lebe. Libertas und ich sind uns in dieser Hinsicht vollkommen einig.«[196]

20

Es schneit ohne Unterlass. Berlin verschwindet unter einer weißen Decke, die der Stadt gut steht, da sie ihre Geräusche angenehm dämpft, ihr die Kanten nimmt und eine weiche Verkleidung beschert. Tagsüber kommt häufig die Sonne raus, was selten ist in Berlin um diese Jahreszeit, und dann ist der Winter schön, und Libertas genießt es, »zu einem kleinen *Run*« durch den Tiergarten zu starten.[197]

Am 12. Januar 1938 kommt es im Beisein von Harro zum ersten Treffen zwischen Libertas und Günther Weisenborn. Da Libs nie etwas versteckt, sondern stets offen flirtet, entgeht Harro die Anziehungskraft zwischen den beiden nicht. Eine Woche später sehen sie sich erneut: »Lese abends bei Schulze-Boysens (...) vor rund 30 Zuhörern, hinterher Kritik, gute Aufnahme«, notiert der Schriftsteller in seinem unveröffentlichten Tagebuch.[198] Am nächsten Tag geht er mit Libs im *Tientsien* chinesisch essen, drei Tage später trinken die beiden Wein und sehen sich im Kino den Kriegsfilm »Urlaub auf Ehrenwort« an. Libertas findet Gefallen an Weisenborn: Er ist der geborene Spaßmacher, der sie häufig zum Lachen bringt, ob es um seine abenteuerliche Südamerikareise geht, wo er bei Indios gelebt hat, oder um sein Straßenreporterdasein in New York. Das fröhliche Zwinkern hinter seiner Hornbrille ist seine stärkste Waffe und verleiht ihm den nötigen intellektuellen Touch: ein Partylöwe in Wildlederschuhen mit Specksohlen – vor allem aber ein toller Autor. Die Chemie zwischen den beiden scheint Harro nicht zu stören. Alle gemeinsam gehen sie lustig aus, so zum Beispiel am 27. Januar 1938 auf ein riesiges, von 7000 Menschen frequentiertes Kostümfest unter dem Motto *Bunte Laterne*, wo Weisenborn mit Libs »sehr lange und schön« tanzt. Im Anschluss besuchen sie noch ein »Atelierfest, wo es hoch her ging«.[199]

Auch künstlerisch, beruflich nähern Günther und Libs sich an. Er will ihr helfen, ihr Schreibtalent zu entwickeln, und glaubt an das Potenzial ihres Schiffstagebuchs, will sie dem Verleger Ernst Rowohlt vorstellen. Im Gegenzug könne sie ihn bei einem neuen Theaterstück unterstützen. »Die guten Feinde« soll es heißen und die verrückte Geschichte um Robert Koch erzählen, den berühmten Arzt und vermeintlichen Entwickler eines

Tuberkulose-Impfstoffs, der sich dann als unwirksam herausstellte. Um die Sache voranzubringen – das Projekt ebenso wie ihre Freundschaft –, fahren die beiden am 10. Februar 1938 mit dem Auto nach Dresden, wo Weisenborn die Robert-Koch-Idee besprechen will:»Nehmen zwei Zimmer im Hotel Bellevue, herrlich! Waschen uns, bummeln bei Regen durch Dresden, essen Mittag im Ratskeller. Lips (sic) todmüde, nachmittag mit ihr im Heyne-Verlag. Zurück ins Hotel, wo wir in ihrem Zimmer sind, schön. Dann in *Staatsoper*. Lips und ich in Loge, großer Abend, Lips ist herrlich! Später festliches Essen, nachts bei ihr: wundervoll: haarscharf.«[200]

Am 17. Februar 1938 passiert etwas Unvorhergesehenes. Es ist ein kalter, sonniger Tag, und während Hitler mit dem nationalsozialistischen österreichischen Innenminister Seyß-Inquart die Okkupation seiner Heimat durch Deutschland vorbereitet, den sogenannten Anschluss, klopfen um 10 Uhr 30 Beamte der Gestapo an die Holztür des lang gezogenen Bootshauses *Blau-Rot*, das zur Hälfte auf Land liegt, zur anderen Hälfte pfahlgestützt übers Wasser ragt.[201] Gisela von Poellnitz, die dort mit Ricci von Raffay ein romantisches Quartier bezogen hat, wird festgenommen, zum dritten Mal in ihrem jungen Leben. Es geht nicht, wie sie zunächst befürchtet, um den Umschlag, den sie in die Pariser Sowjetbotschaft eingeworfen hat, sondern um ein mehr als fünf Jahre zurückliegendes Delikt, die»Verbreitung von Zersetzungsschriften in der Nacht vom 3. zum 4. Februar 1933«.[202] *Diesen* Verhaftungsgrund erfahren Harro und Libertas nicht, hören nur von Giselas Bruder, der am Folgetag vernommen wird, dass sie in den Fängen der Gestapobeamten ist, die außerdem Dokumente sichergestellt haben: Übersetzungsarbeiten, die Gisela für Harro anfertigen sollte, mit Briefkopf und Stempeln des RLM und Harros Unterschrift.[203] Eine

Anfrage der Gestapo im Luftwaffen-Führungsstab ist die Folge: Handelt es sich um einen Harro Schulze-Boysen anzulastenden Geheimnisverrat? Fliegerkapitän von Bülow wird um Stellungnahme zu den Beweisstücken gebeten, und Harro ist besorgt. Zwar stuft er die Papiere als harmlos ein, doch ob sein Vorgesetzter das genauso sieht? Und was, wenn Gisela in Haft von ihrer Parisreise erzählt oder die Gestapo sowieso schon alles weiß? Winkt ihm erneut ein Nazifolterkeller? Rasch beseitigen Harro und Libertas alles kompromittierende Material aus ihrer Wohnung und planen gemeinsam mit Günther Weisenborn die Flucht nach Amsterdam, wo Libs' Bruder Johannes als Journalist tätig ist. »Es gab fieberhafte Arbeit«, schreibt der Schriftsteller über die dramatischen Tage im Februar 1938: »Ich fuhr mit meinem Wagen hinter Harros Wagen her, der erfahrener war als ich und Ausschau hielt. Wenn er dreimal hintereinander das Bremslicht aufleuchten ließ, sollte ich sofort stoppen. Bei öfterem Aufleuchten sollte ich wenden oder abbiegen.«²⁰⁴ Eine Dreiecksbeziehung auf der Flucht vor der Gestapo: Weisenborn hätte es sich für einen Roman nicht spannender ausdenken können.

Dann erhält Harro aus dem RLM Entwarnung. In seiner Abteilung hat es ein Treffen zu dem Vorgang gegeben: »Das bei Fräulein von Poellnitz vorgefundene Übersetzungsmaterial ist hier überprüft worden; es trägt in seiner Gesamtheit keineswegs geheimen Charakter im Sinne der Verwaltungsvorschrift. Schulze-Boysen hat sich nicht strafbar gemacht.«²⁰⁵ Harro, Libertas und Günther blasen die Flucht ab. »Jetzt kann ich nicht mehr über die Grenze gehen, nachdem das ausgesprochen worden ist«, stellt Harro fest. Stattdessen besuchen die drei am Abend gemeinsam einen Maskenball auf einem Hausboot am Wannsee. Immerhin ist Fasching.²⁰⁶

21

Harros Freundschaft zu Günther Weisenborn leidet unter der
Affäre nicht – und zunächst auch nicht seine Ehe mit Libertas.
Worüber er sich allmählich nur wundert: dass es zwischen den
beiden immer weitergeht. Ganz offen und als sei es das Nor-
malste der Welt, stellen sie Harros Hang zur Freizügigkeit auf
die Probe, fahren ohne ihn an den Stechlinsee, übernachten
im Hotel, und auf der Rückreise stellt Libs ihren Liebhaber
ihrer Mutter Tora beim Tee in Liebenberg vor. Hatte Harro
mit einem kurzen, unbedeutenden Techtelmechtel gerechnet,
entwickelt sich hier eine tiefere Beziehung. Immerhin, so beruhigt er sich, ist Libs bei Weisenborn gut aufgehoben. Was sie
ihm auch erzählt oder anvertraut: Wegen Günther muss er sich
keine Sorgen machen, der gehört dazu. Harro hofft nur, dass
Libs von ihm auch etwas über das Schreiben lernt. Dass sein
Freund so viel Spaß mit ihr im Bett hat, wurmt ihn allerdings
schon, schließlich ist *er* ihr Ehemann, und so wird für alle
offenkundig, dass Libs nicht zufrieden mit ihm ist. Oder gehört es in ihren Kreisen, die die gesellschaftlichen Normen ab-
lehnen, schlichtweg dazu, dass eine emanzipierte Frau schläft,
mit wem sie möchte, und sich nicht auf ihren Ehemann be-
schränkt? Was bleibt ihm anderes übrig, als sich weiterhin li-
bertär zu zeigen? Sogar seinen Eltern erzählt er von der Sache,
frisch von der Leber weg, das ist wahrscheinlich das Gesün-
deste: »In letzter Zeit sah ich öfter Günther Weisenborn, den
Verfasser verschiedener nicht schlechter Bücher. (…) Nun ist
er jedenfalls oft bei uns, und Libs findet ihn auch nett. Oder
mehr als ›nett‹. Er kann sehr viel, und wir können einiges von

ihm lernen. Libs braucht ja einen Lehrmeister auf dem Gebiet des Schreibens.«[207]

Bitter muss es dennoch für ihn sein, in Zeiten, in denen er selbst Potenzprobleme hat, die eigene Ehefrau, die er liebt, mit einem anderen zu teilen. Doch Harro schreitet nicht ein, als die beiden auch mental eine immer innigere Verbindung eingehen, sich regelmäßig in der Staatsbibliothek treffen, dort gemeinsam am Robert-Koch-Stoff schreiben, im Anschluss im Café Kranzler essen, im Romanischen Café etwas trinken, in der Dschungel-Bar »tanzen, fröhlich lachen« oder auch mal »nachts um 2 im Wagen nach Potsdam« brausen, wo sie im Hotel miteinander schlafen.[208] Libertas genießt die Affäre. So sieht es doch aus, das Leben als freie Schriftstellerin! Eine Existenzform, an die sie sich gewöhnen könnte. Sie schreibt und liebt nun einmal gern, was ist daran falsch? Nie war sie ihrer Selbstverwirklichung näher als in diesem Frühling 1938, und vielleicht hilft ihr Günther Weisenborn ja tatsächlich dabei, dass sie ihre Freiheit um eine weitere Dimension erweitert und auch emotional unabhängig wird von Harro, um im Ernstfall alleine bestehen zu können. Ist es nicht das, was sie die ganze Zeit angestrebt haben?

22

Am 5. Juli 1938 kommt Gisela von Poellnitz frei, nach beinahe fünf Monaten in Gestapohaft. Sie ist ausgemergelt, ihre Haut weiß wie Papier, doch sie hat dichtgehalten, nichts erzählt vom wahren Grund ihres Trips nach Paris, Harros Informationen über den deutschen Eingriff in den Spanischen Bürgerkrieg. Doch im Gefängnis ist etwas passiert, wovor alle Angst gehabt, was alle befürchtet haben: Sie, die Lungenschwache, hat sich in der Zelle mit Tuberkulose angesteckt, jener lebensbedrohlichen Infektionskrankheit.

Fortan kann die junge Abenteurerin nicht mehr mit Ricci von Raffay im Bootsclub wohnen, nicht mehr mit ihm auf der Harley durch die Gegend heizen, keine wilden Partys mehr feiern oder abenteuerliche Alleinreisen antreten, sondern braucht intensive Pflege und dauernde medizinische Betreuung. Dr. Elfriede Paul, die Freundin von Walter Küchenmeister, verschafft ihr einen Platz in einem Lungensanatorium erst in Brandenburg, später in der Schweiz, aber von Anfang an steht es schlecht um Gisela. Sie wird immer schmaler und durchscheinender, egal, wie viele Fresspakete die Freunde ihr schicken – egal, wie oft Libs sie besucht, erschüttert über den Anblick ihrer Cousine, die blass und madonnenhaft in den Kissen liegt.[209]

Libertas geht es in diesem Sommer 1938 ebenfalls nicht gut. Giselas lebensbedrohlicher Zustand nimmt sie mit, und jetzt gibt es auch noch Probleme in der Affäre mit Weisenborn. Hin- und hergerissen zwischen den beiden Männern in ihrem Leben, leidet sie an Unterleibsschmerzen, befürchtet, schwanger zu sein, hat eine Kreislaufschwäche und verliert einmal sogar das Bewusstsein.[210]

Um zu gesunden, Abstand von allem und Klarheit zu gewinnen, reist sie Ende Juli 1938 alleine nach Bayern, dann in die Schweiz, die sie so liebt und wo sie von 1928 bis 1932 in Zürich die Städtische Töchterschule besucht hat. In Zürich trifft sie Ignazio Silone, einen emigrierten Autor, früheren italienischen Kommunisten und Antifaschisten – und Bekannten von Harro. Silone ist gut vernetzt, auch mit Thomas Mann, der in Küsnacht am Zürichsee im Exil lebt, und Libs fasst den Plan, dem berühmten Schriftsteller von ihrem Gatten zu erzählen.

Sie hat Angst um Harro, der zu dieser Zeit – ohne dass sie dies wissen – in die *A-Kartei* aufgenommen wird, eine von Reinhard Heydrich, dem gefürchteten Leiter des Reichssicherheitshauptamtes, aufgesetzte, bei der Gestapo verwaltete Liste vermutlicher, weil früher schon aufgefallener Regimegegner, die in einer politischen Krisensituation »sofort festzunehmen« und in ein Konzentrationslager zu sperren sind, in Harros Fall Sachsenhausen.[211]

»Sie fürchtete, dass Harro etwas zustoßen könnte, und wünschte für einen solchen Fall, dass die Öffentlichkeit über ihn und seine moralische Stellung informiert sei«, schreibt Silone über den Besuch von Libertas.[212] Er verspricht ihr, sie mit Thomas Mann bekannt zu machen, auch wenn dieser sehr beschäftigt ist, da er seinen Wohnsitz in der Schweiz aufgibt und den Umzug seiner Familie organisiert. Mitte August wollen die Manns ein letztes Mal ins Engadin fahren, um im Waldhaus-Hotel in Sils-Maria von Europa Abschied zu nehmen, danach geht es in die USA, nach Princeton. Noch allerdings ist der *Zauberer* in Zürich, und am 6. August 1938 besucht er mit seinem 29-jährigen Sohn Golo den Verleger Emil Oprecht. Auch Silone ist geladen und erscheint in Begleitung von Libertas. »Gegessen und getrunken, gesprächig – Gewitter«, schreibt Thomas Mann in seinem Tagebuch von der »Abendgesellschaft«.[213] Libertas wird ihm vorgestellt und erzählt von Harro und seinen Aktivitäten. Ob aus diesem Treffen ein länger anhaltender Kontakt resultiert, lässt sich den Quellen nicht entnehmen. Eine Notiz der Gestapo aus dem Jahr 1942, dass Harro Schulze-Boysen »Annäherungsversuche an Thomas Mann« unternommen habe, deutet darauf hin.[214]

Zurück in Berlin kommt es zu Annäherungsversuchen ganz anderer Art. Hartmut-Bruder ist in der Waitzstraße zu Besuch, mittlerweile sechzehn Jahre alt. Von wem die Idee stammt, verraten die Quellen nicht, Fakt ist jedoch, dass Libertas Hartmut in die Liebe einweist und dass Harro davon Kenntnis hat, wenn nicht sogar die Sache förderte.

Ob mit diesem Initiationsritus verknüpft oder nicht: Libertas' Affäre mit Günther Weisenborn neigt sich einem allmählichen Ende zu. Aus der Schweiz hat sie ihm bereits einen Distanz schaffenden »Schmerzensbrief« geschrieben. Doch noch treffen sie sich und arbeiten weiterhin am Robert-Koch-Stück zusammen. Es gibt Gespräche über eine mögliche Aufführung in der Hauptstadt: »Das Staatstheater Berlin hat eine Option, nur traut sich Gründgens bisher nicht ganz«, schreibt Libertas ihrer Schwiegermutter Marie Luise. »Er muss Göring fragen, wie bei allen problematischen Sachen. Doch nehme ich an, dass auch daraus etwas wird.«[215] Gemeinsam mit Weisenborn fährt sie zur Vorbereitung der Premiere ans Theater nach Bremen, wo die beiden am 26. September 1938 im Hotel die im Radio übertragene Rede Hitlers hören, bei der der Reichskanzler die Annexion des sogenannten »Sudetenlandes« ankündigt: »Es ist die letzte territoriale Forderung, die ich in Europa zu stellen habe«, scheppert die Stimme aus dem Volksempfänger: »Aber es ist die Forderung, von der ich nicht abgehe und die ich, so Gott will, erfüllen werde.«[216]

Für Harro sind aufgrund dieser politischen Entwicklungen Überstunden im RLM an der Tagesordnung. Hitlers Gebietsansprüche an die Tschechoslowakei entwickeln sich zu einer internationalen Krise, die in einen heißen Krieg zu münden droht. In der Heeresleitung sind einige der Generäle überzeugt: Eine kriegerische Auseinandersetzung zu diesem Zeitpunkt würde den Untergang Deutschlands bedeuten. Ein Putschplan wird ausgearbeitet, dessen Umsetzung kurz bevorsteht. Doch dann kommt den Wehrmachtsgenerälen ein ausländischer Staatschef in die Quere, Neville Chamberlain. Um den Frieden um jeden Preis zu bewahren, besucht der britische Premierminister mehrmals hintereinander Deutschland, kommt an den Rhein, auf den Berghof, Hitlers Alpenrefugium, schließlich zur Münchner Konferenz, bei der das Schicksal der Tschechoslowakei, deren Vertreter nicht eingeladen sind, besiegelt wird. Hitler geht als großer Sieger aus der Sache hervor. Die Wehrmacht marschiert kampflos in die Sudetengebiete ein. Die putschbereiten Generäle sagen ihr Vorhaben konsterniert ab.

Auch wenn er von *diesen* Entwicklungen innerhalb der Heeresführung nichts mitbekommt: Wie mit dem Vergrößerungsglas kann Harro auf seiner Dienststelle »in den materiellen und psychologischen ›Mechanismus‹ der Weltpolitik« hineinschauen, wie er es seinem Vater schreibt.[217] Für ihn ist das Interesse der Engländer an einer Zerschlagung der Sowjetunion offensichtlich und dass zu diesem Zweck dem Deutschen Reich im Osten freie Hand gegeben werden soll. Hitlers polemische Bemerkung, die Tschechoslowakei sei ein bolschewistischer Flugzeugträger inmitten Europas, hat seine Wirkung in London nicht verfehlt.

Es sind aufregende Tage in diesem Herbst 1938 – und nur die Abende einsam. So manches Mal, wenn Harro nach Dienstschluss Richtung Waitzstraße läuft, am Ku'damm mit seinem verschwenderischen Neon die letzte Ecke nimmt, starrt ihn die Wohnung leer an, wirkt wie eine Filmkulisse, in der gerade nicht gedreht wird, und es liegt lediglich eine Karte da, auf der Libertas geschrieben hat, dass es wohl wieder später wird. Offenbar ist es mit Weisenborn doch noch nicht vorbei.

Am 30. September geht Harro abends mit ihm ein Bier trinken, um die Lage ein für alle Mal zu klären. Am Tag darauf notiert Weisenborn in sein Tagebuch:»Sehe sie nicht. Will nicht mehr.«[218] Es ist ein privater Sieg für Harro – doch die geopolitische Situation verliert er deshalb nicht aus den Augen:»Der Friede ist ja nun, wie ich das Mittwochabend, als die erste Nachricht kam, gleich ziemlich eindeutig empfand, wirklich vorerst ›ausgebrochen‹«, schreibt er seinem Vater am 1. Oktober 1938 und fährt mit prophetischen Vorahnungen fort:

»Davon, ob er nun in Europa dauerhaft ausbricht, wie es sich wohl Herr Chamberlain denkt, hängt es jetzt ab, wie die Nachwelt diese Tage beurteilen wird. Wenn wir aber in 1-2 Jahren aufs Neue vorm Krieg stehen sollten, dann wird es zehnmal so viel Opfer geben, wie wenn es jetzt geknallt hätte ... und dann wird das Urteil der Geschichte hart werden. Hoffen wir das Beste.«[219]

Zur Krise um die Tschechoslowakei, die für Harro den Weltkonflikt auf den Punkt bringt, schreibt er in diesem Oktober gemeinsam mit Walter Küchenmeister sein erstes illegales Flugblatt: *Der Stoßtrupp.* Darin wird die Annexion des»Sudetenlandes« als Vorbote einer gewaltigen Menschheitskatastrophe dargestellt. Kurt Schumacher besorgt das für die Aktion benötigte Papier im Großhandel; als Künstler kann er dies, ohne aufzufallen. Für die Briefmarken wendet sich der Bildhauer mal hier-, mal dorthin, um nicht an einem Ort verdächtig hohe Stückzahlen zu kaufen. Knapp fünfzigmal vervielfältigen sie den (nicht erhaltenen) Text, das erledigt Kurts Frau Elisabeth, während Libertas im amtlichen Fernsprechbuch Adressen raussucht von Menschen, die sie irgendwie für intelligent hält:

Lehrer, Ärzte, Rechtsanwälte und weitere Multiplikatoren.[220] Das Beschriften der Umschläge erfolgt mit Schreibmaschine, wobei die Finger in Baumwollhandschuhen stecken, die auch für das Eintüten und Frankieren anbehalten werden. Dann begibt sich Dr. Elfriede Paul mit ihrem Auto, einem Ford Eifel, auf den Weg.[221] Als Ärztin kann sie diese Fahrten jederzeit rechtfertigen, sollte sie in eine Kontrolle geraten. Auch dass sie beim Einwerfen der Kuverts leichte Damenhandschuhe trägt, wirkt im Oktober plausibel. Immer nur eine oder zwei Sendungen pro Kasten, schon fährt sie weiter. Es ist die erste gemeinsame Aktion des Freundeskreises und erfolgreich, da alles reibungslos vonstattengeht: ein Testlauf und Beweis, dass sie sich aufeinander verlassen können.

23

Im Luftfahrtministerium redet Harro in diesem Oktober 1938 mit seinem Vorgesetzten Bartz, verlangt eine Vergütung für die vielen Überstunden, eine Gehaltserhöhung auf mindestens 400 Reichsmark sowie einen einmaligen Kostenzuschuss zu einer Erholungsreise, die er bitter nötig habe, um funktionsfähig zu bleiben und seine Ehe zu stabilisieren. Sollten seine Forderungen nicht erfüllt werden, so kündigt er an, scheide er im neuen Jahr aus.

Der Druck zeigt Wirkung: Bartz will ihn halten, da er in Harro einen »Mann von wirklich überdurchschnittlichem Wesen und Können« sieht, wie es in seiner Dienstbeurteilung heißt.[222] Den Wünschen wird stattgegeben, und Harro und Libertas machen, von ihrer Hochzeitsreise nach Schweden und kurzen Stippvisiten in die Schweiz abgesehen, zum ersten Mal gemeinsam längere Ferien im Ausland. Mit ihrem neuen Wagen, einem hellblauen Fiat-Cabrio, den sie *Caesar* taufen und »sehr langfristig abbezahlen«, fahren sie auf der Autobahn bis Bayreuth, am nächsten Tag über München und den Jaufenpass nach Italien, wo sie in der Abenddämmerung Venedig erreichen, »zur schönsten Zeit, da die Palazzos, wenn man die abbröckelnden Fassaden und den Schmutz nicht so sieht, stärker wirken als bei Tageslicht«, wie Harro den Eltern schreibt.[223] *Caesar* parken sie in einer Garage, treffen Harros Schwester Helga, die mit ihrem Mann und dem ersten Kind in einer schönen großen Wohnung in einem uralten venezianischen Haus am Kanal wohnt.

Liebe und Widerstand: Harro und Libs vor »Caesar«,
ihrem hellblauen 24-PS-Fiat-Cabrio.

Am nächsten Mittag schippern Libertas und Harro bei strahlender Sonne und guter Verpflegung in der 1. Klasse über die Adria nach Dubrovnik, das einst *Ragusa* hieß, als es noch unabhängig war und eine eigenständige Seerepublik. In den Läden der alten Stadt, in die man hineinsteigt wie in Höhlen, genießen sie das Einkaufen: Kleider und Accessoires, Ledergürtel, eine gestickte Weste, eine Brosche aus Silber. Die größte Anschaffung ist ein Kelim, zwei mal drei Meter, Schafwolle, in Blau mit Rot für 1300 Dinar, etwa 85 Reichsmark. »Vor Beginn des Handelns sollte er 2000 Dinar kosten!«, schreibt Harro dem Vater stolz, von dem er weiß, dass er sein Handelsgeschick zu schätzen weiß.[224] Im gleichen Antiquitätengeschäft entdeckt Libs ein historisches Wappen von Ragusa – und kann ihren Fund kaum fassen. In Silber eingefasst zeigt es drei rote Schrägbalken, überlegt mit schwarzen Großbuchstaben, die ein Wort bilden: LIBERTAS.

Das ist ein Zeichen! Zumindest dafür, dass Harro den Urlaubsort glücklich ausgewählt hat: dass sie am richtigen Ort sind. Es soll ihr Motto für die folgenden vierzehn Tage werden: *Freiheit* – herauszufinden, was das ist. Denn es könnte ja auch heißen: Nie wieder zurück in diesen Käfig – nie mehr retour in dieses kalte Deutschland. Vieles spricht dafür; auch die Jugoslawen haben sie rasch lieb gewonnen. Sie finden sie sympathisch und »mit weit mehr Haltung als zum Beispiel die Italiener«, wie Harro schreibt.[225] Den beiden wird ein Ort empfohlen, den sie nicht verpassen sollten: die schöne Insel Korcula. Dort könne man ein neues Leben beginnen, man müsse es nur wagen. Dort könne man Kinder haben, die aufwüchsen wie im Paradies.

Sie lassen es auf einen Versuch ankommen, besteigen den Dampfer, und als die Sonne untergeht, die Menschen vor ihren Häusern sitzen, um den Wein der neuen Ernte zu trinken, kommen sie am 1. November 1938 in dem kleinen Hafen der Altstadt von Korcula an, deren Gassengeflecht wie die Gräten eines Fisches konzipiert ist, um Wind möglichst gut durchzuleiten. Vor dem *Hotel de Ville* schweben die Boote im stillen, glasklaren

Wasser. Es gibt Grappa und Dorade, morgens Kaffee und Zigarette am unaufgeregten Quai, dann einfach das blaue Hemd
ausziehen und in die ebenso blauen Fluten. Korcula hat eine
beruhigende Wirkung selbst auf Harro. Das schlechte Aussehen
um die Augen verschwindet, sein Körper ist nicht mehr so zusammengezogen, so verhärtet wie sonst. Und Libertas nimmt
endlich wieder etwas zu bei bosnischen Teigtaschen zum Mittag. Sollen sie wirklich hierbleiben? Dem Wahnsinn den Rücken kehren und aussteigen? Noch während sie darüber sprechen, entdecken sie eine Fotografie, die gerahmt im *Hotel de
Ville* aushängt. Ein allzu Bekannter ist darauf zu sehen, in weißer Hose, schwarzem Sportjackett, weißer Mütze mit Schirm.
Es ist Eulenburgs Nachbar, Harros Boss bei seinem Besuch auf
Korcula im Frühling 1935: Hermann Göring, eine fette Jacht im
Hintergrund.

Vor allem Harro ist klar: So wie Korcula einst in den Einfluss-
bereich Venetiens geriet, verdüstert auch jetzt wieder ein Schatten aus dem Norden die dalmatinische Küste. Der Faschismus,
die internationale Wirtschaft in Korporation mit den autoritären Regierungen, wird seine Fühler weiterhin ausstrecken,
bis in den letzten Winkel hinein. Das ist eine Entwicklung, die
es aufzuhalten gilt, und das kann Harro am besten in Berlin,
nirgendwo sonst. Es ist eine charmante Idee, auf der Insel zu
bleiben und als freie Schriftsteller zu leben. Aber wer druckt
das dann? Wovon sollen sie leben? Und vor allem: Es können ja
nicht alle, die gegen das System sind, flüchten.

Schweren Herzens beenden sie ihren Urlaub, fahren mit
dem Dampfer nach Venedig zurück, holen *Caesar* ab. Als Schutz
vor dem kalten Wind tragen sie enge Lederkappen beim offenen Fahren, Harro im hellen Mantel, Libs in Jacke und langem
Rock. In Zürich, als finaler Station, bevor es auf Reichsgebiet

geht, gibt es wieder ein Treffen mit Ignazio Silone, und sie bekommen ein letztes Mal vorgeführt, wie sich das anfühlt: Leben
im Exil. Silone, früher italienischer Vertreter der Komintern,
berichtet, wie er in Moskau die tödlichen »Säuberungen« Stalins aus nächster Nähe miterlebt, seitdem mit dem Kommunismus gebrochen hat. Sich selbst bezeichnet Silone als »Christ
ohne Kirche und Sozialist ohne Partei«[226] – und irgendwie auch
als Mensch ohne Heimat, denn im Italien Mussolinis möchte
er nicht leben. Harros Standpunkt zum Kommunismus ist ähnlich. Er kennt einige Kommunisten, ist stets offen für eine Zusammenarbeit, aber viel zu freiheitsliebend und undogmatisch,
um selbst irgendeiner Parteilinie zu folgen.

»Was für ein Mensch!«, kommentiert Silone seine Begegnung
mit Harro später: »Ich weiß nicht, ob soviel Mut und Lauterkeit
mir jemals anderswo begegnet sind. Libertas liebte ihn ohne
Vorbehalte, und es gelang ihr nicht immer, ihre Sorge um das,
was ihm zustoßen könnte, zu verbergen.«[227]

Harro und Libertas verabschieden sich und steigen in den
hellblauen Fiat. Nachdem sie am 8. November »alle Zoll-
schwierigkeiten siegreich überwunden haben«, fahren sie am
Bodensee entlang über Ulm nach Nürnberg und am Mittag des
9. November 1938 auf der Reichsautobahn in die Reichshauptstadt.[228] Wie Pferde nach langem Ausritt auf dem Weg in den
heimischen Stall einen Zacken zulegen, nutzt Harro das 1934
durch die Reichs-Straßenverkehrsordnung eingeführte Fahren ohne Tempolimit für eine zügige Heimreise. Gerade noch
rechtzeitig kommen sie an, um den Kurfürstendamm und die
angrenzenden Straßen zu befahren, bevor Millionen von Scherben die Reifen gefährden.

Es ist ein Abend, der in die Geschichte eingeht, ein 9. November, wieder einmal. Doch wird hier nicht voller Hoffnung

eine Republik ausgerufen wie 1918. Während Harro und Libs in die Waitzstraße einbiegen und den Wagen parken, läuft Günther Weisenborn wenige Fußminuten entfernt die Kantstraße entlang. Als er sich der Fasanenstraße nähert, sieht es für ihn aus, als feiere man in der Synagoge ein großes Fest. Alle Fenster sind hell erleuchtet. Doch auf einen Schlag verdunkelt sich das Licht zu einem Rot, das direkt aus der Hölle zu glühen scheint – und mit schwarzen Rauchballen aus dem berstenden Dach herausplatzt. Eine Menschenmenge steht wie genagelt auf dem Pflaster, Gesichter angeleuchtet vom Flammenschein. Niemand greift ein, Schweigen. Ein Löschwagen der Berliner Feuerwehr steht unweit entfernt, nicht im Einsatz. Die Feuerwehrleute halten ein Schwätzchen, rauchen lachend Zigaretten, haben einen Klapptisch aufgestellt und klopfen Skat.[229]

In ganz Charlottenburg werden in diesen Stunden der »Reichskristallnacht« jüdische Läden zerstört, versuchen ihre Besitzer verzweifelt, durch das Wegfegen der Splitter das Geschehene ungeschehen zu machen, legen mit zitternden Händen die Waren in die Regale zurück. »Am Kurfürstendamm sind schließlich achtzig Prozent der Geschäfte jüdisch«, verbreitet ein Passant falsche Nachrichten und hetzt: »Sie hätten sich nicht so breitmachen sollen. Überall, wo schnell Geld zu machen ist, sitzen sie ja und lassen niemand mehr die Luft zum Atmen.«[230]

Vor einem Konfektionsgeschäft hat sich eine johlende Menge versammelt. Hinter den zerschlagenen Scheiben raffen Jugendliche, aber auch ältere, gesetzte Leute an sich, was sie nur können: Mäntel, Hosen, Jacken, Hemden. Der jüdische Eigentümer steht in der Tür, Tränen laufen ihm über die Bartstoppeln. In der Hand hält er einen über und über bespienen Frack, den er mit seinem Ärmel zu reinigen versucht, wobei die Menge ihn verspottet. Einst anständige Bürger grölen wüste, rassistische Beschimpfungen – einst normale Menschen, nach fünfeinhalb Jahren Hitler.

Da ist er, der Schatten, den Harro selbst in Korcula spürte und der »ja auf uns allen liegt und keine sorgenlose Fröhlichkeit mehr aufkommen lässt«, wie Libs an Erich Edgar und Marie Luise kurz darauf schreibt. Es ist eine harte Rückkehr: »Heut ist wieder Alltag. Ein Steinhagel fremden Kummers prasselt auf uns ein.«[231] Immerhin: Sie haben im Süden Kraft getankt, und ihre Liebe ist vielleicht so stark wie niemals zuvor. »Was soll ich über diese Dinge ausführlich schreiben. Solange Harro bei mir ist (und das wird hoffentlich noch lange sein), ist nichts, aber auch gar nichts schlimm.«[232] Sie sind zurückgekommen nach Nazideutschland, mit dem nach der »Kristallnacht« eine Versöhnung nicht mehr möglich ist. Harro besiegelt durch einen Kuss auf Libertas' Silberring, den sie immer trägt, einen einzigen Kuss, seine ewige Liebe zu ihr. Sie sind jetzt zusammen, bis zur Befreiung von der Diktatur – oder bis in den Tod.

Teil III
Widerstand und Liebe
(1939–1942)

---

*»Hier in Berlin komme ich nicht recht zum
Schreiben. Es ist rasend viel zu erledigen.«*[233]

Harro Schulze-Boysen

*»Andererseits haben Zeiten wie jetzt den Vorteil,
dass man durch die Konzentration auf ihren Sinn
und Ernst viel lernt, in Tagen oft mehr als sonst in Jahren,
und das ist bestimmt auch ein Vorteil.«*[234]

Libertas Schulze-Boysen

1

Einen militärblauen Mantel hat sie an, hohe Kosakenstiefel – *der modische Überstiefel der eleganten Dame!* –, Baskenmütze auf, Zigarette zwischen den Lippen, als sie der Dame am Lufthansa-Schalter in Tempelhof sagt, sie wolle mit der nächsten Maschine nach Königsberg. Es ist ein Freiflug von Harro, den der nicht nutzen kann, weil zu viel los ist im Ministerium, wo sie den Angriffsplan gegen Polen vorbereiten.[235]

Sommer 1939, Libertas sitzt am Fenster, und nach einer halben Stunde Flug sieht sie unter sich die Mündung der Oder, daneben Stettin, die Hauptstadt Pommerns. Von da ab hat die Küstenlinie der Ostsee etwas Kühnes, schwingt sich gen Norden wie ein hochgerecktes Kinn. Sie überfliegen Peenemünde, wo Wernher von Braun seine Raketen entwickelt, tauchen nach rechts zur Freien Stadt Danzig hin, wo Libertas – *Wir bitten Sie, zum Landeanflug das Rauchen einzustellen* – Zwischenstation macht. Eine kurze Umsteigezeit, und es ist dann »ein sehr schöner Abendflug« über Ostpreußen, das von oben die Form einer gigantischen Flunder hat.[236]

Der Königsberger Flughafen ist der älteste Zivilflughafen Deutschlands. Die Königsberger Kleinbahn hält hier, bringt Libs auf dem Wallring zur Altstadt und westlich des Schlossteichs zum Übergabebahnhof, wo ihr ein Träger mit dem Gepäck bis zum nahen Nordbahnhof hilft. Dort gehen die Züge zur Bernsteinküste ab. Libertas war noch nie auf der Kurischen Nehrung. Viel hat sie nicht dabei, ihre Remington-Reiseschreibmaschine, ihre Leica, die Ziehharmonika und *keine* Badeanzüge, weil in Nidden »das Badeleben in keinerlei Vorschriften eingeengt« ist, wie es im Reiseprospekt heißt.[237]

Nach dreißigminütiger Fahrt spuckt die Eisenbahn sie in Cranz aus, dem größten ostpreußischen Seebad mit seinen weiß gekalkten Holzhäusern, auf denen das Licht dicht und golden liegt und das früher von so vielen jüdischen Gästen aus Deutschland, Polen und Russland frequentiert worden ist. Von hier tuckern die Haffdampfer zur Nehrung. Soll Libertas die *Memel* nehmen oder lieber das »hochelegante Doppelschrauben-Motorschnellschiff *Kurisches Haff*« mit großem Speisesaal, Rauchsalons, überdachten wie nicht überdachten Promenadendecks?[238] Die Fahrt dauert gemütliche drei Stunden, auffallend viele allein reisende Frauen sind an Bord, die wollen alle nach Nidden, diesen Ort für die Kunst, gelegen auf dem schmalen Landstrich der Nehrung zwischen Ostsee, Haff und Himmel. Das frühere *Brücke*-Mitglied Max Pechstein ist in diesem Sommer '39 häufig mit Staffelei am Ufer zu sehen, malt ein Bild in leuchtenden Südseefarben: Holzkähne auf dem Wasser, eine nackte Schöne läuft über den Strand. Hier in Nidden, am äußersten Rand des Reiches, scheint auch der Nazikult einigermaßen im Zaum, man kann noch malen, wie man möchte, Farben verwenden, wie es einem gefällt, und offener sprechen als an den meisten anderen Orten in Deutschland.

An ihrem ersten Abend sitzt Libs auf der um das »Künstlerzimmer« herumgeführten lang gestreckten Veranda des beliebten Gasthauses *Blode,* wo sich traditionell die Maler treffen, und lässt ihre schwärmerischen Augen über die expressionistischen Gemälde von Lovis Corinth, Max Pechstein, Karl Schmidt-Rottluff und anderer gleiten, die hier an den Wänden hängen – einzigartig für Hitlerdeutschland. Viel geplauscht

Freie Schriftstellerin Libertas Schulze-Boysen.

wird auf dieser Veranda, am liebsten über Kunst, natürlich auch über die politische Lage. Wochen vor einem möglichen Angriff auf Polen ist das strategisch wichtige Gebiet der Kurischen Nehrung eine heikle Exkursion – was manche der Besucher, womöglich auch Libertas, besonders reizt. Krieg liegt in der Luft, auch wenn noch niemand den Zeitpunkt kennt. Ob Harro sie vor dieser Reise gewarnt oder vielmehr darin bestärkt hat, da ihrer künstlerischen Verwirklichung förderlich, zeigen die Quellen nicht. Dann wird gesungen auf der Veranda. Es ist ein altes kurisches Lied mit einer verwunschenen Melodie, die Libertas verzaubert:

Abends treten Elche aus den Dünen
Ziehen von der Palve an den Strand
Wenn die Nacht wie eine gute Mutter
Leise deckt ihr Tuch auf Haff und Land

Es ist ein träumerisches Stück, das sie an ihre Liebenberger Gedichte erinnert – sowie an die poetische Aufgabe, die vor ihr liegt. Libertas hat ihr Manuskript dabei, das Schiffstagebuch. Nidden ist ein idealer Ort, um sich zu konzentrieren, etwas zu schaffen. Nur schade, dass es nicht klappt, im Sommerhaus von Thomas Mann zu wohnen, das dieser sich von seinem Nobelpreisgeld 1929 auf einer Anhöhe hat bauen lassen und 1932 zum letzten Mal besuchte. Bis vor Kurzem hatte der Besitzer des Gasthauses *Blode,* der Maler Ernst Mollenhauer, noch den Schlüssel und konnte mit Genehmigung des Schriftstellers die Räumlichkeiten Künstlern zur Verfügung stellen. Der Gedanke liegt nahe, dass Libertas und Thomas Mann bei ihrem Treffen in Zürich über diese Möglichkeit gesprochen haben. Aber wenige Wochen vor ihrer Ankunft hat die Forstverwaltung – der Göring vorsteht – das rötlich braun gestrichene Anwesen mit den blau abgesetzten Fensterläden und Dachberandungen beschlagnahmt. Libs hat sich ein kleines Zimmer in einem Niddener Fischerhaus gemietet. Das ist auch schön, dort sitzt sie dann, spannt ein Blatt in ihre Remington, während im Nebenzimmer die Vermieterin mit ihren Töchtern Netze flickt.

Nidden ist ein inspirierender Ort, mit all den berühmten Künstlern, die hier gearbeitet haben oder noch immer arbeiten. Doch es ist auch eine Herausforderung, weil es die Ansprüche nach oben schraubt. Wann immer Libertas in der Arbeit stockt, springt sie nach draußen, läuft durch den Elchwald zum breiten Strand, legt ihre Kleidung ab und wirft sich in die Brandung des großartigen Meeres, das viel mächtiger ist als die Ostsee sonst in Deutschland. Oder sie fährt mit dem Fahrrad zur Hohen Düne, die auch die »Sahara Ostpreußens« genannt wird, macht Aufnahmen mit ihrer Leica von diesem weglosen Land, dem sogenannten Tal des Todes, einer elementaren, urwelthaften Gegend, die auch Thomas Mann so bezaubert hat.[239] Das Fotografieren hat Libertas im Jahr zuvor bei einem Intensivkurs im Berliner Stammwerk der *Agfa* gelernt. Wichtig ist die Motivauswahl, und eines Tages sieht sie in der flimmernden Hitze etwas, das ihr ungewöhnlich erscheint. Zuerst glaubt sie an ein Trugbild, eine Fata Morgana oder Vision, wie sie vielleicht auch Thomas Mann hier erfuhr, bevor er in seinem Josephsroman, an dem er 1931 und 1932 in Nidden gearbeitet hat, über das fliehende Volk der Israeliten schrieb, ihren Auszug aus der Sandhölle Ägyptens, wo man sie verfolgte: Ein äußerst stark beladenes Boot schiebt sich an der Hohen Düne vorbei in Richtung Niddener Anlegestelle, ein Haffdampfer, der von Passagieren schier überquillt.

Libertas will sich das genauer ansehen, läuft die Düne hinab und am Ufer entlang zu dem kleinen Hafen. Die Menschen an Bord haben viele Koffer und Taschen dabei, und wie Künstler oder Touristen sehen sie nicht aus, wie Einheimische auch nicht, und es steigt niemand von ihnen aus. Es sind Juden, die Lettland erreichen wollen, wo sie sich geborgen glauben. Zwar ist auch Lettland ein autoritärer Staat, aber rassistische Verfolgung gibt es dort nicht, noch nicht. Seit das Memelland zum Frühlingsbeginn 1939 wieder dem Deutschen Reich angegliedert wurde, sind schon viele Juden nach Riga geflüchtet, die einzige Großstadt des Baltikums. Sie nutzen dafür die reguläre Schiffslinie von Cranz nach Memel, mit planmäßigem Zwischenstopp in Nidden. Das NS-System toleriert diese Migration. Da es in Ostpreußen kein Konzentrationslager gibt, sehen die Nazis es gern, wenn die hiesigen Juden sich freiwillig aus dem Staub machen. Der Danziger Korridor ist keine Option für die Deportation einer derart großen Anzahl von Menschen, da Polen einen hohen Zoll für Gefangenentransporte verlangt. So ist der Weg über das Haff, den die Flüchtlinge selbst bezahlen, für den NS-Staat die beste, weil kostengünstigste Lösung.

Libertas bringt ihre Leica in Stellung, so unauffällig wie möglich. Sie will ein, zwei Fotos schießen, mehr nicht, das reicht. Sie werden symbolisch sein, mit der hohen, wüstenartigen Düne im Hintergrund. Jeder Mensch, egal wo auf der Erde, wird sofort begreifen, was sich in Nazideutschland zuträgt. Die Welt wird aufwachen und dem antisemitischen Treiben ein Ende setzen, bevor es zu spät ist.

Bislang war es immer Harro, der das brisante, vertrauliche Material von seiner Arbeitsstelle mitgebracht hat, über das sie dann im Freundeskreis diskutierten. Jetzt steuert sie etwas bei und kann zeigen, dass sie eben nicht oberflächlich ist, wie andere in der Gruppe, Dr. Elfriede Paul zum Beispiel, ihr schon vorgeworfen haben. Kann beweisen, dass sie für den Widerstand wichtig ist und nicht bloß ein Anhängsel Harros.

Sie bringt ihr linkes Auge hinter den Sucher der Leica und fixiert die flüchtenden Juden.

Harro wird sie lieben dafür.

Klick.[240]

2

Libertas lässt die Leica sinken. Das Boot mit den jüdischen Flüchtlingen legt in Richtung Memel ab. Neben ihr steht ein Polizist, verlangt ihren Ausweis. Mit einem Male ist die Falle zugeschnappt, und schlagartig wird sie wegen Spionageverdacht auf den nächsten Haffdampfer nach Cranz gepackt. Von dort geht es weiter aufs Polizeipräsidium Königsberg in der

General-Litzmann-Straße, ein burgähnliches Gebäude aus feuerrotem Backstein mit Blick über den alten Hansaplatz, der jetzt Adolf-Hitler-Platz heißt. Vom Vorflur aus, in dem die Stiefelschritte klacken, erreichen sie eine Halle, dort ist die Haupttreppe, weitere Flure gehen nach allen Richtungen ab. Es wimmelt von uniformierten Polizisten. Libertas muss den Haupttrakt entlang, immer tiefer in das Gebäude hinein. Wach- und Büroräume befinden sich zweibündig angeordnet, ein zweiter Trakt schließt in schiefem Winkel an, auch dieser umgibt einen Innenhof. Hier sind die Zellen. Wird es ihr genauso ergehen wie Harro im Gewahrsam der SS? Nun ist eingetreten, wovor sie sich am allermeisten gefürchtet hat. Ohne Harro, ohne irgendjemanden, der ihr beisteht, ist sie mit den Polizeibeamten alleine, in einem Zimmer ohne Ausblick in dieser an Ausblicken sonst so reichen Stadt Königsberg.

Ihre Filme beschlagnahmen sie, die Leica auch, wiederholen den Vorwurf der Spionage und fragen sie, wieso sie am Niddener Hafen diese fremden Menschen fotografiert hat. Libertas zögert mit der Antwort. Was wissen die Beamten von ihr, was von Harro? Geben sie die Personalien nach Berlin durch? Ziehen sie eine Verbindung zu Gisela von Poellnitz? Wie gerne würde sie jetzt auf der Terrasse des Gasthauses *Blode* sitzen und klönen und danach ins Meer springen, aber sie muss hier mit diesen gefährlichen Hampelmännern hocken und sich konform verhalten, um möglichst schnell wieder verschwinden zu dürfen.

Könnte es gelingen, die Beamten durch Charme zu betören? Sie ist doch nur ein junges dummes Ding, das da in der Künstlerkolonie war und dichten wollte. Dass es verboten sei, diese Menschen im Boot zu fotografieren, habe sie nicht gewusst. Sie wären ihr so merkwürdig vorgekommen, mit ihren vielen Koffern. Mit den Fotos beabsichtige sie rein gar nichts, sie wisse ja überhaupt nicht, welche Menschen das gewesen seien, und hätte es nur ungewöhnlich gefunden, dass sie auf diesem Boot waren. Und weil es *besonders* gewesen sei, habe sie es eben fotografiert.

Instinktiv gibt Libertas nichts zu, und es funktioniert. Sie darf gehen, doch wird ihr nahegelegt, nicht zurück auf die Kurische Nehrung zu reisen. Erleichtert, verunsichert, enttäuscht und verschwitzt, aber irgendwie auch ein bisschen stolz auf sich, fährt sie mit der Königsberger Kleinbahn zum Flughafen und nimmt die nächste Maschine, eine neue, viermotorige Condor, nach Berlin-Tempelhof zurück.[241] Dort holt Harro sie ab.

3

Rudolf Bergtel, ein Enddreißiger mit zurückgehendem Haaransatz und melancholischem Blick, ist zu acht Jahren Haft verurteilt worden, wegen Fortführung seiner illegalen Arbeit für die verbotene KPD. Seitdem sticht er Torf in einem Strafgefangenenlager mit dem bedrückenden Namen Aschendorfermoor, wo nicht nur die Mücken mörderisch sind. Land trocken machen, Sumpf entwässern: harte deutsche Arbeit bei schlechter Verpflegung, von den körperlichen und seelischen Misshandlungen durch das SA-Personal ganz abgesehen.

In einem blauen Monteursanzug verkleidet, gelingt Bergtel im Juli 1939 die Flucht: bis Bremen mit dem Fahrrad, dort in den Zug nach Berlin, während die Hunde das Moor nach ihm durchkämmen. Am dritten Tag setzt die Fahndung im ganzen Reich ein, da hat er über seine Freundin Lotte Schleif, die in

Neukölln die Stadtteilbibliothek leitet, schon Kurt und Elisabeth Schumacher kennengelernt.[242]

Am 15. August 1939, zwei Wochen vor Beginn des Zweiten Weltkrieges, bringt ihn ein weiterer Freund, der sich als »Hans« vorstellt und Luftwaffenuniform trägt, zum Anhalter Bahnhof. Bergtel, noch immer abgemagert, ist mit Rucksack, Wanderstock und Hut mit Gamsbart als zünftiger Wanderer ausgestattet.[243] Ein strahlender Sommertag ist es nicht: knappe zwanzig Grad, immer wieder tröpfelt es, und in der überfüllten Bahnhofsvorhalle, die die Lautsprecheransagen durchschallen, hängt nicht nur das Filmplakat »Es war eine rauschende Ballnacht« mit Zarah Leander und Marika Rökk, sondern auch Bergtels Steckbrief. Um Mithilfe bei seiner Ergreifung wird gebeten: *Schwer kriminell und gefährlich.* Wo bitte geht es zum Nachtzug nach Nürnberg? Uhrenvergleich. Maßloses Gedränge, es fällt Harro auf, wie zänkisch und überreizt die Leute sind. Dauernd gibt es Krach irgendwo, und wenn auch die altbekannten gemütlichen, witzigen Berliner nicht ausgestorben sind, merkt man, dass die Zeiten keine lustigen sind – was die Schlagzeilen an den Kiosken bestätigen: *Letzte Mahnung an die Demokratien – Die Achse sieht gelassen der Entwicklung entgegen! Unterredung mit Reichswirtschaftsminister Funk: Handel mit USA scheitert an dogmatischer Unvernunft – Kein nennenswerter Schaden durch Boykott – Zollmauern unüberwindlich – Deutschland zur Zusammenarbeit bereit – Wir werden in den Krieg gehetzt.* Endlich stehen sie auf dem richtigen Bahnsteig. *Kaufe Schlachtpferde und Fohlen. Unfallpferde werden auf Bedarf sofort abgeholt. Entfernung spielt keine Rolle.* Harro drückt Bergtel den Fahrschein in die Hand: eine Minute noch. Kurt Schumacher, der Weizenblonde, sitzt im Nachbarabteil, auch in Wandermontur. Der Pfiff des Schaffners gellt, die Kellen werden auf Grün gedreht. Harro verabschiedet sich durch ein Heben der linken Hand. Als der Zug losruckt, verlässt er gemächlichen Schrittes den Bahnhof.

Die Nacht verbringen Kurt Schumacher und Rudolf Bergtel im Schlafwagen, tun so, als kennten sie sich nicht. Mit den anderen Passagieren führt Bergtel allgemeine Gespräche, um gesellschaftsfähig zu erscheinen, trotz seines mageren Aussehens. Am Morgen steigen sie in Nürnberg in den D-Zug nach Bludenz, tief in Österreich. Dort beginnt der beschwerliche Aufstieg rauf zum Schweizertor, in die ersehnte Freiheit.

Kurt ist Bergsteiger, er kennt die Region, will das Ziel am gleichen Tag erreichen, doch ist Bergtel fit genug? Alle einhundert Höhenmeter nimmt der Exsträfling Traubenzucker zur Kräftigung. Es ist eine konditionell und technisch mittelschwere bis schwere Bergwanderung: Trittsicherheit und Schwindelfreiheit unbedingt erforderlich. Auf 1700 Metern und beinahe einen halben Tag später treffen sie auf einen Hirten, der ihnen verdächtig vorkommt. Kontrolliert er die grüne Reichsgrenze? So unauffällig wie möglich befragen sie ihn nach einer Schutzhütte, die ihnen empfohlen wurde, weil man da gut nächtigen könne. Der Hirte versucht, ihnen klarzumachen, dass sie die gesuchte *Baude* vor Eintritt der Dunkelheit nicht erreichen werden, und stellt ihnen Fragen über ihr Ziel. Sie laufen weiter, und eine ewig lange Zeit blickt der Hirte ihnen hinterher, bis sie einen anderen Weg einschlagen, um aus seinem Sichtfeld zu gelangen. So verpassen sie die Baude, übernachten in einer Höhle und starten am folgenden Morgen gegen halb acht Uhr. Noch immer sind sie in Vorarlberg, auf Reichsgebiet. Kurt will das Marschtempo steigern. Sie gewinnen an Höhe, wandern der Sonne hinterher, und als sie nach 25 Kilometern hochalpinen Wanderns an einem smaragdgrünen Bergsee, dem Lünersee, angelangt sind, haben sie es fast geschafft. Das Schweizertor, die gigantische Lücke im Gestein, ist in Sichtweite, 2119 Meter hoch. Aufs Geratewohl gehen sie querfeldein darauf zu: ein letzter, steiler Aufstieg. Oben angekommen, sehen sie im Tal eine Schweizer Eisenbahn fahren. Rudolf Bergtel verabschiedet sich von Kurt Schumacher, lässt Harro grüßen und läuft hinab in die Freiheit.

4

Nicht bei allen kommt Libs nach ihrer Rückkehr aus Königsberg so gut an wie von ihr erwartet. Statt Trost für die Angst, die sie im Königsberger Polizeipräsidium durchleben musste, oder gar Lob für ihr schlaues Verhalten den Beamten gegenüber – oder überhaupt für den Mut, die jüdischen Flüchtlinge fotografiert zu haben – hagelt es Kritik, und zwar herbe. Die disziplinierte, stets nüchtern und mit messerscharfem Verstand agierende Ärztin Elfriede Paul hält die Aktion für eine »Dummheit«.[244] Libs habe die anderen durch ihr Verhalten gefährdet, und dass Harro sie nun verteidige, zeige nur, dass er zu sehr unter ihrem Einfluss stehe. Allen schlägt sie »Zurückhaltung den Pflichten gegenüber« vor: »Gute Lektüre oder Musik im engsten Kreis ist jetzt die edelste Form des geselligen Lebens.«[245] Es gehe darum, »bei dem heutigen Ernst der Zeit«, so kurz vor der Attacke auf Polen, möglichst geordnete Verhältnisse zu schaffen und nirgendwo anzuecken, um im Kriegsfall effektiv tätig zu werden.

Auch freie Liebe widerspricht geordneten Verhältnissen. Die Ärztin beschließt, darüber mit Günther Weisenborn zu sprechen, dessen polyamouröses Gebaren Komplikationen nach sich ziehen könnte. Ende August 1939 absolviert sie einen Krankenbesuch: Mit Lungenentzündung und fast vierzig Grad Fieber liegt der Schriftsteller flach. Zwar hat er seit einiger Zeit eine neue Liebe, die bekannte Tänzerin Ursula Deinert, doch ob sein Hang zu Affären damit beendet ist?

Ihre Intervention fruchtet: Einige Tage später treffen sich bei leichtem Nieselregen zwei Männer im Bootsclub *Blau-Rot*: Harro kommt über den Steg, »schlank, schön und sauber schnitt sein Profil in den Abendhimmel am Wannsee«, wie es Weisenborn formuliert.[246] Es ist der 31. August 1939, der Schriftsteller noch immer malade, während Harro 32 Stunden ununterbrochenen Dienst im Rücken hat – und das sichere Wissen, dass nun der Zweite Weltkrieg beginnt.[247]

Mit der *Haizuru* segeln sie hinaus, der Wind frischt auf, Harro sitzt an der Pinne, Weisenborn kauert im Bug. »In dieser Nacht geht es los gegen Polen«, kommt Harros Stimme aus dem Dunkeln, als spräche er zu sich selbst: »Bisher konnte Hitler manövrieren, ab morgen werden seine Entschlüsse immer mehr eingeengt.«[248] Das Boot schießt durch die Finsternis, Wellen schlagen herein, klatschen auf die Planken. Weisenborn, der im Dunkeln schlecht sieht, erkennt Harro nur schemenhaft, beschreibt ihn aber umso plastischer: »Ein Deutscher, ein Mann wie eine Flamme, ein Freund am Abend vor dem Krieg.«

»Später wird er in Russland einfallen«, spricht Harro weiter. »Jetzt wird wirklich Weltgeschichte gemacht, nur macht er sie nicht mehr allein. Wir werden uns alle ein wenig daran beteiligen, die ganze Welt um uns und … wir! Jetzt muss jedes Volk und jeder Mensch beweisen, wo sie stehen. Es wird der größte Krieg der Weltgeschichte werden. *Jener* aber überlebt ihn nicht.«

Das Schlagwasser rauscht an ihnen vorbei. Weisenborn sieht sein Gegenüber nicht mehr, hört nur diese helle, klare Stimme im Boot, die weiß, dass die große Stunde geschlagen hat.

5

Der 1. September 1939 ist ein Freitag, der Himmel erneut bewölkt. Nachmittags sind es noch 24 Grad, zum Abend hin kühlt es ab – es ist ein Tag, an dem alle in Berlin spüren, dass sich etwas grundlegend verändert. Über den Kurfürstendamm hasten die Menschen, auf dem Tauentzien staut sich der Feierabendverkehr, die Cafés und Kneipen sind gefüllt, aufgeregte Gespräche überall.

Sir Neville Henderson, der britische Botschafter, betritt eine Apotheke in Mitte, verlangt nach Codein, einem Opiat, das er in der angespannten Situation einnehmen will, um seine Nerven zu beruhigen, keine falschen Entscheidungen zu treffen. Als der Apotheker ein Betäubungsmittelrezept verlangt, weist Henderson mit britischem Humor auf seinen Posten hin: Wenn ihn die Arznei vergifte, gäbe es für den Apotheker bestimmt eine hohe Auszeichnung von Goebbels. Henderson erhält daraufhin auch ohne ärztliche Verschreibung das gewünschte Mittel und läuft etwas gelassener in sein Botschaftsgebäude zurück.[249]

Um 18 Uhr 55 heulen die Luftschutzsirenen. Der Verkehr gerät ins Stocken, Autos hupen, biegen hastig in Seitenstraßen ab, Passanten reagieren verwirrt, sehen sich nach Schutzräumen um. Zwei polnische Flieger greifen Berlin an, so macht das Wort die Runde. Aber in Wahrheit sind deutsche Stukas in den geschützten Luftraum der eigenen Hauptstadt eingeflogen, haben den Alarm versehentlich ausgelöst. Entwarnung gibt es um

Punkt 19 Uhr, fünf bange, sirenendurchheulte Minuten später. Der Krieg, den Hitler an diesem Tag durch seinen Einmarsch in Polen vom Zaun gebrochen hat, ist für die Berliner real geworden.

Gegen halb neun beginnt die Dämmerung, doch aufgrund der Verdunkelungsvorschriften, die mit diesem ersten Kriegstag greifen, fällt die Nacht schneller herein als sonst. Der gestern noch strahlende Kurfürstendamm liegt in Finsternis, die tausend Glühbirnen der Kinopaläste sind verloschen, die Reklamen für den »Zauberer von Oz« und »Zu heiß zum Anfassen« mit Clark Gable nicht zu sehen, die noch gestern mit allerlei Lichtern ausstaffierten Schaufenster der Warenhäuser mit Pappe abgeklebt. Vor dem stattlichen *Sarotti*-Mohr aus Neon steht eine Menschenmenge und schaut nach oben. All die Jahre hat die Schokoladen-Werbung verlässlich geleuchtet, nun bleibt er ominös versunken, verspricht nichts Süßes mehr. Auch die riesige Neon-Sektflasche von *Deinhard*, durch die sonst die künstlichen Perlen aus farbigem Licht gesprudelt sind, ragt schwarz gegen den Himmel, wie ausgetrunken: Die Party ist vorbei. Ein Omnibus mit abgedunkelten Scheinwerfern kommt schnaufend zu einem Halt, seine Innenbeleuchtung komplett ausgeschaltet, nur vage erkennbar die Insassen darin, wie Gespenster. Über die breiten Bürgersteige läuft kaum jemand. Einige der Passanten tragen ein phosphoreszierendes Plättchen auf der Brust, so groß wie ein Mantelknopf, andere halten ihre glühenden Zigaretten zum Zeichen. Richtig spannend ist das Autofahren geworden, vor allem in den Seitenstraßen, noch dazu, wenn sie baumbestanden sind. »Ohne Unfall vor der Haustür gelandet, bist du glücklich über ein gut überstandenes Abenteuer. Man muss sagen«, beschreibt Elfriede Paul ihre Erfahrungen mit der neuen

Situation: »Berlin ist so fantastisch abgedunkelt, mit echt deutscher Gründlichkeit, die man wieder und wieder bewundern muss.«[250]

Ausgerechnet an diesem Abend feiert Harro in seinen Dreißigsten hinein – und zwar bei Engelsings, einem befreundeten Ehepaar. Herbert Engelsing – *Enke* oder auch *Schutzengelsing* genannt – hat ebenfalls Geburtstag, wird fünfunddreißig, sodass sie beschlossen haben, die runde Sache gemeinsam zu zelebrieren. Engelsing ist Produzent und Justiziar bei der *Tobis*, einer der wichtigsten Filmproduktionsfirmen im Reich. Protegiert von Goebbels, hat er beste Verbindungen in die Politik, ohne je seine humanistische Gesinnung zu verleugnen. Seine Stellung in der deutschen Filmwelt ist so einflussreich, dass ihm trotz der Nürnberger Rassegesetze nach langem Hin und Her, in das Hitler sich persönlich einschaltete, sogar gestattet wurde, seine große Liebe Ingeborg Kohler zu heiraten, die als »halbjüdisch« gilt. Die Villa der Engelsings im Grunewald ist einer der wenigen Orte in Berlin, wo man frei sprechen kann und eine Art der Gesellschaft gepflegt wird, als gäbe es überhaupt keine Diktatur. Zu ihrem Freundeskreis gehören Heinz Rühmann, Theo Lingen, der Schriftsteller Adam Kuckhoff und seine Frau Greta oder auch der Zahnarzt Helmut Himpel, zu dem aufgrund seiner weitgerühmten Geschicklichkeit die Stars der UFA pilgern und der seine jüdischen Patienten, die er in der Praxis nicht mehr empfangen darf, heimlich zu Hause behandelt, kostenlos. Da er ein Zahnarzt mit Beziehungen ist, der auch Mitglieder des diplomatischen Korps versorgt, gelingt es ihm in der folgenden Kriegszeit sogar, Einfluss auf Wehrtauglichkeitsuntersuchungen auszuüben und Wehrpflichtige vor dem Fronteinsatz zu bewahren.

Ingeborg Engelsing ist eine grazile, knabenhafte Frau, die

es genießt, Gastgeberin zu spielen. Sie steht in der Tür des doppelstöckigen Hauses in der Bettinastraße 2B im Grunewald, ihre Haare strubbelig, das Lächeln charmant. Sie ist erst 22 Jahre alt, also 13 Jahre jünger als ihr Gatte. Zunächst hatten Inge und Enke überlegt, die Party mit Harro wegen Kriegsbeginn abzusagen. Dann hatte Inge entschieden:»Nun erst recht!«[251]

Es ist 21 Uhr 20, und in der britischen Botschaft, anders als in allen anderen Gebäuden, wird nicht verdunkelt. Wie eine Flamme der Vernunft im ansonsten dunklen Häusermeer brennen dort hell die Lichter. Sir Neville Henderson schickt einen Boten zu Joachim von Ribbentrop, den deutschen Außenminister, lässt ihm die Forderung aus London überbringen, alle Kräfte der Wehrmacht unmittelbar aus Polen abzuziehen. Frankreich folgt mit der gleichen Note eine halbe Stunde später, um 21 Uhr 50. Ein Ultimatum wird nicht gesetzt und das Wort »Krieg« peinlich vermieden. Beide Westmächte haben jedoch mit der Mobilisierung begonnen.

In der Villa im Grunewald greift Libertas nach der Ziehharmonika. Sie will spielen, ihren widersprüchlichen Gefühlen Ausdruck verleihen: einerseits ihrer Hoffnung, dass es mit dem Nazispuk nun bald vorbei sein wird, andererseits ihrer Furcht vor dem, was bis dahin noch alles passieren kann. Übermütig gibt sie den Geburtstagsgästen die Marseillaise zum Besten, und alle singen mit. Als Nächstes kommt *It's a Long Way to Tipperary*, das bei der britischen Armee so beliebt ist – ein Gruß an die Freunde in England, die Weltmacht, auf deren entschlossenes Eingreifen man jetzt baut. Dann stimmt Libs die Nationalhymne Polens an. Die meisten im Raum kennen sie nicht, doch Harro singt inbrünstig vor:

Noch ist Polen nicht verloren,
solange wir leben.

So laut schallt der Gesang, dass Inge Engelsing besorgt nach draußen tritt, um zu überprüfen, ob die Nachbarn etwas hören könnten. Doch die schweren Samtvorhänge vor den Fenstern dämpfen den Schall.

Irgendwann, es ist bereits am Morgen, und die Party neigt sich ihrem Ende zu, hat sich um Libertas eine kleine Runde geschart. Das Grammophon spielt, und die alles beherrschende Frage lautet: Wird das Tausendjährige Reich nur bis Ende 1939 oder bis 1940 dauern? Harro setzt sich dazu. Sein Kinn zittert vor Hass, wenn er von den Nazis spricht. Anders als die meisten Gäste glaubt er nicht, dass die NS-Herrschaft rasch zusammenbrechen wird. Welche Illusion anzunehmen, dass das Ende unmittelbar vor der Tür stehe und die ersten Fliegerangriffe auf Berlin jederzeit erfolgen könnten. Von seiner Dienststelle weiß er, dass die Royal Air Force noch nicht auf dem Stand ist loszuschlagen und die Briten Zeit für die Rüstung brauchen. »Ich will den Optimismus nicht zerstören«, erklärt er: »Der Kleinbürger Hitler steht vor einer unvermeidlichen Katastrophe, aber es ist nicht so einfach.«[252] Zunächst werde die Diktatur sogar erstarken. Polen habe keine Chance, es werde rasch untergehen – ein Kinderspiel für die deutsche Kriegsmaschine. Auch Frankreich stellt in Harros Augen kein Problem für die Wehrmacht dar: Es habe keinen Kampfgeist. Dann werde man die Eroberung Englands versuchen. Hier sei der Erfolg fraglich. Aber die europäischen Westmächte könnten Deutschland alleine nicht niederwerfen. Russland werde in den Kampf verwickelt. Doch einen finalen Sieg könnten nur die Vereinigten Staaten erreichen. Lange werde es dauern, bis die Westmächte zum

Gegenschlag ausholen, und in der Zwischenzeit werde die Diktatur immer wahnwitziger werden, und keiner könne sich aus dem Hexenkessel befreien.[253]

Mit seinen lebendigen blauen Augen schaut er seine Freunde reihum an, die Lippen voller Anspannung gegeneinandergepresst. Früher hat Inge Engelsing ihn mal für »zu hübsch und unbedeutend« gehalten. Diese Meinung hat sie revidiert und sieht mittlerweile einen Charakterkopf, der fast etwas Durchscheinendes hat, etwas Trotziges und *schön* wirkt, wenn er voller Feuer seine Ideen vertritt.[254] Alle starren ihn auf seine prophetischen Worte hin an, und mit einem Mal realisiert Harro, was für eine eigenartige Figur er hier abgibt, in seiner Fliegeruniform, auf seiner eigenen Geburtstagsparty, inmitten dieser etwas hilflosen Gesellschaft liberaler Geister, für die Lippenbekenntnisse bereits ein Wagnis sind.

Der Morgen graut, als er Libertas ein letztes Mal auffordert. Die beiden tanzen zusammen, und zwar sehr gut, wie immer. Alle im Raum bewundern sie. Niemand weiß, welches Risiko sie einzugehen bereit sind, um den Wahnsinn des an diesem Tag entfesselten Weltkrieges zu stoppen.

6

In Berlin beginnt die Zeit der Rationierungen. Kleidung, Nahrungs- und Genussmittel, viele andere Dinge des täglichen Bedarfs gibt es bald nur noch auf Bezugsschein. Autofahrten unterliegen Restriktionen, und *Caesar* wird durch zwei Fahrräder ergänzt, *Brutus* und *Cassius* getauft.[255] Immer öfter kreuzen über der Reichshauptstadt die Scheinwerfer der Flugabwehr, und Harro und Libertas bleiben abends meist zu Hause. Sie sind umgezogen, in eine *richtige* Wohnung, eine gute dazu und mit 162 Quadrametern geräumig. Sie hat zwar nicht das bohemehafte Flair der Waitzstraße, ist dafür sonnig, frisch gestrichen, das Bad gekachelt, mit fließend Warmwasser. Außerdem gibt es Zentralheizung, weshalb sie sich nicht mehr um Kohlen kümmern müssen. Sogar ein Dienstbotenzimmer haben sie, das könnte ein Kinderzimmer werden, wenn der Krieg vorbei ist. Altenburger Allee 19 lautet die Adresse, Vorderhaus, ein ausgebautes Dachgeschoss in einem hell gestrichenen, perfekten Berliner Wohngebäude – solide errichtet, schön geschnitten, im schicken Stadtteil Neu-Westend, Nähe Olympiastadion, ringsum Alleen von duftendem Grün. Standesgemäß für einen Leutnant der Reserve, denn das ist Harro seit einigen Monaten, befördert worden an Hitlers fünfzigstem Geburtstag.[256]

Hier sitzen sie jeder an seinem Tisch, und das Klacken der Typenhebel füllt den Raum, das Klingeln am Zeilenende, das Ratschen des Schlittens.[257] Häufig ist nur Harros Remington zu hören, wenn er an»dies- und jenem arbeitet, was ihm Freude macht«.[258] Für Libertas ist das Schreiben seit Kriegsbeginn schwieriger geworden. Die Festnahme in Nidden hat ihren kreativen Aufenthalt dort zerstört, den Versuch zunichtegemacht, in Ruhe mit ihrem Schiffstagebuch zurande zu kommen. Auch die tatkräftige Unterstützung durch Weisenborn, den professionellen Schriftsteller, ist seit Beendigung der Affäre weggebrochen. Selbst das Briefeschreiben fällt ihr augenblicklich schwer. Seit einer Weile sitzt sie an einem Geburtstagsgruß für Erich Edgar, doch sie weiß nicht genau, wo anfangen, wo enden. Alles beeindruckt sie viel stärker als in Friedenszeiten, in denen sie»als Ventil ab und zu private Fröhlichkeit und Sorglosigkeit hatte«, sich ablenken konnte.[259]

Harro verkraftet den Ernst der Zeit besser. Seit dem Überfall auf Polen ist er so spannkräftig und obenauf, wie Libs ihn selten erlebt hat. »Harro arbeitet sich tot, ist aber übermütig und guter Dinge dabei«, schreibt sie in einem der seltenen Briefe an ihren eigenen Vater: »Und er ist voller Hoffnung. Ich bin nicht so voll Hoffnung. Ich habe diesen Sommer viel von meiner ›Gradlinigkeit‹ eingebüßt, weil ich zu viel nachgedacht habe in der Einsamkeit. Aber eigentlich dürfte ich Dir das gar nicht schreiben. (…) Es ist manchmal nicht gut, zu viel nachzudenken, weil man dann zu viel verstehen lernt …«[260]

Es klingt banal, aber das ist es nicht: Libertas leidet. Sie trauert über die Toten auf den Schlachtfeldern Polens, und was ihr im Gegensatz zu Harro fehlt, ist die Gabe, mit dem Bewusstsein die Emotionen kontrollieren zu können. Von daher quälen Harro »die Schmerzen am Wege«, wie Libs es nennt, nicht so wie sie selbst, mit ihrem »weniger geschulten Geist, ihren nicht so folgsamen Gefühlen«.[261] Während sie »das Opfer an jungem, kostbarem Blut, das dieser Krieg fordert«, traurig macht, kann Harro dies als – wenngleich unendlich tragische – Notwendigkeit ansehen, die ihren Sinn hat im Kampf gegen den Nationalsozialismus. Inbrünstig hofft sie, bald ebenso weit zu sein wie er: »Es wäre sonst nicht zu ertragen.«[262]

Plötzlich klingelt das Telefon, reißt sie aus ihren Gedanken. Als Libertas den Hörer abnimmt und die Stimme von Elfriede Paul hört, die sie wegen Nidden so kritisierte, erschrickt sie zunächst – als sie ihre Worte vernimmt, ist sie niedergeschmettert. Sie hat es ja längst gewusst: Es gab keine Hoffnung für Gisela von Poellnitz. Nun ist es Gewissheit. Ihre Cousine ist am Tag zuvor, dem 14. September 1939, im Schweizer Sanatorium an ihrer Tuberkulose aus der Gestapohaft gestorben. Sie wurde 28 Jahre alt.

7

Libertas geht an diesem Abend früh zu Bett, während Harro am
Schreibtisch bleibt wie so häufig und weiter arbeitet, bis tief in
die Nacht. Dann fällt auch er für ein paar Stunden in Schlaf,
neben sich das 4-Röhren-Radio-Super, und am Morgen, der viel
zu schnell kommt, wenn die Sonne kurz nach sieben Uhr aufgeht
und durch die breite Fensterfront rot über seine Lider streicht,
streckt er den Arm aus und schaltet den Weltempfänger wieder ein, zieht die Uniform an, streift die grauen Uniform-Hand-
schuhe über, die ihm seine Mutter zum Dreißigsten geschenkt
hat, und fährt im holzgetäfelten Lift, der auch heute noch in der
Altenburger Allee 19 seinen Dienst tut, nach unten.

Zur Haustür hinaus sind es nur ein paar Schritte, dann ab-
wärts in die U-Bahn: Neu-Westend, eine Haltestelle hinter
Adolf-Hitler-Platz. Bis Potsdamer Platz sind es elf Stationen,
Fahrtdauer 24 Minuten, weitere zehn Minuten zu Fuß zum
Reichsluftfahrtministerium, dessen Fassade ein starker Nacht-
regen abgedunkelt hat. Dort nimmt er den Personaleingang,
passiert das monumentale, aus Stein gehauene Soldatenrelief,
muss nicht einmal den Ausweis zeigen und betritt das Reich der
Handläufe aus Fliegeraluminium, der Böden aus bayrischem
Marmor, der Paternoster auf zugelassener Höchstgeschwindig-
keit, den mehr als zweitausend Räumen, in denen auf Hoch-
touren die Eroberung Polens organisiert wird.

Harro sieht im Beginn der Kampfhandlungen einen Startschuss für seine Arbeit im Widerstand. So spät der Dienstschluss in diesen hektischen ersten Kriegswochen auch liegt:
Nach Feierabend geht es erst richtig los. Dann zieht er die

Uniform aus, sportliches Zivil an und macht sich auf den Weg, um Verbindungen aufzunehmen zu Gleichgesinnten.

Ein wichtiger Kreis, der in dieser Zeit bei Harro andockt, entstammt dem Umfeld von Heinrich Scheel, einem Kreuzberger, der die reformpädagogische Schulfarm Insel Scharfenberg im Tegeler See besucht hat. Er stammt aus einem sozialdemokratischen Elternhaus und hat mit Freunden seine ersten Flugblattaktionen über die Hintergründe der Röhm-Ermordung durchgeführt, war Student der Geschichte an der Berliner Universität, ist jetzt Wetterdienstinspekteur bei der Luftwaffe. Sein Schulfreund aus Scharfenberger Tagen heißt Hans, mit Nachnamen Coppi: ein junger, früh politisierter, aktivistischer Typ – runde Brille mit dicken Gläsern, die seine Augen stark vergrößern, sinnlich geschwungene Lippen, verträumter Blick. Coppis Mutter führt eine Eisdiele in Tegel, er selbst ist Dreher in einer Maschinenbaufirma – ein unerschrockener Mensch, der bereits als 18-Jähriger wegen Flugblattverteilung im KZ Oranienburg und in Plötzensee im Jugendknast gesessen hat. Coppi gehörte einer illegalen Zelle des Kommunistischen Jugendverbandes an, war bei den »roten Pfadfindern« und stand auch mit katholischen Pfadfindern in Kontakt, hat mit ihnen eine Klebezettelaktion gegen die gleichgeschalteten Reichstagswahlen vom 12. November 1933 organisiert. Mit einem Kinderdruckkasten brachten sie Hunderte von Zetteln an, auf denen zu lesen war: *»Jesaja Kapitel 41 Vers 24: Siehe, ihr seid nichts und euer Tun ist auch aus nichts und euch zu wählen ist ein Gräuel.«*

»Du, ich habe einen Mann kennengelernt«, erzählt ihm Scheel über Harro, »der wird für uns von unerhörter Wichtigkeit sein. Das ist ein Bursche, den wir uns sichern müssen, die Verbindung zu ihm darf nicht abreißen. Er ist einer, von dem wir unerhört viel profitieren können.«[263] Was Scheel an Harro so beeindruckt, ist dessen Wortgewandtheit und analytische Schärfe bei ihrem ersten, von der Bibliothekarin Lotte Schleif initiierten Treffen in ihrer Wilmersdorfer Wohnung. Harro, der Lotte seit der Flucht von Rudolf Bergtel kennt, erscheint dort in seinem blauen Pullover und wird als »Hans« vorgestellt. Kurt Schumacher ist auch da, und Heinrich Scheel spricht ein Thema an, das ihn verunsichert: Viele Hitlergegner aus dem linken Spektrum seien enttäuscht oder zumindest irritiert darüber, dass Stalin am 24. August 1939 mit den Nazis einen Nichtangriffspakt abgeschlossen hat. Sei dies nicht Verrat, da doch die Sowjetunion der einzige Staat gewesen war, der vorher eine konsequente Antihitlerpolitik vertreten hatte?

Harro schüttelt den Kopf. Die Sowjetunion wolle lediglich Zeit gewinnen und die Deutschen gegen den Westen lenken. Es sei bei Abschluss des Vertrages kurz vor dem Angriff auf Polen klar gewesen, dass Großbritannien und Frankreich dem Deutschen Reich den Krieg erklären würden. Und es sei auch klar, dass die Alliierten diesen Krieg noch nicht führen könnten, da ihre Vorbereitung nicht abgeschlossen sei.

Als Harro dies so darlegt, ändert sich die Stimmung in der Wohnung der Bibliothekarin. Es ist also gar kein Nichtangriffspakt, sondern ein Noch-Nichtangriffspakt – ein Schachzug, der es den Russen ermöglichen soll, sich für den bevorstehenden Weltenkampf zu rüsten: Hitler zerstört den kapitalistischen Westen, danach zerstört Stalin Hitler. So sehe er den Plan in Moskau.

8

Das Zusammenkommen von Scheel und Harro ist der Anfang
eines Prozesses, den die Gestapo nie wirklich begreifen wird.
Es ist keine *Gruppe,* die sich hier formiert, und schon gar keine
Organisation, sondern vielmehr ein soziales Netzwerk, das sich
nichthierarchisch ausbreitet und austauscht, mal hier zum Vor-
schein kommt, dann dort. Ein natürliches Wachsen und Ge-
schehen-Lassen, wobei die Haupttätigkeit der Informationsaustausch ist.

Mit dem Netzwerk verknüpft sich auch Helmut Himpel,
den Harro über Engelsings kennt. In seiner Freizeit macht der
32-jährige Zahnarzt Goldschmiedearbeiten, trinkt gern badi-
sche Weine und musiziert mit seiner Verlobten, der 28-jährigen
gläubigen Katholikin Maria Terwiel, *Mimi* genannt, die Klavier
und Gitarre spielt. Weil ihre Mutter Jüdin ist, musste Mimi ihr
erfolgreiches Jurastudium abbrechen, obwohl sie 1935 bereits
ihre Dissertation ausgearbeitet hatte. Als »Mischling 1. Gra-
des« darf sie Helmut Himpel nicht heiraten, das wäre »Rassen-
schande«. Mittlerweile schlägt sich Mimi weit unter ihrer
Qualifikation als Stenotypistin durch und besteht »im Grunde
nur aus Nazi-Hass«, wie es Helmut Roloff beschreibt, ein mit
den beiden befreundeter Konzertpianist: »Aber das war bei uns
allen so.«[264] Roloff hat Himpel beim Musikmachen kennengelernt: »Das war auch so einer, da merkte man gleich an der
Nasenspitze nach ein paar Sätzen, was der sich so dachte«, beschreibt er den Zahnarzt. Auf Himpels Frage, ob sie künftig zusammenarbeiten wollten, reagiert Roloff zunächst verblüfft:
Wie sollen ein Konzertpianist und ein Dentist kollaborieren?[265]

Als Himpel daraufhin erklärt, er gebe mit dieser Frage seinen Kopf in seine Hände, fällt bei Roloff der Groschen: Es geht um Widerstand. »Gut, das können wir ja mal machen«, lautet seine spontane Antwort.

Auch wenn die amorphe Gruppierung wächst: Eine Strategie, wie das Regime am effektivsten zu bekämpfen ist, gibt es noch nicht. Tatsächlich könnte die Widerstandsarbeit kaum schwieriger sein als in diesem ersten Kriegswinter und vor allem ab Frühling 1940, der von den Triumphen der Wehrmacht über Norwegen, Belgien, Holland und vor allem Frankreich bestimmt wird. Die Deutschen befinden sich in einem Siegestaumel. Der Sicherheitsdienst des Reichsführer-SS stellt in der Bevölkerung »eine bisher noch nicht erreichte innere Geschlossenheit« fest.

Als Reaktion darauf betonen die Freunde um Harro ebenfalls ihre Verschworenheit, unternehmen viel gemeinsam, treffen sich bei Günther Weisenborn zu einem »Südseefest«, bei dem die Frauen Hula-Kostüme tragen und alle wild tanzen, feiern eine Frühlingsparty, zu der auch Lale Andersen kommt, die mit Lili Marleen, ihrem sentimentalen Song von einer Laterne, einem treuen Mädchen und einem jungen Wachsoldaten, den ersten deutschen Millionenerfolg landet.[266] Am 11. Mai 1940 fahren Harro und Libertas, Kurt Schumacher, Günther Weisenborn und seine neue Freundin Margarete – Joy genannt –, Dr. Elfriede Paul und Walter und Rainer Küchenmeister über Pfingsten nach Liebenberg, wo sie nicht im Schloss übernachten, sondern am Lankesee unter freiem Himmel campieren, am Lagerfeuer Gitarre spielen und Libertas zur Quetschkommode, deren Klänge in der Abenddämmerung über das Wasser ziehen, fröhliche Lieder zum Besten gibt. Es ist dies zwar kein Rückzug ins Private, denn natürlich sprechen sie bei diesem Treffen über

Politik, den gerade begonnenen Westfeldzug, doch zunächst ist tatsächlich eine Konsolidierung der Lebensverhältnisse angesagt.

Auch am 9. August 1940 sind Harro und Libertas in Liebenberg und machen, »um den Anforderungen des nächsten Kriegswinters gewachsen zu sein, (…) ordentlich Himbeersaft ein«. Wieder erfreut sich Harro am Wasser des Lankesees, das »prächtig klar, aromatisch und richtig temperiert« ist. Doch auch auf dem Land gibt es keine friedliche Normalität mehr. »Es wimmelte übrigens von Kriegsgefangenen, Polen und Franzosen«, schreibt er seinen Eltern: »Bei den letzteren auch viele Gebildete, ›feine Gesichter‹ sozusagen, die sich anscheinend mit Würde in ihr Schicksal fügten.«[267] Obgleich aufgepasst wird, dass niemand mit ihnen spricht, lässt es sich Libertas nicht nehmen, für die Gefangenen ein französisches Lied zum Besten zu geben und auf ihrer Ziehharmonika zu begleiten.

In diesem Sommer 1940 nimmt Libertas einen neuen Job an. Sie schreibt nun die Filmrezensionen für das Feuilleton der auflagenstarken *National-Zeitung*. Das ist keine leichte Aufgabe, da alle Kinoproduktionen unter der Schirmherrschaft von Goebbels stehen und mit Libertas' Ideal von Film wenig zu tun haben. Frei schreiben und Kritik üben darf sie freilich nicht, sondern muss sich in ihren Texten verbiegen, Sprechblasen aus dem vom Propagandaministerium herausgegebenen *Zeitschriften-Dienst* verwenden. Wöchentlich wird dieser an die Schriftleiter der Redaktionen versandt; in paternalistisch-freundschaftlichem Ton steht darin, worüber zu berichten ist, worüber nicht und vor allem *wie*. Die Existenz des *Zeitschriften-Dienstes* soll in der Bevölkerung nicht bekannt werden. Einfach daraus abzuschreiben, funktioniert deshalb nicht, da sich die Artikel überall im Reich sonst zu sehr ähneln würden. Die Besprechungen müssen konform sein und gleichzeitig Originalität aufweisen, das ist das Knifflige. Für Libertas kommt eine weitere Schwierigkeit hinzu: Ihre Texte haben stets gewitzter zu sein als die ihrer Kollegen, denn dauernd muss sie sich als Frau gegen die Übermacht der männlichen Journalisten behaupten.[268] Zudem hat der Umfang des Feuilletons, »Kultur und Unterhaltung« genannt, aufgrund kriegsbedingter Papierknappheit zugunsten des Politikteils abgenommen – der Raum ist enger geworden. Libs' Strategie sieht so aus: Offensichtliche Propagandafilme, bei denen es nicht um künstlerischen Gehalt, sondern plakativen Inhalt geht, bespricht sie holzschnittartig, macht Dienst nach Vorschrift. Bei den wenigen Filmen jedoch, die ihr gefallen, tragen ihre Zeilen einen anderen Charakter, ihr Stil wird extravagant, Rezensionen erscheinen mal in Versform oder als Liebesbrief, und sie versucht alles, um ihre wahre Meinung anzubringen.[269]

Es ist eine Vorgehensweise der Kompromisse, die den Rahmenbedingungen ihrer Existenz als Frau in der patriarchalen NS-Diktatur geschuldet ist. Bewusst beschließt Libertas, beim propagandistischen Spiel in gewissem Maße zu kooperieren, um weiterhin Einfluss zu behalten, Geld zu verdienen, ihre Stimme äußern zu können. Bestimmte Grenzen überschreitet sie dabei nicht und vermeidet es, Besprechungen zu »Jud Süß« oder »Der ewige Jude« zu verfassen, den übelsten Machwerken nationalsozialistischer Filmproduktion. Es ist der gleiche Balanceakt, wie Harro ihn praktiziert, ein praxisorientierter, kräftezehrender Ansatz, der Selbstverleugnung verlangt: die bittere Realität ihres sogenannten normalen Lebens im NS-Staat. Dichterin wollte sie werden, als sie Kind war, nun verfasst sie unfreie Besprechungen zensierter Filmarbeiten anderer und ist eine im Kopf gefesselte Schriftleiterin, die sich über den Status quo der Filmwirtschaft in

Deutschland keine Illusionen mehr macht. »Nur in einem autoritären Staat und mit einer derart zentralisierten Industrie konnte sich der Film so rasch und reibungslos auf die Kriegsproduktion umstellen, wie es in Deutschland geschehen ist«, schreibt sie in einem ihrer Artikel.[270] Es gibt auch persönliche Entwicklungen in dieser Zeit: neue Bekanntschaften, die sie geistig anregen. Bei einem Abendessen bei Engelsings lernen Harro und Libertas das Ehepaar Greta und Adam Kuckhoff kennen. Adam ist 53, ein breitschultriger Schriftsteller mit ruhigen, dunklen Augen, der die Diskussion liebt und erst dann skeptisch wird, wenn Widerspruch ausbleibt. In der Weimarer Zeit hat er über Schiller promoviert, die Werke Georg Büchners in einer kommentierten Volksausgabe herausgegeben, als Dramaturg am Deutschen Schauspielhaus gearbeitet. Sein historischer Roman *Der Deutsche von Bayencourt* gilt als sein Meisterstück. Seit einer Weile schreibt er Kriminalromane. Die gehen problemlos durch die Zensur, da man sie als Literatur nicht ernst nimmt; auf diese Weise kann er subtile Botschaften verstecken.[271] Kuckhoff interessiert sich außerdem für das Kino, hat es aber gerade abgelehnt, dass *Der Deutsche von Bayencourt* von der UFA adaptiert wird, da er befürchtet, dass man seinen Stoff im NS-Sinn entstellen würde. Seine Frau Greta ist 37 Jahre alt, eine Übersetzerin mit schmalem, ein wenig blassem Gesicht, die an der ersten vollständigen Übersetzung von Hitlers *Mein Kampf* ins Englische mitgearbeitet hat – und zwar, um die US-Bevölkerung vor dem Diktator zu warnen. Zuvor war nur eine von antisemitischen Passagen gereinigte Fassung der Hetzschrift auf dem amerikanischen Markt gewesen. Greta und Adam haben einen zweijährigen Sohn, der Ule heißt und nach Till Eulenspiegel benannt ist, über den Adam ein Drama geschrieben hat.

Zwischen den Kuckhoffs und den Schulze-Boysens springt sofort der Funke über. Von der Gradlinigkeit, mit der Harro ihn während des Essens zur offenen Darlegung seiner politischen Einstellung auffordert, ist Adam begeistert. Hier kann das Gespräch entflammen. Harro weicht den brennenden Fragen, denen sich jedes Gewissen in diesen Zeiten zu stellen hat, nicht etwa aus, sondern stürzt sich darauf, um Lösungen zu finden. Greta gefällt der schneidige, tatendurstige Typ, der an der Schaltstelle des RLM seinen Schreibtisch besetzt, ebenfalls. Auch Libertas sagt ihr zu und vor allem, wie das elegante Paar sich im Gespräch ergänzt, beide selbst schwierige Begründungen knapp und ohne Umschweife in Worte fassen und dabei die Sicherheit jener ausstrahlen, die in den verschiedensten Ländern und Kreisen zu Hause sind, wie sie es später beschreibt.

Doch was entscheidend ist: Über Kuckhoffs erhalten Harro und Libertas eine Einladung bei einem weiteren Paar, das regimekritisch denkt: Mildred und Arvid Harnack. Die beiden wohnen im obersten Stock eines Patrizierbaus in der Woyrschstraße, in Tiergartennähe und haben sich bei ihrem Einzug erst gar keinen Telefonanschluss legen lassen, damit man sie nicht abhören kann. Arvid ist ein Intellektueller mit Nickelbrille und stark zurückgehendem Haaransatz, obwohl erst Ende dreißig. Er stammt aus einer angesehenen baltisch-deutschen Gelehrtenfamilie, deren prominentestes Mitglied Adolf von Harnack ist, Theologe und Kirchenhistoriker, Geheimrat und Gründer der Kaiser-Wilhelm-Gesellschaft – später in Max-Planck-Institut umbenannt –, einer jener Männer, die dazu beigetragen haben, dass Deutschlands Forschungsinstitute zu den besten der Welt gehören. Mit Rockefeller-Stipendium hat Arvid in den USA Wirtschaftswissenschaften studiert, dort die Liebe seines Lebens kennengelernt, nämlich Mildred, eine honigblonde Midwest-Amerikanerin und erzgescheite Literaturwissenschaftlerin, die die US-Schriftsteller-Ikone Thomas Wolfe und den deutschen Bestsellerautor Hans Fallada persönlich kennt.

Als Harro und Libertas die Harnacks im Herbst 1940 besuchen, öffnet Mildred ihnen die Tür und strahlt sie mit ihren großen graublauen Augen an. Im Empfangsraum der Wohnung stehen Kerzen und mehrere Vasen mit frischem Lavendel auf einem antiken Tisch. Gute alte Teppiche aus Arvids Familie liegen auf dem Fischgrätenparkett, die blassgelben Wände sind mit hellblauen und grünen Verzierungen aufgelockert und selbst gemalten Bildern von Arvids Mutter geschmückt. Festlich ist mit altem Tafelsilber gedeckt, es gibt Brot, Käse, Tomaten und Leberwurst. Alles genau so, wie man es von wohlsituierten bürgerlichen Gelehrten erwartet.

Nach der Vesper geleitet Arvid Harro in den hinteren Trakt, den er und Mildred zum Arbeiten nutzen und wo sich ihre gemeinsame Bibliothek befindet. Harro lässt seinen Blick über die Bücherrücken gleiten und sieht *Das Kapital*. Auf Rückfrage bestätigt ihm Arvid, dass er an die Planwirtschaft als die überlegene Wirtschaftsform glaube. Seines Erachtens biete sie die einzige Möglichkeit, die Konzerne und Kartelle zu entmachten, die durch ihre Machtfülle die Demokratie gefährdeten. Ihm schwebe ein auf sozialen Ausgleich zielender, planwirtschaftlich organisierter deutscher Nationalstaat mit einer zwischen Ost und West ausbalancierten Außenpolitik vor.

Auch Mildred und Libertas verstehen sich auf Anhieb. Libs hat alte Fotos von Liebenberg mitgebracht, weil sie glaubt, das könne der Amerikanerin imponieren, und so ist es auch. Die Schwarz-Weiß-Aufnahmen des verwunschenen Schlosses treffen

Mildreds Kindheitsvorstellungen von einer Art Romantik-Hotel-Deutschland, einem *Germany* der Wälder, Seen und Burgen, das sie bislang in der Realität selten angetroffen hat.

Es ist ein brisantes Treffen an diesem Abend, vor allem wegen der Aktivitäten von Mildred und Arvid. Seit 1938 stehen die beiden mit dem amerikanischen Ehepaar Heath in Kontakt und tauschen vertrauliche Informationen aus. Donald Heath ist der erste Sekretär des Berliner US-Botschafters, ein Finanzattaché, der auch zuständig für geheimdienstliche Tätigkeiten ist. Da Arvid im handelspolitischen Grundsatzreferat auch stellvertretender Leiter des Amerikareferates des Reichswirtschaftsministeriums ist, wirken seine Verabredungen mit Heath nach außen hin unauffällig. Die beiden Paare haben sich angefreundet, verbringen die Wochenenden zusammen, fahren Langlaufski im Grunewald. Als Mitglieder der amerikanischen Gemeinde Berlins pflegen sie einen ungezwungenen Umgang, was durch Mildreds Position als Präsidentin des *American Women's Club of Berlin* und Berliner Repräsentantin der konservativen *Daughters of the American Revolution* weiterhin erleichtert wird. Dem Sohn der Heaths erteilt Mildred Nachhilfeunterricht in englischer und amerikanischer Literatur. Bei diesen Gelegenheiten fungiert Donald Heath jr. als Kurier.

Arvids Nachrichten über die Kriegswirtschaft und Aufrüstung des NS-Regimes landen über Heath auf dem Schreibtisch von Henry Morgenthau, dem amerikanischen Finanzminister, und wandern von dort weiter ins Oval Office. »Ein interessantes Beispiel dafür, wie die geheime Opposition gegen das NS-Regime in Deutschland noch immer existiert«, schreibt Heath an den Minister.[272] In diesen wöchentlichen Harnack-Berichten geht es um Operationen der Reichsbank, um Außenhandelsstatistiken, den deutschen Geldmarkt oder die NS-Schulden-, Gold- und

Wechselpolitik, die Bilanz der IG Farben oder um riesige, bei amerikanischen Banken versteckte NS-Guthaben, die im Ernstfall von den USA konfisziert werden könnten. Eingeschaltet in alle bedeutsamen wirtschaftspolitischen Vorgänge, ist Arvid auch mitverantwortlich für geheime Handelsabkommen mit den baltischen Republiken sowie dem Iran.

Doch auch die Russen haben Interesse an ihm. Bereits ab 1935 stand Arvid in Fühlungnahme mit der sowjetischen Botschaft in Berlin, übergab Kopien von geheimen Wirtschaftsverträgen, Unterlagen zur Valutapolitik des Hitlerreiches und über die Finanzierung deutscher Spionageorganisationen. Mit den von Stalin losgetretenen »Säuberungsprozessen« in Moskau endete diese Kooperation 1937, da Arvids Ansprechpartner aus Berlin abgezogen wurden.

In diesem Frühherbst 1940 wollen die Russen die Zusammenarbeit reaktivieren. Zwar gilt Deutschland offiziell als Verbündeter der Sowjetunion, doch in der Botschaft Unter den Linden gibt es jemandem, der dem Frieden nicht traut. Am 17. September 1940 erhalten die Harnacks Besuch. Gegen Abend klingelt es an der mit Holzschnitzereien verzierten Wohnungstür im Tiergartenviertel, und als Mildred öffnet, steht ein gut aussehender Mann Anfang dreißig mit dichtem hellbraunem Haar und freundlichem Lächeln vor ihr. In fließendem Deutsch mit Wiener Akzent, da er die Sprache in Österreich gelernt hat, stellt er sich als Alexander Erdberg vor. In Wirklichkeit heißt er mit Nachnamen Korotkow und ist Stellvertreter des Residenten, des Leiters der Außenstelle des zivilen Nachrichtendienstes NKWD. Korotkow weiß, dass Arvid dem Kapitalismus kritisch gegenübersteht, und ist über dessen frühere Kontakte zur Sowjetunion im Bilde. Könnte man die Zusammenarbeit nicht auffrischen?

Arvid muss nicht lange überlegen. Für ihn bietet der Besuch endlich die ersehnte Möglichkeit, zweigleisig zu fahren, als Brücke zu agieren zwischen den Vereinigten Staaten und der Sowjetunion. Wäre eine solche Verbindung nicht ein erster Schritt zu einer Verständigung zwischen den Machtblöcken für die Zeit nach dem Krieg? Wäre es nicht nützlich, wenn der deutsche Widerstand Kommunikationskanäle nach Westen wie Osten schafft, um für die weitere Eigenständigkeit Deutschlands eintreten zu können, wenn es mit dem Hitlerspuk vorbei ist? Diese Orientierung zu beiden Seiten entspricht Arvids politischen Vorstellungen: sozialistische Wirtschaft bei freiheitlichem Gesellschaftssystem. So hält seiner Überzeugung nach der von ihm bewunderte US-Präsident Roosevelt die angestrebte Balance durch sozialistisch zu nennende Interventionen wie die Regulierung der Banken und große, von der öffentlichen Hand in Auftrag gegebene Projekte, die die US-Wirtschaft nach der Depression wieder angekurbelt haben. Fakt ist allerdings auch, dass die USA noch immer nicht in diesen Krieg eingetreten sind, die Sowjetunion hingegen potenziell bedroht ist, weshalb die Zusammenarbeit mit Letzterer seines Erachtens Sinn macht.

Wie ernst die Bedrohung der Sowjetunion durch Hitlerdeutschland ist, erfährt Arvid Harnack in diesem Herbst 1940 in Gesprächen mit einem befreundeten Unternehmer, der über Kontakte zum Oberkommando der Wehrmacht verfügt. Dort kursiert die Information, dass Deutschland im kommenden Jahr einen Krieg im Osten beginnen wird. Ziel sei die Abspaltung des europäischen Teils der UdSSR bis zur Linie Leningrad-Schwarzes Meer. Auf diesem Territorium solle ein vollständig vom Deutschen Reich abhängiger Vasallenstaat gegründet, auf dem Rest des riesigen Gebiets eine deutschlandfreundliche antikommunistische Regierung gebildet werden.[273]

Harro bekommt in diesen letzten Wochen des Jahres 1940 einen ersten Hinweis auf eine Veränderung der Haltung gegenüber der Sowjetunion, die durch den Hitler-Stalin-Pakt bislang ein Bündnisgenosse ist. Seine Russischkenntnisse sind mittlerweile so weit gediehen, dass er die Klassiker im Original lesen kann und zum Beispiel versteht, dass »Prestuplenije i nakazanie«, auch wenn der Roman auf Deutsch den Titel »Schuld und Sühne« trägt, wörtlich übersetzt »Verbrechen und Strafe« bedeutet. Doch als Harro Dostojewski in der Bibliothek des RLM ausleihen will, muss er feststellen, dass die russische Literatur urplötzlich entfernt worden ist.[274] Tolstoi, Puschkin, Gogol – alle nicht mehr ausleihbar. Sollen Angehörige der Wehrmacht etwa nicht mehr in *Krieg und Frieden* nachlesen können, wie Napoleons Armee in den Weiten Russlands unterging?

Am 13. Dezember 1940 unterzeichnet Hitler die streng geheime Direktive, die den Krieg gegen die Sowjetunion in Gang setzt. Aus diesem Grund wird Harro Anfang Januar 1941 von der Wilhelmstraße im Zentrum Berlins in ein Waldstück an der Havel mit Namen Wildpark-West versetzt, in der Nähe von Potsdam. Dort ist der Generalstab der Luftwaffe untergebracht, inklusive Görings Befehlsbunker »Großer Kurfürst« mit eigenem Bahnhof für seine vier Sonderzüge.[275] Von einem Tag auf den anderen wohnt Harro werktags nicht mehr in der Altenburger Allee mit Libertas, sondern bezieht ein Zimmer in der Natur, blickt aus seinem Fenster auf winterlich kahle Baumskelette, die wie riesige Dornen aus dem festgefrorenen Boden ragen.[276] Auch sein Aufgabenbereich ändert sich. Er ist nun die Anlaufstelle der deutschen Luftwaffenattachés überall auf der Welt und erhält vertrauliche Berichte über Rüstungslage und andere sensible Themen aus allen wichtigen Hauptstädten. Was Libertas durch ihr Gespräch mit Göring in Lie-

Seine Kollegen wissen nicht, was er denkt:
Leutnant Harro Schulze-Boysen im Reichsluftfahrtministerium.

benberg angestoßen hat, trägt reiche Früchte: Harro sitzt nun an einem Knotenpunkt des Informationsflusses der Kriegsmaschinerie des Deutschen Reichs – und dies just zu einer Zeit, in der sein neuer Bekannter Arvid Harnack in immer engeren Kontakt mit Moskau tritt.

9

Der erste konkrete Hinweis auf den geplanten Angriff der Wehrmacht auf das größte Land der Erde landet im Januar 1941 auf Harros Schreibtisch. Es sind Luftbilder, die in Königsberg gestartete

Flieger aus 6000 Metern Höhe heimlich aufgenommen haben. Die Fotografien von Leningrad mit der vorgelagerten Insel Kotlin, von wichtigen Eisenbahnknotenpunkten und Häfen sind derart hoch aufgelöst, dass einzelne Gebäude erkennbar sind. Zur gleichen Zeit wird das Russlandreferat aus seinem Dornröschenschlaf geweckt und in den aktiven Teil des Stabes der Luftwaffe überführt, der die Kriegsoperationen vorbereitet. Am 10. Januar 1941 erreicht Harros Abteilung die definitive Kenntnis von der Absicht der sogenannten »Niederwerfung der Sowjetunion«, wie sich sein neuer Vorgesetzter Oberst Joseph Schmid später erinnert.[277] Kurz darauf setzt Harro Arvid darüber in Kenntnis, dass die Pläne für die Bombardierung von Leningrad, Wyborg und Kiew fertiggestellt sind, und überreicht ihm eine Liste von Brücken, die zerstört werden sollen, um die Heranführung von Nachschub und Reserven der Roten Armee zu behindern.

Jedes Wochenende nimmt Harro die S-Bahn in die Stadt, nutzt die kostbar bemessene Zeit aber nicht unbedingt, um mit Libertas zusammen zu sein, sondern spaziert am liebsten mit seinem neuen Freund Arvid durch den eiskalten, wunderschön winterlichen Tiergarten. Jeder bringt bei diesen geheimen Treffen aus seinem Arbeitsbereich Neuigkeiten mit, und ein immer detailreicheres Bild der Planungen der Wehrmacht entsteht – wertvolle Informationen, die die Gegenseite in den Stand versetzen könnten, sich adäquat vorzubereiten. Durch Harro geht wegen dieser aufregenden neuen Kontakte zu Arvid ein Ruck. Gemeinsam bilden sie eine Art Zweikomponenten-Sprengstoff: Für sich genommen war jeder Einzelne noch wenig effektiv, doch jetzt, seit die beiden so ungleichen Männer sich kurzgeschlossen haben, baut sich eine ungeheure Spannung auf: Harro weiß längst, dass seine Auskünfte durch Arvid nach

Moskau gelangen, und es stört ihn nicht, im Gegenteil. Auch wenn es moralisch fragwürdig ist, mit der Sowjetunion Kontakte zu unterhalten, da die rote Diktatur mit ihrem Terror, dem Gulag, den rigiden Schauprozessen und unzähligen politischen Opfern dem NS-System ähnelt, hält er es für seine Pflicht, den großen Nachbarn im Osten, mit dem Deutschland einen Nichtangriffspakt geschlossen hat, über die Invasionspläne in Kenntnis zu setzen. Noch reicht der Rüstungsstand der Sowjetunion nicht aus, um einem deutschen Überraschungsangriff standzuhalten. Nicht auszudenken, wenn es Hitler gelingen sollte, in einem weiteren seiner gefürchteten Blitzfeldzüge bis zum Ural und zum Kaukasus vorzustoßen und sich der unermesslichen Ressourcen, der Gas- und Ölvorräte, zu bedienen. Dann wäre die globale Dominanz des Nazireiches gesichert. Ebenso wie Churchill ist sich Harro bewusst: Das kommunistische Riesenreich mit seinem unerschöpflichen Vorrat an Rohstoffen sowie einer schlagkräftigen Stahlindustrie bietet die effektivste, wenn nicht einzige Möglichkeit, Hitlers weltweite Expansionspläne militärisch zu stoppen und den Nationalsozialismus untergehen zu lassen.

Harro verfolgt eine weitere Strategie, um *Unternehmen Barbarossa*, wie der Codename der geplanten Invasion lautet, zu sabotieren. Durch eine Flugschrift, seine zweite nach dem *Stoßtrupp*, will er seinen Kameraden, den Offizieren der Wehrmacht, die Sinnlosigkeit eines Russlandfeldzuges vor Augen führen. In jeder freien und unbeobachteten Minute in seiner mönchischen Arbeitszelle in Wildpark-West schreibt er an einem Text über Napoleon Bonaparte und dessen Scheitern beim Versuch, das östliche Riesenreich zu erobern, versehen mit lauter Spitzen, die jeder Deutsche sofort auf Hitler beziehen kann. Bonaparte sei nicht im Lande selbst geboren, sondern in Korsika, heißt es darin. Viele Franzosen hätten ihn zeit seines Lebens als Ausländer angesehen. Am Anfang hätte Napoleon behauptet, den Krieg gebe es nur, um die natürlichen Grenzen wiederherzustellen. In Folge hätten sich die französischen Truppen über ganz Europa verzettelt. Die meisten Zeitgenossen seien überzeugt gewesen, dass er auch aus der Auseinandersetzung mit Russland erfolgreich hervorgehen würde. »Doch als der Sieger so vieler Schlachten als ein Geschlagener über die Beresina zurückzog, erkannte er, dass er Land und Menschen Russlands völlig falsch eingeschätzt hatte. Der Krieg wurde nicht militärisch, sondern politisch beendet. Der Kaiser wurde von den ›besseren Kreisen‹ seines eigenen Volkes fallengelassen«, steht in Harros sechsseitigem Essay. Beim Schreiben hilft ihm dieses Mal der 18-jährige Horst Heilmann, ein Professorssohn aus Dresden, der Diplomat werden will und Harros bester Hörer an der Auslandswissenschaftlichen Fakultät der Friedrich-Wilhelms-Universität ist. Dort hat Harro im Januar 1940 das Studium wieder aufgenommen, um doch noch einen akademischen Abschluss zu erhalten, der Voraussetzung für eine höhere Gehaltseinstufung wäre. Mittlerweile hat Harro einige Seminare übernommen, weil es an Dozenten mangelt. Zunächst überzeugter Nationalsozialist bei der Hitlerjugend und sogar Parteimitglied, hat sich Horst Heilmann durch den Einfluss Harros mittlerweile vom Faschismus abgewendet. Er gilt als Koautor der *Napoleon-Schrift,* bei deren Verbreitung Mimi Terwiel und Elisabeth Schumacher helfen. Auf Postkartengröße gebracht erreicht sie auch Widerstandskreise in München.[278]

Was die Brisanz seiner Tätigkeiten betrifft, macht sich Harro keine Illusionen. Seinen Eltern, die zu spüren scheinen, wie riskant sein Leben in diesem langen kalten Winter von 1940 auf 1941 geworden ist, schreibt er zurück:

»Liebe Mama – Papa und Du, Ihr beide schreibt, ich solle mich
›in Acht nehmen‹. Es ist klar, dass ich nichts Leichtfertiges tue.
Aber für unser aller Leben gibt es keine Garantie, zudem ist
Krieg. Was meine Person angeht, so müsst Ihr immer wissen,
dass die Lebensdauer gar keinen Maßstab gibt. Ich glaube, in
meinen 31 Jahren schon intensiver gelebt und mehr erlebt zu
haben als so viele andere Menschen zusammengenommen. Wo
könnte da noch was Trauriges passieren! Also um mich macht
Euch keine Sorge!«[279]

Die Gefahr für Harro steigt jedoch, als Korotkow Arvids Kontakt im Luftfahrtministerium persönlich kennenlernen möchte. Er könne ihn fragen, ob er dazu bereit sei, bietet Arvid an, gibt aber zu bedenken, dass Korotkow vorsichtig sein müsse. Es gehe Harro um die Ausgestaltung politischer Kontakte, um Informationsaustausch, nicht um eine nachrichtendienstliche Zusammenarbeit. Arvid hält es deshalb »für zweckmäßig, den Schein dahingehend zu wahren«, dass Harro sich mit eben der Person träfe, »an die bisher seine Nachrichten gelangt sind, die aber nicht unbedingt ein Mitarbeiter sowjetischer Behörden« sei.[280] Ansonsten sei zu befürchten, dass Harro das Gespräch als Anwerbung für eine Spionagetätigkeit auslegen und sich grundsätzlich abwenden könnte.

Der 27. März 1941 ist ein Donnerstag, zum letzten Mal in diesem Winter fällt Schnee. Die Bäume sind noch kahl, sammeln aber bereits ihre Kräfte im Innern, um neu auszuschlagen, und Harro fährt nach Feierabend in Offiziersuniform über Potsdam mit der S-Bahn zum Wannsee, wo es in Richtung Schöneberg weitergeht. Die Temperaturen liegen unter null, frisches Weiß verkleidet die Schneise der Bahn, und in der Woyrschstraße, im Arbeitszimmer von Arvid Harnack, flackert ein Feuer im Kamin.

Harro wird ein gut aussehender Mann namens Erdberg vorgestellt. Er wolle sich nicht mit Kleinigkeiten aufhalten, sondern die Aufmerksamkeit auf die Hauptsache konzentrieren, beginnt dieser mit Wiener Einschlag ohne Umschweife und gewinnt im Laufe des Gesprächs den Eindruck, dass Harro im Klaren darüber sei, mit wem er rede, und bereit sei, den Russen künftig auf dem Laufenden zu halten. Er verfolge keinerlei Absichten, etwas vorzuenthalten oder zu verheimlichen. Abschließend zieht Harro ein Blatt aus seiner Uniformhosentasche, liest die darauf notierten Eisenbahnmagistralen vor, die in einer ersten Angriffswelle paralysiert werden sollen.[281]

An diesem Abend blickt Alexander Korotkow aus dem Fenster seines Büros in der sowjetischen Botschaft auf den Boulevard Unter den Linden, der in schwarz-weiß-roten Hakenkreuzfahnen schwelgt. Es schneit nicht mehr, und er tippt den Bericht an seinen *Direktor*. Harro wird für den internen Gebrauch der Deckname *Starschina* zugewiesen, das russische Wort für Feldwebel. Der wagemutige Deutsche, der genau weiß, was er will, und vorbereitet in das Treffen kam, hat einen guten Eindruck bei ihm hinterlassen. Korotkow hämmert in die kyrillisch beschrifteten Tasten. Während Harnack vorwiegend Pläne für die Zukunft schmiede und seine Leute auf die Zeit nach der Nazidiktatur vorbereite, sei Schulze-Boysen ein kämpferischer Mensch, der über die Notwendigkeit von Aktionen zur Erreichung des Zieles nachdenke, das Harnack erträume.

Durch den Kontakt zu Korotkow hat Harro, wie man ihm später vorwerfen wird, »Landesverrat« begangen. So lautet der juristische Begriff, und dieser wiegt schwerer als »Hochverrat« und ist das schimpflichste Verbrechen, das ein preußischer Offizier begehen kann, und nichts anderes ist Harro: ein Offizier, wie es sie bald nicht mehr geben wird in diesem Land. Ja, sein Großonkel Admiral von Tirpitz hat die Marine für den Kaiser aufgebaut, und nun glaubt Harro Schulze-Boysen, als Oberleutnant der Luftwaffe erkannt zu haben, dass die Institution, für die er mit dem Leben steht, auf deren Oberbefehlshaber er einen Eid geschworen hat, zum Verräter an der eigenen Sache, zum Feind Deutschlands geworden ist. Und er, als Soldat, muss tun, was die Aufgabe von Soldaten ist: den Feind bekämpfen. *Andere* Leute, nämlich seine Befehlsgeber, haben das Land verraten, indem sie es in einen verbrecherischen Angriffs- und Vernichtungskrieg gegen die Sowjetunion treiben. Er hingegen setzt sein Leben aufs Spiel, um ebendieses Deutschland, dem durch einen Zweifrontenkrieg der Untergang droht, zu retten. Es zu befreien von diesem System, das aus rechtschaffenen Menschen Mörder macht. »Landesverrat«, in diesem Fall, wird seines Erachtens zur Pflicht.

Hans Coppi, der Sohn des gleichnamigen Hans Coppi und Freundes von Harro, ist Anfang der Neunzigerjahre zu Perestroika-Zeiten nach Moskau gereist. Dort hat er nach mehreren Anläufen ein mit Schwärzungen versehendes Konvolut erhalten, das zuvor von einer Kommission freigegeben worden war. So konnte er Unterlagen des sowjetischen Geheimdienstes einsehen – Dokumente, die seit der Herrschaft Putins wieder unter Verschluss sind. Am 2. April 1941 wird die Akte, in der die Geschehnisse um Arvid und Harro aus sowjetischer Sicht festgehalten sind, zum ersten Mal als *Sowerschenno sekretno* gestempelt, was übersetzt *Streng geheim* bedeutet. »Es ist erforderlich, die Arbeit mit *Starschina* maximal zu aktivieren«, hat man in der Lubjanka, der Geheimdienstzentrale, beschlossen.[282] Welche Art von Arbeit gemeint ist, wird am 18. April 1941 klar, als Korotkow einen Vulkanfiberkoffer öffnet, der per Diplomatenpost gekommen ist. Ein transportabler Sender-Empfänger ist darin montiert; Schema und Bedienungsanleitung beigelegt. Es ist ein Funkgerät und durch seinen Batteriebetrieb unabhängig von der elektrischen Stromversorgung, kann in freier Natur genutzt werden, auf einem Boot zum Beispiel. »Eine Reserve-Energiequelle«, heißt es im Begleitschreiben, »sowie eine Instruktion zur Aufnahme der Verbindung mit uns senden wir mit der folgenden Post.« Harro und seine Freunde sollen, wenn es mit dem Krieg gegen die Sowjetunion tatsächlich losgeht, jederzeit militärisch relevante Informationen mitteilen können, durch den Äther, direkt von Berlin aus in Richtung Osten.

11

Es ist der 20. April 1941, Hitlers 52. Geburtstag, ein Sonntag. Harro genießt die Radtour durch den Wald von Wildpark-West erst die Havel, dann den Großen Zernsee und den Fluss Wublitz entlang. Tief zieht er die frische Luft in die Lungen, dankbar für jeden Windhauch, der an den Körper kommt. *Frühling.* Nach einer guten halben Stunde Fahrt erreicht er Marquardt, ein Fischerdorf nördlich von Potsdam, lehnt das Rad gegen die Rückseite einer Parkbank. Libertas und Elisabeth Schumacher sind mit der Bahn gekommen, ebenso, aber unabhängig von ihnen, Korotkow. Es sind knapp zehn Grad, hin und wieder kommt die Sonne durch, illuminiert den Wald und lässt das Wasser schimmern, an dessen Ufer die drei jungen Deutschen mit dem ebenso bohemehaften Russen entlangspazieren.

Wie detailliert die Planungen für den Angriff auf die Sowjetunion mittlerweile sind, hat Harro daran erkannt, dass für sämtliche zukünftigen Bezirke einer okkupierten UdSSR bereits die Chefs der wehrwirtschaftlichen Verwaltungen bestimmt worden sind. Für Moskau ist das zum Beispiel ein Herr Burger, bisheriger Leiter der Handelskammer in Stuttgart. Burger hat, wie andere deutsche Spitzenbeamte, eine Einberufung erhalten und ist auf dem Weg nach Dresden zum Sammelpunkt. All das berichtet Harro.

Sie steuern auf einen Kiosk zu. Irgendwo scheppert ein Radio, Fußballländerspiel: Deutschland gegen die Schweiz. Zur Halbzeit steht es eins zu eins, enttäuschend für die Mannschaft von Reichstrainer Sepp Herberger. Harro bestellt eine Runde Bier, sie setzen sich an einen quadratischen Tisch mit gusseisernem Fuß. Korotkow hat selbst einmal Fußball gespielt, in der Jugendmannschaft von Dynamo Moskau. »Die deutsche Mannschaft stößt mit Wucht vor«, berichtet der Sportreporter, »doch zögert sie etwas vor dem Tor. Ihre technische Überlegenheit mag nicht ganz die Situation zu meistern.«[283] Plötzlich die Überraschung: Die Eidgenossen gehen zwei zu eins in Führung. Wie kann das sein, die großdeutsche Mannschaft im Rückstand gegen die winzige Schweiz? Korotkow raucht eine Zigarette, trinkt von seinem Pils, schaut auf das Wasser und den dahinterliegenden Wald. Es sieht so harmlos aus, wenn zwei Männer und zwei

Frauen sich treffen, man genießt ein Bier, und im Hintergrund läuft Fußball, diese schöne Sportart, bei der auch Außenseiter stets eine Gewinnchance haben. Wer also soll das Funkgerät an sich nehmen? Elisabeth? Sie ist zuverlässig, außerdem freiberuflich, also zeitlich flexibel. Und ihr Mann Kurt käme als Funker in Betracht. Für Harro selbst ist die Verwahrung des Koffers ausgeschlossen. Wegen seiner Arbeit in Wildpark-West ist er zu exponiert und die Wohnung in der Altenburger Allee ebenfalls nicht geeignet, weil dort häufig die Treffen mit den Freunden stattfinden. Auch passt die träumerische Libertas weniger gut zu dem nüchternen Apparat als die entschlossene Elisabeth, die in ihrem Engagement gegen die Nazis handfest und stets mit Biss agiert.

Tatsächlich ist Libertas, was sich auch an diesem Apriltag zeigt, von allen im näheren Freundeskreis die Launischste in ihren Handlungen. Zu einem Treffen mit russischen Agenten kommt sie gerne mit, genießt es als eine Art besonderes gesellschaftliches Ereignis, das einen Kitzel hat. Doch sie agiert wankelmütig, und das kann sie nur schlecht verbergen. Sie ist Stimmungsschwankungen unterworfen – und geht manchmal schlichtweg ihren privaten Angelegenheiten nach. Diese letzten Monate vor dem Angriff auf die Sowjetunion, der Millionen Menschen das Leben kosten wird, verbringt sie zum Beispiel »mit nötigen Nutzlosigkeiten wie Wohnungssuche für meinen Bruder, Einmotten, Filmartikelschreiben«, wie sie es selbst berichtet.[284] Es sind genau die Tätigkeiten, die ihr gefallen – doch was zählen sie in einem Leben mit Harro? Da ist nur etwas anderes wichtig, und auch wenn sie dies einsieht: Es ist nicht ihre wahre Leidenschaft. Das hat bereits zu Spannungen geführt, Streitereien, die sich in letzter Zeit gehäuft haben und in dieser nervenaufreibenden Zeit vor dem Russlandkrieg dazu führen,

dass Libertas nach einem Ausweg sucht, einer »neuen aus-
füllenden Tätigkeit (…), die mich möglichst von Berlin frei-
macht«.[285]

Manchmal ist die Ehe mit Harro nun einmal nicht einfach, vor
allem dann nicht, wenn er so unnahbar wirkt, wenn sein Kopf
und vielleicht auch sein Herz nicht bei ihr, sondern ganz wo-
anders sind. Es ist eine vertrackte, extreme Situation, sich auf
Leben und Tod in einen Mann zu verlieben, der aufgrund der Erfahrungen, die er gemacht hat, der Nächte in einem Folterkeller,
vielleicht nicht mehr lieben kann. Es schmerzt Libertas immer
wieder, wenn sie bei den raren, intimen Treffen, die sie haben,
nicht an ihn rankommt, nur von außen draufschauen kann auf
die Fassade seines perfekten preußischen Offiziersgesichts, mit
den immerhin lustig anliegenden Ohren wie bei einem Wind-
hund. Was soll sie nur tun?

Es ist keine leichte Phase für Libertas. Auch die Arbeit am
Schiffsreisebuch, das ihr einmal so viel bedeutete, hat sie vorerst eingestellt. »Wegen Papiermangel und fehlenden Arbeits-
kräften werden keine Romane mehr herausgebracht, die nicht
irgendwie wehrwirtschaftlich oder propagandistisch zu rechtfertigen sind«, schreibt sie ihrer Schwiegermutter Marie Luise
frustriert. Deshalb »hats keinen Sinn, meinen Roman weiterzu-
schreiben, wie ich vorhatte«. Es sind schwierige Zeiten für ein
Buch über die Selbstfindung und Selbstverwirklichung einer
Frau auf den Meeren der Welt. Wo liegt nun ihre Zukunft? Wie
kann sie frei werden, ihre eigene Mission nach einem tiefen,
wahrhaftig künstlerischen Leben erfüllen? Wirklich als Rädchen von Harros lang angelegter Rache?

Am 17. Juni 1941 werden die von Harro an Korotkow über-
gebenen Informationen, wonach die militärischen Vorbereitun-
gen des Angriffs auf die UdSSR vollständig abgeschlossen sind,

bei einer Besprechung im Kreml auf den Tisch gelegt. Doch Josef Stalin schüttelt den Kopf: *Propaganda!* Sein Pakt mit dem Dritten Reich wird in diesem Jahr Bestand haben, davon ist er überzeugt. »Schicken Sie Ihren ›Informanten‹ aus dem Stab der deutschen Luftwaffe zu seiner Hurenmutter zurück«, kritzelt er mit seinem berüchtigten grünen Stift an den Rand der geheimen Verschlusssache Meldung 2279/M: »Das ist kein Informant, sondern ein Desinformator. J. St.«[286] Noch sieht der rote Diktator Hitler in diesem Jahr 1941 als verlässlichen Bündnisgenossen – nicht als seinen ärgsten Feind. Er, der misstrauische Kontrollmensch, der hinter jeder Hecke Verrat wittert, glaubt tatsächlich, dass der Despot in Berlin sich an Verträge hält.

An diesem selben 17. Juni 1941 ist Weisenborn abends bei Harro und Libertas zu Gast, sie trinken Wein. »Ehekonflikt«, notiert der Schriftsteller in seinem Tagebuch lakonisch.[287] Fakt ist: Als Resultat ihrer Bemühungen liegen Libs in diesen prekären Tagen mehrere Jobangebote vor, alle außerhalb von Berlin. Die Stammredaktion der *National-Zeitung* in Essen stellt ihr die Leitung des Feuilletons in Aussicht, eine neu gegründete Nachrichtenagentur offeriert ihr eine Anstellung als Bürochefin in Genf oder Lissabon, und die von den Deutschen übernommene *Agence Havas,* die große französische Nachrichtenagentur, hat Interesse an Libertas für einen Posten im besetzten Paris. Jetzt böte sich die Gelegenheit, sich unabhängig zu machen – und zwar auch von dieser Todesgefahr der illegalen Tätigkeiten –, in der großen Welt alleine zu funktionieren, Geld zu verdienen, auch als Frau aufzusteigen. All das liegt zum Greifen nah. Aber bringt sie es übers Herz, ihren Mann in dieser heiklen Situation zu verlassen?

Sie beschließt, sich mit der umsichtigen Greta Kuckhoff zu

beraten, bei der man so schön auf der Dachterrasse entspannen kann, über die die Schildkröte der Kuckhoffs kriecht, während der kleine Ule Mittagsschlaf hält. Mit geschlossenen Augen sitzt Libs dort, hat sich eine sonnige Stelle ausgewählt, Greta serviert Kaffee und einen Cognac und fragt, ob es ihr gut gehe, sie sehe angespannt aus.[288] Libertas öffnet die Lider und erzählt, dass sie sich fürchte. Dass es Momente gebe, in denen sie sich sage, dass alles keinen Sinn mehr macht. Es stünden so große politische Ereignisse vor der Tür, dass sie wie gelähmt sei und sich nicht gerüstet fühle: Ereignisse, »die einerseits Kräfte lähmen, andererseits sie befeuern, jedenfalls Herz und Mensch ganz mit Beschlag belegen und alles Privatplanende zurückstellen und sinnlos werden lassen. (...) Und die Entscheidungen drängen, und es ist rasend schwer, das Richtige zu wählen.«[289] Eine *Johnny* nach der anderen raucht sie, trinkt gierig ihren Kaffee. Greta solle sie nicht falsch verstehen: Sie sähe die Notwendigkeit ein, alles und noch mehr zu tun als bisher. Doch glaube sie nicht, im schlimmsten Falle eine verschärfte Vernehmung der Gestapo durchzustehen. Leider entstamme sie einer Familie, die seit der Schmach um ihren Großvater und den Kaiser nicht mit robusten Nerven ausgestattet sei.

Greta hört sich das alles an. Im Widerstand kann man ausbrennen, sich erschöpfen, am Erfolg zweifeln – ermüden an der Todesgefahr. Sich zu oft fragen, ob es reicht oder was als Nächstes zu kommen hat. Es ist ein auslaugendes Dasein, und nach all der Zeit genügt es manchmal nicht mehr, sich vorzugaukeln, dass das Reich der Freiheit, für das man alles riskiert, sicher komme, irgendwann. Greta wird klar: Libs ist jung und lebenshungrig, und vielleicht ist es verkehrt, wenn solche Menschen, die gerne ihren Impulsen und ihren Sinnen folgen, eine solche ernste Arbeit machen. Aber sie weiß auch: Libs'

Zugehörigkeitsgefühl zum Freundeskreis ist groß. Ihre Liebe zu Harro bestimmt ihr Leben. Außerdem ist sie eine Dame – die einzige unter ihnen, die in den höchsten Kreisen unauffällig verkehren kann. Wäre es nicht besser, wenn sie bliebe?

Ob es der Cognac ist, der Libertas wieder Mut macht, die belebende Wirkung des Kaffees oder der aufmunternde Hinweis, dass es gut sei, die eigenen Schwächen zu kennen: Nach der Unterredung mit Greta sagt Libertas alle außerhalb Berlins liegenden Jobofferten ab.

12

Am 21. Juni 1941 speist Alexander Korotkow mit einem Kollegen aus der sowjetischen Botschaft im Restaurant der Kroll-Oper vorzüglich zu Abend, wie so oft. Sechs junge Offiziere der Wehrmacht sitzen am Nachbartisch, bester Laune. Wie lange noch, fragt sich der Russe, der ihrem fröhlichen Treiben eine Weile zusieht. Zur gleichen Stunde schickt in Moskau Lawrenti Beria, der gefürchtete sowjetische Geheimdienstchef, eine Notiz an Stalin:

> »Erneut bestehe ich auf Abberufung und Bestrafung unseres Botschafters in Berlin, Dekanosow, der mich wie früher mit Falschmeldungen über einen angeblich von Hitler vorbereiteten Angriff auf die UdSSR bombardiert. Er meldete, dass dieser Überfall morgen beginne … Dasselbe funkte auch Generalmajor W. I. Tupikow, Militärattaché in Berlin. Der Generalmajor behauptet, dass drei Armeegruppen der Wehrmacht Moskau, Leningrad und Kiew angreifen würden, wobei

er sich auf seine Berliner Agentur beruft. Er fordert frech, dass
wir diese Lügner mit Funkstationen versehen sollen. (…)
Aber ich und meine Leute, Josef Wissarionowitsch, bleiben un-
erschütterlich eingedenk Ihrer weisen Voraussagen: 1941 wird
Hitler uns nicht überfallen.«

So absurd es klingen mag: Sogar in dieser Nacht rollt ein mit
ukrainischem Weizen beladener Güterzug von Osten her über
die Grenze des Deutschen Reiches. Pflichtbewusst erfüllt die
Sowjetunion die vereinbarten Quoten gemäß dem Hitler-Stalin-Pakt. Es ist drei Uhr vorbei, da brennt noch Licht im Auswärtigen Amt in der Wilhelmstraße. Ein schwarzer Mercedes
mit Fahrer und SS-Begleitung wird zur sowjetischen Botschaft
geschickt, Wladimir Dekanosow zum Einsteigen genötigt. Der
deutsche Außenminister empfängt ihn kühl und teilt ihm die
Nachricht vom soeben erfolgten Angriff mit. Dekanosow kann
den Schnaps in Ribbentrops Atem riechen. Auf einen Schlag ist
dieser nicht mehr sein wichtigster Verbündeter, sondern sein
ärgster Feind. Es wird dem Russen mitgeteilt, dass seine Botschaft Unter den Linden abgeriegelt wird.

In Moskau reagiert der sowjetische Außenminister fassungs-
los auf die Hiobsbotschaft, die ihm der ebenso konsternierte
deutsche Botschafter von Schulenburg übermittelt:»Das haben
wir doch nicht verdient«, stammelt Molotow.»Man hätte doch
verhandeln können!«Nur Stalin glaubt noch immer, die Wahrheit negieren zu können, indem er sie schlichtweg nicht akzeptiert und versucht, die Sache herunterzuspielen:»Hitler weiß
ganz sicher nichts davon.«

Draußen in Wildpark-West ertönen um sechs Uhr in der

Mit Pfeife und Pistole: Harro zielt. Hier mit
Dr. Elfriede Paul und Kurt Schumacher.

Früh dieses 22. Juni 1941 die Sirenen. Gellend und prahlerisch verkünden die Lautsprecher überall in der Anlage, dass die deutschen Heere die russische Grenze überschritten haben, um die Welt von der Geißel des Bolschewismus zu befreien. Die Sonne ist aufgegangen, das Licht tastet sich durch den Wald, es ist der längste Tag des Jahres. Zum Mittag erreicht das Zentralgestirn seinen höchsten Stand, und die Deutschen begrüßen es mit Feuer. Siegfried, der strahlende Held mit dem blauen Kettenhemd, wird vom dunklen Hagen zur Sonnenwende getötet.

Auch wenn es keine Überraschung für ihn ist, spürt Harro den historischen Moment. Der Krieg gegen die Sowjetunion wird eine Zeitenwende bedeuten: den Anfang vom Ende der Nazidiktatur. Jetzt kämpft das größte Land der Erde gegen die Verbrecher in Berlin. Er ist davon überzeugt: Die freundlichen Kontakte, die er mit Moskau unterhält, werden hilfreich sein für die Zeit danach und eine Möglichkeit schaffen, die nationale Eigenständigkeit Deutschlands zu wahren, ein neues Versailles zu verhindern. Harro hofft, dann ein geachteter Verhandlungspartner zu sein.

Das Leben in Berlin geht an diesem außergewöhnlichen Tag recht gewöhnlich weiter. So findet auch das anberaumte Endspiel um die deutsche Fußballmeisterschaft regulär statt. 95 000 Zuschauer fiebern und feiern auf den Rängen im Olympiastadion: eine dramatische Begegnung zwischen Rapid Wien und Schalke 04. Jedes einzelne Tor bekommt Libertas durch die offenen Fenster in der nahe gelegenen Altenburger Allee live mit. Schalke führt mit 3:0, bevor die Wiener eine aufsehenerregende Aufholjagd starten und in der 73. Minute sogar das Siegtor zum 4:3 erzielen. Unter den Linden drängt sich derweil eine aufgestachelte Menge vor der abgeriegelten Sowjetbotschaft. Jemand zeigt auf den Rauch, der aus dem Schornstein quillt. Dieser schmierige Qualm, ruft der Mann, beweise, dass man alle Unterlagen der infamen bolschewistischen Kriegshetze soeben verbrenne. Man solle die Exterritorialität aufheben! Sofort![290]

Wie schnell plötzlich alles gegangen ist, hat auch Korotkow überrascht, obwohl er es hätte wissen müssen. Hat er seinen eigenen Quellen nicht genügend vertraut? Als die Schotten bereits dicht sind, sitzt er noch immer auf einem der mittlerweile zwei Funkgeräte.[291] Dieses soll er an Elisabeth Schumacher liefern, seit über zwei Monaten. Korotkow weiß, dass es verrückt ist, aber er muss noch einmal raus, in die nun feindliche Reichshauptstadt. Doch wie soll er unerkannt mit Funkgerät und

233

Funkschlüssel die SS-Sperre überwinden? Die Situation in der Botschaft ist bedrohlich, die Telefone gekappt, es gibt keine Verbindung mehr mit Moskau. Die Vorräte neigen sich, und noch immer soll es mehrere Tage bis zur Evakuierung dauern. Nur der Erste Sekretär, Walentin Bereschkow, darf nach draußen, da er zu einem Termin im Auswärtigen Amt geladen ist, und wird dabei von einem SS-Offizier mit Namen Heinemann begleitet. Korotkow fasst einen Plan. Bereschkow soll den Deutschen mit den letzten Kaviar- und Krimsektvorräten aus den Tiefen des Kellers der Botschaft verwöhnen. Tatsächlich beißt Heinemann an, wird zutraulich und deutet Bereschkow gegenüber Geldprobleme an. Der Russe bietet ihm daraufhin 1000 Reichsmark, die er für eine Spieluhr angespart habe. Diesen Betrag brauche er jetzt nicht mehr, denn Bargeld dürfe er nicht ausführen. Der SS-Offizier akzeptiert die Bestechung. Erneut gibt es von dem rar gewordenen Kaviar sowie verschiedene Arten geräucherten Fisch, Wodka und Bier, während Bereschkow nun die romantisch-traurige Geschichte von einem Botschaftsangestellten namens »Sascha« erzählt und seiner deutschen Verlobten, die er nun vielleicht nie wiedersehen wird. Heinemann bietet an, beim nächsten Besuch Bereschkows im Auswärtigen Amt den armen »Sascha« hinauszuschmuggeln, damit der sich von seiner Braut verabschieden könne. Er, Heinemann, würde es ja selbst bald so machen, sich ein Mädel nehmen, in Moskau.

Dann ist es so weit, und sie fahren mit dem Botschaftswagen, einem Opel, zur Sperre. Vorne neben Bereschkow sitzt gedrängt Heinemann, hinten versteckt sich Korotkow mit seinem Vulkanfiberkoffer, von der Wache nicht beachtet. Am Wittenbergplatz, vor dem Eingang zum *KaDeWe*, setzen sie ihn raus. Korotkow steigt in die U-Bahn und fährt zu Elisabeth Schumacher.

Am Tag darauf wiederholen sie das Ganze, und Korotkow trifft sich ein letztes Mal mit Adam Kuckhoff, mit dem er sich in den vergangenen Monaten angefreundet hat. Doch jetzt, wo der Angriff beginnt, gibt es auch Misstöne zwischen ihnen. Um die deutsche Kriegsmaschine zu stoppen, schlägt Korotkow dem verblüfften Deutschen vor, auf den Ausfallstraßen Berlins Nägel und Splitter zu streuen, damit die gen Osten ziehenden Wagen- und Panzerkolonnen behindert werden. Wie versteinert schaut Kuckhoff ihn aus seinen dunklen Augen an. Weiß Korotkow nicht, dass die Wehrmacht ihre Aufstellung tiefgestaffelt in *Polen* hat? Und mit *Nägeln* sind Panzer ohnehin nicht zu stoppen. Als der Russe Adams Irritation bemerkt, versucht er zu beschwichtigen: Das sei nur ein Beispiel gewesen. Was er gemeint habe, sei, dass man eben alles tun müsse, um die Wucht des deutschen Vorstoßes zu mindern. »Glaubs mir, wir sind kräftig und stark«, sagt Korotkow voller Überzeugung: »Der Krieg wird relativ schnell zu Ende gehen.«[292] Als Abschiedsgeschenk händigt er Adam ein Päckchen Kaffee aus, noch ungemahlen, damit man ihn unbegrenzt aufbewahren kann. Dann verabreden sie für die Zeit nach der Kapitulation des Deutschen Reichs einen Wohnungstausch – um die Kultur des anderen besser kennenzulernen.

13

Kurz darauf, die Wehrmacht steht bereits in Weißrussland, wird in einer Berliner Wohnung ein Vulkanfiberkoffer aufgeklappt.[293] »1000 Grüße an alle Freunde« lautet der codierte Probefunkspruch, den Harro in den Äther schickt. Die Verschlüsselung kommt von Arvid, der sich dafür in seiner Wohnung eigens ein

Zimmer hergerichtet hat. Allzu leicht ist die Sache nämlich nicht, nicht einmal für ein Superhirn wie ihn, sondern erfordert vollste Konzentration. Die Russen sind für ihre komplizierten Codes berüchtigt und verwenden eine Methode, bei der zur Überschlüsselung eine Wortfolge aus einem beliebigen Buch verwendet wird. Nur wenn der Empfänger das gleiche Buch besitzt und weiß, um welchen *Schlüsselsatz* es sich handelt, kann er die Nachricht entziffern.[294]

Ist das Chiffrieren schwierig genug, stellt auch die Bedienung des Funkgerätes eine Herausforderung dar. Dass sich die von Korotkow versprochene professionelle Anleitung in der Kürze und Aufgeregtheit der Zeit nicht materialisiert hat, macht die Sache nicht einfacher. Zwar hat Harro während seiner militärischen Ausbildung einen Funkkurs absolviert und weiß, wie man die richtige Wellenlänge einstellt, dennoch wartet er, als er die »1000 Grüße« abgesetzt hat, gespannt auf eine Replik, die beweist, dass die Botschaft ihr Ziel erreicht hat. Und tatsächlich kommt eine Nachricht zurück. Die Russen haben den Versuchsfunkspruch erhalten und entschlüsselt.[295]

Doch wer soll künftig der Funker sein? Wie gehabt will Harro dies aufgrund seiner Stellung nicht selbst übernehmen, aber auch der dafür von ihm vorgesehene Kurt Schumacher fällt unerwartet aus. Wegen des Russlandfeldzuges wurde der Bildhauer eingezogen und bewacht in Posen Kriegsgefangene. Auf die Schnelle sucht Harro Ersatz. Seine Wahl fällt auf Hans Coppi, der seit dem 15. Juni mit seiner großen Liebe Hilde frisch vermählt ist. Da dieser bereits im KZ saß, gilt er als nicht wehrwürdig und wird von der Wehrmacht verschmäht – kann sich der Aufgabe also zuverlässig annehmen. In Moskau ist man über diese Planänderung wenig erbaut und äußert Zweifel aufgrund Coppis fehlender Erfahrung. Dennoch verlangt die Zentrale von

Korotkow, dass es bei der Entscheidung bleibt und die Suche nach einem geeigneten Mann nicht noch weitere Kreise zieht. Es gibt keine Belege, wie viele Funkversuche in den folgenden Monaten wirklich stattfinden. Tatsache ist, dass die Sowjets den vertraulichen militärischen Berichten aus Berlin entgegenfiebern, sie aber *nicht* erhalten – und das in einer Situation, in der die Wehrmacht riesige Geländegewinne macht, Generalfeldmarschall Fedor von Bock, Oberbefehlshaber der Heeresgruppe Mitte, den Armeegeneral Dmitri Pawlow, zuständig für die sowjetische Westfront, in der Kesselschlacht bei Białystok und Minsk vernichtend geschlagen hat. Hunderttausende Soldaten der Roten Armee sind in Gefangenschaft geraten, kurz darauf nimmt die Wehrmacht Smolensk ein, befindet sich auf direktem Weg in Richtung Moskau.

Was also unternimmt Hans Coppi? Werktäglich muss der Schlaks mit der Nickelbrille und dem verträumten Blick auf Arbeit, wird in der Maschinenfabrik *Max Ehmke* in Tegel zum Dreher ausgebildet, malocht 60 Stunden die Woche – und wälzt nach Feierabend in der Laube draußen in Borsigwalde, wo er mit Hilde wohnt, mit der er ein Kind haben will, Fachbücher über das Funken. Noch versteht er wenig von der Materie. Derweil rast die Zeit, und es werden im Zentrum der russischen Hauptstadt Barrikaden gegen die heranstürmenden Deutschen errichtet. Wo nur bleiben die Nachrichten aus Berlin? Korotkow, inzwischen Moskauer Chef der deutschen Abteilung beim Auslandsnachrichtendienst des Innenministeriums, könnte die Frage beantworten. Er kennt die Hintergründe: Der Funker muss sein Handwerk erst einmal erlernen. Die Instruktionen, die mit dem Koffer gekommen sind und die sich Hans Coppi anzueignen versucht, sind kompliziert. Es gilt, an jenen Daten des Monats zu funken, die ein Vielfaches von 4 und 7 ergeben, jeweils von 2 Uhr bis 3 Uhr 15 deutscher Zeit auf der Wellenlänge 52,63 Meter sowie von 16 Uhr 15 bis 17 Uhr 30 auf 42,50 Meter und von 22 Uhr 30 bis 23 Uhr 15 auf 46,10 Meter. Als Rufzeichen soll er den 4., 1. und 6. Buchstaben der deutschen Bezeichnung für den Tag der Woche, an dem die Verbindung hergestellt wird, verwenden. Ruft er also an einem Donnerstag über die Grenzen des Reiches hinaus in den Äther, lautet sein Rufzeichen *ndr*, meldet er sich an einem Montag, ist es *tmg*.

Sosehr sich Hans Coppi bemüht: In diesem wichtigen zweiten Halbjahr 1941 kommt eine Verbindung nicht zustande. Draußen an der Front dröhnen die Geschütze, aber Moskau empfängt nichts, und die Frustration steigt. Wann wird die Kontaktaufnahme gelingen, und wie viele Schicksale hängen an dieser Frage? Viel wird Arvid im Wirtschaftsministerium über die deutsche Stoßrichtung klar, und ebenso viel erfährt Harro im RLM. Immer deutlicher sehen die beiden, wie die Nazistrategie auf Sand gebaut ist, da die deutsche Kriegswirtschaft den zeitgleichen Kampf gegen das Britische Weltreich und die Sowjetunion nicht mehr lange mit ausreichender Produktion stützen kann. Das Reich hat sich übernommen, und auch wenn die Sowjets mit dem Rücken zur Wand stehen: Es wird einen Umschwung geben. Massive Nachschubprobleme zeigen sich bereits im Herbst 1941. Bald wird es den Deutschen an Treibstoff fehlen – und ohne Sprit kein Vorstoß. Es gibt nicht genügend Flugzeuge, und auch die Produktion von Schiffen hinkt hinterher. Außer an Brutalität und Pervitin, jenem millionenfach ausgeteilten Methamphetamin-Präparat, das die Soldaten künstlich aufputscht, fehlt es im Grunde an allem. Diese entscheidende Tatsache, durch Zahlen aus Harros wie Arvids Dienststellen untermauert, könnte dem

Durchhaltewillen der Alliierten Rückenwind verschaffen. Die psychologischen Effekte einer erfolgreichen, kontinuierlichen Kommunikation via Kurzwellenfunk wären nicht zu unterschätzen.

In Moskau ruft die militärische Führung immer dringlicher nach Informationen vom hauseigenen Geheimdienst GRU sowie vom zivilen Auslandsnachrichtendienst NKWD. Dessen Chef Pavel Fitin beschließt daraufhin, den Kanal mit Berlin endlich funktionsfähig zu machen, verlässt sein Dienstgebäude am Lubjanka-Platz und läuft durch den eiskalten Regen zu einem Treffen mit den Kollegen der GRU. Der militärische Geheimdienst hat in Brüssel einen Mann mit dem Decknamen *Kent* sitzen, der einen Hang zum Abenteurertum besitzt. Fitins Vorschlag lautet, Kent trotz aller Gefahren nach Berlin zu schicken, um »die Situation zu klären, eilige Informationen zur Sendung nach Moskau zu erhalten sowie die Gründe des fehlenden Funkkontaktes über die vorhandene Funkstation zu erfahren«, wie es in den sowjetischen Geheimakten heißt.[296] So geschieht es, dass folgende vom NKWD formulierte Botschaft über die GRU-Kanäle verschlüsselt von Moskau an Kent in Brüssel geschickt wird:

»Suchen Sie in Berlin Adam Kuckhoff oder seine Frau in der Wilhelmshöherstraße 18, Tel. 83-62-61, zweite Treppe links, obere Etage, auf und erklären Sie, dass Sie von einem Freund ›Arwids‹ (sic) und ›Choros‹ geschickt werden, den Arwid als Alexander Erdberg kennt. Erinnern Sie an das Buch Kuckhoffs, das er ihm vor dem Krieg geschenkt hat, und an das Theaterstück ›Ulenspiegel‹. Schlagen Sie Kuckhoff vor, Ihnen, Kent, ein Zusammentreffen mit ›Arwid‹ und ›Choro‹ zu arrangie-

ren. Wenn es nicht möglich ist, dann klären Sie über Kuckhoff:
1. Wann wird die Funkverbindung aufgenommen und warum
funktioniert sie nicht?
2. Wo sind alle Freunde und wie ist ihre Lage?

(…)

Falls Kuckhoff nicht anzutreffen ist, wenden Sie sich an die
Frau von ›Choro‹, Adresse Altenburger Allee 19, Tel 99-58-
47, erklären Sie, dass Sie von jemandem kommen, der sie ge-
meinsam mit Elisabeth in Marquardt kennengelernt hatte.
Dieser Auftrag gilt auch, falls Sie Kuckhoff antreffen sollten.« [297]

Mit *Choro* meinen die Russen, die das »H« im kyrillischen Alphabet nicht kennen und es zu einem *Ch* translitterieren, Harro. In Zahlenkolonnen verpackt rauscht diese aus der Not geborene Nachricht am 26. August 1941 über die Antennenköpfe der deutschen Funkabwehr hinweg. Es ist ein grob fahrlässiger Funkspruch, da er Klarnamen verwendet, Adressen und Telefonnummern – geschuldet vielleicht der Aufgeregtheit der Situation. Was feststeht: Das Einzige, was Harro und Libertas, Arvid und Adam jetzt noch vom Scharfrichter trennt, ist die russische Verschlüsselung, der angeblich härteste Code der Welt, der nicht zu knacken ist.

14

Am 3. September 1941 ist Günther Weisenborn mit der Sängerin Lale Andersen bei seinem Verleger zum Tee, abends mit Joy und Harro am Wannsee, wo ein weiterer Freund hinzukommt, der gerade auf Heimaturlaub von der Russlandfront ist und »furchtbare Dinge erzählt«.[298] Zur gleichen Zeit bereitet sich der Mann, den die GRU *Kent* nennt – der Alias entstammt einem britischen Spionageroman –, auf seinen Berlinbesuch vor. Im wirklichen Leben, falls es das für *Kent* überhaupt noch gibt, heißt er Anatoli Gurewitsch. Er entstammt einer jüdischen Familie, hat in Leningrad Touristik studiert, wurde von Stalins blutigen Säuberungen verschont, weil er zu jung war, absolvierte einen Schnellkurs in Spionage, als händeringend neues Personal gesucht wurde, und beteiligte sich in seiner ersten Mission im Spanischen Bürgerkrieg als Dolmetscher. Kent ist nicht allzu groß, hat abstehende Ohren, eine Denkerstirn und wann immer möglich eine Pfeife im Mund, weshalb seine Unterlippe schon leicht deformiert ist. Mittlerweile lebt er mit falschem uruguayischem Pass auf den Namen Vincente Sierra in Brüssel, hat fünfzig Anzüge im Schrank und liebt eine jüdische Frau namens Margarete Barcza, die mit ihrer Familie vor den Nazis aus der Tschechoslowakei geflohen ist. Die schlanke, blonde Barcza hat keine Ahnung, wer ihr Mann in Wirklichkeit ist, nimmt aber rege an seinem sozialen Leben teil, das er als erfolgreicher Unternehmer führt. Mit seinen 27 Jahren ist Kent nämlich Chef der Simexco, einer belgischen Handels-, vielmehr Tarnfirma, die sich pikanterweise auf die Zusammenarbeit mit der deutschen Besatzungsmacht spezialisiert hat, Werkzeuge und Materialien liefert für alles, was die Nazis in den okkupierten Ländern Westeuropas bauen. So entstehen Verbindungen, Vertrauen wird im wahrsten Sinne aufgebaut, militärisch relevante Informationen sammelt die Simexco en passant.

In Brüssel ist der deutsche Kommunist Johann Wenzel, den man *Professor* nennt, verantwortlich dafür, dass die zusammengetragenen Informationen die sowjetische Hauptstadt via Kurzwelle erreichen. Und Brüssel ist nur eine Zweigstelle. Die Zentrale sitzt in Paris und wird von Leopold Trepper geleitet, einem polnischen Juden und Kommunisten, dem sagenumwobenen, von der deutschen Abwehr ebenso gefürchteten wie gejagten *Grand Chef*. Hatte Trepper zuerst eine Regenmantelfirma geführt mit dem romantischen Namen »The Foreign Excellent Trench-Coat«, ist auch er mittlerweile in der Baubranche tätig. In der französischen Hauptstadt sind die Beziehungen besonders gut zur *Organisation Todt*, die für das NS-Regime den Atlantikwall errichtet. Wo ein neuer Bunker gegossen oder eine Kaserne für die Waffen-SS errichtet wird: Die sowjetischen Agenten sind nicht nur dabei, sondern verdienen daran.

Am 28. August 1941, zwei Tage, nachdem er den Funkspruch erhalten hat, spaziert Kent, der *Petit Chef*, in Brüssel zur Oberfeldkommandantur 672 und trägt seinen Wunsch vor, für die Simexco eine Geschäftsreise zu unternehmen, und zwar nach Deutschland. Prompt erhält er ein Schreiben, das das wehrwirtschaftliche Interesse an dieser Reise bestätigt, und am 24. September 1941 genehmigt auch der Chef der Sicherheitspolizei und des SD den Ein- und Ausreisesichtvermerk für den uruguayischen Staatsbürger Vincente Sierra für das Reichsgebiet und das Protektorat Böhmen und Mähren – so die Bezeichnung für die von den Deutschen okkupierte Rest-Tschechoslowakei.[299]

Einen knappen Monat später, am 21. Oktober 1941, die Wehrmacht steht so nahe vor der russischen Hauptstadt, dass Panzergeneral Heinz Guderian im Scherenfernrohr das Treiben an einer Moskauer Straßenbahnendhaltestelle beobachten kann, sitzt Kent im Zug von Brüssel nach Köln, wo er eine Stunde Aufenthalt hat, Pfeife raucht, den Dom betrachtet, im Schlafwagen nach Nürnberg und um 10 Uhr 30 am nächsten Morgen weiter nach Prag fährt. Unter dem Nachnamen Sierra bezieht er am Wenzelsplatz im Hotel Skroubec ein Zimmer, macht Business für die Simexco, spricht bei der Handelskammer vor und versucht vergeblich, Kontakt zu einem Agentenkollegen aufzunehmen, der allerdings bereits hochgenommen worden ist.[300]

Am 28. Oktober 1941, einem Dienstag, geht es vom besetzten Prag in Richtung Reichshauptstadt. Der Zug fährt durch das Elbetal mit seinen bewaldeten Hängen und Burgen, alles von einem ungewöhnlich frühen, bezaubernden Schneefall bestäubt. Als sie eine Fabrik passieren, zückt Kent sein Notizbuch, schreibt mit unsichtbarer Tinte Lage und Namen auf. Jedes Mal, wenn sie Orte durchfahren, blickt er sich auftragsgemäß nach Bombenschäden um. Er soll außerdem nach möglichen Produktionsstätten für chemische Kampfstoffe Ausschau halten, zwecks Vorbereitung von Sabotageakten. Das jedoch stellt sich im Vorbeifahren als schwierig heraus. Der leichte Schnee immerhin freut ihn. Wenn es Ende Oktober im Deutschen Reich bereits so kalt ist, könnte das einen strengen Winter bedeuten. Dann wird es der Wehrmacht in den russischen Weiten frostig ergehen.

In Berlin angekommen – zu einer Zeit, als überall im Reich die Deportationen der jüdischen Bevölkerung beginnen –, bezieht der Agent sein von Prag aus telegrafisch reserviertes Zimmer im *Excelsior* am Anhalter Bahnhof, ein für Geschäftsleute konzipiertes, anonymes Etablissement mit über 600 Zimmern, das größte Hotel auf dem europäischen Kontinent. Er legt sich aufs Bett, schmaucht seine ewige Pfeife, macht sich bewusst, dass er die Höhle des Löwen betreten hat, und schläft vor Erschöpfung ein.

Am nächsten Morgen steht er früh auf, studiert in der *Morgenpost* die Glückwünsche an Joseph Goebbels, der an diesem Tag

44 wird, und liest voller Sorge von der Belagerung Leningrads, seiner Heimatstadt. Anatoli Gurewitsch beißt in das frische Brot des hoteleigenen Bäckers und blickt sich nach dem Kellner um. Er hat bereits zweimal das gleiche Frühstück bestellt und noch immer Appetit. Die Dörfer um Leningrad brennen. Von früh bis spät donnert die Artillerie. Auch wenn das nicht in der Zeitung steht, Gurewitsch weiß: Die Menschen in seiner Heimatstadt hungern. Nachts drängt man sich in der Eiseskälte zusammen. Erfrorene Pferde liegen am Morgen auf dem Pflaster und werden an Ort und Stelle ausgenommen. Männer haben Bärte, an denen Eiszapfen hängen, Frauen tragen Kopftücher, die an der Kopfhaut angefroren sind. Über Nacht ist erneut Schnee gefallen.

Anatoli Gurewitsch alias Vincente Sierra wischt sich die Krümel vom Jackett, unterschreibt die Rechnung, ja, zweimal das gleiche Frühstück, eine Marotte von ihm, auch wenn es gegen die konspirativen Regeln verstößt, weil es auffällig ist. Er zieht seinen Wintermantel über, der ihn dennoch nicht ganz warm halten wird. Als vermeintlicher Südamerikaner im winterlichen Deutschland friert es ihn programmgemäß andauernd. Als Nächstes betritt er eine Telefonzelle, verwandelt sich wieder in Kent. 99-58-47 ist der Anschluss, den er wählt. In einer Wohnung in Neu-Westend klingelt es.

»Ich habe Ihre Nummer von einer Freundin von Ihnen, die ich an einem Badeort kennengelernt habe, Elisabeth«, sagt er, als Libertas den Hörer aus schwarzem Bakelit abnimmt.

Sie treffen sich vor einem U-Bahnhof. Es gibt null Stunden Sonne an diesem Tag, eine Art Schneeregenschauer geht hernieder, kaltes Berliner Schmuddelwetter. Sie sieht ihn, als sie die Treppen nach oben steigt: Er wirkt ausgeglichen, freundlich, beinahe vergnügt, was Libs, der wild das Herz klopft, aufatmen lässt.

»Können wir ein paar Schritte gehen?«, fragt Kent, während um sie herum die Menschen zur U-Bahn strömen. »Es läuft sich gut in der Kälte.« Sein Deutsch ist passabel, denkt sie, blickt ihm in die Augen und nickt. Wenn ihr Charakter deshalb manchen so unstet erscheint, weil sie häufig zwischen übertriebenem Selbstbewusstsein und totaler Unsicherheit oszilliert, nimmt in diesen Momenten mit dem jungen russischen Agenten jene Extrovertiertheit überhand, die sie für Männer häufig so unwiderstehlich macht. Mit behandschuhten Fingern nimmt sie eine *Johnny* aus der Schachtel, steckt sie sich zwischen die Lippen. »Geht es Ihnen und Ihren Freunden gut?«, fragt Kent.

»Sind alle wohlauf.«

»Warum hört man in Moskau nichts von Ihnen?«

Sie inhaliert tief. Sie ist nicht über alle Vorgänge rund um die Funkerei informiert, aber dass es technische Probleme gibt, hat Harro ihr erzählt. »Ich glaube, das Funkgerät ist defekt.«

»Kann ich *Choro* sehen?«

»Ich habe ihn über Ihren Besuch verständigt. Er ist außerhalb von Berlin stationiert und kann Sie morgen Nachmittag zur gleichen Uhrzeit am S-Bahnhof Heerstraße treffen. Passt Ihnen das?«

Als der schlanke, groß gewachsene Harro mit seinen blonden Haaren und blauen Augen am nächsten Tag am S-Bahnhof Heerstraße im nass glänzenden Mantel der Luftwaffe auf Kent zuläuft, glaubt der für einen Moment, in eine Falle getappt zu sein. Was will dieser Offizier von ihm? Doch Harro ist alleine und gibt sich als Freund zu erkennen. Gemeinsam schlendern sie die Preußenallee in Richtung Altenburger, haben nach einer Viertelstunde die Wohnung erreicht. Im japanisch dekorierten Flur legt Kent Hut und Mantel ab. Libertas kommt aus der Küche, wo sie eine Kleinigkeit zu essen vorbereitet hat. Zusammen an einem Tisch sitzen und speisen, das bricht das Eis, vor allem als Harro eine Flasche Wodka aus dem Kühlschrank holt, die Gläschen aus der braunen Stilkommode, wo auch das Rosenthal-Service »Chippendale« untergebracht ist, ein Geschenk von Marie Luise.

Im Anschluss setzen sich Harro und Kent im Salon mit dem Kamin in die hohen Sessel aus der Kaiserzeit, die Libertas in Liebenberg abgestaubt hat. Kent verschwindet geradezu in dem seinen, streckt die Füße auf dem braunen Boucléteppich aus, starrt auf den alten schwedischen Schrank, den Oma Augusta Libs aufgeschwatzt hat, weil man darin alles so gut verstauen kann, stopft sich eine Pfeife, zündet sie an. Sie beginnen ihr Gespräch mit der Frage, weshalb es bislang mit der Kommunikation nicht geklappt hat, und Harro erklärt, dass es ihnen aus irgendwelchen Gründen unmöglich sei, Nachrichten oder irgendwelche Bestätigungen ihrer Funkversuche zu empfangen.[301]

Auf ihrer Seite sei nichts angekommen, entgegnet Kent und vereinbart mit Harro als neue Wellenlänge 47 Meter, auf der die Berliner die Zentrale hören können. Als Nächstes schreibt er mit unsichtbarer Tinte Harros Zusammenfassung der Neuigkeiten der vergangenen Wochen auf. Die Hauptstoßrichtung der Deutschen wird nicht Moskau sein, sondern der Kaukasus. Im Frühling nächsten Jahres soll der Angriff dort erfolgen. Das Reich kämpfe mit Treibstoffproblemen; die Offensive in Richtung der südrussischen Stadt Maikop habe das Ziel, dies zu ändern. Derzeit reichten die für die Kriegsführung notwendigen Benzinvorräte nur noch für kurze Zeit.

Im weiteren Verlauf des Gesprächs legt Harro Wert darauf, seinem Gegenüber die Schwächen der deutschen Produktion darzulegen. Er will die Moral der Russen stärken, da man in Moskau, wie er von Kent erfährt, über die ungeheure Kampfkraft der deutschen Armeen besorgt sei. Harro berichtet, dass die Serienproduktion von Flugzeugen in den vom Reich besetzten Ländern hinterherhinkt. Dort würden bislang vor allem Reparaturarbeiten ausgeführt, und insgesamt gebe es nur 2500, allerhöchstens 2700 gefechtsbereite Maschinen. Große Verluste seien in letzter Zeit verzeichnet worden, auch bei Spezialeinheiten. Die immer umfangreicheren Hilfslieferungen Englands und der USA an die Sowjetunion erschwerten die Operationen der Deutschen wesentlich. Die Macht Hitlers sei keineswegs so groß, wie man annehme. Ein Teil der deutschen Generalität habe den Glauben an einen baldigen Triumph bereits verloren.

Nach über zwei Stunden treten die beiden Männer in den japanisch dekorierten Flur zurück. Kent verabschiedet sich auch von Libertas.

»Hier ist nicht viel Neues«, schreibt Harro nach dem brisanten Treffen seinem Vater. Tatsächlich hat ihm der Besuch des Russen beste Laune gemacht. Endlich ist ein Kanal offen. Sie sind in Moskau gefragt.

15

In der Jägerstraße 26 am Berliner Gendarmenmarkt ist die zum Propagandaministerium gehörige »Deutsche Kulturfilm-Zentrale« untergebracht. Im August 1940 gegründet, laufen in dieser Behörde die Fäden zusammen, was die zehn- bis fünfzehnminütigen Kurzfilme betrifft, die seit 1933 im Begleitprogramm nicht nur der Premierenkinos zu sehen sind. Die Dokumentarfilmproduktion floriert, weil der prominente Slot vor dem Hauptfilm ständig mit neuer Ware zu füllen ist. Zahllose sogenannte *Kulturfilme* werden jedes Jahr von häufig kleinen Produktionsfirmen hergestellt, in den unterschiedlichsten Stilen, mit den verschiedensten Ansätzen und einer Themenvielfalt, die für die Kontrollwut der Nazis ein Albtraum ist.

Das versucht die Kulturfilm-Zentrale zu ändern, die unter der Leitung von Oberregierungsrat Carl Neumann zur »zentralen Produktionsleitung für das gesamte deutsche Kulturfilmschaffen« werden soll, um sämtliche Vorhaben zu überprüfen und jeden Produzenten zu verpflichten, »sein Projekt zunächst bei der Zentrale einzureichen und dort genehmigen zu lassen«.[302]

Als dort eine Referentin für die Abteilung »Kunst, deutsches Land und Volk, Völker und Länder« gesucht wird, bewirbt sich Libertas. Ob es die Empfehlungen von MGM oder der National-Zeitung sind oder ihre guten Beziehungen zu Schutzengelsing, den einflussreichen Produzenten der Tobis: Sie bekommt die Stelle. Ihr exzellentes Monatsgehalt liegt ab dem 1. November 1941, ihrem Dienstantritt und eine Woche nach dem Besuch von Kent, bei 800 Reichsmark und übersteigt damit das von Harro, der seit seiner Beförderung zum Oberleutnant mittlerweile 500 RM erhält.[303]

Libs weiß schon lange, dass sie aufhören muss, über Filme nur zu schreiben, sondern endlich anfangen, selbst welche zu machen. Das Engagement bei der Kulturfilm-Zentrale scheint ihr ein wichtiger Schritt dahin. Doch erneut kommt ihr der Krieg dazwischen, denn bereits an ihrem ersten Arbeitstag sieht sie sich unerwartet vor eine Herausforderung ganz anderer Art gestellt. Briefumschläge liegen auf ihrem neuen Schreibtisch, mit erschreckenden Fotografien darin, freiwillig eingesandt von Soldaten, und was die Landser auf diesen Aufnahmen tun, ist der Tod. Offiziell ist es den Einsatzkräften strengstens untersagt, Hinrichtungen zu fotografieren, aber vor ihr liegen plötzlich Schnappschüsse, von denen einige die sogenannten Sonderbehandlungen zeigen, Einsatzgruppen in Aktion beim

Massenmord an den Juden. Libertas, die keine Ahnung hat, auf welche Weise diese Bilder innerhalb von Goebbels' Propagandaministerium in die Kulturfilm-Zentrale und dort ausgerechnet zur Referentin für »Kunst, deutsches Land und Volk, Völker und Länder« gelangen, ist wie vor den Kopf geschlagen.

16

In diesen Wintertagen wird Harro aus Wildpark-West in die Wilhelmstraße zurückversetzt, hinter den Muschelkalk, der bei den rapiden Kälteeinbrüchen, wenn nachts die Temperaturen schlagartig unter null fallen, so laut knackt, dass es sich wie Schüsse anhört. Jetzt wohnt er wieder zusammen mit Libertas. Es ist der 20. Dezember 1941, Hitler hat eine Woche zuvor den USA den Krieg erklärt, und Libertas' neuer Chef, Propagandaminister Goebbels, ruft das deutsche Volk dazu auf, Wintersachen zu spenden für die Männer an der Ostfront, die eingeschneit sind und denen die Führung im Glauben an einen raschen Sieg keine Winterausrüstung mitgegeben hat.

Harro und Hans Coppi laufen an diesem Vorweihnachtsabend die Doppelreihung der jungen kahlen Bäume in der Mitte der Reichsstraße entlang, schließen die Haustür mit der Nummer 106 auf, gleich am Adolf-Hitler-Platz, der heute Theodor-Heuss-Platz heißt. Sie steigen in den breiten, hellgrau lackierten Fahrstuhlkäfig und fahren nach oben.

Harro hat den Schlüssel zum Tanz- und Bildhaueratelier von Oda Schottmüller, die nicht zu Hause ist, sondern für das Unterhaltungsprogramm der Wehrmacht mit ihrem Tanzprogramm durch Frankreich und Holland tourt. Ihre Bleibe ist ein fabulöses Loft, aus dessen Fenstern man einen weiten Blick in Richtung Norden hat. Schön hoch gelegen und somit ideal für das, was die beiden Besucher vorhaben.

Hans Coppi setzt den Vulkanfiberkoffer auf Odas Arbeitstisch, Verschlüsse schnappen, der Deckel springt auf. Sein Blick gleitet über die gelb gestrichenen Wände, an denen Odas selbst gemachte Masken hängen, eine goldene mit Glatze, die »Der Henker« heißt, eine andere von unheimlicher Lebendigkeit mit rot schwellenden Lippen, tiefblau leuchtenden Augen, echten Haaren. Es ist eiskalt in dem großen Raum, ein Grammophon steht neben einer Schallplattensammlung – Kammermusik, Musik aus Japan, Indien, Bali.[304] Über einem Kleiderbügel hängt ein netzartiges goldfarbenes Kostüm, das Oda bei einem ihrer neuen Tänze trägt, der den Titel *Gold* hat und dessen Choreografie die Absurdität des Kapitalismus vorführen soll. Daneben hängt ein graugrünes Cape und ein Trikot mit aufgemaltem Skelett, das sie für »Der Letzte« nutzt, einen Tanz über den Tod auf dem Schlachtfeld.

Harro schaut auf seine Armbanduhr, er trägt Handschuhe, es ist zwanzig nach zehn. Er holt das Kuvert heraus, das Arvid an Hans Coppi weitergeleitet hat. Abgetippte Zahlenkolonnen, in Fünfergruppen gereiht. 22 Uhr 29, in einer Minute beginnt die Sendezeit. Hans hat die Wellenlänge eingestellt. Er legt den rechten Zeigefinger auf die Morsetaste. Harro hat den Federdruck so justiert, dass das Ein- und Ausschalten des Stromes weder zu leicht noch zu schwierig erfolgt, achtzig bis einhundert Buchstaben pro Minute möglich sind.

Um Punkt halb elf ruht Hans Coppis rechter Ellenbogen auf dem Tisch. Er weiß mittlerweile: Die Melodie kommt aus dem *lockeren* Handgelenk, jeder Funker hat seine eigene Handschrift, weshalb es denen, die am anderen Ende sitzen, normalerweise nicht genügt, nur die Kennung zu wissen. Es gilt, die *Handschrift*

Die Melancholie des Widerstandes:
Oda Schottmüller, Bildhauerin und Maskentänzerin.

des Partners zu erkennen – nur hat Hans Coppi bislang keine
Gelegenheit gehabt, eine erkennbare Signatur zu entwickeln,
da es noch immer nicht mit einer Übertragung geklappt hat.

Mit Daumen und Zeigefinger hält er den Knopf am Tast-
hebel fest. Jetzt nicht verkrampfen, sonst kann man, wie beim
Klavierspielen, eine Sehnenscheidenentzündung entwickeln.
Fünfmal bewegt er den Taster. Fünfmal schaltet die Schwung-
feder den Strom ein und wieder aus, ein und wieder aus ... fünfmal ... dreimal ... sechs ... dann *einmal:* So müsste die Kennung lauten – Pause. Es ist still im Raum. Drei ...

Acht ...

Fünf ... fünf ...

Dass sich diese Impulse in den sensitiven Fühlern der deutschen Fahnder verfangen, ist nach dem Krieg von ehemaligen Mitarbeitern der Funkabwehr behauptet worden. Einen Beweis gibt es nicht. In einer dicht besiedelten Stadt wie Berlin ist das Anpeilen alles andere als einfach. In diesem Fall hätten sich die Fäden im Westen geschnitten: Dorthin würden die Autos dann rasen, Minuten später stoppen, die Technik der Richtungsfindung wiederholen, das Ergebnis zur Leitstelle schicken, von dort eine Aktualisierung der Koordinaten erhalten, um sich näher heranzupirschen an jenen Ort, wo die Masken an der Wand hängen und die deutsche Kriegsführung demaskiert werden soll.

Nach einer Viertelstunde können die schlanken, muskulösen, mittlerweile trainierten Finger von Hans Coppi den Knopf nicht mehr halten, dabei ist gerade einmal die Hälfte der Zahlengruppen durchgegeben. Also kurze Pause, dann Handgelenk weiterhin lässig, Ellenbogen auf dem Tisch, Zeigefinger und Daumen bewegen den Taster von links nach rechts, während Harro vor den Fenstern auf und ab läuft, damit ihm wärmer wird – auch er ein Taster. Ist es nicht ein unverschämt schöner Sternenhimmel in dieser Nacht über dem Adolf-Hitler-Platz?

Die Fahrzeuge der Abwehr würden jetzt parken, hätten sie die Spur von Harro und Hans aufgenommen. Ausgestattet mit neu entwickelten Nahfeldpeilern, die in unscheinbaren Koffern Platz finden, aus denen kaum sichtbare Kabel zu Minikopfhörern führen, würden Männer aussteigen, sich mit schnellem, aber nicht zu schnellem Schritt durch die Straßen bewegen. Noch hätten sie die genaue Adresse nicht.

Enttäuscht schüttelt Harro seinen Windhundkopf. Es kommt auch dieses Mal keine Bestätigung. Hans schaltet das Funkgerät aus. Der Verschluss des Koffers schnappt zu. Sie löschen das

Licht, schließen hinter sich ab, steigen in den Fahrstuhl und fahren nach unten, stehen auf dem Adolf-Hitler-Platz, von dem sternförmig die Straßen abgehen und der die Verbrennungsmotoren aus allen Himmelsrichtungen anzieht, auch jenes vermeintliche Fahrzeug der Funkabwehr, das nun sein Ziel erreichen würde, aber soeben das Signal verloren hat.

17

Doch wohin nun mit dem Funkgerät? Seit einer Weile kennt Hans Coppi die dreißigjährige Erika Gräfin von Brockdorff, die im selben Altbaukomplex wohnt wie Greta und Adam Kuckhoff. Auch Erika praktiziert mit ihrem zur Armee eingezogenen Mann Cay, mit dem sie eine vierjährige Tochter hat, eine freie Ehe. Vielleicht noch plastischer als andere verkörpert Erika jene Art von Rebellentum, wie es auch Libs und Harro gefällt: den Widerstand aus dem Leben heraus, den natürlichen, bei manchen Menschen nicht zu stoppenden Impuls, Farbe zu bekennen, farbig zu *sein*. Erika ist eine sinnliche Frau mit kurzen blonden Haaren. Auf den meisten Fotos lächelt sie leise, doch aus ihrem Blick wird klar, dass sie auch derbe lachen kann. Sie fürchtet sich vor niemandem und weiß, welchen Eindruck sie auf Männer macht mit ihrem freien Geist und ihrer kurvigen Erscheinung. Als nach dem erneuten Fehlschlag bei Oda ein alternativer Ort für die Funkversuche benötigt wird, stellt Erika ihre schönen, atelierartigen Räumlichkeiten zur Verfügung. Bis zum Ende wird bei ihr ein Quartier sein, in dem Funkversuche stattfinden und defekte Geräte repariert werden. Erika von Brockdroff genießt die neue Rolle, kostet jeden Moment ihres nun klandestinen Daseins in vollen Zügen aus.

18

Zur Weihnachtszeit dieses Jahres 1941, in dem das Kriegsglück der Wehrmacht sich wendet, weil die Eroberung Moskaus nicht gelingt, lernt Harro den 42-jährigen Psychoanalytiker und Psychotherapeuten Dr. John Rittmeister kennen, Leiter der Poliklinik des Deutschen Instituts für psychologische Forschung und Psychotherapie. John stammt aus einer alteingesessenen Hamburger Kaufmannsfamilie, ein feinfühliger, schmaler, hochintellektueller Mann. Für Rittmeister ist die Ablehnung der Diktatur ebenso eine Selbstverständlichkeit wie die Unterstützung jener, die unter dem Regime leiden. Mehreren seiner jüdischen Patienten hat er bei der Ausreise geholfen, einige seiner homosexuellen Klienten durch entlastende Gutachten unterstützt. Johns Frau Eva ist fünfzehn Jahre jünger als er, will Schauspielerin werden und besucht einen Abiturvorbereitungskurs an der privaten Abendschule von Dr. Wilhelm Heil in Schöneberg, wo sich ein Kreis regimekritischer junger Arbeiter, Angestellter und Schülerinnen herausgebildet hat. Häufig treffen sich alle nach dem Unterricht bei Rittmeisters zu Hause, besprechen mit John psychotherapeutische wie politische Themen und diskutieren, was gegen das Regime unternommen werden kann.

Den unwiderstehlichen, strahlenden Harro mit seinen interessanten Informationen und Einschätzungen zur Lage zu treffen, empfindet John Rittmeister als eine Art Erlösung. Plötzlich hat er jemanden, mit dem er auf Augenhöhe sprechen kann – der ihn ergänzt. So geschieht es, dass sich Harros Kreis durch die neue Bekanntschaft schlagartig um den gesamten Zirkel von John Rittmeister vergrößert.

Der Zeitpunkt, wieder aktiv zu werden, scheint ideal. Zum ersten Mal seit Kriegsbeginn gibt es negative Nachrichten von der Front. Die Deutschen spüren, dass es ans Eingemachte geht: Hunderttausende junger Männer sind bereits gefallen. Die Ende Oktober schon vor Moskau stehenden Divisionen sind von der Roten Armee um bis zu 300 Kilometer zurückgedrängt worden. Ein guter Moment, um aus der Deckung zu kommen, die Öffentlichkeit zu suchen, Kontakte zu möglichst vielen Menschen, potenziellen Gleichgesinnten aufzunehmen. Zwischen Harro und John entsteht die Idee einer umfassenden Flugschrift, die die in der Bevölkerung schlummernden Widerstandskräfte wecken soll: Leute erreichen, die die Nazis verabscheuen, sich bislang aber nicht aufraffen konnten, etwas zu tun, und davon gibt es viele in Deutschland. Mit einem aufrüttelnden Text den kritischen bürgerlichen Kräften Mut auf einen Neuanfang machen – jetzt, wo sich Licht am Ende des Tunnels zeigt. Jetzt, wo die Zeit drängt.

19

In dem Maße, wie die Erfolge an der Ostfront ausbleiben, treibt das NS-Regime die Verfolgung der jüdischen Bevölkerung in Europa mit Hochdruck voran. Ab dem 3. Januar 1942 wird Juden die Ausreise aus dem Reich verweigert, am 16. Januar beginnen die Deportationen aus dem Lodzer Ghetto in das Vernichtungslager Kulmhof. Ab dem 17. Januar dürfen Juden auf Anweisung von Goebbels an Kiosken keine Zeitungen mehr kaufen, auch Abonnements sind verboten. Am 20. Januar 1942 werden in einer Villa an jenem Wannsee, auf dem Harro und Libertas sich kennengelernt haben und noch immer so gerne segeln gehen, die Zuständigkeiten für die »Endlösung der

Judenfrage« geregelt. Unter der Führung von Reinhard Heydrich, dem Chef des Reichssicherheitshauptamtes, in das auch die Gestapo eingegliedert ist, wird die systematische Massentötung, der Genozid, zur Staatsaufgabe gemacht. Jeder Einzelne in der Riesenmaschine des Reiches, der hiervon Kenntnis erlangt und trotzdem weiter mitmacht, wird damit zum Mörder. Hunderttausende sind das in Deutschland – während jene, die etwas *dagegen* unternehmen, an ein paar Händen abzuzählen sind. Am 21. Januar 1942 fährt ein Deportationszug mit tausend Menschen aus Leipzig nach Riga ab, in jene Stadt, in die sich einst die Flüchtlinge retteten, die in Nidden Zwischenstation machten und von Libertas fotografiert worden sind.

Wie sich der Massenmord an den Juden in Deutschland und ganz Europa manifestiert, erfährt Libertas jeden Tag in der Deutschen Kulturfilm-Zentrale. Immer mehr Schnappschüsse aus dem Osten landen auf ihrem Schreibtisch. Wusste Libertas lange nicht, wie auf diese Materialien zu reagieren ist, hat sie mittlerweile einen Plan gefasst. Sie archiviert die Gräuel, und sie tut mehr als das. Sie tritt mit den Tätern, die sich ihrer Verbrechen sogar rühmen, in Kontakt, antwortet ihren Zeilen, die den Fotografien manchmal beiliegen, bittet um vollständige Namen, Truppenbezeichnungen, Anschriften in der Heimat. Möglichst viele Details will sie sammeln, Material für die großen Prozesse gegen die Täter, die sie für die Zeit nach diesem Krieg und der endgültigen Niederlage der Wehrmacht erwartet. Ihre Sammlung ist somit ein Vorläufer der kontrovers umkämpften Wanderausstellung »Verbrechen der Wehrmacht« des Hamburger Instituts für Sozialforschung, die mehr als ein halbes Jahrhundert später der deutschen Öffentlichkeit zum ersten Mal das Ausmaß der Beteiligung des Militärs am Völkermord bekannt machen wird.

Auf einem Foto, das Libertas archiviert, ist ein kleines Mädchen zu sehen mit ihrem etwas älteren Bruder, einem Baby und der Mutter. Zu viert sollen sie erschossen werden. Das Mädchen hat noch seine aus Lumpen zusammengeflickte Puppe geholt und in der anbefohlenen Stellung neben sich aufgebaut. Den Löwenanteil dieser belastenden Arbeit, das Einkleben in ein Album, das Beschriften sowie die Korrespondenz mit den Tätern, erledigt Libertas von zu Hause. An ihre Schwiegermutter Marie Luise schreibt sie im Januar 1942: »Oft bin ich tief melancholisch … ich weiss nicht, wie man bei wachem Verstand all das ertragen soll, was in der Welt tagtäglich geschieht. Aber es muss ja nun bald ein Ende geben. Ich glaube fest daran.«[305] Konzentriert sitzt sie an ihrem Werktisch, während von der anderen Seite des Salons das beruhigende Tastenklacken der Schreibmaschine von Harro kommt. Die beiden mögen manchmal weniger Zeit miteinander verbringen und seltener miteinander schlafen, als es Libertas bevorzugen würde, aber sie *sind* ein Paar, das sich liebt und versteht. Harro schiebt den Schlitten nach links, Absatz. Die Heizung ist kaputt oder wegen Krieg runtergefahren: Schnell tippen seine Finger, damit ihn nicht friert. Er feilt an seiner neuen Flugschrift, nimmt Anregungen von John Rittmeister auf:

»Die staatliche Bürokratie in ihrer infamen Dummheit ist kaum noch imstande, die ihr zufallenden Aufgaben zu lösen. Die Korruption in der Verwaltung, im Wirtschaftsleben, in der Wehrmacht, vor allem aber innerhalb der Gliederungen der Partei hat ein ekelhaftes Ausmaß erreicht.«[306]

Beeinflusst von den Radioansprachen Thomas Manns, die der Schriftsteller seit 1940 aus dem kalifornischen Exil über die BBC ausstrahlen lässt, will Harro all das anprangern, was an der NS-Regierung anzuprangern ist: die Gräueltaten im Osten, von denen er über Libertas erfährt, die immer schlechtere Versorgungslage im Inneren, die Korruption der Partei und der von den Nazis kontrollierten Behörden. Es ist ein Rundumschlag, der sich für eine sozialistische Erneuerung der Gesellschaft ausspricht, für Frieden an allen Fronten und Bestrafung der Täter.

Oft fällt die Konzentration auf die Arbeit schwer, denn immer wieder unterbricht sie das Heulen der Sirenen. Manchmal bombardiert die Royal Air Force den Stadtteil Mitte, dann Steglitz oder Tempelhof. Harro und Libs haben sich als Brandwarte einteilen lassen, allein aus dem Grund, damit nicht ein fremder Brandwart durch ihre Wohnung stiefelt, wenn sie unten im Keller sitzen. So hingegen können sie oben bleiben, gehen in das unbenutzte Kinderzimmer, schalten die Heizsonne an, kuscheln sich unter die Schafwolldecke und betrachten durch die Dachluke den gleißenden Himmel, das Feuern der Flak, die über den Wolken spielenden Strahlenbündel. Minutenlang hängen die Leuchtbomben am Himmel, und sie spüren den sich nähernden Geräuschkern der feindlichen Flugzeuge, umkränzt vom Aufblitzen der platzenden Geschosse.[307] »Wenn einem eine Bombe aufs Bett fällt, ist es natürlich Pech«, kommentiert Harro ihre Wahl, nicht in den Luftschutzkeller zu gehen, lakonisch. »Wenn die Bombe aber 1 m weiter an der Hausmauer entlang nach unten fällt, dann detoniert sie im Schutzraum, und die Leute unten haben ihre besten Tage gesehen, wenn sie nicht schon an Grippe, Nieren-, Lungen- oder sonstigen Entzündungen eingegangen sind (was uns oben nicht passieren kann).«[308]

Den Eltern gegenüber wiegelt er gerne ab, was nur zeigt, wie normal der Wahnsinn geworden ist:»Das Bombenrisiko ist doch wirklich vorerst nicht größer als das bei einem normalen Berliner Weekend in irgend einem modernen Verkehrsmittel. (…) Vorläufig ist es ja alles gar nicht der Rede wert. Man muss sich doch nicht verrückt machen lassen. Man wird sich gewöhnen an den Krach.«[309] Selbst wenn mitten auf der Reichsstraße, direkt ums Eck, die Granate einer schweren Flugabwehrkanone, ein Bodenkrepierer, herunterkommt und mit einer solchen Wucht detoniert, dass es unzählige Löcher in die Häuserwände ringsum reißt, zahllose Fenster zersplittern lässt und einen höhlengroßen Krater im Straßendamm hinterlässt, nimmt Harro es gelassen. Vielleicht freut er sich insgeheim sogar, denn er weiß: Immer mehr machen die britischen Bombenangriffe dem Deutschen Reich zu schaffen. Im Zeitraffer ist die jahrhundertealte Backsteingotik Lübecks und Rostocks in sich zusammengesunken, und Köln steht *Operation Millennium* bevor, bei der erstmals über eintausend Bomber gleichzeitig angreifen. Kiel, Harros Geburtsstadt, ist bereits zerstört. Am 14. Februar 1942 wird bei Harros »Kollegen« im britischen Luftfahrtministerium die Direktive der Flächenbombardierungen ziviler Ziele erteilt, also von Innenstädten und Wohngebieten. Über neunzig Prozent der Münchner Altstadt, wo die NSDAP ihren Ausgang nahm, existieren bald nicht mehr. Kriegswichtige Betriebe – BMW, Krauss-Maffei, Dornier – werden schwer getroffen.

Anhand der Produktionsstatistiken, die im RLM vorliegen, geht Harro von einem Erfolg dieser Luftschläge hinsichtlich des Kriegsausgangs aus. Unter Kollegen gibt es Diskussionen, ob die Festlegung eines so großen Teils der alliierten Industrie auf die Erzeugung von nicht als Schlachtflieger einsetzbarer Bomber militärisch gesehen eine Fehlleistung darstellt. Doch Harro ist überzeugt davon, dass ein verschärfter Luftkrieg für

Deutschland völlig untragbar wird. Auch glaubt er nicht, dass die Engländer »mit Rücksicht auf ihre oder unsere Prachtbauten die Angriffe aufstecken. Ihr ganzer materialistischer Kriegsplan läuft ja darauf hinaus, eben in immer stärkerem Maße ihre angebliche Produktionsüberlegenheit zum Tragen zu bringen, und am Besten können sie das ja aus dem Luftraum heraus.« Für ihn ist klar: »Deutschland wird durch Rohstoffmangel nicht in der Lage sein, den Mangel zu decken – und deshalb werden die anderen Luftwaffen, die diese Schwierigkeiten nicht haben, eines Tages gewinnen. Aber wieviel an nie zu ersetzenden Kulturwerten wird noch vor die Hunde gehen.«[310]

Ein idealer Zeitpunkt für die Erstellung der neuen Flugschrift. Ihr Titel soll lauten: *Die Sorge um Deutschlands Zukunft geht durch das Volk.*

20

Cato Bontjes van Beek ist eine neue Freundin von Libertas. Auf der Leipziger Messe haben die beiden sich getroffen, sind zusammen im *Caesar* zurück nach Berlin und haben sich dabei im Auto, einem sicheren Ort, ausgesprochen.[311] Seitdem haben sie sich ein paarmal getroffen, Tischtennis gespielt oder aus der Schweiz geschmuggelte Schallplatten von Thomas Mann gehört. Von Libs' Begegnung mit dem *Zauberer* in Zürich ist Cato, deren Stupsnase Sommersprossen sprenkeln und die ihre rötlichen Haare zurückgebunden trägt, ebenso beeindruckt wie von ihren Kontakten in die Filmwelt. Sofort sagt sie deshalb zu, als Libs sie um Mithilfe in der Kulturfilm-Zentrale bittet. Es geht um Schreibarbeiten für die geheime Bildersammlung der Wehrmachtsverbrechen.

Cato hat keine Probleme damit, ihrer antinazistischen Gesinnung Taten folgen zu lassen. Das tut sie ohnehin schon.

Mit ihrer Freundin Katja Casella versteckt sie seit einiger Zeit Leute vor der Gestapo, dafür stellt Katja ihr Maleratelier zur Verfügung. *Umbetten* nennen sie das. Es geht um Menschen, die in ihren eigenen vier Wänden nicht mehr sicher sind und eine Unterkunft benötigen, wo die Polizei sie nicht findet, für ein, zwei Tage, manchmal länger. Heikel wird die Sache bei Fliegeralarm, dann darf Katjas Atelier, ebenso wie alle anderen Räume und Wohnungen in Berlin, nicht verschlossen werden, da der Brandwart überall Zugang haben muss, um überprüfen zu können, ob die Luftschutzvorschriften eingehalten werden. Ihren Gästen impfen Cato und Katja deshalb ein, bei Luftangriff den Schlüssel an einem vereinbarten Ort zu deponieren, so schnell wie möglich das Haus zu verlassen und erst nach einer Weile zurückzukehren, in der Zwischenzeit mit niemandem zu reden.

Und noch etwas unternimmt Cato gegen die Zustände in Deutschland unter dem Hakenkreuz. Es geht um die zahllosen Zwangsarbeiter, deren Leistungskraft das Regime ausbeutet, um die Kriegswirtschaft aufrechtzuerhalten, weit über eine Million Menschen aus Frankreich, Polen, der Sowjetunion und vielen anderen Ländern, Anzahl steigend. Gemeinsam mit ihrer Schwester Mietje und der befreundeten Sybille Budde, einer »Halbjüdin«, hat Cato ein System entwickelt, wie sie Kontakte zu französischen Kriegsgefangenen knüpfen. Die jungen Frauen begeben sich dafür zur S-Bahn-Station Witzleben, wo die ebenso jungen Franzosen in kleinen Trupps mit ihren Bewachern einsteigen, um bis Westkreuz zu fahren, wo sie beim Pharmakonzern Schering zwangsarbeiten. Jeden Morgen klappern ihre primitiven Holzpantinen auf den Treppen der Bahn-station, in den gekachelten Durchgängen. Immer fahren die Franzosen mit dem Wagen ganz am Ende, das ist Vorschrift – und Cato, Mietje und Sybille kommen immer genauso spät auf den Bahnsteig, dass sie den Zug nur noch rennend erwischen – und nur noch den letzten Wagen. Sobald sie eingestiegen sind, lenken zwei von ihnen die Bewacher ab, während die Dritte mit einem wortlosen Lächeln Botschaften und Geschenke an die französischen Häftlinge verteilt.

Nicht lange dauert es, bis Cato, Mietje und Sybille Bestellungen zugesteckt bekommen, die Bitte nach einem Medikament, Bleistiften, Nähzeug, Obst, Streichhölzern, Tabak. Einmal bringen sie den Franzosen einen Fußball mit, für den Feierabend im Barackenlager. Es sind gefährliche Aktionen, die leicht auffliegen können, weshalb die Gefangenen sie beschwören, damit aufzuhören. Doch Cato will weitermachen. Zu sehr genießt sie diese kleinen Flirtabenteuer, selbst wenn sie lebensgefährlich sind. Genau die richtige Mitstreiterin für Libertas.

21

In Berlin entsteht in diesen frühen Wochen des Jahres 1942 durch freundschaftliche Kontakte Einzelner ein Netzwerk, von dessen Ausmaß nur wenige eine Vorstellung haben. Es überlappen sich dabei der Scharfenbergkreis um Hans Coppi, der Zirkel junger Leute von Rittmeister, die bunte Truppe des Dramaturgen Wilhelm Schürmann-Horster, die sich bei Brockdorffs und in anderen Wohnungen trifft, der Diskussionszirkel um Arvid Harnack mit von Mildred ausgewählten Schülern aus dem Berliner Abendgymnasium – sowie die Kommunisten um den Journalisten John Sieg im roten Neukölln. In der Wohnung des ehemaligen preußischen Kulturministers und religiösen Sozialisten Adolf Grimme, nach dem später der wichtigste Fernsehpreis der Bundesrepublik benannt werden wird, entsteht ebenfalls eine Gesprächsrunde, der sein Studienfreund Adam Kuckhoff, Arvid Harnack und wiederum John Sieg angehören. Nicht alle wissen von allen. Harro ist einer der führenden Köpfe, aber nicht der Anführer, denn einen solchen gibt es nicht. Viele der Fäden laufen jedoch bei ihm zusammen.

Über einhundertfünfzig Künstler, Schriftsteller, Ärzte und Akademiker, Arbeiter wie Angestellte, Soldaten und Offiziere, Studenten haben sich mittlerweile verbunden: Konservative, Kommunisten, Sozialdemokraten, sogar ehemalige Nazis, aber überwiegend Parteilose, Katholiken wie Protestanten, Frauen und Männer jüdischer Herkunft, Atheisten, Adlige und Arme, Abiturienten wie Großväter – und erstaunlich viele Frauen, beinahe die Hälfte. Aus insgesamt sieben Berliner Freundes- und Widerstandskreisen bildet sich eine amorphe Verflechtung, eine Sammlungsbewegung, deren Organisationsprinzip nicht von oben bestimmt wird, für das es keine Regelungen gibt, kein Statut, keine Mitgliedschaft, keine Gliederung oder Hierarchie. Drei Dekaden später, in den Siebzigerjahren, finden Poststrukturalisten in Paris einen Begriff für eine solche Form: *Rhizom*. Es ist eine allmähliche Entwicklung der Wissensorganisation, eine nicht hierarchische Ausbreitung und vielleicht endlich das, was Harro sich schon zu Weimarer Zeiten vorgestellt hat: eine organische Gemeinschaft der *Gegner*, die Kampfgenossen und Freunde sind. Ein »Bund für unentwegte Lebensfreude«, wie der Romanist Werner Kraus es nennt.

Nicht immer bleiben die Zusammentreffen derart unterschiedlicher Charaktere widerspruchsfrei. Die bunt gemischten

Bildungsgrade, unterschiedlichen Altersgruppen, verschiedenen Geschlechter und sexuellen Orientierungen produzieren auch Reibungen. »Feindliches Territorium!«, grummelt die klassenbewusste Ehefrau Heinrich Scheels, als sie zum ersten Mal in der Altenburger Allee 19 eintrifft, die wegen ihres freien Blicks aus dem fünften Stock auch »die italienische Wohnung« genannt wird: »Diese Nachbarschaft! Diese Wohnung! Und da hängt ein Damenpelzmantel an der Garderobe!«[312]

Es ist die Aufgabe von Harro, zwischen den Sphären zu vermitteln und das Widerstandsgewächs zu weiterem Wachstum zu animieren: jeden willkommen zu heißen, der sich traut und etwas unternehmen will. Hier ist der Takt gefragt, den er vom Vater hat, die von der Mutter geerbte Autorität und der ihm eigene Sinn für Kameradschaft.[313] Er ist der Motor und gibt die intellektuelle Richtung vor. Immer geht es um die politische und militärische Lage, zu deren Erörterung er vertrauliche, nur für den Dienstgebrauch bestimmte Nachrichten aus dem Ministerium mitbringt.[314] Aber immer geht es auch um das private Miteinander, eine Offenheit jenseits der vom Regime propagierten Geschlechterrollen. »So, jetzt genug geplauscht, an die Arbeit«, wird zu Harros geflügeltem Wort, mit dem er alle Nebensächlichkeiten abschneidet. Manchmal sind es größere Treffs, die Partys ähneln, dann kleinere Zusammenkünfte in der Zahnarztpraxis von Helmut Himpel oder der Allgemeinpraxis von Dr. Elfriede Paul, wo Harro, Libs, Kurt und Elisabeth, Oda in unregelmäßigen Abständen zusammenkommen.[315]

Über Libertas ist auf diese Weise auch ein Mann mit Namen John Graudenz aufgetaucht, der dem Schauspieler Cary Grant ähnelt, aber noch etwas kantiger ist. Rasch entwickelt er sich zu einem unverzichtbaren Freund vor allem von Harro und schreibt ebenfalls mit an der Flugschrift *Die Sorge um Deutsch-*

lands Zukunft, die eine Art politisches Bekenntnis aller werden soll. Vier Jahre lang war Graudenz Reporter für das Berliner Büro der *New York Times* gewesen, in den Zwanzigerjahren hat er für die *United Press* aus der Sowjetunion berichtet und als Erster den Tod Lenins nach Amerika gemeldet. Aufgrund seiner schonungslosen Beiträge über eine Hungersnot an der Wolga, die er mit einem Dampfer stromabwärts gefahren war, hat die Sowjetunion ihn des Landes verwiesen. Mittlerweile ist der groß gewachsene Graudenz, dem oft eine störrische Stirnlocke in die intensiven dunklen Augen hängt, erfolgreicher Geschäftsmann und vertritt die Wuppertaler Fahrzeugwerke Blumhardt. Über seine Businesskontakte hilft er seit Jahren jüdischen Bekannten bei der Ausreise. Seiner Freundin Sophie Kuh zum Beispiel hat er auf diese Weise zur Freiheit verholfen.[316] Die Frau von John Graudenz heißt Antonie, ihre beiden Töchter Karin und Silva sind im Backfischalter.

Mit Hans Coppi, Johnny Graudenz und der weiteren neuen Bekanntschaft Fritz Thiel, einem 25-Jährigen, der bei den Zeiss-Ikon-Werken als Feinmechaniker arbeitet, Erfahrungen als Funker hat und zum John-Rittmeister-Kreis gehört, besucht Harro an einem lichtlosen Tag Ende Januar 1942 die kleine Bude von Cato Bontjes van Beek. Auf Libertas' Vorschlag hin wollen sie prüfen, ob die Wohnung zum Funken taugt, aber vor allem haben sie die Flugschrift *Die Sorge um Deutschlands Zukunft geht durch das Volk* mitgebracht, eine sechsseitige Fassung, die Cato und ihr ebenfalls anwesender Freund Heinz Strelow, ein Lyriker, auf Matrize tippen sollen. Harro ermuntert sie, dabei stilistische und inhaltliche Verbesserungen vorzunehmen. Das Hektografieren erfolgt auf einem Vervielfältigungsapparat, den John Graudenz erworben hat.

Doch Heinz Strelow geht das alles zu rasch. Als die Besucher gegangen sind, wirft er Cato unkritische Zutraulichkeit vor: Wer seien diese Begleiter gewesen, die ihnen Harro unter falschen Namen vorgestellt habe? Auch er, versichert er ihr, sehe generell Sinn in Flugblattaktionen. Aber hier seien zu viele Menschen involviert, die man nicht kenne. Seine Freundin winkt ab. Sie hat sich *Die Sorge um Deutschlands Zukunft* bereits vorgenommen und liest:

»Alle Verantwortungsbewussten müssen mit den Tatsachen rechnen: Ein Endsieg des national-sozialistischen Deutschland ist nicht mehr möglich. Jeder kriegsverlängernde Tag bringt nur neue unsagbare Leiden und Opfer. Jeder weitere Kriegstag vergrößert nur die Zeche, die am Ende von Allen bezahlt werden muss.«[317]

Als der Text abgezogen ist, besucht Graudenz mit einem prall gefüllten Koffer die Wohnung von Helmut Himpel. Mimi Terwiel stellt dort anhand des Telefonbuchs die Empfängerliste zusammen und beginnt, Kuverts auf der Schreibmaschine zu adressieren. Da sie in der ersten Nacht mit dem Eintüten nicht fertig werden, packen sie alles in einen Schrank in Himpels Wohnzimmer und treffen sich am nächsten Abend wieder, dieses Mal mit Harro und Hans Coppi. Es ist nicht einfach, eine derartige Zahl an Sendungen unauffällig auf den Postweg zu bringen. Bereits beim Kauf größerer Mengen an Briefmarken, Umschlägen und Papier gilt es, vorsichtig zu sein – ebenso beim Einwurf in die Briefkästen. Deshalb verteilen sie die Ladung untereinander, um sie in möglichst kleinen Portionen hier und dort loszuwerden.[318]

Zielgruppe der Flugschrift sind dieses Mal nicht nur die Deutschen, sondern auch die in Berlin tätigen Auslandskorrespondenten und wichtige diplomatische Vertretungen. Außerhalb der Reichsgrenzen soll man auf die Existenz des Netzwerks aufmerksam werden, das mit der *gesamten* Antihitlerkoalition in Kontakt treten will, eine Waffenruhe an sämtlichen Fronten anstrebt, also auch im Osten. Zusätzlich erhalten die Wehrbezirkskommandos sowie NS-Funktionäre wie beispielsweise Roland Freisler, Staatssekretär im Justizministerium und späterer Präsident des Volksgerichtshofs, ein Exemplar der einzeilig getippten Sendung. Sie alle sollen erfahren, dass es Widerstand gibt und welche Gedanken im Volk zirkulieren. Alois Hitler, der Halbbruder des Diktators, der sich ein Haus am Wittenbergplatz ergaunert hat, findet ebenfalls eine Kopie in seiner Post. Jeder, der *Die Sorge um Deutschlands Zukunft* liest, erhält einen ungeschminkten Eindruck der Lage, eine nüchterne Bestandsaufnahme, verbunden mit dem leidenschaftlichen Appell:

»Schick diesen Brief in die Welt hinaus,
so oft Ihr könnt! Gebt ihn an Freunde und
Arbeitskameraden weiter! Ihr seid nicht allein! Kämpft zunächst auf eigene Faust, dann
gruppenweise. MORGEN GEHÖRT UNS DEUTSCHLAND!«

Nicht alle folgen diesem Aufruf nach konspirativer Weitergabe. 288 Exemplare trudeln stattdessen bei Polizei und Gestapo ein, die in einem Tagesreport von einer »Kommunistischen Bewegung« spricht, obwohl eine solche Ausrichtung aus dem Text nicht hervorgeht. »Die mit der Schreibmaschine hergestellten und im Abzugsverfahren vervielfältigten Flugschriften sind verschiedenen katholischen Pfarrämtern und einer Anzahl Volksgenossen geistiger Berufe, wie Professoren, Ärzten, Diplom-Ingenieuren in verschlossenen Briefumschlägen versandt worden.« Weiter heißt es in dem Bericht: »Die Schriften wiesen auf die von Monat zu Monat immer schlechter werdende Lage hin, die durch die nationalsozialistische Politik verursacht worden sei« – ein wunder Punkt, wie es scheint.[319] Goebbels, als Propagandaminister besonders herausgefordert, lässt einen Brief an Gestapochef Müller senden:

»Beifolgende Flugschrift, die rabulistisch geschickt zusammengestellt ist, geht mir von allen möglichen Seiten zu. (…) Heute kommt mir ein Exemplar in die Hand, das auf dem Postamt Berlin-Charlottenburg 2 aufgegeben worden ist. Mir fällt auf, dass die blauen Umschläge überall vom gleichen Typ sind. Vielleicht gibt das einen Hinweis.«[320]

Doch die Gestapo tappt im Dunkeln. Die Untersuchungen ergeben lediglich, dass die illegale Schrift auf einem »Eintrommelapparat, vermutlich älteren Modells«, abgezogen wurde, mit Saug- und Markenpapier mit dem Wasserzeichen der Firma *Geha*.[321] Eine Überprüfung der Geschäfte, die dieses Papier führen, bringt hervor, dass es ausnahmslos an Behörden, insbesondere die Wehrmacht, verkauft worden ist. Auch die Untersuchung der Umschläge führt zu keinem Fahndungserfolg. Zu Kriegszeiten sind nur vier Sorten in Deutschland erlaubt, doch die Flugschrift steckt in *vierzehn* in Farbe, Größe und Qualität unterschiedlichen Kuverts. »Die Umschläge weichen (…) voneinander ab und weisen keine Merkmale auf, die für die weiteren

Ermittlungen dienlich sein können.«Die Gestapo muss ihr Scheitern eingestehen:»Die Überprüfung der Empfänger, die Nachforschungen nach der Herkunft der verwendeten Papiersorten und Briefumschläge, die kriminaltechnische Untersuchung der Schrift sowie die erkennungsdienstliche Behandlung der Briefe haben bisher keine Anhaltspunkte für weitere Feststellungen ergeben. (...) Durch die Reichspostdirektion Berlin wurden einige Briefe auf den Postämtern angehalten und verschlossen der Staatspolizei zugeleitet. Diese Briefe wurden ungeöffnet der Reichserkennungsdienstzentrale beim RKPA zwecks Untersuchung auf Fingerabdrücke übergeben. Die Behandlung sämtlicher Briefe mit Joddämpfen zeitigte ebenfalls keinen Erfolg.«[322] Harro und seine Freunde haben ihre Sache gut gemacht.

22

Catos Freund Heinz Strelow glaubt jedoch weiterhin, dass es nur eine Frage der Zeit sei, bis alles auffliegt. Er sucht die Aussprache mit Harro und kritisiert, dass die Begabung zur Konspiration insgesamt begrenzt und man in der Wahl der Mitstreiter zu leichtsinnig sei. Zwar würde viel guter Wille gezeigt, doch sei das Ganze ein andauerndes Improvisieren. Dies führe bei dem unmenschlichen Druck von außen früher oder später zwangsläufig zur Katastrophe. Auch die Verquickung von Funkkontakten nach Osten mit der Herstellung von Aufklärungsmaterial hält er für verhängnisvoll. Deshalb möchte er die Zusammenarbeit beenden.

Ob Harro die Kritik von Heinz Strelow akzeptiert, zeigen die Quellen nicht. Für ihn macht jedoch genau dies das Wesentliche ihres Netzwerkes aus: dass es feste Strukturen eben nicht gibt. Dass man das Geflecht nicht am Wachstum hindert, sondern es sich ausbreiten, flexibel bleiben lässt. Jede Person, die systemkritisch ist, kontaktfreudig, weltoffen, möglicherweise künstlerisch begabt und intellektuellen Herausforderungen gegenüber zugewandt, ist gerne gesehen. Jeder, der ein selbstbestimmtes Leben führen will, kann Teil dieses Widerstandes werden. Jeder, der irgendwie an diesen diffusen Mehrwert glaubt, der entsteht, wenn die verschiedensten Gedanken einander streifen und einander befruchten, sich dialektisch entwickeln. Und wenn dann einer gehen möchte, so kann er dies ebenfalls – wie nun Heinz Strelow.

Wer den größten Schaden an diesem Weggang trägt, ist zunächst Libertas. Da damit auch Cato Bontjes van Beek ausfällt, muss sie jemand Neuen finden für die Mitarbeit an ihrer geheimen Bildersammlung zu den Gräueln an der Ostfront.

23

Es bleibt nicht bei der Flugschrift *Die Sorge um Deutschlands Zukunft*. Nun geht es Schlag auf Schlag. An einem Abend mit sommerlichen Temperaturen zieht Adam Kuckhoff schwarze Baumwollhandschuhe über seine kräftigen Finger. Das hat er bislang nie getan, wenn er schreibt. Der Tisch, an dem er sitzt, ist riesengroß, mit vielen Schubfächern für seine diversen Projekte. Er stammt noch aus Weimarer Zeiten, da hat Adam ihn anfertigen lassen. Doch der illegale Text, an dem er an diesem Abend arbeitet, ist besonders brisant. Diesen wird er in einer geheimen Wandkammer verbergen, deren Tür neben dem Schreibtisch ein alter gotischer Teppich verhängt.

Der Schriftsteller hat sich für dieses Vorhaben einen Koautor an Bord geholt, den Deutschamerikaner John Sieg, geboren 1903 in Detroit, wo er auch mal bei Ford am Fließband stand, in den späten Zwanzigerjahren freier Autor in Berlin, Feuilletonredakteur bei der *Roten Fahne*. 1928/29 erschienen seine Erzählungen aus Amerika in der von Adam Kuckhoff herausgegebenen Monatszeitschrift *Die Tat*, außerdem schrieb er für das *Berliner Tageblatt*.[323] John Sieg ist ein kräftig gebauter Mann mit verschmitztem Lächeln, schon lange in der Arbeiterbewegung aktiv, unerschütterlich in seiner Ablehnung des Kapitalismus und beseelt von dem Traum, eine bessere Welt zu bauen. Als Straßenreporter hat er seinen Sinn für Details geschärft und ein Ohr für Dialoge entwickelt. 1933 lehnte er in SA-Haft das Angebot des Berliner SA-Chefs ab, als Journalist für eine der NSDAP-Zeitungen zu arbeiten. Seitdem darf er nicht mehr veröffentlichen und arbeitet ab 1936 bei der Reichsbahn. Doch er will es mit dem Publizieren nicht lassen und gibt seit 1940 die mehrsprachige *Innere Front* heraus, eine hektografierte Zeitschrift für deutsche Arbeiter und ausländische Kriegsgefangene, die zur Zwangsarbeit verdammt sind. Ziel ist es, sie zum Sklavenaufstand zu ermutigen.

Adam hält in seinen schwarzen Baumwollhandschuhen das Foto mit dem kleinen Mädchen und der Puppe, das Libertas ihm weitergereicht hat. Libertas' Bildersammlung hat ihm den Horror vor Augen geführt, den Wahnsinn dieses *Unternehmen Barbarossa*, die Apokalypse im Jetzt. Seine Idee ist es, dem Leser in direkter, persönlicher Ansprache, die auch das *Ich* verwendet, Fragen zu stellen, auf diese Weise Antworten zu entlocken – und zwar auf einer tieferen Ebene als der des Verstandes. Dieser »Offene Brief an die Ostfront« richtet sich an die Soldaten und Offiziere ebenso wie an Einheiten der Ordnungspolizei – an jene über 20 000 Beamten, darunter zahlreiche Familienväter, die urplötzlich durch Einsatzbefehl aus ihrem normalen Dasein herausgerissen wurden und nun an den Massenerschießungen überwiegend von Juden in Polen, der Ukraine und Weißrussland beteiligt sind. Es ist ein Essay, der mit dem Unbewussten seiner Leser kommunizieren will und an das tief im Menschen sitzende Ehrgefühl appelliert. Einem als Ansprechpartner auserkorenen »Polizeihauptmann«, und dies kann im Prinzip jeder deutsche Soldat in den Weiten des Russlandkrieges sein, wird die fiktive Geschichte eines Kameraden erzählt, der eine Mutter mit drei Kindern ermordete, von denen das Mädchen noch seine aus Lumpen hergestellte Puppe für die Exekution bereitgesetzt hat:

»Aber einmal wars dann doch zu Ende mit seinen Nerven: eine junge Frau, eine Bäuerin, mit
ihren drei Kindern habe er zu erledigen gehabt.
›Weswegen?‹ Er zuckt mit den Schultern: ›War
Befehl.‹ Die Frau hielt einen Säugling im Arm,
es war bitter kalt, und sie versuchte, nutzlos
für die 2 Minuten, die ihr Leben noch dauern
würde, das weinende Kind mit kümmerlichen Fetzen warm einzuhüllen. Mit einer hilflosen Ge-
bärde der Entschuldigung habe sie klargemacht,
mehr besäße sie nicht, man habe ihr alles geraubt. Rechts neben der Frau kniete ihr sechs-
jähriges Söhnchen, links ein etwa zwei Jahre
altes Mädel, das noch in letzter Minute, ehe
es ans Hinknien ging, zurücktappelte, um ihre
Puppe zu holen. Nun ja – ›Puppe auch mit‹.
Wie gesagt, es war ein lächerliches, arm-
seliges Stück Puppe aus Lumpen. Die setzte die
Kleine, nachdem sie in unbeholfener Kinder-

art selbst niedergekniet war, umständlich, wie
das so ist, ebenfalls in kniende Stellung
neben sich in den Schnee. ›Wen haben Sie denn
zuerst erschossen, die Mutter oder den Säugling?‹, wollte ich wissen. (…) Ja, und plötzlich sei der sechsjährige Junge aufgesprungen,
dem Schützen entgegen. Nach der Erzählung
muss zwischen dem angegriffenen Beamten und dem
Kind ein regelrechter erbitterter Kampf stattgefunden haben, nur für Sekunden natürlich,
der Biss in den steif gewordenen Finger rührt
daher, und es waren zwei Schüsse nötig, weil
der erste fehlging, in das eine Auge des Jungen, das sich in triefenden Matsch verwandelte.
Die Kleine dagegen verhielt sich ganz still
und fiel lautlos neben der Puppe zusammen. Übrigens ist von dieser belanglosen Puppe nichts
weiter zu sagen, als dass sie zum ›Tick‹ unseres Mörders wurde, gerade die Puppe.«

Es bleibt nicht bei der Schilderung des grausigen Vorfalls. Adam
und John beschreiben die psychologischen Folgen, und ihr so
harmlos betitelter »Offener Brief an die Ostfront« führt direkt
hinein in die Hölle, die dieser Waffengang in der Psyche der
Täter anrichtet:

»Im Staatskrankenhaus habe ich neulich einige Kameraden von der Polizei besucht, die
aus dem Osten eingeliefert worden sind, wegen

Nervenzusammenbruchs, alle. Sie kennen ja die
Krankenhausatmosphäre, diese Ruhe besonderer
Art, man hatte zudem den Raum mit Blumen be-
lebt, die Kranken durften Musik hören, und zu
diesen lächerlich einfachen Requisiten der Ge-
mütsheilung gesellten sich, romanhaft geradezu,
ein paar Sonnenstrahlen. Übrigens gibt es dort
eine Abteilung, von der mir die Kameraden mit
beinah scheuer Erleichterung berichteten, dort
lägen die noch schlimmeren Nervenzusammenbrüche:
kraftstrotzende Revierbeamte von früher bewegen
sich fortgesetzt nur hopsend weiter, andere
kriechen auf allen Vieren, schütteln dabei be-
dächtig den Kopf, das Haar fällt ihnen zerzaust
ins Gesicht, und ihr Blick ist, wiederholte jemand beschwörend, ›wie bei einem Bernhardiner-
hund‹. Ich habe von den Kameraden viel Ent-
setzliches erfahren, die Ruhe im Krankensaal
war trügerisch, die Furien wüteten darin. Flüs-
ternd, mit aufgerissenen Augen, die von mir ein
Wort erlösender Rechtfertigung erhofften, erzählte man mir von Massenerschießungen, von
ausgesuchten Grausamkeiten, von Blut und Tränen
ohne Maß, dem ultimativen Charakter der vie-
hischen SS-Befehle, dem unfassbaren Gleichmut
vieler Opfer. (...) Selbstverständlich habe ich
keinem der Kranken ein Wort der Tröstung gesagt, das ihnen eine Hilfe gewesen wäre in den
grauengepeinigten Dämmerstunden ihrer Abende,
umso eifriger enthüllten sie ihre Taten. Soll

ausgerechnet ich die Geister der Erschlagenen
bannen, soll ich jemanden, der nachträglich,
wenn auch qualzerrüttet gesteht, er habe, sozusagen als Tagespensum, auf Befehl monate-
lang Morgen für Morgen bis zu 50 Menschen erschossen, eine Art Absolution erteilen? Einer
dieser trotzdem bedauerlichen Hinrichtungs-
kreaturen wird – das wird Sie als Kriminalisten interessieren – das Bild einer kleinen, schmutzigen, aus Lumpen gefertigten Puppe
nicht los, außerdem, fügte er in verworrener
Hast hinzu, sei ihm ein Finger steif geworden,
infolge einer bösen Bisswunde. (...) Gerade die
Puppe, die als letztes und allerhilflosestes
übriggeblieben wäre, gerade das sei nun seine
›Krankheit‹, und er werde wohl bald nach ›unten‹
gehen müssen zu den Bernhardinerhunden. Sagen
Sie mir, Hauptmann, worin liegt der Unterschied
zwischen Mördern aus Degeneriertheit, aus
Pflicht, aus Feigheit? Jedenfalls habe ich diese
ganze Geschichte nur wegen der absurden Einzel-
heit mit der Puppe behalten, denn gibt es denn
sonst in aller Welt ein Gedächtnis, einen Menschen, ein Buch, überhaupt irgendeine Möglichkeit des Erinnerns, des Festhaltens aller gegen
die Sowjetbevölkerung verübten Greuel?! (...) Das
Furchtbare ist nur dies: Dass Hitler es fertig gebracht hat, eine unzählbare Menge an sich
rechtschaffener Menschen zu besudelten Komplizen
seiner Verbrechen zu machen!«

Es ist ein frühes, erschütterndes Zeugnis dessen, was sich im Osten abspielt. Doch was kann der einzelne Soldat an der Front dagegen tun? Der »Offene Brief an die Ostfront« weiß eine Antwort und scheut sich nicht, sie auszusprechen. Es *gibt* Widerstand gegen das Massenmorden der Deutschen: nicht nur von der Roten Armee, sondern von Frauen und Männern überall in Russland, die zu den Waffen greifen, sich in den Wäldern verstecken, um Partisanenkampf zu führen – eine effektive Art, sich zu wehren, wie es selbst die Preußen 1812 gegen die einrückenden Truppen Napoleons praktizierten:

»Kann es denn schwer sein, Hauptmann, zwischen Tod und Tod gestellt, die Wahl zu treffen zwischen der stolzen, ehrenhaften Tradition Preußens, die an Ihr Gewissen appelliert, und der nichtswürdigen Vertiertheit des SS-Gelichters, das Sie hineinterrorisiert in die ›Pflicht‹ zum Meuchelmord an russischen Patrioten?! Ich – ich würde zusammenarbeiten mit den Partisanen. Ich würde bedenkenlos auf ihre Seite übergehen. Mag zu den ›Bernhardinerhunden‹ gelangen, wer hingehört, aus Entschlusslosigkeit, aus purer Feigheit.«[324]

Ein klarer Aufruf, die Seiten zu wechseln, zu desertieren, zum Feind überzulaufen. Aber wird er befolgt? Übertriebene Hoffnungen auf einen radikalen Sinneswandel einer großen Anzahl von Offizieren machen die Autoren sich nicht. Doch wollen Adam und John, bewaffnet mit Schreibmaschine und schwarzen Baumwollhandschuhen, nichts unversucht lassen. Ihr letzter Absatz lautet:

»Es gibt nun einmal Augenblicke, wo nicht sogenannte Klugheit des Verhaltens, des Schwei-
gens, der geduckten Vorsicht am Platze sind,
sondern Initiative, Wagemut und, wenn es sein
muss, die Fähigkeit zur Selbstaufopferung.«

In welcher Verbreitung der Text in der Truppe kursierte, ist
nicht überliefert. Belegt ist, dass der »Offene Brief« durch Kurt
Schumacher, der über seine Frau Elisabeth und John Graudenz
Exemplare in seiner Kaserne in Posen erhielt, weiter in Rich-
tung Russland ging und die Ostfront tatsächlich erreichte.[325]
Es mag nur eine einzelne Flamme aus Worten sein, deren
Schein in den zahllosen Blitzen der Gewehrmündungen und
Panzerrohre untergeht, nur eine leise Stimme im Tosen des
Artilleriedonners. Doch es ist zum ersten Mal in diesem Krieg,
dass die Erschießungen durch die Einsatzgruppen, die hinter
der Front agieren, auf eine solche Weise zum Thema gemacht
werden. Auch dies ist ein Teil jenes Geflechts aus Widerstand,
Aufklärung und Aufrüttelung des wachsenden Rhizoms um
Harro und Libertas.

24

Den jungen Alexander Spoerl, Sohn von Heinrich Spoerl, dem
Autor der »Feuerzangenbowle«, erreicht in diesem Frühling
1942 in einem Dorf am Tegernsee ein rätselhaftes Telegramm.
Er soll sich bei der Deutschen Kulturfilm-Zentrale Berlin vor-
stellen. Ahnungslos, aber neugierig nimmt der 25-Jährige den
Zug in die Hauptstadt, steigt am Anhalter Bahnhof aus und läuft

zu Fuß in Richtung Gendarmenmarkt, wo er sich in der Jägerstraße 26 beim Pförtner meldet und durchgelassen wird in den
ersten Stock. Dort erhält er von ihm unbekannten Herren ein
überraschend gutes Angebot, wird weiteren Herren vorgestellt,
die er ebenso wenig kennt, macht den Deutschen Gruß, auch
wenn er den nicht mag, schüttelt Hände und wird zum Schluss
zu einem etwas abseits gelegenen Zimmer geführt.

Die Frau, die ihm die Tür öffnet, hat einen verträumten,
freundlichen Blick, die hellbraunen Haare fallen ihr modisch
geschnitten über die linke Stirnseite. Sie ist kaum älter als er
selbst und bittet die anderen Herren, sie mit Alexander alleine
zu lassen. Dann schließt sie die Tür und fragt ihn, ob er eine Zigarette möchte.

Alexander fährt sich durch das verstrubbelte Haar und
wünscht sich, besser gekämmt zu sein. »Ich muss Ihnen sagen«,
sprudelt er los, »ich habe weder Erfahrungen in der Drama-
turgie noch eine Ahnung von Kulturfilmen.«[326] Er erzählt ihr,
dass er Maschinenbau studiert hat, sein wahres Ziel aber sei
die Schriftstellerei. Er habe vor, Bücher über Frauen und Sport-
autos zu schreiben. Frauen fände er nämlich großartig und
Autos bezaubernd.

»Betreiben Sie noch Ihre Antiwelle?«, fragt ihn Libertas mit
freundlichem Lächeln.

Alexander schaut sie irritiert an. Woher weiß die Frau über
sein anonymes Widerstandsprojekt, seine Flugschrift gegen die
Nazis, die in Filmkreisen kursiert, Bescheid?

Um ihn zu beruhigen, erklärt Libertas, dass sie von ihrem
Freund Herbert Engelsing davon erfahren habe und dass Enkes
Empfehlung der Grund sei, weshalb er hier ist.

Nun lächelt Alexander. Schlagartig wird seine Unsicherheit
von dem Gefühl des Erkennens ersetzt, »dem stillschweigenden

278

Einverständnis derer, die gegen den Nationalsozialismus eingestellt sind« und sich untereinander vertrauen *müssen*, weil ihr Leben an dem des anderen hängt.

»Die Antiwelle gibt es noch«, sagt er und betrachtet Libertas eingehend, die »in vollendetem Maße«, wie er sie später schwärmerisch beschreibt, »den Instinkt, die Naivität und die Glut der Frau mit einem ganz männlich anmutenden Intellekt vereinigt. Sie war außerdem, um einen ganz dummen Ausdruck zu gebrauchen, eine bezaubernde Persönlichkeit.« Doch was sie von ihm fordert, ist nicht ohne. Denn schon bald geht es für ihn darum, in der hauseigenen Dunkelkammer die von der Ostfront kommenden Leica-Filme mit den Bildern der gezielten Tötungen zu entwickeln. Rasch arbeitet Libertas ihn in ihr geheimes Archiv ein. Eine aufregendere Vorgesetzte hätte sich schwerlich finden lassen. Aber auch keine gefährlichere.[327]

25

Harro macht im Frühling 1942 ebenfalls eine brisante Bekanntschaft. Wie und wo sie in sein Leben getreten ist, lässt sich den Quellen nicht entnehmen, aber es ging schnell, und die Frau hat es mit einer solchen Raffinesse geschafft, als hätte man sie auf ihn angesetzt. Ihr Name ist Stella Mahlberg, und Harro hat eine Begegnung wie diese nie eingeplant, hat es nie darauf angelegt, nie außereheliche Affären gesucht. Und dennoch ist es passiert.

Stella Mahlberg ist »Halbjüdin«, Schauspielerin am Deutschen Theater, bislang in Nebenrollen zu sehen, eine der beiden Mägde im *Zerbrochenen Krug* zum Beispiel. »Zittere immer noch am ganzen Geist, wenn ich Dir näher komme«, schreibt

Harro ihr Anfang April '42:»Ein sehr dummer, aber wunderbar seltsamer Zustand, an einen Sonnenaufgang erinnernd.«[328] Es gibt Gründe für diesen unvermittelten Gefühlsausbruch, und vielleicht haben sie weniger mit Sex zu tun, der für ihn nicht im Vordergrund steht, als mit dem Versuch, überhaupt wieder etwas zu empfinden. Die Räuberbraut Regine hat er nach den Nächten im Kegelkeller verloren, weil er sich nicht mehr öffnen konnte – und Libertas hat er sich genähert, weil er glaubte, es würde seinem Lebensentwurf den rettenden Dreh verpassen, und das hat es auch. Doch die Beziehung zu ihr, der Gattin, die mittlerweile ebenso eingebunden ist in diesen Kampf, der sein Leben bedeutet, ist deshalb ebenfalls ein Produkt des Folterkellers und untrennbar damit verknüpft. Bei Stella sieht das anders aus. Sie lebt in einer unpolitischen Welt, eine sinnliche Person mit rabenschwarzem Haar. Auch wenn sie immer wieder danach fragt: Über seine Aktivitäten weiß sie nichts, und genau das macht sie für ihn so reizvoll. Ihm gefällt am besten, wenn sie einen schlichten Pullover trägt und ihn mit dieser Mischung aus Trotz und Neugierde verführt – im Blick ein Quäntchen Nichtverstehen, das ihn einerseits schmerzt, ihn sie andererseits umso leidenschaftlicher küssen lässt.

Ihr Kosename lautet »Fix«, für Fixstern, und genauso sieht er sie auch: als fremde Welt, in der andere, unbefleckte, noch intakte Gesetze gelten. Ein Kontrapunkt zu dem Kosmos, der ihn so viel Kraft kostet. Es tut ihm wohl, diesen Fluchtort zu haben, eine Kontaktstelle außerhalb seines Freundeskreises, wie außerhalb der Arbeit. Es ist die künstlerische Welt da irgendwo, die er selbst gerne leben würde, die er aus *Gegner*-Zeiten kennt, aber längst verloren hat. Stella Mahlberg, das merkt er nach wenigen Treffen, lässt ihn *intim* sein. »Nur manchmal, da findet man einen anderen, dem man sich öffnen darf«, schreibt er ihr.

Sie ist kein harmloser Seitensprung, dafür ist seine Zeit viel zu knapp, seine Aufgaben zu ernst. Sie stellt etwas dar, von dem er hofft, dass es ihn verändert, ihm hilft, die Kontrolle zu verlieren, die andere Hälfte in sich wieder zu entdecken, die im Kampf gegen Hitler abhandengekommen ist. »Ich bin Dir zu nah, um Dir gegenüberzustehen«, formuliert er in einem Liebesbrief an sie mit einer gewissen Schonungslosigkeit: »Das, was ich Dir sagen könnte, wird etwas anderes sein, als was ich der übrigen Welt sage. Es werden nur Gespräche mit mir selber sein können.«[329]

Eine bedeutungslose Affäre also keineswegs – aber wie soll es funktionieren, Stella *nicht* ins Bild über seine illegalen Tätigkeiten zu setzen? Harro kennt die Mauern, die um ihn herum gewachsen sind, und er könnte sie nur einreißen, wenn er Stella reinen Wein einschenkt, das Versteckspiel beendet und sich offenbart. Aber genau das würde sie zur Komplizin machen, und er verlöre sie, so wie er früher Regine verloren hat.[330] Kann es gelingen, dass er wieder fühlen lernt, *ohne* ihre fragile Bindung in diesem Prozess zu zerstören? Vielleicht ist es gar nicht möglich, dass dies mehr ist als eine begrenzte Affäre, doch das macht es nicht weniger intensiv. Es bereitet Harro und Stella schlichtweg Spaß, sich am Bahnhof Zoo zu treffen und etwas Lustiges zu unternehmen. Es ist ihr gemeinsamer Impuls, der um sie herum in sich zusammenstürzenden Welt zu entfliehen, und lässt sie menschlich und wie Helden fühlen, wenn auch nur für den Tag.

Doch was sagt Libertas dazu?

26

Elisabeth Schumacher erlebt an diesem Ostern 1942 etwas Schreckliches. Es geht um die betagten jüdischen Eltern ihres Cousins, den erblindeten Musikwissenschaftler Dr. Richard Hohenemser und seine Frau Alice. Die beiden wohnen in der Havensteinstraße 6, an einem Park, um die Ecke ist die Kaiser-Wilhelm-Straße: hervorragende Wohnlage, sehr begehrt, großzügig geschnittene Wohnung mit Stuck an den hohen Decken. Ein SS-Mann hat Ansprüche auf die Bleibe gestellt, und das ältere Paar muss damit rechnen, das Zuhause eintauschen zu müssen gegen zwei Pritschen in getrennten Baracken in einem Konzentrationslager. Aus diesem Grund haben sie sich in ihrer Wohnung eingeschlossen, und Elisabeth, die davon Wind bekommt, befürchtet das Schlimmste. In aller Eile – und weil Kurt in Posen Militärdienst leistet – bittet sie Dr. Philipp Schaeffer um Hilfe, einen am Heidelberger Institut für Buddhismuskunde ausgebildeten Tibetologen und früheren Studienfreund der Schriftstellerin Anna Seghers.[331] Philipp beherrscht Sanskrit, Tibetisch und Mandarin und hinterlässt mit seinem kahl rasierten Kopf und seiner asketischen Gestalt auch äußerlich den Eindruck eines Mönchs. Außerdem ist er der Geliebte von Elisabeth.

Philipp zögert nicht, sie zu begleiten. Er ist einen Meter fünfundsiebzig groß, schlank, sehnig, sehr agil, und all das braucht er plötzlich, denn als sie vor der Wohnungstür ankommen, können sie das Gas schon riechen, das die alten Leute angedreht haben, um ihr Leben zu beenden. Zu ihrer Bestürzung verbietet der Hauswart jedoch, die Wohnungstür aufzubrechen.

Kurzerhand beschließt Philipp,»mit dem Luftschutzseil vom 3. in den 2. Stock durchs Fenster einzusteigen«.³³² Die Aktion muss heimlich vonstattengehen, damit der Hauswart nichts bemerkt – und es muss rasch geschehen. Als Philipp sich abseilt, passiert ein Unglück. Das Luftschutzseil reißt, aus über zehn Metern fällt er in den Hof und liegt mit schwerer Gehirnerschütterung, Unterarmbruch, Becken- und Oberschenkelbruch auf dem Pflaster. Elisabeth schafft ihn in ein Krankenhaus, wo sein Hüftgelenk mit einem neun Zentimeter langen Nagel justiert wird, doch die Ärzte vermögen seine komplizierten Brüche nur unzulänglich zu richten. Ein Fußgelenk versteift unheilbar, und Philipp kann sich fortan nur auf Krücken bewegen. Ständige Schmerzen werden ihn bis an sein Lebensende begleiten. Den Hohenemsers hat er mit seinem Einsatz nicht helfen können. Ihnen gelingt zwei Tage später, am 8. April 1942, der Freitod. Danach bezieht der SS-Mann ihre schöne Wohnung.

27

Am 8. Mai 1942, auf den Tag genau drei Jahre vor der Kapitulation der Wehrmacht und dem Ende des Zweiten Weltkrieges in Europa, hält der britische Außenminister Sir Anthony Eden eine Rede im schottischen Edinburgh und ruft die Menschen in Deutschland zum Widerstand auf:

»Je länger das deutsche Volk die Unterstützung und Tolerierung eines Regimes fortsetzt, das es in die Zerstörung führt, desto schwerer wiegt seine eigene direkte Verantwortung für

283

den der Welt zugefügten Schaden. Wenn irgendeine Gruppe im deutschen Volk wirklich zu einem Staatswesen zurückkehren möchte, das auf der Achtung vor dem Gesetz und den Rechten des Einzelnen gegründet ist, dann muss sie verstehen, dass niemand ihr glauben wird, bis sie aktive Schritte unternommen hat, um sich vom derzeitigen Regime zu befreien.«[333]

Eden spricht einen wunden Punkt an. Bislang weiß man im Ausland wenig über Widerstandsaktivitäten der Deutschen gegen den Nationalsozialismus. Die Bilder, die man kennt, zeigen das Gegenteil: jubelnde Massen, bedingungslose, fanatische Unterstützung für den Diktator.

Am 10. Mai 1942 sind es sommerliche 22 Grad in Berlin, Harro und Libertas gabeln Dr. John Rittmeister und seine Frau Eva auf und fahren raus nach Stahnsdorf bei Potsdam, wo Antonie und John Graudenz mit ihren Töchtern, der 16-jährigen Karin und der ein Jahr jüngeren Silva, in einer kleinen Villa mit großem Garten wohnen, der an ein Waldstück grenzt.

Die Familie Graudenz ist in Stahnsdorf etabliert, mit dem Bürgermeister befreundet. Der erfolgreiche Geschäftsmann Graudenz fährt Mercedes, hat eine wertvolle Bibliothek und gute Weinsammlung, ein schickes Blaupunkt-Radio und verfügt über ein stattliches Einkommen von 30 000 Reichsmark im Jahr. An ihrem Haus halten sie eine Ziege für frische Milch, haben eine Voliere mit Singvögeln sowie einen scharfen Schäferhund, der *Tasso* heißt und sogar eine Ausbildung als Minenspürhund durchlaufen hat.

Harro liegt an diesem Sonntag im Gras und liest die *Prawda*, Libs lässt sich von den Backfischtöchtern bewundern, der

284

Pianist Helmut Roloff diskutiert mit dem Hausherrn, der ohne Hemd an einem Gartentisch an seiner Remington sitzt, über die Verluste an der Ostfront.

In diesem Jahr geht es wohl noch bis zur Wolga, da Stalin anscheinend die Absicht hat,»seine grosse Schlacht erst in den traditionellen Gefilden bei Zarizyn-Stalingrad zu schlagen«, mischt sich Harro mit gewohnt präzisem Vorausblick auf geostrategische Entwicklungen ein.[334]

Später kommen Maria Terwiel und Helmut Himpel dazu, und noch jemand ist da, der vor Kurzem neunzehn gewordene Horst Heilmann, Koautor der Napoleon-Schrift, der so engelhaft wirkt und stets adrett gekleidet ist. Von Heilmann gibt es interessante Neuigkeiten: Seit seiner freiwilligen Meldung zur Wehrmacht und der Einberufung zur Nachrichten-Ersatz-Abteilung 23 vor Ort in Stahnsdorf ist er nach bestandener Prüfung zum Entzifferungsdienst beim Oberkommando des Heeres bestellt worden. Just am folgenden Tag, dem 11. Mai 1942, soll er sich dort zum Einsatz melden, um sich künftig mit englischen, deutschen und russischen Funksprüchen zu befassen. Ohne dies zu wissen, da er über die Funkversuche Hans Coppis noch nicht informiert worden ist, sitzt er damit an entscheidender Stelle der für die Gruppe potenziell so bedrohlichen Funkabwehr.

Zu essen gibt es an diesem Nachmittag im Graudenz'schen Garten, in dem hin und wieder ein Grünspecht zu sehen ist, reichlich, was eine Seltenheit ist in dieser Phase des Krieges, der so viele Ressourcen verschlingt. Während die beiden Töchter Karin und Silva auf dem Garagendach laut zweistimmig singen mussten, um das Gequieke zu übertönen, hat John vor Kurzem in der Garage ein Schwein schlachten lassen. Das war nicht ganz legal, schmeckt aber jetzt. Alle sitzen um die lange Tafel herum, lassen es sich gut gehen und besprechen ihre nächste Aktion. Diese soll sich gegen eine Propagandaausstellung richten, die zwei Tage zuvor, am 8. Mai, im Berliner Lustgarten eröffnet worden ist. Sie trägt den Namen »Das Sowjet-Paradies« und zeigt auf über 9000 Quadratmetern »Armut, Elend, Verkommenheit und Not« der Sowjetunion, wie es im Ausstellungskatalog heißt. In einem riesigen Messezelt, dessen Traufhöhe fast jene des Museums dahinter erreicht, wird den Deutschen ihr ärgster Feind präsentiert, das »bolschewistische« Riesenreich als jüdische Verschwörung dargestellt, das die Welt unterjochen will. Perfekt positioniert zwischen Dom und Nationalgalerie soll *Das Sowjet-Paradies* zur erfolgreichsten Propagandaausstellung des an Propagandaausstellungen nicht eben armen »Dritten Reiches« werden.[335] Vor der Halle sind erbeutete Geschütze und Panzerkampfwagen der Roten Armee postiert, bedrohlich auf das Berliner Schloss gerichtet. Auf großformatigen Fotos werden finster dreinblickende Kerle mit Beilen, Messern, Äxten und Sicheln präsentiert, die Sowjetsoldaten darstellen sollen. Das Herzstück des *Sowjet-Paradieses* bildet der angeblich originalgetreue Nachbau eines Stadtteils der »Lügenstadt Minsk«, der weißrussischen Hauptstadt: heruntergekommene Häuser, die genauso von dort abtransportiert worden seien, wie sie hier nun stehen. Minutiös wird auf Schautafeln gelistet, welche der »echten Objekte, die in der Sowjetunion sichergestellt und abgetragen« wurden, welcher Kneipe oder welchem Kulturhaus entstammen.[336] Mit Lenindenkmälern versehene sogenannte Schmutzwege führen den Besucherstrom auf schäbige Verschläge zu, die jede Art von Kultur vermissen lassen, mit trostlosen Nischen voller schmieriger Ikonen und lächerlich wirkenden kommunistischen Propagandabildern. Ein leeres Lebensmittelgeschäft, in dem hinter verstaubten Glasscheiben nichts als ein paar Wodkaflaschen stehen, ein verdreckter, schlecht ausgestatteter medizinischer Behandlungsraum, sogar der Nachbau einer sogenannten Ge-

nickschusszelle, gekachelt und mit Wasserschlauch zum Weg-
spülen des Blutes: Schockeffekt. Dann wieder nüchterne Sta-
tistiken an Stellwänden, die zu beweisen versuchen, wie es
nach dem deutschen Einmarsch an einigen Orten durch Re-
privatisierung und Übernahme von Höfen durch *deutschblütige*
Bauern mit der Wirtschaft nach oben gegangen sei.

Der Grund für die bizarre Gruselschau ist simpel: Der Russlandkrieg, der schon so vielen jungen Deutschen das Leben ge-
kostet hat, wird in der Bevölkerung immer unbeliebter. Die
Zahl der Gefallenen hat die Millionengrenze überschritten.
Mehr und mehr Familien zwischen Alpen und Ostsee beklagen
einen Trauerfall.»Dies verspricht ein Ausstellungsereignis erster Klasse zu werden und damit in allergrößtem Maße für die
Berechtigung unseres Krieges gegen die Sowjetunion zu wer-
ben«, hofft Goebbels in einer Tagebuchnotiz.[337] Im *Sowjet-Paradies* soll der brave Deutsche die Wahrheit über den bestialischen,
verkommenen Feind erfahren, sich angewidert abwenden und
die rassistische Herrenmenschenpolitik des NS-Regimes mit
noch mehr Entschiedenheit unterstützen – und jederzeit auch
das eigene Kind dafür opfern.[338]

Anders als in *Die Sorge um Deutschlands Zukunft geht durch
das Volk* oder dem *Brief an die Ostfront* wollen die Freunde um
Harro und Libertas dieses Mal nicht mit ausgefeilten Argumentationen vorgehen, sondern im wahrsten Sinne des Wortes pla-
kativer agieren, Schlagworte transportieren, die sich einprägen.
Als Medium entscheiden sie sich für Klebezettel. Doch wie wollen sie diese unauffällig an prominenten Orten und auf möglichst vielen Werbeplakaten für die Propagandaausstellung an-
bringen? Harro hat eine Idee. Ob ihn seine frische Romanze
mit Stella Mahlberg darauf gebracht hat, sei dahingestellt, aber
wieso nicht die Liebe nutzen als Tarnung? Sein Vorschlag lautet,

stets zu zweit loszugehen, als Pärchen getarnt, sich zu küssen, und währenddessen bringt einer von beiden unauffällig einen der Klebezettel an. Die prüden Deutschen würden nämlich wegschauen, wenn jemand in der Öffentlichkeit Leidenschaft zeige, also dürfte das eine sichere Methode sein. Am 17. Mai, genau eine Woche darauf, soll die Aktion starten.

Später am Nachmittag berichtet Horst Heilmann, dass er in der Nachrichten-Ersatz-Abteilung erfahren habe, die deutsche Abwehr sei seit Neustem imstande, die britischen Funksprüche über die Entsendung von Geleitzügen nach Murmansk zu entschlüsseln. Mithilfe dieser Schiffskonvois unterstützen die westlichen Alliierten die Sowjetunion in ihrem Kampf gegen Hitler, überbrücken die russischen Produktionsschwächen des Jahres 1942 mit dringend benötigten Nahrungsmitteln, Kampfwagen, Flugbenzin und Engpassmaterial.[339] Millionen Tonnen an Ladung, 5000 Panzer und 7000 Flugzeuge, 350 000 Tonnen Munition, 15 Millionen US-Stiefel für die wunden Füße der russischen Kameraden haben die Sowjetunion auf diesem Weg bereits erreicht. Auf Anweisung des Weißen Hauses werden diese Nordmeergeleitzüge in der amerikanischen Öffentlichkeit besonders herausgestellt, um die Verbundenheit mit der Sowjetunion in diesem Krieg zu betonen, der ohne diese Hilfen möglicherweise einen anderen Verlauf genommen hätte. Gegenüber den beiden anderen Transportrouten – auf dem Landweg durch Ostsibirien oder über den Persischen Golf – ist die Strecke durch das Nordmeer am kürzesten und schnellsten, aber auch am gefährlichsten, da sie dicht am deutschbesetzten Norwegen vorbeiführt. Harro sieht es deshalb sofort als dringlich an, London vor der Gefahr zu warnen: Sonst würden die Marinesoldaten Englands und der USA auf ihrem Weg von Schottland oder Island in Richtung nördliche Sowjetunion ahnungslos auf dem Präsentierteller sitzen, frei zum Abschuss. Das am meisten gefürchtete deutsche Kriegsschiff, das in Nordnorwegen stationiert ist und alleine durch seine Präsenz die alliierten Geleitzüge bedroht, trägt im Übrigen einen nur allzu bekannten Namen. Es ist die *Tirpitz*, neben der *Bismarck* das größte Schlachtschiff, das je in Europa gebaut wurde. Doch wie soll Harro Verbindung mit den Briten herstellen? Johnny Graudenz kennt den einflussreichen Textilfabrikanten und Verlagsinhaber Marcel Melliand, mit Niederlassung in New York und Wohnsitz in Heidelberg, einen von der Heidelberger Akademie der Wissenschaften ausgezeichneten liberalen Weltbürger und glühenden Nazigegner, der mit einer Amerikanerin verheiratet ist. Melliand macht in der Schweiz Geschäfte, bringt darüber Devisen ins Reich, weshalb das System ihn duldet. In Zürich hat Melliand Verbindungen nach London.[340] Graudenz schlägt ein Treffen mit ihm in Süddeutschland vor, um alles abzustimmen.

An diesem schönen Abend im Mai bei der Familie Graudenz im Garten sinkt die Temperatur nur langsam, während bei allen dieses Sättigungsgefühl einsetzt, das fast vergessen war. Was hätte der britische Verteidigungsminister Eden, der den deutschen Widerstand in seiner Rede zwei Tage zuvor so schmerzlich vermisste, von diesen Menschen gedacht, wenn er sie gesehen, wenn er begriffen hätte, wofür sie mit ihrem Leben stehen, und vernommen hätte, dass sie die britischen Geleitzüge schützen wollen? Ob er sie anerkannt und unterstützt hätte?

28

Am Mittwoch, den 13. Mai 1942, treffen sich Harro und Stella morgens am Ku'damm und gehen zusammen ins Deutsche Theater, dort stört sie um diese Zeit niemand. Es ist eine Affäre, die immer intensiver wird. Harro will nun einmal das Leben in vollen Zügen genießen, und zwar nicht nur mit Libertas, sondern auch mit Stella, ob nun Krieg ist oder nicht. Am 16. Mai 1942 reist Libertas, die von der Sache noch nichts weiß, für vier Tage nach Wien, zu Besprechungen mit der *Wien-Film,* die für fast alle Filmproduktionen in Österreich verantwortlich ist und ebenfalls der Kontrolle der Kulturfilm-Zentrale unterliegt. Libertas ist eine Zensorin der besonderen Art: Was ihr zu linientreu ist, lässt sie »kalt zum Fenster heraushängen« und wegen dramaturgischer Schwierigkeiten einfach nicht vorankommen. Filmemacher hingegen, die etwas Neues, Anspruchsvolles wagen, bekommen ihre leidenschaftliche Unterstützung.[341] Es ist ein Samstagabend, sie hat keine Karte für den Schlafwagen bekommen, und Harro bereitet es Sorge, dass sie sich so »arm« auf den Weg macht. Doch Libs ist patent genug, unterwegs wenigstens ein Bett für die halbe Nacht (»bis 0300 h morgens«) zu pachten, »sodass es auf diese Weise noch halbwegs erträglich« wird.[342]

Wegen dieser Reise nimmt Libertas an der Zettelklebeaktion gegen *Das Sowjet-Paradies* nicht teil. Um letzte Details zu besprechen, treffen sich ein halbes Dutzend Freunde am Sonntagabend, den 17. Mai 1942, in einer Mansarde in der Nürnberger Straße 33, Nähe Kurfürstendamm. Um die Ecke stehen das *KaDeWe* und der berühmte *Femina-Palast* mit seinem sonntäglichen »Tanztee«. Fritz Thiel lebt hier, der Feinmechaniker, mit seiner schwangeren, erst 17-jährigen Frau Hannelore. Alle sitzen sie um den Wohnzimmertisch herum, auf dem die fünfzehn mal vier Zentimeter großen Zettel liegen, deren Produktion und Design John Graudenz besorgt hat:

Ständige Ausstellung
☛ Das NAZI-PARADIES ☚
Krieg Hunger Lüge Gestapo
Wie lange noch?

Die geplante Aktion ist ebenso spektakulär wie riskant, weshalb einige der Freunde, Günther Weisenborn zum Beispiel, sich geweigert haben mitzumachen. Auch in der Wohnung von Fritz Thiel kommt in letzter Minute Kritik auf. Das Risiko, entdeckt zu werden, sei einfach zu hoch, meint die 26-jährige Studentin Ursula Goetze aus dem Rittmeister-Kreis und schlägt vor, alles abzublasen.

In diesem Augenblick erscheint Harro, hat sich wegen Stella verspätet, trägt noch immer Luftwaffenuniform. Er spürt sogleich, dass die Stimmung im Raum zu kippen droht und es auf ihn ankommt, alle Zweifel zu zerstreuen. Seines Erachtens wäre es fatal, so kurz vor dem Startschuss die Reißleine zu ziehen. Das würde ihnen den Elan für weitere Aktionen nehmen. Außerdem ist doch alles präpariert, die Zettel bereits verteilt. Die Lust, die Gefährten zu überzeugen, ist auf einen Schlag in ihm erwacht, seine Freude am Wortgefecht, am Florettieren mit Argumenten. Jetzt kommt er bei Harro heraus, dieser Charakterzug des »gewissen Fanatismus im Aufbau von Dingen, die mich angehen«, wie er es einmal in einem

Brief an seine Mutter beschrieben hat.[343] Er halte es für wichtig, jetzt nicht zu kneifen, führt er mit seiner angeborenen Autorität aus, trotz der Gefahren und obwohl manche die politische Tragweite der Aktion für gering erachteten. Sie müssten den Berlinern das Gefühl vermitteln, dass die Kräfte im Innern bereitstehen. Dass es Widerstand *gibt.* Wenn sie heute nichts unternähmen, würden sie nie wieder etwas tun. Er schaut sich unter seinen Freunden um. Keiner widerspricht, auch Ursula Goetze nicht. Es ist jetzt kurz nach zweiundzwanzig Uhr. Nebenan im *Femina-Palast* geht es hoch her, Musikfetzen kommen durch die offenen Fenster herein.

Über den Dächern der großen Stadt
Findet mein Lied zu Dir
Ruft Dich zurück zu mir
Weil ich Dich liebe

Dort feiern sie lieber, als ihr Leben gegen die Diktatur zu wagen.

29

Eine Stunde später hält Harro seine Dienstpistole, die 6,35-mm-Haenel-Schmeisser, unter dem langen Luftwaffenmantel schussbereit. Es sind knapp über zehn Grad, der Ku'-damm in ein Spiel aus Licht und Schatten getaucht, wobei es mehr Schatten ist als Licht. Die Stadt versteckt sich vor ihren Feinden am Himmel und hat verdunkelt, wie seit Kriegsbeginn jede Nacht.

Vor Harro läuft Maria Terwiel, ihre Frisur verschmilzt mit den Schatten der repräsentativen Gründerzeitgebäude gegenüber der Kaiser-Wilhelm-Gedächtnis-Kirche. Aus dem Eingang eines Varietés strömen die Besucher der Spätvorstellung. Neben Maria geht Fritz Thiel, sie haben sich untergehakt, steuern auf eine Hauseinfahrt zu. Fritz umarmt sie, nähert sein Gesicht dem ihren, greift in seine Manteltasche und holt einen der Zettel heraus. Passanten überall. Sollten die beiden auffallen, wird Harro in die Luft schießen, um die Aufmerksamkeit auf sich zu lenken. Denkt er, während er die gespielte Liebesszene beobachtet, an Stella Mahlberg? Er hat Libertas bei Günther Weisenborn größte Freiheiten zugestanden und war selbst bislang treu geblieben, immer. Deshalb empfindet er keine Schuldgefühle, sondern muss sich eingestehen, wie sehr er die Abwechslung mit Stella genießt, der Frau mit dem schönen Namen, den hohen Wangenknochen, dem rabenschwarzen Haar. Harro schaut durch die Nacht. Die Lippen von Fritz sind nahe an denen von Maria, seine Hände um ihre Schultern gelegt.

Ständige Ausstellung
☛ Das NAZI-PARADIES ☚
Krieg Hunger Lüge Gestapo
Wie lange noch?

Acht Paare sind unterwegs in dieser Nacht. Sie lehnen an Haltestellen, Laternen, Litfaßsäulen, Bäumen, umarmen und küssen sich, wie im Film, wie in einem Lied von Lale Andersen, kleben das *Nazi-Paradies*. Vier Stadtteile von Groß-Berlin werden abgedeckt, der Ku'damm ist doppelt besetzt, weil dort die Premierenkinos sind und die Leute über etwas sprechen sollen auf dem Weg nach Hause, ins Bett. Auch der »halbjüdische« 19-jährige Hochfrequenzmechaniker Helmut Marquart ist beteiligt. Er schmückt alleine die Vitrinen der exklusiven Geschäfte am Kurfürstendamm.

Die tatsächlich ineinander verliebten, miteinander verheirateten, nun sogar miteinander schwangeren Hilde und Hans Coppi haben sich nach Moabit aufgemacht, danach geht's in den Wedding, wo man sich noch Wasser von der Pumpe am Rinnstein holt und hinter offenen Fenstern die Arbeiter sitzen und essen, trinken und rauchen. Als sie erfolgreich ihr Kontingent verklebt haben, fahren sie mit dem Motorrad, Hilde auf dem Soziussitz, nach Borsigwalde in ihre Laube zurück. Dort küssen sie sich erneut, und Hans Coppi streichelt den schwellenden Bauch seiner Frau.

Elisabeth und Kurt Schumacher kleben ebenfalls. Auch Ursula Goetze, die in der kommunistischen Jugendbewegung groß geworden ist und Solidarität für etwas Selbstverständliches erachtet, will jetzt wild entschlossen losziehen. Am Telefon gibt sie ihrem Freund, dem Romanisten Werner Krauss, von zu Hause aus zu verstehen, dass sie trotz ihrer Vorbehalte mitmachen wird. Sie hätten es letztendlich als Gruppe nun einmal so beschlossen.

»Alleine lasse ich dich auf keinen Fall gehen«, entgegnet Krauss, auch wenn ihm die Sache nicht in den Kram passt. Was hatte er sich für diesen Abend alles an dringenden Schreibarbeiten vorgenommen! Andererseits ist er für abenteuerliche Nachtausflüge mit der fünfzehn Jahre jüngeren Ursula immer zu haben: »Ich hole dich ab.«[344]

Kurz nach 23 Uhr, noch blasser als sonst, trifft er direkt aus der Kaserne in ihrer Vierzimmerwohnung ein. »Fritz hat mir eine Pistole angeboten, zum Mitnehmen«, sagt Ursula zur Begrüßung. Doch sie habe abgelehnt. Alles Weitere könnten sie ja unterwegs besprechen.[345] Bevor sie sich auf den Weg machen, schauen sie auf einem Stadtplan nach, wie sie am besten zum Sachsendamm kommen, ihrem zugewiesenen Einsatzgebiet, weil dort morgens viele Arbeiter verkehren und die Zettel lesen können.

Mit der Ringbahn fahren Ursula Goetze und Werner Krauss, das so ungleiche Paar mit schwieriger, aber sexuell lebendiger Beziehung, bis zur Papestraße, laufen hallenden Schritts durch einen gelb geklinkerten Tunnel und erreichen den Vorortbahnsteig, der im Zuge der geplanten Umgestaltung Berlins zur *Welthauptstadt Germania* bereits verbreitert worden ist. Am Dienstraum für das Aufsichtspersonal, einem Warteraum für Passagiere und einem Toilettenhäuschen vorbei kommen sie zum Ausgang Sachsendamm. Die wenigen Passanten, die mit ihnen ausgestiegen sind, haben sich zerstreut, und die Durchgangsstraße, auf der wegen der Verdunkelung keine einzige Laterne brennt, liegt verlassen da. Sie halten kurz inne, um abzuwarten, wie viele Leute um diese Uhrzeit um die Ecken kommen, doch es bleibt ruhig. Könnten sie aus einem der dunklen Fenster der umliegenden Häuser beobachtet werden? Als alles verlassen wirkt, beschließt Ursula, die das Spiel mit den Umarmungen albern findet, alleine zu kleben.

Werner Krauss folgt ihr in einem Abstand von etwa dreißig Metern. Es spannt sich so ein herrlicher Sternenhimmel über Berlin, wie man ihn vor dem Krieg nie für möglich gehalten hätte. Die Aktion kommt ihm immer absurder vor, er zündet sich eine Pfeife an, träumt vor sich hin und denkt über die Psychologie der Langeweile nach, zu der er vielleicht einen Essay schreiben will. Ursula hastet den Sachsendamm entlang, bringt ihre Zettel an, biegt in eine Seitenstraße ein und ist verschwunden. Zügig läuft Werner ihr hinterher und ist erleichtert, als er sie nach einer Weile am Telefonhäuschen der S-Bahn-Station erblickt. »Bist du fertig?« Sie nickt. Sie betreten den Bahnsteig. Die S-Bahn fährt ein, Türen öffnen sich, am Anhalter Bahnhof steigen sie aus und gehen ins Hotel »Thüringer Hof«, das Ursulas Eltern gehört. Dort trinken sie eine Flasche Rotwein, um ihre Nerven zu beruhigen. Dann fährt Werner Krauss in seine Kaserne zurück.

Ständige Ausstellung
☞ Das NAZI-PARADIES ☜
Krieg Hunger Lüge Gestapo
Wie lange noch?

Am Morgen lesen dies Tausende Berliner.

30

In einer Meldung »wichtiger staatspolitischer Ereignisse« hält die Gestapo an einem der Folgetage fest, dass in verschiedenen Stadtteilen Berlins »kommunistische Hetzschriften« verbreitet worden seien. Ihre Ermittlungen erbringen erneut keine Resultate; wieder tappen die Geheimen aus der Prinz-Albrecht-Straße im Dunkeln. Für Harro und seine Freunde ist die Aktion ein Riesenerfolg. Sie haben es gewagt, den öffentlichen Raum zu beschreiben, haben die Topografie der Reichshauptstadt mit ihren Botschaften überschrieben. Selbst als die Reinigungskolonnen der Städtischen Müllbeseitigungsanstalt auch die letzten Fetzen des *Nazi-Paradieses* weggekratzt haben, ist die Stimmung ausgezeichnet. Sie haben dem Tod ins Auge geblickt, ihn auf der Zunge geschmeckt – und sie leben. Sie sind aus der Verunsicherung in Thiels Mansarde zum Triumph gelangt, haben auf die schönste Weise, nämlich in der Umarmung, beim Kuss, ihre Arbeit gegen die Tyrannei geleistet.

Sie haben das Schweigen durchbrochen, das monotone Braun des nationalsozialistischen Berlins aufgelockert, und nichts ist ihnen passiert. Keiner wurde ertappt oder gar festgenommen, und vielleicht haben sie durch ihre Aktion dem ein oder anderen Menschen Mut gemacht in dieser Stadt.

31

Libertas ist gespannt darauf, ob alles glattgelaufen ist. Etwas früher als geplant und vergnügt von ihrer Unternehmung kommt sie aus Wien zurück, schließt die Wohnungstür in der Altenburger Allee auf und tritt ein, als sie verdächtige Geräusche aus dem Salon mit dem Kamin hört, wo die große Schlafcouch steht.[346]

»Du Schwein!«, ruft sie Harro zu, während Stella Mahlberg sich hastig ankleidet. Auch Stella ist überrascht – und zwar von Libertas' Überraschung. »Keine Schwindelei Libs gegenüber. Sie ist im Bilde und von mir nicht beschwindelt worden. So was machen wir nicht.« Das hatte Harro ihr in einem Brief geschrieben.[347] Doch offenbar war genau das geschwindelt gewesen. Als Libertas diese Tatsache aus Stellas Reaktion ablesen kann, explodiert sie erst recht und lässt ihrem Ärger freien Lauf: »Jetzt lass ich mich scheiden!«

»Das kannst du gar nicht!«, gibt Harro impulsiv zurück: »Wir haben uns gegenseitig in der Hand!« Schon aus Sicherheitsgründen ist eine Trennung im Streit für ihn undenkbar. Etwas hilflos lacht er, was ihr wiederum wie Hohn vorkommt, und sie kündigt an, mit Engelsing zu reden, sich juristischen Rat einzuholen für eine Scheidung. *Sie hatte ja wenigstens auch mit ihm geschlafen, wenn sie andere hatte. Ihren* sexuellen Appetit hatte das angeregt, und davon hatte auch er profitiert. Doch hier

297

liegt die Sache anders. Jetzt ist da etwas zwischen der dunklen Stella und ihrem blonden Harro. Etwas, zu dem Libertas keinen Zugang hat, das sie ausschließt und schwächer macht. Könnte er jetzt nicht zu ihr stehen, *jetzt*, wo sie alles für ihn geopfert, alle Jobangebote ausgeschlagen hat, die Bildersammlung über die Wehrmachtsverbrechen erarbeitet und seinen emotionalen Rückhalt so dringend braucht?

32

Möglicherweise um dem Konflikt auszuweichen, vor allem aber, um Marcel Melliand zu treffen, den Freund von Graudenz mit Verbindungen nach England, verlässt Harro kurz darauf die Stadt. Um die Reise nach außen hin harmlos wirken zu lassen, fährt er zunächst für ein paar schöne Tage nach Freiburg, wo seine Mutter Marie Luise sich um Hartmut-Bruder kümmert, der im Sanatorium liegt, Tuberkuloseverdacht. Da Schwester Helga ebenfalls kommt, mitsamt ihren zwei kleinen Kindern, wird es unerwartet ein Familientreffen. Nur Erich Edgar fehlt, der trotz seiner 61 Jahre wegen der prekären Kriegslage von der Kriegsmarine reaktiviert wurde und im besetzten Holland im Einsatz ist.

In Freiburg atmet Harro auf. Die Luft ist lieblich, und es tut ihm wohl, mit den Angehörigen zusammen zu sein. Außerdem ist der Breisgau im späten Mai paradiesisch, alles blüht und erinnert ihn an die beiden friedlichen Studienjahre, die er Ende der Zwanziger hier absolvierte, bevor er nach Berlin ging und der ganze Wahnsinn begann. Hier verlebte er unbeschwerte Zeiten, spazierte auf den Schlossberg, lief die Dreisam entlang und das Glottertal hinauf, wo er die sogenannte *Miwi* besuchte, die *Milchwirtschaft*, und an Sommerabenden große Mengen an Erdbeeren mit Schlagsahne vertilgte. Ja, es waren zwei herrliche Studentenfrühlinge, die er mit dem Geld seiner Eltern hier verlebte, und es wird ihm bewusst, dass er ihnen nie genug gedankt hat dafür. Alles war so selbstverständlich.

Doch die Zeiten haben sich geändert, und so unbeschwert, wie es einmal war, kann es nicht mehr sein. Der Krieg in seinem dritten Jahr lastet schwer auf allen. Seiner Mutter gegenüber macht Harro aus seiner Haltung keinen Hehl. In Deutschland, sagt er, als sie beisammensitzen, würde es erst wieder besser, wenn sich genügend Menschen bereitfänden, für ihre Überzeugung auch zu sterben. Hitler könne vielleicht Hunderte von Widerstandskämpfern ermorden lassen, aber es gebe eine Grenze.

Ob er auch zu diesen Leuten gehöre, will seine Mutter wissen. Harro sieht sie mit seinen klaren hellblauen Augen an und reckt sich:»Warum ich nicht?!«[348]

»Einmal, 1933, ist mir deine Rettung geglückt«, entgegnet Marie Luise erregt.»Ein zweites Mal gelingt sie nicht.«

»Ach, Mama, die Gestapo ist auch nicht viel klüger als ich.«

Später, nach einem Spaziergang, sitzen Harro und sein kranker Bruder auf einer Bank, und wie sie ins grün gestaffelte Tal schauen, fragt ihn Hartmut, obwohl er über die Aktivitäten in Berlin nur vage im Bilde ist, ob er auch mitmachen könne.

Harro antwortet zunächst nicht. Über allem liegt eine Ruhe, nur ab und an ein Glockenschlag, der Schrei eines Pfaus, der zu einem Hof in der Nähe gehört, eine vorüberschwirrende Schwalbe, in der Luft ein Kampf zwischen Lämmergeier und Krähe.[349]

Es genüge, entgegnet Harro dann, wenn es in der Familie einen gebe, der sein Leben riskiere. Mehr könnten sie ihrer Mutter nicht antun.

Von Freiburg aus fährt Harro auf die hochmittelalterliche Ritterburg Stetten, wo er sich mit John Graudenz und Marcel Melliand verabredet hat. Die Situation um die alliierten Geleitzüge hat sich zugespitzt, die Schlacht im Europäischen Nordmeer ist voll entbrannt. Alles setzen die Deutschen ein, um die Unterstützung der Sowjetunion durch Großbritannien und die Vereinigten Staaten zu unterbinden: U-Boote, Schlachtschiffe, Nahkampfflieger – und sie sind erfolgreich. Während der letzten Wochen hat es für den Westen verheerende Verluste gegeben. Erst kürzlich wurden auf der Strecke von Reykjavík nach Murmansk ein britisches Handelsschiff durch das deutsche U-Boot U 403, zwei weitere Handelsschiffe durch deutsche Zerstörer sowie vier Handelsschiffe durch Flugzeuge versenkt.

Die Burg Stetten ist ein angemessener Ort, um sich abgeschottet zu begegnen und über Verteidigungsmaßnahmen zu sprechen. Harro, John und der 51-jährige Marcel können sich hinter dem Burggraben und der Zwingermauer mit ihren halbrunden Flankierungstürmen sicher fühlen. Es wirkt sogar ein bisschen wie wohlverdienter Urlaub, wenn die Sonne am Morgen an der Nase kitzelt und eine sommerlich warme Brise durch das halb offene Fenster strömt. Dann treffen sie sich auf dem schattigen Hof der Kernburg, sitzen unter einem blühenden Ahornbaum, wo der Frühstückstisch mit Bohnenkaffee und Kakao, Brot, Butter, Marmelade und Ei gedeckt ist.

Marcel Melliand, der auch in seiner Freizeit gerne Nadelstreifen trägt, versteht die Dringlichkeit und verspricht, so schnell als möglich Tuchfühlung mit seinen Kontakten aufzunehmen und die wegen des Krieges benötigten Reisegenehmigungen zu beantragen. Er hofft auf einen Besuch in der Schweiz im August. Das dauere zwar noch, aber schneller gehe es nicht.

Gemeinsam spazieren sie den Steilhang hinab ins Dorf Kocherstetten, zum Fluss, nehmen ein erfrischendes Bad im brausenden Wehr. »Ein Natur-Bidet!«, ruft Graudenz übermütig. »Doch mehr Natur als das letztere«, kommentiert Harro und genießt die »einhundertprozentige Massage durch den Schwall des Wassers«. Beinahe hat es etwas Rituelles, Reinigendes, und Harro spürt, wie sehr er die Natur braucht, um »ein wenig von dem wieder zu finden, was ich selber bin«.[350] Nachdem sie sich abgetrocknet haben, liegen sie im Heu in der Sonne. Eine hübsche junge Frau gesellt sich zu ihnen, aber Harro ist »unvorstellbar harmlos gesonnen«, wie er seinen Eltern gut gelaunt schreibt. Nicht wegen Abenteuern ist er hier, davon hat er in Berlin genug, sondern für etwas anderes, seine Arbeit.

Später am Tag widmet er sich deshalb auch einem neuen, wissenschaftlichen Text, der einmal zum Buch werden soll. Es geht darin um die strukturellen Gründe für die Ausbrüche der beiden Weltkriege. Erneut ist Horst Heilmann als Koautor vorgesehen.[351] Vollkommen genügsam sitzt Harro da und schreibt, und dabei zeigt sich vielleicht, was sein Leben wirklich ist. Hier, mit geradem Rücken wie sein Vater, sitzt der junge, intellektuelle Staatsmann von morgen, der bereits im finsteren Heute für sein Volk so viel wagt – und noch mehr für es erreichen wird in der Zukunft. Hier ist er, der im Namen Deutschlands den Briten, Amerikanern und Russen die Hände reicht und auch deren Hände über Deutschland verbinden, jenes Damoklesschwert parieren will, das über seiner Heimat hängt und sie zu zerstückeln droht.

Drei lange Wochen bleibt er auf der Burg und schreibt, eine luxuriöse, herrliche Zeit. Kein Wunder auch, wenn ihn die fordernden, emotional intensiven, die Informationsungleichheit ihrer Beziehung ins Visier nehmenden Briefe von Stella Mahlberg, die ihn hier erreichen, stören. Immer wolle sie Elektra spielen, schreibt er zurück – und nicht nur auf der Bühne. Immer Drama.

Anders Libertas. Von ihr kommen Zeilen, in denen sie »lieb wie immer« schreibt, und Harro freut sich auf die Rückkehr zu ihr und dass sie ihn »seit Jahren auch mal wieder in menschenwürdigem Zustand vor die Augen bekommt«, wohlgenährt und ausgeruht.[352] Die persönliche Entscheidung, die er ebenfalls gesucht hat durch den Aufenthalt in Süddeutschland, ist somit gefallen. Libertas ist nun einmal die Frau seines Lebens. Und das ist vielleicht sogar das wichtigste Ergebnis dieser Reise.

33

Am 30. Juni 1942 erhält Johann Wenzel, Kents Funker-Ass, unangekündigten Besuch in seiner Brüsseler Dachkammer.[353] Zwei Funksprüche hat er abgesetzt, als sein Kollege von unten aufgeregt etwas ruft, das er nicht versteht. Schon poltern Militärstiefel die Stiegen herauf. Hastig zündet er das noch nicht durchgegebene Päckchen Berichte mit einem Streichholz an, bläst verzweifelt hinein und legt es, als das Feuer endlich stark genug ist, in den Ofen. Doch das Papier brennt schlecht, und die Stiefel sind vor seiner Tür angelangt. Hastig nimmt Wenzel die beiden soeben gesendeten Funksprüche, die noch auf dem Tisch liegen, und flüchtet durch die Luke aufs Dach, wo er sie zerreißt und in den Schornstein wirft. Da wird heftiges Pistolenfeuer auf ihn eröffnet. In einem Wutanfall – und um nicht passiv zu enden – reißt er die Pfannen vom Dach und wirft sie auf die von der Straße her schießenden Soldaten. Dann rennt er los, um aus der umstellten Zone zu gelangen, springt von Dach zu Dach, seine schwarze Silhouette scharf geschnitten gegen den Himmel. Nach etwa einhundert Metern stößt er auf eine Brandmauer, klettert die Leiter an einem Schornstein nach unten, flüchtet sich in ein Gebäude, wo er die Treppen bis nach oben rennt und sich in einem Verschlag auf dem Dachboden mehr schlecht als recht verbirgt.

Mehrmals tappen die Deutschen an ihm vorbei. Dann zieht ihn ein Soldat an einem Bein aus dem Versteck.

Johann Wenzel, ein früherer Vertrauter von KPD-Chef Ernst Thälmann, ist ein dicker Fisch für die Nazis und wird in das Gestapo-Auffanglager Breendonk verbracht, eine Festung in der Nähe von Brüssel. Dort wollen sie ihn zum Sprechen bringen, den Schlüssel erfahren, mit dem sie die zwischen Westeuropa und Moskau gesendeten Botschaften decodieren können – und zu denen auch der Funkspruch an Kent über Harro und Libertas gehört. Doch Wenzel ist ein ausgebildeter Kämpfer und nicht so leicht zum Sprechen zu bringen. Wenn man ihm sagt, man wisse schon alles, er könne es also ruhig zugeben, weiß er: Das ist nur eine Finte – und hüllt sich in eisiges Schweigen. Wenn der Vernehmer behauptet, andere hätten schon gestanden, glaubt er das prinzipiell nicht, und falls sie wirklich geplaudert haben, stellt man sie als Lügner da und streitet trotzdem ab, denn meistens wird die Belastung durch einen Dritten nicht genügen, um einen selbst zu überführen. Wie heißt es in den 11 *Geboten für das Verhalten Verhafteter,* die unter kommunistischen Kadern zirkulieren: »Nie gestehe ich mir vorgeworfene Delikte ein, selbst dann nicht, wenn allerlei Beweismaterialien gegen mich aufgefahren werden, denn: Man wird die Beweismaterialien fälschen, Sachverhalte konstruieren, um dadurch mein Geständnis zu erzielen, mich verurteilen zu können.«[354]

Aber in Breendonk erfährt Wenzel am eigenen Leib, was die Geheimen Staatspolizisten unter *verschärftem Verhör* verstehen und wie all die schönen Regeln und guten Vorsätze immer weniger nützen. Es beginnt mit einer fünf Tage andauernden Prügelorgie, die über das ihm bekannte Maß des Zusammenschlagens weit hinausgeht.[355] Zwar wird er auch konventionell mit Stöcken, Peitschen und Gummiknüppeln malträtiert, doch werden bei Aussageverweigerung raffiniertere Methoden angewandt. Besonders unangenehm ist ein Schlagen mit einem Lineal oder einem fingerdicken runden oder viereckigen Stock hinter die Ohren, ins Genick, auf die Lider und gegen die Halsschlagader, was bei Wenzel zu schweren Seh-, Hör- und Gleichgewichtsstörungen führt. Bei solchen Torturen kommt es vor, dass er die ihn vernehmenden Gestapobeamten und auch die Gegenstände im Zimmer doppelt sieht, alle Stimmen und Rufe in einer Art Kellerton hört. Seine Augen schwellen von den Schlägen stark an, die Hornhaut ist verletzt. Auf einer Seite verliert er das Augenlicht.

An diese »Schlägervernehmungen«, geleitet vom Gestapobeamten Voss, schließt sich eine Periode stiller und einfacher Verhöre an, die im sogenannten Krummschließen stattfinden. Mit einer Spezialfessel werden seine Arme verdreht auf dem Rücken justiert. Diese Tortur ist besonders quälend, führt nach einiger Zeit zur Verkrampfung beziehungsweise Lähmung der Muskulatur an Armen, Rücken und Bauch. Wenzel muss sich erbrechen und wird wieder bewusstlos. Doch er schweigt.

Nach mehreren Wochen in Gestapohaft versucht er nachts, durch Scheuern an seinen spitzen Eckzähnen beide Pulsadern zu öffnen, nimmt einen aus der Pritsche herausgebrochenen

Nagel zur Hilfe, bis das Blut stoßweise aus seinen Adern schießt. Als er wieder zu sich kommt, sind seine Unterarme geschwollen wie ein Mangelholz, und das geronnene Blut hat die Wunden und die tief einschneidende Fessel verklebt. Tot ist er nicht, sondern wird nach Berlin in die Prinz-Albrecht-Straße 8 gebracht. Breendonk war erst der Anfang. Das Leben von Libertas und Harro hängt weiterhin von seiner Standfestigkeit ab.

34

Sie wissen nichts von der tödlichen Gefahr, in der sie schweben, seit der ihnen unbekannte Johann Wenzel in Gestapohaft sitzt. Die GRU, der militärische Geheimdienst der Sowjetunion, informiert die Konkurrenz vom Nachrichtendienst NKWD nicht über dessen Verhaftung, sodass schon aus diesem Grund eine Warnung von Korotkow an die Berliner unterbleibt.

Um besser arbeiten zu können, haben Harro und Libertas ihre Wohnung umgeräumt, das Schlafzimmer in den Raum am Eingang verlegt, wo im letzten Jahr noch eine Untermieterin wohnte. Somit ist das zweite Zimmer zum Schreiben frei geworden für Libertas, während Harro weiterhin den Salon mit dem Kamin benutzt. Dort hat er sich einen Halbgürtel aus Bücherborden einbauen lassen. Die Neugestaltung war aufwendig, aber jetzt sind sie fertig. Nun hat jeder sein eigenes Reich. Zwar sitzen sie getrennt, aber über die offenen Türen sind sie miteinander verbunden, hören das Klappern der Schreibmaschine des anderen. Noch immer ungenutzt lassen sie das kleine Zimmer rechts vom langen Gang. Weiterhin ein mögliches Kinderzimmer.

Das gemeinsame Schreiben mit Horst Heilmann intensiviert sich in diesem Sommer 1942. Harro glaubt, dass sie allerlei »auf der Pfanne haben«, und der 19-jährige Heilmann lernt seinen früheren Lehrer immer besser kennen – und auch Libertas.[356] Für den feinsinnigen Heranwachsenden verkörpern die beiden das ideale Paar, für die Ehre wichtiger ist als Konformität. Er verliebt sich platonisch in *beide*, vor allem aber in Libertas, die diese Gefühle auch erwidert. Nie kommt es zu Intimitäten zwischen ihnen, doch ihre Seelen scheinen eine Sprache zu sprechen. Immer mehr erfährt Heilmann über die illegalen Aktivitäten. Von Funkkontakten weiß er allerdings noch nichts. Aufgrund seiner Tätigkeit beim Funkentzifferungsdienst will Harro ihn vor einer solchen Information, die für Heilmann heikel wäre, schützen – so lange wie möglich jedenfalls. Doch die Bildersammlung bekommt der junge Soldat zu Gesicht, begreift, dass die Gräuel an der Ostfront real sind, und das bestärkt ihn noch weiter in seinem Entschluss, der ablehnenden Haltung von Harro und Libertas zum Nationalsozialismus zu folgen.

Es regnet viel in den ersten Wochen des August 1942, in denen Johann Wenzel in der Prinz-Albrecht-Straße 8 weiter verhört wird. Jeden Morgen von sieben bis neun ist Harro auf der Havel, in der *Duschinka*, seiner Olympiajolle, die die *Haizuru* abgelöst hat, die nun Weisenborn nutzt. Harro ist es egal, ob es stürmt oder regnet, selbst Hagel macht ihm nichts aus, Seegang schreckt ihn nicht ab. Immer deutlicher wird es ihm: Er muss die Sache mit Stella, die noch schwelt, nun auch wirklich beenden. Am 5. August schreibt er ihr einen Abschiedsbrief. »Wir zwo: furchtbar ungrahmt. Wenn ich könnte, würde ich mich schnell mal entlieben und bei Kriegsende wiederkommen, auf gut Glück.« Seine Begründung für die Trennung ist Harro-typisch und lautet, dass er ein »so seltenes und liebes Gefühl«, wie er es für sie empfinde, nicht den tausend Widrigkeiten ihrer momentanen

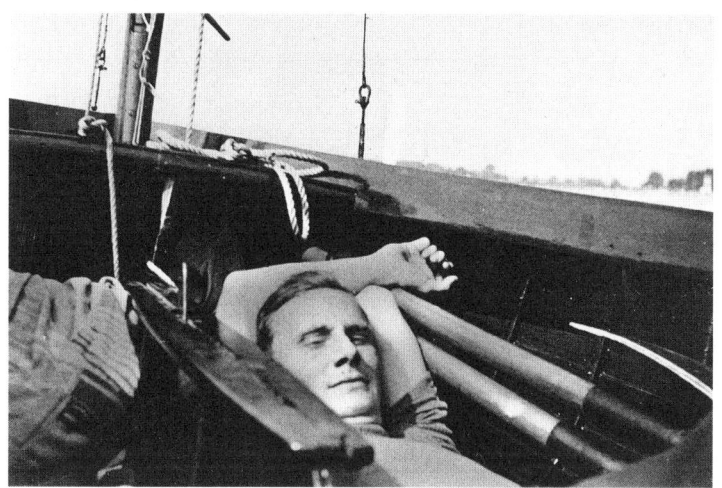

Noch entspannt: Harro auf der Duschinka, russisch für Seelchen.

Existenz aussetzen wolle. Ähnlich wie damals bei Regine, seiner Räuberbraut, behauptet er: Gerade *weil* er sie lieb habe, könne er sie nicht mehr sehen. »Ich will Dir nicht mehr schreiben, Dich nicht mehr anrufen.«[357] Schluss.

Mit der Beziehung zu Libertas geht es derweil bergauf, und ab dem 9. August 1942 scheint auch jeden Tag die Sonne dazu. Fast ist es wie früher: Sie segeln auf dem Wannsee, besprechen Gott und die Welt, schwimmen, kochen und schlafen zusammen. Dass das Leben kurz ist und morgen vorbei sein kann, wissen sie beide: Das Schicksal hat sie in harte Zeiten geworfen. Keiner von ihnen hat dies gewollt. Sie sind einfach nur Menschen, die leben und lieben wollen, und fahren raus nach Liebenberg, über dem eine trockene Hitze flimmert und wo sie »schön braun brennen und noch und noch ins Wasser steigen. Die Lanke hat so herrlich klares, blaues Wasser – ganz selten für die Mark.«[358]

Unbeschwert ist das alles keineswegs. Zum Beispiel gibt

es nicht mehr viel zu essen, selbst auf dem Lande nicht. Die wirtschaftliche Situation des Schlosses und Gutes ist noch prekärer geworden. Onkel Wends Hoffnungen in Adolf Hitler haben sich nicht erfüllt. Der Fürst beklagt, dass der kalte Winter erhebliche Schäden für die kommende Ernte mit sich bringe, alle ab dem Herbst den Gürtel noch enger schnallen müssten.

Wenn sie auf der Terrasse sitzen, vor dem verödeten Tennisplatz, linker Hand die Wirtschaftsgebäude, die eines neuen Anstrichs bedürften, sehen Harro und Libertas, wie das Gut von polnischen und französischen Kriegsgefangenen zusammengehalten wird. Überall sind sie zugange, vor allem auf den Feldern; viele gefangene Rotarmisten in letzter Zeit. »Das Volk, das bisher diese Untermenschen nur aus der Propaganda kannte, bekommt jetzt endlich mal ein richtiges Bild«, schreibt Harro seinen Eltern. »Alles spricht über die Russen.«[359] Mehr als zehn Millionen Zwangsarbeiter gibt es mittlerweile in Deutschland; Männer im besten Alter, die schuften müssen für den Feind.

Auch in Berlin wird die Ernährungslage immer miserabler. »Man hat tatsächlich dauernd Hunger.«[360] Nun, wo sie vor allem wegen ihres Gehaltes bei der Kulturfilm-Zentrale nicht mehr jeden Pfennig umzudrehen brauchen, gibt es »nicht einmal mehr das Essen, das einen gesund halten könnte«.[361] In den Läden werden gegen Brot-, Fleisch-, Fett-, Eier-, Marmelade-, Zucker- und sonstige Karten knappste Rationen ausgeteilt, die im Laufe der ersten Jahreshälfte 1942 noch einmal drastisch beschnitten werden: die Brotmenge von 9,6 auf 6,4 Kilogramm pro Monat, Fleisch erhält ein Erwachsener nur noch 300 Gramm die Woche, Fett 206 Gramm. Jeder Bissen nimmt etwas von der nächsten Mahlzeit weg. Wo bleiben da die Freuden des Daseins, denen die beiden so zugeneigt, die immer auch

Basis waren für ihre Beziehung? Wann finden sie noch statt, die magischen Momente, in denen sie Schönes miteinander teilen, gut speisen, ins Kino gehen oder tanzen? Das kulturelle Leben verödet, Lokale schließen, nachts wird stets verdunkelt. Tanzen ist weitgehend verboten. Das Ballhaus Resi mit seinen Tischtelefonen und dem hauseigenen Rohrpostsystem, über das sich die Gäste Präsente schicken konnten, ist geschlossen. Der Krieg frisst alles auf, verkonsumiert die Reserven, fesselt sie in einen Alltag, der anstrengend ist und wenig befriedigend. Ist dies etwa die »übersteigerte kapitalistische Herrschaftsform«, die Arvid Harnack prognostiziert hat, die »in letzter Konsequenz das Volk in ein Sklavenheer verwandelt«?[362]

Was die Restaurants der Stadt betrifft, zahlt es sich immerhin aus, dass Harro und Libertas finanziell nicht knausern müssen und sich auch dort einmal zum Essen niederlassen können, »wo es einen Batzen Geld kostet«.[363] Falls es mit einer Tischreservierung klappt, was gar nicht so einfach ist, müssen sie jedoch auch ins Horcher, ins Lutter & Wegner oder ins Borchardt ihre Lebensmittelkarten mitbringen. Dort können sie immerhin noch vernünftig speisen und einen akzeptablen Wein trinken, bekommen an einem besonders glücklichen Tag im Borchardt sogar Wildschweinkeule in Sahne mit Weinkraut für 2 Reichsmark 40 Pfennig. Dazu kassiert der Kellner eine 50-Gramm-Fleisch- und 15-Gramm-Fettmarke, eine 20-Gramm-Brotmarke für den Nachtisch.

Doch bis in die Puppen gehen sie nicht mehr aus, sondern nehmen frühe U-Bahnen nach Hause. Dienstlich gibt es eine Unmenge zu tun, selbst an den Wochenenden. Aufgrund der Kriegssituation ist überall die Sonntagsarbeit eingeführt worden, »eine starke Belastung für alle Leute mit Familienleben«, wie Harro seinen Eltern schreibt und gegen dieses »regenerationslose« Verfahren Bedenken äußert: »Aber es ist wohl typisch für die heutige Zeit, daß man Motoren und technisches Gerät schont und pflegt, vom Menschen dagegen auch ohne derlei Rücksichtnahme Erstaunliches erwartet.«[364] Immerhin, so witzelt er und deutet damit an, dass Libs und er über Kinder nicht nur sprechen, »bekommt allseits das Familienleben durch abendliches Zuhausesein neuen Aufschwung«.[365]

Ebenso wie für sie, die den ganzen Tag in der Kultur-film-Zentrale ackert, geht es auch für ihn jeden Morgen früh los. Nach dem Aufstehen reibt er seinen angespannten, ver-härteten Körper mit Franzbranntwein ein, mischt ein paar Kakaokrümel mit Trockenmilch, schluckt einen Löffel Bio-malz, um Mangelernährung vorzubeugen. Dann geht es los ins RLM. Dort gibt es nach einigen Stunden Bürozeit Mittag-essen im Casino im *Haus der Flieger*, vis-à-vis der Gestapo – wo immer noch Johann Wenzel bearbeitet wird. Viel liegt nicht mehr auf den Tellern im Ministerium. Sogar bei einem Tref-fen mit hohen kroatischen Offizieren, berichtet Harro, gibt es lediglich »synthetische Tomatensuppe, Kartoffeln und Erbsen (ohne Soße, ohne Fleisch), synthetisches Eis, Brot mit Weiß-käse (ohne Butter)« – und das an einem nicht fleischfreien Tag zu repräsentativem Anlass. Da hilft auch der viele Alko-hol nichts, der zwar noch fließt, »aber bei so wenig Unterlage kaum bekommt«.[366]

Ein Freund sieht Harro in diesen Tagen abgehärmt in einer ausgebombten Straßenzeile an einem Tisch vor einem Restau-rant sitzen und brav alles bis auf den letzten Rest verspeisen, was ihm an spärlicher Kost vorgesetzt wird. »Hier ist alles einiger-maßen ›verhungert‹, das heißt durch Unterernährung etwas ge-schwächt«, schreibt er seinem Vater und fügt ätzend – für die Briefzensur jedoch unauffällig – hinzu: »Aber dem Glauben an den Führer kann das keinen Abbruch tun. Es ist eben nur lästig, weil man wirklich oft nicht mehr so schuften kann, wie man natürlich gern möchte.«[367]

Es ist dieser August 1942 ein Monat voller Spannung und Anspannung – bei der die *Ent*spannung fehlt. Fiebrig wartet Harro auf eine Nachricht, ob Marcel Melliand es in die Schweiz geschafft hat, um die Briten zu warnen, während sich in der Hitze Südrusslands die Lage um Stalingrad zuspitzt.

Dann ist es so weit. Nach mehreren Wochen »eingehender staatspolizeilicher Vernehmung«, wie es auf Beamtendeutsch heißt, erreichen die Kriminalkommissare in der Prinz-Albrecht-Straße »die Herausgabe der Chiffriermethode«. Johann Wenzel hat den Schlüsselsatz, den Code, das benötigte Buch preisgegeben, und nun gehen die Fahnder daran, die sowjetischen Botschaften, die sie aus dem Äther gefischt haben, zu dechiffrieren. Beim Funkentzifferungsdienst am Matthäikirchplatz, unweit vom Bendlerblock, dem Sitz des Oberkommandos des Heeres, beginnt die Arbeit. Dort sitzen die jungen Mathematikgenies, die Geheimschreiber der Wehrmacht. Dort sitzt auch Horst Heilmann, wenngleich er von *diesen* Vorgängen zunächst nichts mitbekommt, so geheim ist alles. Doch einige seiner Kollegen staunen. Haben sie sich anhand ihrer Vergleichstabellen und Wahrscheinlichkeitsrechnungen bislang vergeblich bemüht, aus dem russischen Zahlensalat Sinn zu konstruieren, sprudelt es jetzt an intelligiblen Sätzen. Und einige von ihnen enthalten die Klarnamen Berliner Bürger – eine Adresse in der Altenburger Allee 19 und auch die Telefonnummer von Harro und Libertas.

Dr. Wilhelm Vauck, Studienrat für Mathematik, Physik und Chemie und Leiter des Entzifferungsdienstes, gibt Meldung an das Oberkommando der Wehrmacht. Admiral Wilhelm Canaris

Wenzel

konnte auch ein Sende- und Empfangsgerät beschlagnahmt werden.

   Die Gruppe "Kent" unterhielt mit Hilfe
des bereits erwähnten ⌐Funkers, Johann⌐
⌐W e n z e l mit dem Decknamen "Hermann"⌐
und "Professor" einen lebhaften Funkverkehr
mit Moskau. Aus der Vielzahl der von den
Funküberwachungsstellen der Wehrmacht und der
Ordnungspolizei aufgefangenen Funksprüche,
deren Entschlüsselung durch die von W e n -
z e l nach eingehender staatspolizeilicher
Vernehmung preisgegebenen Chiffriermethode
gelang, wurden wichtige Hinweise auf eine
in Berlin bestehende bolschewistische Nach-
richtenorganisation gewonnen. Hierdurch war
die Aushebung dieser Gruppe, an deren Spitze
der Oberleutnant d.R. der Luftwaffe
⌐Harro S c h u l z e - B o y s e n⌐
und der Oberregierungsrat im Reichswirtschaftsministerium
                    ⌐Arvid H a r n a c k⌐
standen (s. Teil IV dieses Berichtes) möglich.

                                        ·594

Gestapo-Abschlussbericht: »… Entschlüsselung durch die
von Wenzel nach eingehender staatspolizeilicher Vernehmung
preisgegebenen Chiffriermethode …«

wird informiert, der Chef der Abwehr. Er ist selbst heimlich im Widerstand und kollaboriert mit den Heeresoffizieren, die Hitler beseitigen wollen. Doch Harro hilft er nicht. In einen Fall wie diesen, bei dem offenbar Kontakt zum bolschewistischen Feind aufgenommen wurde, will er sich nicht einmischen. Die Männer, mit denen er konspiriert, Ludwig Beck, Hans Oster oder Henning von Tresckow, sind wie er selbst stramme Antikommunisten und für eine klare Westausrichtung des Reichs. So wird bei einem Treffen zwischen Canaris, dem Leiter seiner Funkabwehr, Generalleutnant Fritz Thiele, einem späteren Mitstreiter des Putschversuches am 20. Juli 1944, dem Leiter der Abwehr-Abteilung III, Generalleutnant von Bentivegni, sowie SS-Oberführer Schellenberg festgelegt, dass die Ermittlungen gegen den Oberleutnant der Luftwaffe Harro Schulze-Boysen von der Gestapo durchgeführt werden sollen.

Im Geheimen Staatspolizeiamt, dem *Amt IV Gegner-Erforschung und -Bekämpfung,* wird daraufhin eine auf dreißig Mann anwachsende Sonderkommission tätig und *Rote Kapelle* genannt – ein Begriff, der bereits zuvor in Frankreich und Belgien verwendet worden ist. In dieser Namensgebung und Zuordnung spiegelt sich die Stoßrichtung der Fahnder: eine suggerierte Zugehörigkeit der Berliner zum sowjetischen Spionagenetz in Westeuropa. Im Jargon der Abwehr ist der Funker ein »Pianist«, der Signale in Töne umsetzt, die akustisch vom Empfänger aufgenommen werden. Nach dem Bombenanschlag auf Hitler durch den Einzeltäter Georg Elser im Münchner Bürgerbräuhaus am 8. November 1939 und dem tödlichen Attentat auf Himmlers Stellvertreter Reinhard Heydrich am 27. Mai 1942 in Prag ist es die dritte Sonderkommission in der Geschichte der Gestapo. Zum Chef der Berliner Soko wird der 39-jährige SS-Obersturmbannführer und Oberregierungsrat Friedrich Panzinger ernannt – Spitzname *Panz* –, ein alter Münchner Weggefährte von Gestapochef Heinrich Müller. Panzinger trägt Nickelbrille und ist ein kalter Bürokrat. Auf die täglichen Ermittlungen der Sonderkommission nimmt er kaum Einfluss; seine Aufgabe ist es, Himmler auf dem Laufenden zu halten. Die Untersuchungen führt der verschlossene, dafür umso fleißigere 31-jährige Sabotagespezialist, Kriminalrat und SS-Hauptsturmführer Horst Kopkow, Leiter des *Referats IV A 2*. Schon vor 1933 hat sich Kopkow »durch seinen aktiven Einsatz in der SA und SS bewährt«, wie es in einer Dienstbeurteilung heißt: »Mit vorbildlicher Haltung und seltenem Schneid nahm er stets in den vordersten Reihen an den Saalschlachten teil. Er stellt den Typ eines Menschen mit unbegrenzter Aufnahmefähigkeit und starker Willenskraft dar«: ein Nazi reinsten Wassers.[368] Zum leitenden Kriminalisten in der Sache bestimmt Kopkow den 34-jährigen Kriminalkommissar und SS-Hauptsturmführer Johann Strübing, seinen klügsten Exekutivbeamten. Die Arbeit der Sonderkommission wird als »Geheime Reichssache« eingestuft, der höchstmögliche Geheimschutz. Niemand im Reichssicherheitshauptamt darf Kenntnis von den Vorgängen erhalten, wenn nicht aus dienstlichen Gründen unbedingt erforderlich. Selbst die Eingeweihten erfahren stets nur das, was sie für die Ausübung ihrer speziellen Aufgabe benötigen.

Für die Gestapo steht Observationsarbeit an. Telefone abhören, Leute beschatten, Harro und Libertas unter die Lupe nehmen. Aber es ist auch *Fiktionsarbeit*, die geleistet werden muss, das Spinnen einer Geschichte, die sich in das paranoische Gefüge des Nationalsozialismus einpasst und den Aufwand einer Sonderkommission rechtfertigt. Das *Amt IV Gegner-Erforschung und -Bekämpfung* braucht Gegner – und hier bietet sich eine exzellente Gelegenheit.

35

In diesem Sommer, in dem in München die ersten *Flugblätter der Weißen Rose* verbreitet werden, plant auch Harro mit John Graudenz eine neue Flugschriftenaktion. Sie soll alles Bisherige übersteigen. Graudenz schlägt vor, eine illegale Druckerei einzurichten. Die benötigten Gerätschaften könne er aus seiner Firma abzweigen. Dadurch wären sie in der Lage, schnell zu reagieren, hohe Stückzahlen zu produzieren, das Land mit sensiblen Informationen über den Kriegsverlauf zu überschwemmen und einen Volksaufstand herbeizuführen. So wie sie Napoleon fallen ließen, als den Franzosen klar wurde, dass er ihr Land in den Untergang führt, würden es auch die Deutschen mit Hitler halten.

Doch am 14. August 1942 passiert zunächst etwas anderes. Zwei Menschen treffen sich erneut, die beiden, die eine so leidenschaftliche Affäre haben in so schwieriger Zeit. Er hatte sich bereits getrennt von ihr, und doch verabredet sich Harro mit Stella Mahlberg.

Libs gefällt dieses Aufflammen überhaupt nicht. Ohnehin sind ihre Nerven auf das Äußerste gereizt. Seit einer Weile fühlt es sich nämlich so an, als verfolge sie jemand. Oder ist es nur Paranoia? Knackst es wirklich im Telefon? Gibt es einen Hall, den es vorher nicht gab? Steht da ein Mann am Ufer mit einem Fernglas, wenn sie segeln? Beobachtet er die Vögel am Wannsee oder die Olympiajolle *Duschinka*? Wer ist überhaupt Stella Mahlberg? Wie kann Harro mit dieser Frau, die er kaum kennt, erneut ins Bett steigen? Je mehr Libertas darüber nachdenkt, desto wütender wird sie und beschließt, sich für ein paar

Tage aus dem Staub zu machen, zu Verwandten nach Bremen zu fahren. Soll sich Harro in seinem Gespinst aus illegalen und versteckten Tätigkeiten verheddern, soll er sich immer mehr hineinbegeben in die Fänge dieser Welt, von der er nicht lassen kann, sich hineindrehen in seine eigene Fesselung.

Sie muss das Dach des *Caesar* schließen, bevor es auf die Autobahn geht. Starker Regen fällt an diesem Tag, strichelt zur gleichen Zeit ein Flecktarnmuster auf den Muschelkalk des RLM, wo Harro in seinem Büro sitzt und durch das Fenster auf die verschwimmende Fassade des mittlerweile arisierten Kaufhauses *Wertheim* schaut. Und hinter diesem dichten Niederschlag legen sich die Fäden des leise und heimlich arbeitenden Gestapo-Gespinstes immer enger um seine Existenz.

Doch Horst Kopkow, so genau er Harro auch observieren lässt, wird nicht schlau aus ihm. Was ist das für ein Mensch? Oberleutnant der Luftwaffe, sein Großonkel der legendäre Tirpitz ... und er – ein bolschewistischer Agent? Weshalb hätten die Sowjets sonst ihren Mann in Brüssel angewiesen, ihn zu treffen? Und welche Rolle spielt Libertas? Kopkow, der Sabotagespezialist, kennt sich aus mit Kommunisten. Er weiß, wie sie funktionieren, wo ihre Schwächen liegen. Mit russischen Agenten kann er umgehen, deutsche Kommunisten kann er foltern, bis er das gewünschte Ergebnis erreicht – oder sie eben umbringt. Aber diese Menschen, die jetzt in sein Visier geraten sind, ticken anders. Leben anders. Haben Affären mit schönen jungen Schauspielerinnen. Gehen auf dem Wannsee segeln. Reiten Pferde auf einem Schloss nördlich von Berlin, die Familie ist mit Göring bekannt, der schon bei ihnen Großhirsche jagte. Der Großvater von Libertas war der engste Freund des Kaisers – wenn auch von zweifelhaftem Ruf. Das können keine Kommunisten sein. Das ist Berliner Boheme. Kopkow ist verwirrt.

An diesem Tag, an dem es so regnet und Libertas in ihrem Fiat nach Bremen braust, beobachtet der Kriminalrat, wie Harro mit einem Unbekannten durch den Tiergarten spaziert. Der ihm fremde Begleiter trägt eine Nickelbrille und hat, obwohl er wie Mitte dreißig wirkt, einen stark zurückgehenden Haaransatz, Typ Bürokrat. Was die beiden sprechen, kann Kopkow aufgrund des prasselnden Regens nicht verstehen, auch vermag er sie nicht sonderlich gut zu sehen, da sie immer wieder unter ihren Schirmen verschwinden. Etwas Verdächtiges ist beim besten Willen nicht zu erkennen. Zwei Männer gehen bei schlechtem Wetter im Tiergarten spazieren, weiter nichts.

Auch Arvid, mittlerweile Oberregierungsrat im Wirtschaftsministerium, glaubt zu spüren, dass er beschattet wird. Er hat sein Arbeitszimmer ins Schlafzimmer verlegt, was ihm sicherer vorkommt, die Wohnung in der Woyrschstraße nach Wanzen abgesucht, aber keine gefunden. Sein jüngerer Bruder Falk hat ihn gebeten, eine Flucht ins Ausland zu erwägen, aber Arvid dies abgelehnt. »Wie soll man eine Widerstandsbewegung aus dem Ausland leiten? Hier ist doch unser größter Feind«, hat er zu seinem Bruder gesagt. »Und wenn wir gehen, wer bleibt?«[369]

Worüber Harro und Arvid sich austauschen in diesem starken Regen, ist nicht überliefert. Möglich ist, dass sie über ihren gemeinsamen Freund Carl-Dietrich von Trotha gesprochen haben, der ebenfalls ein immer aktiver werdendes Widerstandsnetzwerk knüpft – jenes, das die Gestapo »Kreisauer Kreis« taufen wird. Von Trotha ist ein Kollege von Arvid, Ökonom im Reichswirtschaftsministerium, Referent für Energiewirtschaft, ein demokratisch empfindender, hochgebildeter Mensch. Der »Kreis« versteht sich als eine Art Ideenschmiede des deutschen Widerstandes und arbeitet als einzige Gruppierung an ersten Vorstellungen zu einer neuen Verfassung für ein Deutschland nach dem Krieg, die später auch bei Hitler-Attentäter Stauffenberg auf Zustimmung stoßen. Eine europäische Staatenallianz würde Deutschland und seine Kriegsgegner Großbritannien und Sowjetunion umfassen: ein entscheidender Punkt, der auch den Vorstellungen von Arvid und Harro entspricht. Eine neue Welt soll entstehen, die den einzelnen Menschen in den Mittelpunkt stellt und nicht die Masse.[370] Noch ist es längst nicht so weit. Noch ist der Zweite Weltkrieg nicht zu Ende, und er verläuft immer grausamer. Jeden einzelnen Tag in diesem Sommer 1942 sterben Tausende Soldaten an allen Fronten, Tausende Menschen in den Konzentrationslagern, jeden Tag. Tausende Zivilisten, auch Frauen, Kinder und Alte. Von seinem Schreibtisch aus bekommt Harro mit, wie die Luftwaffe am 23. August 1942 unzählige Bomben auf Stalingrad wirft. Da der sowjetische Diktator es so befohlen hat, ist die Bevölkerung der Stadt, die seinen Namen trägt, nicht evakuiert worden. Über 40 000 unschuldige Einwohner verrecken.

Am 30. August 1942, einem Sonntag, strahlt die Sonne. Es gibt Spätsommertage, an denen Berlin glüht und der märkische Sand heiß zwischen den Zehen reibt, dann schwebt der Himmel so hoch droben, dass man spürt, sein Blau gehört zum Weltall. Dann wird das Leben in dieser Stadt, in der so unglaublich viel passiert, kosmisch. Brütend lastet die Hitze über dem Wannsee, die Temperaturen klettern auf 32 Grad, am späten Nachmittag kommt Wind auf: Segelwetter. Harro ist bereits am Vortag von seiner Wohnung zum Bootsclub *Blau-Rot* geradelt, Hannelore und Fritz Thiel docken mit ihrem Paddelboot an. Weisenborn kommt mit Joy dazu, die mittlerweile seine Ehefrau ist. Genau drei Jahre zuvor war er hier allein mit Harro segeln, da hatte es geregnet, das war der Beginn des Zweiten Weltkriegs gewesen, und Elfriede Paul hatte ihm kurz zuvor den Kopf gewaschen wegen seiner vielen Affären. Weisenborn ist weise geworden, mit seiner Fokussierung auf Joy, doch ist es auch Harro? Libertas weilt noch in Bremen, und wer über den Steg ihnen allen entgegenschlendert, ist eine interessant wirkende dreißigjährige Frau mit hohen Wangenknochen und neuem Kosenamen, den sie zwei Wochen zuvor bei ihrem letzten Rendezvous erhalten hat: nicht mehr das bedeutungsschwangere *Fix*, denn das soll sie für Harro nicht mehr sein, sondern etwas ironisch-distanzierter *Stellizitas*. Was denkt Harro, als er ihr bei diesem letzten Segeltörn seines Lebens an Bord hilft? Ärgert er sich, dass sie gekommen ist, weil er Libertas vermisst, die er genau hier einst kennenlernte? Hat er Stella möglicherweise nicht einmal eingeladen, sondern sie, nachdem sie von dem Ausflug hörte, sich einfach auf den Weg gemacht, um ihre Chance – die Gattin weit entfernt – zu nutzen? Wie könnte Harro ihr widerstehen, wenn die Sonne untergeht, der Sternenhimmel sich aufspannt, die anderen von Bord steigen und sie ihm die Nacht auf dem schaukelnden Boot versüßt?

Harro kann ihre Präsenz nicht recht sein, denn es gibt einen weiteren Gast an Bord, mit dem er etwas Dringliches, streng Vertrauliches besprechen muss, und das ist Horst Heilmann. Vor Weisenborn hätte Harro nicht scheu sein, hätte frei sprechen, sich mit den engen Freunden darüber beraten können, wie nun verfahren in einer Situation, in der er immer deutlicher spürt, im Visier der Gestapo zu sein.

Jetzt rächt sich, dass er Stella nie eingeweiht hat. Auf einem kleinen Segelboot ist es unmöglich, längere Gespräche zu führen, ohne dass alle an Bord es mitbekommen. Es ist ein tragischer Törn für Harro, der so viel auf dem Herzen hat, aber wegen der Frau, der er ebendieses Herz nicht richtig öffnen konnte, sie aber dennoch verführte, nicht frei zu sprechen vermag. Keinen möglichen Fluchtplan entwerfen, nicht die entscheidende Taktik festlegen kann, wie sich nun als Gruppe zu verhalten ist – falls es zu einer Festnahme kommt.

Es ist keine Übertreibung zu behaupten, dass ohne die Affäre mit Stella Mahlberg alles anders gekommen wäre – vor allem Libertas würde dem sicher zustimmen. Jetzt ist die Konfusion da, das gegenseitige Blockieren, genau wie Elfriede Paul es vorhergesagt, wovor sie gewarnt hat. War die Ärztin immer davon ausgegangen, dass Libertas durch ihre amourösen Eskapaden, ihre romantische Lebensauffassung alles gefährdet, ist es nun ausgerechnet Harro, ihr aller kühler Kopf, der im entscheidenden Moment verwirrt ist. Nicht etwa schickt er Stella weg – kommt ihm dies zu gefährlich vor, da sie ihn verraten könnte? –, sondern bittet sie, im Bug Platz zu nehmen, wo sie nur ihren Schopf ducken muss, wenn das Segel herumschlägt. Mit Stella Mahlberg an Bord gerät es zu einer Segelpartie, wie sie nach außen hin unverdächtig wirkt, das stimmt. Doch der Preis, den Harro zahlt, ist hoch. An seinem entscheidenden letzten Abend in Freiheit kann er sich weder mit Weisenborn noch Heilmann austauschen, den Einzigen, die ihm durch ihren Rat noch helfen könnten.

Es ist ein Ritt in den Untergang, begleitet von den süßen Sirenenklängen von Stella Mahlberg. Selbst das Bad im Wannsee macht nicht mehr frisch: in jenem Gewässer, das Liebe und Tod symbolisiert und den Wahnsinn der Zeit. So wie die *Duschinka* durch die Wellen des Havelgewässers pflügt, klatschen zeitgleich, das weiß Harro, die stählernen Buge der alliierten Schlacht- und Handelsschiffe durch die eiskalten Fluten des arktischen Meers, während die *Tirpitz* ihre Kanonen in Stellung bringt. Denn die deutschen Behörden, das hat Harro von

Graudenz erfahren, haben Marcel Melliand die Einreise in die Schweiz verweigert.

Nach Sonnenuntergang sitzen sie im Clubhaus *Blau-Rot*, schauen aufs Wasser, das Gewitter kommt nicht, noch nicht. Als sich endlich die Möglichkeit eines vertraulichen Gespräches ergibt, zieht Harro Horst Heilmann beiseite und erzählt ihm von seinen Kontakten ins Ausland und dass er unsicher sei, ob jemand davon Wind bekommen hat. Heilmann sieht ihn mit großen Augen an. Die meisten Funkschlüssel Moskaus seien dem Entzifferungsdienst bekannt, sagt er erschrocken und verspricht, sich am nächsten Tag in seiner Dienststelle umzuschauen.

Etwas zu feierlich verabschiedet sich Harro nach Sonnenuntergang von allen, auch von *Stellizitas*. Falls es ihren Plan, mit ihm die Nacht an Bord zu verbringen, gegeben hat: Er geht nicht auf. Allein radelt er durch den warmen Wald. Nach Hause will er noch nicht, dafür ist er zu unruhig, und er denkt an Carl von Trotha, den guten Freund, in dessen Haus im unweit entfernten Lichterfelde Harro zu den ständigen Gästen gehört. Gegen 22 Uhr kommt er dort an. Was die beiden Männer besprechen, bleibt im Dunkeln. Ob es um die Möglichkeit einer Flucht geht oder darum, Arvid im Wirtschaftsministerium zu warnen (wobei dieser bereits mit Mildred zu einer Urlaubsreise aufgebrochen ist), oder vielleicht um grundsätzliche wirtschaftliche Fragen, wissen wir nicht. Fakt ist, dass Harro sich an diesem Abend, auch wenn er nicht mehr die Gelegenheit haben wird, es zu lesen, ein Buch von Carl ausleiht: »Die europäischen Revolutionen« des jüdischen Gelehrten Eugen Rosenstock-Huessy, ein universalhistorisches Werk, das die europäische Geschichte im Spannungsfeld zwischen geistlicher und weltlicher Gewalt sieht – einer Balance, so behauptet der Autor, die letztlich der Freiheit dient.

36

Am 31. August 1942 hat General Paulus' 6. Armee die Außenbezirke Stalingrads erreicht. Es ist der Augenblick der größten geografischen Machtausdehnung des Hitlerregimes: Die Wehrmacht steht kurz vor den Ölfeldern von Baku, und auf dem höchsten Gipfel des Kaukasus, dem Elbrus, flattert in eisiger Kälte das Hakenkreuz. Doch es ist längst eine Überdehnung und der Moment erreicht, in dem das Pendel zurückschlägt, die Kugel zu fallen beginnt, die rauschhafte Parabel des Dritten Reiches seine Wendung nimmt und ihrem Ende zuläuft, unweigerlich.

Beim Funkentzifferungsdienst am Matthäikirchplatz bittet Horst Heilmann seinen Vorgesetzten Alfred Traxl um Auskunft, was decodierte russische Funksprüche betrifft. Traxl sucht eine Mappe »Rote Kapelle« heraus und legt sie ihm vor. Heilmann liest von einem Offizier der Luftwaffe. Sein Name ist Harro Schulze-Boysen. Er und seine Ehefrau Libertas seien als Agenten Moskaus enttarnt.

Unermüdlich zerteilen die Deckenventilatoren die schwüle Luft. Horst Heilmann blättert mit zitternden Fingern weiter. Seinen eigenen Namen entdeckt er nicht. Was soll er tun, flüchten? Damit würde er Harro die letzte Chance rauben, aus der Sache herauszukommen. Nein, er wird ihm die Treue halten, muss ihn warnen, ihn retten – oder gemeinsam mit ihm untergehen. Auch wenn es ihn das eigene Leben kosten könnte, greift Horst Heilmann zum Hörer.

Es klingelt. Doch sein Freund geht nicht ran, nur die Sekretärin aus Harros Abteilung. Ob sie etwas ausrichten könne?

Heilmann überlegt. Dann bittet er, auch wenn es riskant ist, weil es notiert wird, um Rückruf, gibt seine Nummer an und legt den Hörer auf die Gabel zurück. Wartet, dass Harro sich meldet. Die Hitze wird immer unerträglicher.[371]

Mit durchgedrücktem Gaspedal fährt Libertas auf der Autobahn von Bremen nach Berlin zurück.

Teil IV

Gegnerbekämpfung

(Herbst 1942)

»Soll es uns verzehren,
es ist doch schön gewesen,
sag ich.«

Harro Schulze-Boysen

1

Endlich klingelt es bei Horst Heilmann. Doch ausgerechnet in diesem Moment ist er nicht an seinem Schreibtisch. Da wegen der warmen Temperaturen auch am Matthäikirchplatz die Türen offen stehen und ein klingelndes Telefon beantwortet werden muss, betritt Dr. Wilhelm Vauck, Chef der 4. Nachrichtenabteilung des OKH, Heilmanns Büro und nimmt ab.

»Hier Schulze-Boysen ...«

Vauck braucht einen Moment, bis er seine Fassung wiederfindet. Kann es sein, dass er die Stimme *des* Mannes hört, der ihn seit Wochen elektrisiert, dieses Staatsfeindes Nummer 1, wenn er die Gestapo richtig verstanden hat? Aber wieso ruft der auf Heilmanns Durchwahl an?

»Schreiben Sie sich mit einem Ypsilon?«, ist alles, was Vauck spontan einfällt, als er vorgibt, den Namen zu notieren, um es Horst Heilmann auszurichten.

»Natürlich«, antwortet Harro irritiert. Plötzlich bereut er es, sich vorgestellt zu haben, und legt auf.[372]

Einige Zeit später läutet das Telefon in seinem Büro. Heilmann? Oder doch endlich Libs? Erwartungsvoll nimmt er ab. Es meldet sich ein Oberst Bokelberg, der Kommandant des Stabsquartiers im Reichsluftfahrtministerium. Er bittet Harro, ins Foyer zu kommen, es sei dringend. Harro legt den Bakelitknochen auf die Gabel und seinen Füllfederhalter beiseite. Er zögert einen Moment, dann steht er auf. Ein kaltes Feuer brennt in seinen Augen, und die Muskeln in seinem großen, mageren Kinn spielen, weil er weiß, dass es jetzt ums Ganze geht.

Als er die Treppen hinunterläuft, gleiten seine Finger über die aus Fliegeraluminium gefertigten Handläufe des Geländers, ein letztes Mal. Er nimmt den Paternoster, und rasch geht es hinab. Im Foyer wartet Bokelberg, eskortiert Harro zum Ausgang. Licht bricht gleißend herein, als die schwarze Ebenholztür mit dem dicken Messinggriff sich öffnet. Mit laufendem Motor steht ein Wagen in der Zufahrt. Zwei Männer kommen auf ihn zu, nehmen ihn in ihre Mitte, setzen sich mit ihm in den Fond. Einer von ihnen stellt sich als Horst Kopkow vor, Geheime Staatspolizei. Langsam setzt sich der Wagen in Bewegung. Es ist eine kurze Fahrt, die dennoch ewig dauert.

2

Libertas ruft im Luftfahrtministerium an, doch Harro nimmt nicht ab, nur irgendwann die Sekretärin, die ihr mitteilt, er sei auf Dienstreise. Wann er zurückkomme, wisse sie nicht. Dann fügt sie hinzu, dass sein silbernes Portepee noch an der Garderobe am Haken hänge.

Ohne das Portepee tritt ein preußischer Offizier keine Dienstreise an. Das weiß Libertas.

Am Nachmittag holt sie ihren Bruder Johannes am Busbahnhof ab und teilt ihm ihre Befürchtung mit, dass Harro verhaftet worden ist. Sie eilen in die Wohnung in der Altenburger und überlegen, ob sie flüchten sollen. Aber wird das Haus nicht längst überwacht? Was tun mit der Fotosammlung, all den Materialien, die sich hier befinden?

3

Wenn er auf den Stuhl steigt, kann er ein Stückchen vom Himmel sehen. In seiner Zelle Nummer 2, der ersten links im rechten Korridor, befindet sich außerdem ein kleiner Tisch, eine tagsüber hochzuklappende Pritsche, die eine Qual ist mit ihrer Eisenumrandung, den vier Quer- und zwei Längsschienen, darauf ein dünner, nicht bezogener Strohsack, der so durchgelegen ist, dass man immer auf irgendeiner der Eisenstreben balancieren muss oder sonst in ein Loch rutscht. Zwei Wolldecken gibt es, übersät von Wanzen, die ein Wächter so kommentiert:»Ja, die paar Tierchen müssense schon mitdurchfüttern.«

Vom Hof her hört Harro Autos, das Knallen von Türen, Kommandos. Um vier Uhr am Nachmittag ruft der Posten herein, dass er gleich abgeholt werde, zur Vernehmung. Harro sitzt kerzengerade, wie er es von seinem Vater gelernt hat: entschlossen, energiegeladen. Fieberhaft überdenkt er seinen Kampfplan: Und wenn *so* gefragt wird – und *so* – und *so?* Dann *so!* Und wenn *danach* gebohrt wird – und *hiernach?* Finde die Antwort! Schnell. Glaubhaft. Du wirst gleich abgeholt. Immer wieder gehen seine Überlegungen alle Möglichkeiten, Szenarien durch. Um achtzehn Uhr gibt es Brot und schwarzen Kaffee. Noch immer kein Verhör. Er geht in der Zelle umher und auch seine Gedanken: immer im Kreis. Er wird müde. Das will Kopkow. Es ist zwanzig Uhr. Harro liegt auf der Pritsche, bereit, sofort aufzuspringen. Irgendwann hört er es zehn schlagen. Eine nackte Birne in einem Drahtkäfig wie ein gefangener Vogel leuchtet von der Decke. Über seiner Tür ist eine kleine rechteckige Scheibe eingelassen, damit der Wärter überprüfen kann, ob dieses Licht tatsächlich brennt. Elf Uhr. Noch immer nicht zur Vernehmung gerufen worden, ist er von der nutzlos verschwendeten Energie wie gelähmt, liegt mit offenen Augen auf dem Rücken, starrt an die fleckige Decke. Wie es wohl Libertas ergeht? Ob sie ebenfalls festgenommen worden ist? Schlüssel rasseln in der Tür. Wie gerädert erhebt er sich. Ein Beamter steht vor ihm, legt ihm mit einer geübten, sanften Bewegung die leichten Spezialstahlfesseln um die Handgelenke, drückt sie zusammen, schließt mit einem winzigen Schlüssel ab, was ein knirschendes Geräusch verursacht.[373]

Er wird nach oben gebracht, über einen breiten Flur mit stuckverzierter Kuppeldecke und großen, halbrunden Fenstern geführt, vor denen je eine geschwungene Holzbank steht. Darauf sitzen hier und dort locker gruppiert Männer in schlechten Anzügen, unterhalten sich gedämpft. Manche heben kurz den Blick, als Harro, noch immer in Luftwaffenuniform, vorbeigeführt und in einen länglichen Raum gebracht wird, zu einem stehpultartigen Gestell: Fingerabdrücke. Ein gelblich hellbrauner Drehhocker steht dort, der an Schulmobiliar erinnert.[374] Harro wird aufgefordert, sich zu setzen, sein Hinterkopf an eine Metallstange gedrückt und rechts auf Schulterhöhe ein Schild mit Datum und Nummer eingeklinkt: *Gestapa42Aug. 173.*

Er schaut auf einen Kamerakasten, seine Pupillen ziehen sich schlagartig zusammen, als es blitzt, ein Beamter links von ihm betätigt einen mit dem Hocker verbundenen, über einen Meter langen Hebel, und mit einem knarrenden Geräusch schwingt der Stuhl mit plötzlichem Ruck nach rechts. Ein zweiter Blitz beleuchtet Harros Profil, bevor der Stuhl mit einer weiteren harten Bewegung in der Halbprofilposition einrastet. Wieder ein Blitz.

4

Selbst an seinem 33. Geburtstag, dem 2. September 1942, gibt es keine Nachricht von Harro. Um kein Aufsehen zu erregen, geht Libertas auch an diesem Morgen in ihr Büro in der Deutschen Kulturfilm-Zentrale am Gendarmenmarkt. Wie soll sie sich verhalten, im Moment der größten Gefahr? Die anderen warnen? Aber würde nicht gerade das die Aufmerksamkeit auf sie lenken? Einen Tag zuvor, am 1. September 1942, genau drei Jahre nach Kriegsbeginn, ist es in Königsberg, der Hauptstadt Ostpreußens, sommerlich warm. Mildred und Arvid Harnack kommen am Hauptbahnhof an, laufen zum Fluss Pregel vor, an dessen Ufern wie auf einem alten Stich eng an eng die Kähne liegen. Kann man alle sieben Brücken der Stadt überqueren, ohne eine einzige zweimal passieren zu müssen? Der Mathematiker Leonhard Euler hat diese Frage im 18. Jahrhundert verneint und aus dem *Königsberger Brückenproblem* eine topografische Formel hergeleitet, die unnötige Wege vermeiden lässt und für alle Zeiten die Wege der Postboten und Zustelldienste bestimmt, ebenso wie die Stromflüsse im Mikrochip. Auch Arvid und Mildred versuchen, sich so zielstrebig wie möglich zu bewegen, jeder von ihnen trägt einen ledernen Handkoffer, Arvid, vorsichtig wie immer, außerdem seinen Regenschirm, denselben, den er dabeihatte, als er sich mit Harro im Tiergarten traf. Sie laufen am Flussufer entlang. Es ist genau die Strecke, die der Philosoph Immanuel Kant jeden Mittag gelaufen ist, über die Grüne Brücke ins mittelalterliche Kneiphof, die Insel im Herzen von Königsberg mit ihrem Dom, dem Rathaus und Gassengewirr, in dem Kant als junger Kerl oft seine Wohnung nicht mehr gefunden hat, weil er so betrunken war. In Kneiphof alleine gibt es über fünfzig alteingesessene Brauereien.

Mildred und Arvid sind auf der Durchreise. Sie wollen Urlaub machen, dringend benötigten – und Mildreds vierzigsten Geburtstag am 16. September an der Küste feiern. Sie hat eine abgebrochene Bauchhöhlenschwangerschaft hinter sich, die lebensbedrohlich war. Das Ziel ist Preil, ein verschlafenes Fischerdorf auf der Kurischen Nehrung, in der Nähe von Nidden, dem Künstlerort, an dem Libertas einst verhaftet worden ist. Doch zunächst wollen die Harnacks Königsberg sehen, diesen zu Architektur geronnenen Traum eines humanistisch durchdrungenen urbanen Seins. Das Grab von Kant liegt auf der Universitätsseite des Doms: *Danach* streben sie doch, nach einer solchen Geistigkeit, die das eigene, verantwortungsvolle Handeln zum Maßstab aller macht.

Mildred und Arvid nehmen die Krämerbrücke und laufen am Fischmarkt vorbei zum Schloss. Darin ist das legendäre Bernsteinzimmer ausgestellt, das die Wehrmacht im vergangenen Herbst bei der Erstürmung Leningrads aus dem Katharinenpalast geraubt hat.[375] Fasziniert betrachten sie das prächtige, schimmernde Wunder, das gute zweieinhalb Jahre später spurlos verschwinden wird, bestaunen das Mosaik »Fühlen und Riechen«, das Mosaik »Hören« und spiegeln sich in den im Laufe der Zeit zu einer edlen Cognacfarbe abgedunkelten Paneelen, sehen den wie verzaubert wirkenden Raum und ihre eigenen Schatten auf dem kunstvoll verarbeiteten Bernstein. Doch ein Mann, ein weiterer Besucher der Weltsensation, kommt ihnen verdächtig vor. Tatsächlich werden sie seit ihrer Ankunft in der Stadt erneut dieses Gefühl nicht los, einen zusätzlichen Schatten zu haben.

Mildred und Arvid verlassen das Schloss, versuchen, nicht schneller zu laufen als sonst, erreichen die Straßenbahnhaltestelle. Sollen sie eine Tram über die Schmiedebrücke zurück nach Kneiphof nehmen, dort die Hauptgasse entlang, via Krämerbrücke retour und auf diese Weise mögliche Verfolger abschütteln? Das perfekte Königsberg, wo alles geordnet, alles genordet ist, mutiert mit einem Male tatsächlich zu einer Euler'schen Topografie – und zwar einer des Terrors. Die Tramwagen überall um sie herum: fahrende Käfige – es gibt keinen Ausweg, nur eine Endstation. *Eisenzäune – jede Größe erhältlich, wir bauen auch auf* – dazu ein Pfeil ins Untergeschoss.Sie nehmen die Holzbrücke in den Stadtteil Lomse. Arvid nutzt seinen Schirm wie einen Gehstock, dann halten sie in ihrem Schritt inne. Am Ufer des Pregel, in der Lindenstraße, stand hier einmal die prächtige Neue Synagoge, architektonisch vom Aachener Dom inspiriert. Nach der Kristallnacht musste die jüdische Gemeinde von Königsberg die Reste des ausgebrannten Gebäudes abtragen. Jetzt gibt es hier Holzbaracken, die unglaublich flach wirken und in denen jüdische Zwangsarbeiter untergebracht sind. Das benachbarte, aus Backsteinen errichtete jüdische Waisenhaus ist stehen geblieben. Seine Fenster sind geöffnet, Wäsche hängt auf dem Hof, aber es leben hier nur noch wenige Juden. Königsberg war einmal die drittgrößte jüdische Gemeinde in Deutschland mit über 1500 Mitgliedern. Am 24. Juni 1942 sind die ersten 770 von ihnen in die Vernichtungsstätte Maly Trostinez transportiert worden, in einen Kiefernwald bei Minsk, zu einem Erschießungsplatz mit Gleisanschluss, wo die Züge direkt an der riesigen Leichengrube hielten.[376] Am 25. August 1942, auf den Tag genau eine Woche vor dem Besuch von Arvid und Mildred, ist der zweite Zug gefahren, mit 763 Königsberger Juden, dieses Mal nach Theresienstadt, wohin auch der Zug unterwegs war, den mein Großvater gesehen hat.

Mildred und Arvid verbringen eine unruhige Nacht im Hotel, sitzen am nächsten Tag in einer Straßenbahn zum Adolf-Hitler-Platz und Nordbahnhof. Sollen sie wie geplant den Zug nach Cranz nehmen und von dort den Haffdampfer auf die Nehrung, jetzt, wo sie spüren, dass sie observiert werden? Andererseits: Falls dies wirklich zutrifft, wäre es nicht auffällig, den Urlaub abzubrechen? Würden sie dadurch nicht den Verdacht auf sich lenken? Eine Hoffnung bleibt: Wenn die Polizei sie in Berlin nicht festgenommen hat und sie diesem Schicksal auch in Königsberg entgehen, warum würde ausgerechnet im entfernten Preil der Zugriff erfolgen? Wäre es nicht das Klügste, ganz normal weiter Ferien zu machen und die Gestapo in dem Glauben zu lassen, dass sie im Anschluss wie geplant nach Berlin zurückkehren? Möglicherweise würde sich auf der Nehrung sogar die Chance einer Flucht bieten, mit dem Boot nach Schweden vielleicht ...

An den gleichen Kiosken, an denen Libertas vor drei Jahren ihr Billet löste, kaufen Mildred und Arvid Harnack ihre Fahrkarten nach Cranz, nur Hinreise, betreten den Bahnsteig und sitzen im Zug. Sie haben eine Strategie gefasst und beschlossen, genau das zu spielen, was sie so gerne wären: harmlose Urlauber. Aus diesem Grund schreiben sie während der 33-minütigen Fahrt an die Küste eine unverfänglich klingende Postkarte an ihre Haushälterin – und gehen davon aus, dass die Gestapo sie mitlesen wird:

»Liebe Frau Müller! Herzliche Grüße von uns Beiden! Gestern haben wir das Bernsteinmuseum in Königsberg besucht. Morgen fahren wir nach der Kurischen Nehrung. Unsere Adresse ist: bei Kubillus, Preil (Kurische Nehrung über Memel).«[377]

In Cranz werfen sie die Karte ein, die mit dem stilisierten Konterfei eines Elches abgestempelt wird. Am nächsten Morgen, es ist der 3. September 1942 und ein Donnerstag, geht ihr Dampfer über das tiefblau schimmernde Haff.

5

Das Vernehmungszimmer befindet sich unterm Dach, ein ungemütlicher Büroraum, dessen abgewetzte Einrichtung willkürlich zusammengetragen wirkt. Man darf sich SS-Hauptsturmführer Johannes Strübing, der die Verhöre Harros führt, nicht als einen prügelnden Folterknecht vorstellen. Er ist jung, intelligent, ein hochspezialisierter Kriminalist mit Sinn für Humor. Psychologisch geschult geht er auf sein Gegenüber ein, weckt Hoffnungen, macht Versprechen, Freundlichkeiten wechseln mit Drohungen. Er weiß, wie gefürchtet die Gestapo ist, welche Angst ein jeder haben muss, der sich in ihren Fängen befindet. Folter? Vielleicht braucht man sie gar nicht. Mit verschiedenen Techniken arbeitet der Kriminalkommissar, und wenn Harro kooperiert, soll er eine Zigarette erhalten oder ein annehmbares Essen oder das Versprechen, dass Libertas nichts passiert. Soll belohnt werden wie ein braves Hündchen. Doch das greift bei Harro nicht. Wenn wir den Quellen glauben dürfen – seine Gestapo-Akte ist allerdings nicht erhalten –, haben ihn die typischen Sätze, dass man doch lieber gleich ehrlich sein soll, weil das besser für alle sei, nicht beeindruckt.[378] Harro streitet jeglichen Vorwurf ab und leugnet unter Berufung auf seine Herkunft alle landesverräterische Tätigkeit.[379] Immer nur sei es ihm in seiner Arbeit darum gegangen, Gutes zu tun für Deutschland. Selbst als man ihm Kopien des entschlüsselten Funkspruches vorlegt, denkt er nicht daran, ein Geständnis abzulegen. Lediglich habe er sich privat mit Freunden getroffen, manchmal über Politik geredet. Illegal sei da gar nichts. Strübing ändert die Taktik und versucht, beim gemeinsamen Flanieren in dem kleinen, zum Reichssicherheitshauptamt gehörenden Park Harro in unpolitische, freundschaftliche Plaudereien über Literatur und Naturwissenschaften zu verwickeln, um sein Vertrauen zu gewinnen, wie von Kollege zu Kollege. Harro, der noch immer Uniform trägt, durchschaut den Plan, plaudert locker mit, schweigt aber weiterhin.

So kommt es dann doch zur sogenannten verschärften Vernehmung. Sie wird nach festgelegten Regularien durchgeführt, die SS-Chef Himmler vorgegeben, Heydrich präzisiert und Gestapochef Müller ausformuliert hat. Erst vor wenigen Wochen, am 12. Juni 1942, sind die bürokratischen Richtlinien für die Folter erweitert worden. Darin heißt es:

»Die verschärfte Vernehmung darf (...) angewendet werden gegen Kommunisten, Marxisten, Bibelforscher, Saboteure, Terroristen, Angehörige der Widerstandsbewegungen, Fallschirmagenten, Asoziale, polnische oder sowjetrussische Arbeitsverweigerer oder Bummelanten. (...) Die Verschärfung kann je nach der Sachlage u. a. bestehen in: einfachste Verpflegung (Wasser und Brot), hartes Lager, Dunkelzelle, Schlafentzug, Ermüdungsübungen, aber auch in der Verabreichung von Stockhieben (bei mehr als 20 Stockhieben muss ein Arzt zugezogen werden).«[380]

Bleibt es, sobald die Büchse der Pandora einmal geöffnet ist, bei den oben beschriebenen Praktiken? Harro wird in das sogenannte »Stalinzimmer« im vierten Stock des *Amt IV für*

Gegner-Erforschung und -Bekämpfung gebracht.[381] Beinahe gleicht es einem normalen Büroraum, aber er sieht schon beim Hereinkommen, was hier vor sich geht. Ein merkwürdiges Gestell, das einem Bett ähnelt, dominiert den Raum.[382] Harro wird gefragt, ob er bereit sei, unter diesen Umständen ein umfassendes Geständnis abzulegen. Er verneint und muss auf einem Stuhl Platz nehmen, seine Hände noch immer auf dem Rücken gefesselt. Was nun passiert, sieht er nicht, spürt es nur. Über seine Hände wird eine Vorrichtung gestülpt. Sie greift an der Handwurzel an. Rechts und links dieser Vorrichtung befinden sich Metalldornen. Durch eine Schraubwirkung werden sie in sein Fleisch gepresst.

Als der Befrager damit nicht den gewünschten Erfolg hat bei Harro, der auch beim Spießrutenlaufen eine Extrarunde drehen konnte, nehmen sie die Vorrichtung wieder ab. Er wird aufgefordert, Stiefel und Uniformhose auszuziehen. Zwei Polizisten fesseln ihn auf dem seltsamen Bettgestell mit dem Scheitel nach unten und schlingen eine Decke um seinen Kopf. Sie holen eine weitere Vorrichtung und legen sie auf seine nackten Unterschenkel. An der Innenseite sind erneut Metalldornen. Strübing stellt eine Frage. Sobald der Gefangene sie verneint, macht der Beamte eine Handbewegung und sagt: »Eine Umdrehung.« Durch eine Schraubzwinge presst sein Kollege die Vorrichtung zusammen, sodass sich die Dornen in die Waden bohren.

Als er noch immer nicht spricht, nehmen sie ihm die Wadenklammern ab und ziehen das Gestell auseinander, sodass seine gefesselten Hände und Füße diese Bewegungen mitmachen müssen. Dies geschieht schnell und ruckartig, dann langsam, je nach Vorgabe. Als die Prozedur beendet ist, fesseln sie seine Hände an den Füßen, sodass er in einer Hockstellung frei im Raum steht. Ein Beamter tritt mit einem Knüppel hinter ihn

337

und erteilt ihm auf Anordnung einen Schlag. Durch die Hockstellung kann Harro das Gleichgewicht nicht halten und knallt mit seinem vollen Körpergewicht mit dem Kopf vorne auf. Dies wiederholen die Beamten so lange, bis er ohnmächtig wird.

6

An der Tür in der Altenburger Allee 19 klingelt es. Als Libertas öffnet, steht da Horst Heilmann mit dem entschlüsselten Funkspruch in der Hand. Lange umarmen sie sich, dann suchen sie systematisch die Wohnung nach Wanzen ab, finden aber nichts. Alles, was irgendwie belastend sein könnte, klauben sie zusammen, einiges geht im Kamin im Salon in Flammen auf, aller Wahrscheinlichkeit nach auch Libertas' Fotosammlung zu den Verbrechen der Wehrmacht. Den Rest, vor allem die zusammen mit Harro verfasste wissenschaftliche Arbeit über die Gründe für den Ausbruch der beiden Weltkriege, packt Heilmann in einen Koffer, den bringt er später seiner nichtsahnenden Nachbarin zur Aufbewahrung, der Schauspielerin Reva Holsey, die in seinem Elternhaus in der Hölderlinstraße wohnt. Als Nächstes fährt er raus nach Stahnsdorf und warnt seinen Freund John Graudenz.

Am folgenden Tag verschwindet dessen Wachhund *Tasso*.

In der Prinz-Albrecht-Straße 8 stehen die Mitarbeiter der Sonderkommission vor einem riesigen Puzzle. Kopkow, Strübing, manchmal auch Panzinger, Göpfert, Habecker: Zigaretten qualmend betrachten sie die große Tafel mit all den Namen, Fotos, Querverweisen. Jetzt ist Kombinationsgabe gefragt, das Vorstellungsvermögen gefordert. Welches Bild am Ende heraus-

338

kommt, ist unklar. Die überstürzte Verhaftung Harros, ausgelöst durch Horst Heilmanns Versuch, ihn zu warnen, hat die Pläne der Gestapo durchkreuzt, in aller Ruhe zu observieren, bis genügend Beweismaterial vorliegt. Die Arbeit für die Fahnder ist schwieriger geworden. Am 5. September 1942 wird Horst Heilmann verhaftet. Zur gleichen Zeit befragt die Gestapo den Leiter der Kulturfilm-Zentrale, und in Folge glaubt Libertas, das Misstrauen der Kollegen auf den Fluren und in der Kantine zu spüren, während ihr Chef sich ihr gegenüber gänzlich zugeknöpft gibt. Als sie ein Telegramm an Adam Kuckhoff schickt, der in Prag an einem Film arbeitet, und keine Antwort von ihm erhält, wird sie immer unruhiger. Bei einer S-Bahn-Fahrt mit Alexander Spoerl glauben beide, beobachtet zu werden. Am Potsdamer Platz steigen sie im letzten Moment aus, trennen sich, treffen sich wieder am Westkreuz, entscheiden sich für seine Wohnung am Wannsee, weil sie ihnen sicherer vorkommt. Als Libertas dann doch nach Hause fährt, nimmt die Briefträgerin sie auf der Treppe der Altenburger Allee 19 beiseite und vertraut ihr an, dass die Gestapo ihre Post kontrolliert.

7

Die Ruhe in Preil ist gespenstisch, die Schönheit des Ortes bezwingend, kein Lüftchen geht, die Fischerboote liegen am Strand in der aufgehenden Sonne, und während sie auf die andere Seite zieht, zur Ostsee hin, badet sie die hohen Dünen in blauem, grünem und rotem Licht. Arvid sitzt am Haff und liest das *Memeler Dampfboot*, die lokale Tageszeitung, die 10 Reichspfennige kostet und deren Name viel zu kurios ist, um sie nicht ab und zu durchzublättern. Die Titelschlagzeile an einem dieser

Tage beschäftigt sich mit den Geleitzügen der westlichen Alliierten, die Harro über Melliand vergeblich zu schützen versuchte. »38 Schiffe und riesige Mengen Kriegsmaterial versunken«, jubelt das Blatt. »Wie die deutschen See- und Luftstreitkräfte im Nordmeer einen neuen Triumph errangen«, lautet die Unterzeile: »Ein Zusammenspiel von Draufgängertum, Umsicht und Entschlussfähigkeit.« Doch in Wahrheit liegt der Grund vor allem in der Fähigkeit, die alliierten Funksprüche zu entschlüsseln, genau zu wissen, wann welcher Konvoi wo startet. Ein Foto ist in der Zeitung abgedruckt, aufgenommen aus dem Cockpit eines deutschen *Condor*-Fernkampfflugzeuges. Eine schwarze Rauchwolke steigt von einem sinkenden britischen Frachter in den Himmel.

Einige Stunden später macht sich Arvid auf den Weg, um den befreundeten Professor Egmont Zechlin, Historiker an der Berliner Universität, und dessen Frau an der Landungsstelle in Nidden abzuholen. Gute fünf Kilometer durch den Elchwald sind es dahin, Arvid geht zu Fuß, trägt kurze Hosen und einen kleinen Rucksack.[383] Zwischen hohen Kiefern, deren Wurzeln tief in den Dünensand greifen, läuft er hindurch, passiert einen Abschnitt lichten Birkenwalds, dann düstere Reihungen stramm wie Soldaten stehender Fichten. Wenn er in den vergangenen Monaten die Kraft hatte, innerlich ruhig zu bleiben, und den kommenden Dingen gefasst entgegensieht, so glaubt er dies vor allem seiner Verbundenheit mit dem Guten und Schönen in dieser Welt zu verdanken und den Empfindungen, die er wie der von ihm verehrte amerikanische Dichter Walt Whitman der ganzen Erde entgegenbringt. Nun geht es über moorige Stellen von einer melancholischen Herbheit hinweg. Hier leben die Elche, »eine Mischung von Rind, Pferd, Hirsch, Kamel und Büffel, sehr langbeinig mit breit ausladendem Geweih«, wie Thomas Mann sie während eines Nidden-Aufenthaltes beschrieben hat.[384] Arvid pflückt einen Strauß für Mildred: Veilchen, Schaumkresse, Thymian und Augentrost. Trotz allem Schweren, denkt er, sieht er auf sein bisheriges Leben gerne zurück. Das Lichte überwog das Dunkle. Und dafür war großenteils seine Ehe der Grund.[385]

8

Für den Rückweg von Nidden nach Preil nehmen Arvid und die Zechlins eines der Fuhrwerke mit den dicken Gummirädern, sitzen zwischen Dorfmädchen mit langen Röcken und Körben voller getrockneter Flundern. Im Garten des Fischers Kubillus essen Mildred und Arvid, Anne und Egmont zu Abend. Das Blau der Fensterläden leuchtet im späten Licht, eine warme Brise liegt auf der Haut, und die Sonne lässt die gestaffelten Wolken, die sich im Haffwasser spiegeln, orange aufglühen. Die Fischer besteigen ihre Boote mit den quadratischen rostbraunen Segeln und fahren hinaus für die Nacht, um Zander zu fangen, zur Not auch Hechte. Jetzt sieht die Welt so aus wie auf den expressionistischen Bildern von Max Pechstein.

Arvid schlägt vor, ein paar Schritte zu spazieren, und als sie auf die Dorfstraße treten, bittet er die Frauen vorauszulaufen. Egmont Zechlin kommt es so vor, als ob sein Freund etwas auf dem Herzen habe, das er ihm anvertrauen wolle. Eine Weile schlendern sie durch die Dämmerung, ab und zu kommt eines der heimkehrenden Pferde vorbei, die auf der Nehrung frei herumlaufen. Die Bäume des Elchbruches rauschen, ebenso das Meer, und der Geruch geräucherter Fische weht von den Hütten her.[386]

»Wie schön, einmal so frei in der Natur zu sein, endlich

einmal frei von allen Intrigen der Großstadt. Wie sehr freue ich mich auf die kommenden Tage«, sagt Arvid. Bevor er weitersprechen kann, kündigt ein heftiger Windstoß ein Gewitter an. Donner grollt, und sie müssen sich beeilen, um vor dem hereinplatzenden Regen ihre Unterkunft zu erreichen.

So kommt es, dass Professor Zechlin nicht mehr erfährt, was Arvid ihm hatte sagen wollen.

9

Später am Abend, es ist noch immer hell und der Himmel wieder klar, spazieren Mildred und Arvid zum Strand, zu diesem starken baltischen Meer, das Arvid, dessen Familie aus Dorpat in Estland stammt, so nahe ist. Sie ziehen sich aus, der Mond steht schmal und abnehmend am Himmel, der von Sternen übersät ist. Als Mildred aus dem Wasser zurück an Land steigt, ganz gemächlich, kommt sie Arvid wie eine Göttin vor.

Auf dem Rückweg steht urplötzlich ein Elch vor ihnen, wie vom Himmel gefallen. Sein Geweih sieht aus, als wäre es von samtenem Moos bedeckt, eine Antenne für die Stimmungen im vorweltlichen Wald. Gemächlich schreitet das Tier an ihnen vorüber, und solange sie können, schauen sie ihm hinterher.

Abends treten Elche aus den Dünen
Ziehen von der Palve an den Strand
Wenn die Nacht wie eine gute Mutter
leise deckt ihr Tuch auf Haff und Land

10

Die Gestapo kommt am liebsten am frühen Morgen. Dann sind ihre Opfer zu schläfrig, um einem Zugriff etwas Ernsthaftes entgegenzusetzen. In der Frühe ist der Mensch nicht ausgebufft genug, sich entschieden zu wehren, zu fliehen, alles auf eine Karte zu setzen. Man möchte einen derartigen Schicksalsschlag zu solcher Stunde schlichtweg nicht wahrhaben, das ist das Verhängnis. Der Morgen ist die Zeit für das Frühstück, eine Tasse Kaffee, eine friedliche Sache, zumal mit dem *Memeler Dampfboot* in den Händen, bei dessen Lektüre man den Tag gemütlich angehen kann. Müde kehren die Fischer von ihrer nächtlichen Tour zurück, werden von ihren Frauen abgeholt, die Holzwägelchen hinter sich herziehen für den Fang.[387] Arvid Harnack steht in Hemdsärmeln auf dem Hof und unterhält sich mit einem Herrn, der einen schlecht geschnittenen Anzug trägt. Drei weitere Herren lümmeln unweit entfernt am ochsenblutfarben gestrichenen Gartenzaun. Hinter ihnen stehen zwei schwarze Wagen.

Arvid dehnt sich etwas, bevor er spricht. In seiner ruhigen Art sagt er zu Egmont Zechlin, der auf den Hof tritt: »Die Herren haben eine Frühstücksverabredung mit einer Dame und wissen nicht mehr, in welchem Hause sie wohnt.«[388] Ein leiser spöttischer Unterton liegt in seinen Worten. Einer der Beamten zieht seine Blechmarke:»Wir sind von der Fremdenpolizei. Wir sind hier dabei, den Ort mal durchzukämmen.«

Noch argwöhnt Zechlin nichts und sagt, während Arvid und der Beamte in das Zimmer der Harnacks gehen:»Da will ich doch gleich einmal unsere Ausweise holen.«

Einer der Männer begleitet Zechlin in dessen Zimmer an der Rückseite des Hauses, sieht sich die Dokumente an und sagt wie nebenbei:»Wir haben auch Auftrag, dem Oberregierungsrat Harnack Bescheid zu geben, dass er in seinem Ministerium gebraucht wird. Haben Sie sich hier eigentlich verabredet?«»Ja natürlich«, antwortet Zechlin irritiert und läuft durch den Garten zurück nach vorne, klopft an die Tür seiner Freunde. Als niemand antwortet, öffnet er und sieht Mildred und Arvid inmitten der drei Beamten beim Packen. Arvid tritt auf ihn zu:»Wir fahren mit den Herren nach Berlin. Ich werde dort im Ministerium gebraucht ...« Und nach einer kurzen Pause fügt er mit verhaltenem Zorn hinzu:»Es ist eine Schande, was einem in Deutschland ...« Sofort tritt einer der Gestapomänner zwischen sie und schneidet Arvid das Wort ab.

»Aber die beiden haben ja noch nicht einmal Zeit gehabt zu frühstücken«, wendet Zechlin ein und versucht, nahe an seinen Freund heranzukommen, für den Fall, dass Arvid ihm etwas zuflüstern möchte. Doch die Beamten bewegen sich zwanglos und unauffällig genau so, dass sie immer im richtigen Augenblick zwischen ihnen stehen. Auch als Egmont Mildred beim Packen helfen will, drängt sich einer von ihnen heran:»Oh bitte, ich helfe ja gern!« Der Polizist bietet Mildred eine Zigarette an, und als sie zögert, ermuntert er sie:»Aber nehmen Sie nur, das tut gut.«

»Ich bestehe darauf, dass jetzt erst gemeinsam Kaffee getrunken wird«, sagt Zechlin und geht auf die Maskierung mit der Fahrt zum Ministerium ein.»Komm doch mit mir«, fordert er Arvid auf.

»Die Herren sind sehr freundlich«, entgegnet Arvid.»Sie haben auch noch nicht Kaffee getrunken. Geht Ihr doch voraus, und wir kommen alle nach.«

Der Professor verlässt den Raum und läuft aufgeregt zum Gasthaus. Zusammen mit seiner Frau packen sie Kaffeekanne und ein Service zusammen, kehren zurück und bauen alles auf dem Tisch auf, während die Harnacks weiterpacken. Ein schreckliches Schweigen herrscht im Zimmer. Mildred schlägt die Hände vor ihr Gesicht:»Welche Schande, oh welche Schande.«

»Es ist bestimmt ein Missverständnis, das sich bald aufklären wird«, sagt Egmont zu Arvid, um irgendwie auf dessen Unschuld hinzuweisen.»Wenn ich irgendetwas tun kann, um dazu beizutragen, lass es mich bitte wissen.«

Mildred ist mit dem Packen der beiden ledernen Handkoffer fertig. Arvids Regenschirm liegt obenauf. Sie zieht die Betten ab und macht alles besonders ordentlich, damit nach ihrer Abreise niemand unnötige Mühe hat. Was die Blumen betrifft, die Arvid ihr gepflückt hat, weiß sie zunächst nicht, was damit geschehen soll. Sie nimmt den Waschkrug, gibt ihnen frisches Wasser, stellt die Vase auf den Tisch zurück und zupft die Tischdecke zurecht, blickt noch einmal prüfend über das nun tadellos ordentliche Zimmer.

»Herr Professor«, sagt der Chef der Gestapotruppe zu Egmont Zechlin, als dieser Anstalten macht, Arvid und Mildred, die nach draußen geführt werden, zu begleiten:»Ich halte Sie für zu klug, als dass Sie nicht wüssten, was hier vorgeht. Ich habe Anweisung, diese Angelegenheit so unauffällig wie möglich durchzuführen. Das ist nun infolge Ihrer Anwesenheit nicht ganz gelungen. Ich mache Sie aber darauf aufmerksam, dass Sie gegenüber jedermann über alles, was Sie gesehen und gehört haben, zu schweigen haben. Andernfalls müssen wir auf Sie zurückgreifen.« Zu Egmonts Gattin fügt er hinzu:»Gnädige Frau, für Sie gilt dasselbe.«

»Diese beiden sind Kollegen von mir«, entgegnet Zechlin:»Sie werden mir nicht verwehren können, dass ich auf schnellstem Wege der Fakultät Mitteilung von der Angelegenheit mache.«

»Dies werden Sie nicht tun«, sagt der Beamte in plötzlich scharfem Ton. »Wenn Sie es telefonisch oder telegrafisch versuchen, wird das von uns abgefangen.«

Egmont küsst Mildred die Hand, und als er sich von Arvid verabschiedet, sieht er ihm in die Augen. »Lieber Egmont«, sagt Arvid, der seinen Freund sonst nicht beim Vornamen nennt: »Ich danke Ihnen für alles, auch für heute.« Sie geben sich die Hand, und jedes Wort, das Egmont ihm noch sagen will, kann er nur in diesen Händedruck legen.

Getrennt voneinander fahren Arvid und Mildred Harnack in den beiden Fahrzeugen der Geheimen Staatspolizei ab.

11

Am 8. September 1942 regnet es in Berlin ohne Unterlass. Andauernd will Libertas sich umdrehen, vermeidet es aber und versucht, ruhig und ohne Anzeichen von Unsicherheit zu wirken. Die Stunden bis zur Abfahrt des Nachtzuges nach Trier, für den sie eine Reservierung im Schlafwagen hat, dehnen sich. Sie will Freunde an der Mosel besuchen – und von dort weiter in Richtung Schweiz. Ihr früheres Hausmädchen aus Liebenberg, das mittlerweile bei Schulze-Boysens und bei Nachbarn in der Altenburger Allee 19 arbeitet, begleitet Libertas und ihre Mutter Tora zum Anhalter Bahnhof.[389] Die Bahnsteige sind voller Fronturlauber, ein Lazarettzug bringt Verletzte, überall Männer in schwarzer oder grauer Uniform.

»Ich habe wahnsinnige Angst«, sagt Libertas zu ihrer Mutter. »So entsetzliche Angst, ich werde verfolgt.«

»Aber mein Kind, wieso wirst du verfolgt?«
»Ich werde beschattet.«[390]

Beschattet? Tora weiß nicht, was Libertas damit meint, aber sie spürt, dass die Verzweiflung ihrer Tochter echt ist. Bevor sie sich am Nachtzug nach Trier voneinander verabschieden, nimmt Tora ihre Goldkette ab und legt sie ihrer Tochter um. Libertas sagt »Auf Wiedersehen« und steigt mit ihrem Köfferchen ein. Niemand hält sie auf, der Zug fährt los. Sie winkt aus dem offenen Fenster heraus. Als sie den Bahnhof Wannsee erreicht, den letzten Halt in Berlin, wird sie von Beamten in Zivil im Abteil festgenommen und nach draußen gebracht.

12

Wenige Tage später erhält ihre Mutter eine maschinengeschriebene Karte mit der Reichspost:

Gel. M!
Ich möchte dir nur rasch schreiben, damit Du Dich nicht sorgst, da Du vermutlich in Traben-Tr. angerufen hast. Ich bin wegen einer dringenden dienstlichen Angelegenheit während meiner Reise zurückgerufen worden und werde wahrscheinlich für etwas eine Woche ausserhalb von Berlin sein. Näheres kann ich dir im Augenblick leider nicht mitteilen. Es handelt sich um einen Auftrag, der mich sehr interessiert, sodass es mir auf den Verlust der einen Ferienwoche nicht ankommt. Ich bin gesund und bei guten Kräften. Ich hoffe bestimmt, dass es trotzdem noch zu unserer gemeinsamen Reise kommt!

(*handwritten text*)
Berlin, den 9.IX.42

Gel.M!

    Ich möchte Dir nur rasch schreiben ,
damit Du Dich nicht sorgst ,da Du vermutlich in
Traben-Tr. angerufen hast. Ich bin wegen einer
dringenden dienstlichen Angelegenheit während mei⸱
ner Reise zurückgerufen worden und werde wahrschein=
lich für etwa eine Woche ausserhalb von Berlin sein.
    Näheres kann ich Dir im Augenblick leider
nicht mitteilen. Es handelt sich um einen Auftrag,
der mich sehr interessiert ,sodass es mir auf den
Verlust der einen Ferienwoche nicht ankommt.
Ich bin gesund und bei guten Kräften.

    Ich hoffe bestimmt,dass es trotzdem noch zu
unserer gemeinsamen Reise kommt !

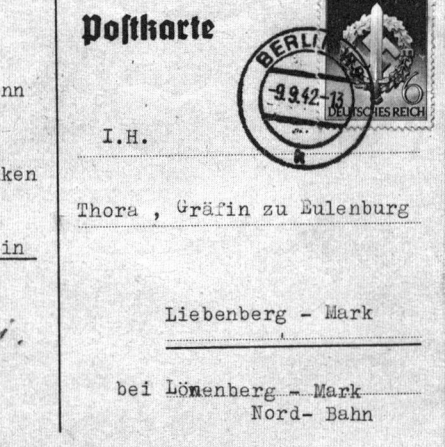

Alles Weitere dann
mündlich !

    Tausend liebe
Grüsse und Gedanken

      Immer

      Dein

Poſtkarte

I.H.

Thora , Gräfin zu Eulenburg

Liebenberg - Mark

bei Lönenberg - Mark
Nord- Bahn

Postkarte aus der Gestapo-Haft.

13

Auf den weiten Fluren der Prinz-Albrecht-Straße 8 hat Libertas als Kind gespielt, mit ihrem Bruder Johannes. Damals war hier die Unterrichtsanstalt der staatlichen Kunstgewerbeschule, wo ihr Vater die Fachklasse Mode gegründet hatte. Es sind noch die gleichen vertrauten Steintreppen, die hellen Flure mit den Holzbänken unter den großen Fenstern. Nur früher gab es die Büsten des gescheiterten Kunstmalers Hitler nicht und auch nicht die Hakenkreuzflaggen. Früher waltete in diesen Hallen nur eines, die Kreativität. Da war ihr gut aussehender, stets flott gekleideter Vater Chef gewesen, da wurde hier Mode gemacht. Doch es ist nicht mehr das Paradies ihrer Kindheit. Es ist nun das Reichssicherheitshauptamt, das dunkelste Gebäude der Stadt, und sein finsteres Herz ist das *Amt IV*, das *Amt für Gegner-Erforschung und -Bekämpfung*, das Geheime Staatspolizeiamt.

Der einzige Lichtblick in dieser Hölle ist für Libertas die attraktive, rothaarige 25-jährige Schreibkraft von Kommissar Alfred Göpfert, der die Vernehmungen von Libertas leitet. Gertrud Breiter heißt sie, ist Kanzleiangestellte im Referat IV E6 des RSHA (Abwehr Süd), und als Göpfert am späten Nachmittag einmal das Zimmer verlässt und die beiden Frauen unter sich sind, geraten sie ins Plaudern.[391] Libs will wissen, wie es komme, dass eine Frau wie sie einen solchen Job angenommen habe, und die Schreibkraft antwortet, sie habe nichts anderes gefunden und gedacht, es sei besser, als zu Hause zu bleiben. Außerdem müsse man ja nicht einhundert Prozent einverstanden sein mit dem, wo man sei. Doch mittlerweile hasse sie ihre Arbeit. Vielmehr habe sie Bewunderung für das, was Libertas getan habe, und empfinde Mitleid mit ihr, in diese Situation geraten zu sein. Es sei jedoch nicht aller Tage Abend. Göpfert habe ihr gegenüber nämlich geäußert, dass im Fall von Libertas nichts Schwerwiegendes vorläge. Mit einer harten Bestrafung müsse sie bei richtigem Verhalten nicht rechnen. Aufgrund der Beziehungen ihrer Mutter zu Göring sei ihr Leben gesichert. Dennoch werde sie wohl eine Weile in Haft bleiben müssen. Auf *ihre* Unterstützung könne sie dabei jederzeit zählen.

Libs ist erleichtert, in der Sekretärin einen Menschen gefunden zu haben, mit dem sie sich austauschen kann. Eine Frau in diesem Männergebäude, mit der sie offen reden, der sie Sachen anvertrauen kann – vielleicht auch Dinge, die noch immer der Wut in ihrem Bauch wegen Harro und Stella geschuldet sind. Mehr als zwei Dutzend Mal bespricht sie sich mit Breiter, die sie auch in ihrer Zelle besucht und ihr anbietet, ihr behilflich zu sein. Sie täte dies gerne, um auf diese Weise ihr schlechtes Gewissen, noch immer in diesem Amt zu arbeiten, etwas zu besänftigen. Allmählich erzählt die Schreibkraft ihr auch, was sie von den anderen Gefangenen weiß, berichtet von Harro oder von Horst Heilmann. Weitere Vergünstigungen stellt sie in Aussicht wie eine Schreibmaschine, wodurch Libs die Zeit in der Zelle nutzen könnte, um Gedichte zu verfassen, ihren Kindheitstraum zu verwirklichen und Dichterin zu werden. Und noch etwas bietet Gertrud Breiter an: Sie sei bereit, andere aus der Gruppe vor dem Zugriff der Gestapo zu warnen.

Unter den Freunden draußen herrscht derweil Ratlosigkeit, wie man sich am besten verhält. Und vor allem: Wohin mit den beiden Funkgeräten? Eines von ihnen, das batteriebetriebene, steht in der Wohnung der Eltern von Hannelore Thiel, und zwar im Badezimmer hinter dem Vorhang. Dort werden Gegenstände aufbewahrt, die man nur selten benötigt, ein Schlitten zum

Beispiel oder eine Hakenkreuzfahne für den 20. April, Hitlers Geburtstag.[392] Als Fritz Thiel von Harros Verhaftung erfährt, eilt er dorthin, um seine Schwiegereltern nicht weiter zu gefährden, nimmt den Koffer an sich, wickelt ein Band aus Stahldraht darum, das an zwei Ösen mit einem Schloss zusammengehalten wird, und bringt ihn in seine Wohnung in der Nürnberger Straße. Gegen halb drei am Nachmittag des 11. September 1942 versteckt seine 17-jährige Frau Hannelore die brisante Last unter ihrem Säugling im Kinderwagen und spaziert in die nahe gelegene Lietzenburger Straße 6, wo sie den Apparat bei Zahnarzt Helmut Himpel und Maria Terwiel an der Korridortür abgibt. In der Wohnung wartet bereits Helmut Roloff, der den Vulkanfiberkoffer in Empfang nehmen soll.[393] Himpel übergibt ihn mit der Bemerkung, bei Roloff zu Hause sei er am unauffälligsten untergebracht. Auf die Frage des Konzertpianisten, was darin sei, antwortet der Zahnarzt, es sei besser, dies nicht zu wissen.

»Eines ist doch klar«, entgegnet Helmut Roloff: »Wenn der Koffer gefunden wird, ist der Kopf ab.«

»Deshalb darf er auch nicht gefunden werden«, antwortet Himpel trocken.[394]

Von der Lietzenburger Straße 6 bis zur Trautenaustraße 10, der großbürgerlichen Wohnung der Roloffs, wo Helmut mit seinen Eltern und seiner Schwester lebt, sind es nur ein paar Minuten mit der Straßenbahn. Doch Zeit ist relativ und dehnt sich, wenn man etwas Derartiges transportiert. Zu Hause angekommen, verbirgt der Musiker den Koffer hinter dem Notenschränkchen, das unter seinem Flügel steht, und beschließt, so lange Mozart zu spielen, bis die Gestapo an seiner Zimmertür pocht. Dann, so lautet sein Plan, wird er den Polizisten vormachen, von nichts eine Ahnung zu haben, da er ein versponnener Musiker sei, der ununterbrochen Mozart spiele.

Auch Erika von Brockdorff, Hausnachbarin von Greta Kuck-hoff, entledigt sich des lebensgefährlichen Gerätes, das in ihrer Atelierwohnung steht. Sie packt es in eine Tasche und über-gibt diese an der Ecke Leibniz Straße/Berliner Straße an Hilde Coppi, die hochschwangere Ehefrau von Hans.

Keiner will den Schwarzen Peter bei sich tragen. Einen über-legten Plan, wie nun vorzugehen ist, gibt es fatalerweise nicht. Der Romanist Werner Krauss und der Psychotherapeut John Rittmeister treffen sich in einem kleinen Restaurant in einem S-Bahn-Bogen, um bei einem Glas Wein zu besprechen, wie sie sich im Fall einer Festnahme verhalten sollen. »Und wenn es mir den Kopf kostet«, sagt der Linkspazifist und Wahrheits-fanatiker John, dessen Vorbild der Renaissance-Philosoph Giordano Bruno ist, der als Ketzer verbrannte: »Ich bleibe bei der Wahrheit und sage ihnen ins Gesicht, was ich von ihnen halte.«

»Die Wahrheit sind wir unseren Gegnern zuallerletzt schul-dig«, widerspricht Krauss. »Harro hat einmal gesagt, dass zur Verteidigung bei der Gestapo jedes Mittel recht ist, das einem Dritten nicht schadet. Auf *diese* Weise für unser Leben zu kämp-fen: Das ist unsere Pflicht.«[395]

14

Am 12. September werden Adam Kuckhoff in Prag, Elisabeth Schumacher in ihrer Wohnung in Tempelhof, ihr Mann Kurt in seiner Kaserne in Posen, Hilde Coppi in ihrer Laube gegenüber dem Gefängnis Tegel und Hans Coppi bei der Truppe im pom-merschen Ort Schrimm festgenommen. Auch die Eltern von Hans Coppi geraten in Haft, außerdem sein Bruder Kurt. Sogar die Mutter von Hilde sperrt die Gestapo ein: Sippenhaft. Als »Funker« ist Hans Coppi eine entscheidende Figur. Keiner soll erfahren, dass er bereits gefangen wurde.

An diesem selben Tag steht Greta Kuckhoff, die auf ihrem Dachgarten geschlafen hat, früh auf. Die Temperaturen sind mild, die Sonne steigt, Sterne verblassen, noch ist es still in der Stadt. Nur die Erlenzeisige in ihrem Käfig machen Radau, versuchen, durch ihren Gesang den Besuch von Vögeln aus der Freiheit anzulocken, wie immer ohne Erfolg.[396] Das Frühstück hat Greta bereits am Abend zuvor zurechtgemacht und setzt sich auf die mit rotem Chintz bezogene Couch ins Atelier, den größten Raum der Wohnung. Niemand stört sie jetzt, sie hat Zeit zum Lesen und schlägt die *Auferstehung* auf, den dritten und letzten Roman von Tolstoi. Die Story liest sich wie ein Filmskript – das würde Adam gefallen. Doch sie genießt auch die etwas spröden Passagen mit direktem Religionsbezug. Für einen solchen Schinken braucht man eben Muße, dann gibt einem das Buch eine Menge zurück.

Sie lässt ihren Blick durch das Atelier schweifen. Besonders aufgeräumt ist es nicht, aber ausnahmsweise stört sie sich nicht daran. Um am Vormittag gleich weiterbügeln zu können, hat sie das Plättbrett stehen lassen, daneben die Koffer, schon halb gepackt. Sobald Adam aus Prag zurück ist, wollen sie in die Alpen fahren, endlich Urlaub.

Es ist sechs Uhr in der Früh, und auf die Minute genau klopft es. Greta durchfährt ein Schreck: *Das ist der Moment! Schnapp dir das schlafende Kind, renn aufs Dach und den anderen Treppenabgang nach unten.* Sofort befallen sie Zweifel: Wäre das nicht ganz und gar nutzlos, sogar gefährlich? Wenn es die Gestapo ist, hat sie sich doch, gründlich wie sie ist, schlaugemacht, welche Auf- und Übergänge das Haus besitzt …

Greta geht in diesen entscheidenden Momenten damit der Legende von der lückenlosen Überwachung der Gestapo ins Netz, glaubt nicht mehr an die Möglichkeit der Flucht – und flieht genau deshalb nicht. Außerdem, wohin sollte sie? Zu ihren Eltern nach Frankfurt? Zu unbelasteten Freunden, die von ihren Tätigkeiten nichts wissen? Krampfhaft überlegt sie, da pocht es erneut, ungeduldiger noch als beim ersten Mal. Einen Plan hat sie sich nicht zurechtgelegt, dies wird ihr schlagartig als unverzeihliches Versäumnis bewusst. Seit Harros Verhaftung hat sie mehr oder weniger den Kopf in den Sand gesteckt und gehofft, dass alles an ihr vorüberzieht. Jetzt bleibt keine Zeit mehr. Mit flauem Magen schlurft sie den schmalen Korridor entlang bis zur Tür.

»Heil Hitler, Frau Kuckhoff. Kriminalkommissar Henze. Geheime Staatspolizei.« Der Beamte zeigt ihr seine Blechmarke, die am inneren Rockaufschlag befestigt ist. Rechts und links von ihm steht je ein weiterer Beamter. »Ist Ihr Mann Offizier und hat Kontakte zu Oberleutnant Harro Schulze-Boysen?«

Angriffslustig blickt Greta den Polizisten an. Dessen Frage deutet auf einen überraschend schlechten Kenntnisstand hin. »Wenn Sie einen Besuch zu so früher Morgenstunde machen, informieren Sie sich doch bitte vorher besser«, sagt sie. »Mein Mann ist Schriftsteller und in Kontakt zu *Libertas* Schulze-Boysen, da beide an Kulturfilmen arbeiten. Derzeit befindet er sich in Prag, beim *Cuttern.*«

»Sie wissen doch sicher, wonach wir Ausschau halten«, antwortet Henze ungerührt und betritt die Wohnung. »Werden Sie uns helfen, es zu finden? Zeigen Sie uns bitte Ihr Arbeitszimmer.«

Da Greta weiß, dass das Funkgerät sich nicht in ihrer Wohnung befindet, bleibt sie gelassen und führt die drei Männer dorthin.»Natürlich bin ich bereit, Ihnen zu helfen«, sagt sie. »Nur müssen Sie mich wissen lassen, was Sie in das Haus eines Dichters und Dramaturgen, also keines Offiziers, geführt hat.«

Anstatt zu antworten, gleitet Henzes Blick über das Bücherregal neben Gretas Schreibtisch.»Wir suchen etwas Bestimmtes.«

»Geht es um meine marxistischen Bücher? Davon besitze ich allerdings welche. Sie werden sehen, dass überall Lesezettel darin stecken. Ich habe sie für die englische Übersetzung von *Mein Kampf* benötigt. Meine Hitlerübersetzung hat gute Kenntnisse des Sozialismus vorausgesetzt. Aber es stehen auch andere Sachen da, sehen Sie«, sie nähert sich dem Regal:»*Der Mythos des 20. Jahrhunderts, Werk und Mensch.*« Sie öffnet ein mit antiken Mustern bemaltes Gefäß und nimmt drei Parteiabzeichen heraus.»Oder suchen Sie vielleicht nach diesen?«

Nun lachen die Beamten – genau, was Greta beabsichtigt hatte.»Die Hausbewohner«, nickt Henze schmunzelnd,»haben uns bereits versichert, dass Sie ganz in Ordnung sind.«

Mittlerweile ist der kleine Ule aufgewacht. Schläfrig kommt er ins Zimmer.»Mutter, drei Onkels schon so früh am Morgen auf Besuch?«

»Das sind nicht deine Onkels«, antwortet Greta etwas zu heftig.»Deine Onkels sind draußen im Krieg.«

»Wir möchten Sie jetzt bitten, Frau Kuckhoff, uns die Schlüssel zu all Ihren Schränken auszuhändigen. Auch zu diesem da.« Henze deutet auf den Barockschrank, der nach chinesischem Muster mit schwarzem Lack und goldener Malerei verziert ist. Mit einem Mal hat der Polizist einen harten Zug um den Mund:»Und entkleiden Sie sich bitte. Wir müssen Sie durchsuchen. Danach können Sie sich für einen Ausgang fertig machen.«

Perplex blickt Greta ihn an. Widerwillig folgt sie den

355

Anweisungen. Der kleine Ule macht es seiner Mama nach. Offenbar hat er keine Probleme mit der Anwesenheit der Fremden. Nackt muss sich Greta vor die Beamten hinstellen, dann wieder anziehen. In der Zwischenzeit ist einer von ihnen aufs Dach gegangen und hat den Käfig mit den Zeisigen an sich genommen, nebst Futter und Sand, läuft damit durch das Treppenhaus, um die Vögel bei Nachbarn unterzubringen, denen er erklärt, Frau Kuckhoff habe einen gesundheitlichen Zusammenbruch erlitten: »Ob Sie vielleicht so freundlich sein könnten, ihr zur Hilfe zu kommen und die Tiere für gewisse Zeit in Pflege zu nehmen?«

Das Gleiche geschieht mit der Schildkröte der Kuckhoffs. Greta muss vorher genau schildern, wie man sie hält und ernährt.

»Dauert der Ausgang so lange?«

»Sie dürfen beim Rausgehen auf keinen Fall irgendjemanden wissen lassen, dass Sie verhaftet sind«, antwortet Henze und lässt seinen Blick über Ules Spielzeugeisenbahn gleiten. »Falls wir Ihre Nachbarn im Hausflur treffen, bestätigen Sie, dass Sie einen Nervenkollaps hatten. Wir sind Ärzte und bringen Sie in ein sehr gutes Sanatorium.«

»Sie sind Arzt?«

»Ja«, antwortet Henze. »Ich bin der leitende Arzt. Die beiden anderen sind Sanitätspersonal aus dem Nervensanatorium.«

»Meine Nerven sind gut beisammen.«

»Brüsten Sie sich nicht zu früh, Frau Kuckhoff ... Na ja, reden wir nicht davon.«

»Und das Kind?« Greta blickt Ule an.

»Wenn Sie uns die Adresse von Freunden geben, chauffieren wir ihn hin. Sie können ihn aber auch mitnehmen. Das wäre vielleicht gar nicht so schlecht.«

Doch Greta hat eine andere Idee. Gemeinsam mit den Ge-
stapomännern bringt sie Ule nach unten in den Luftschutzkeller.

Dort gibt es einen speziell hergerichteten Raum für Kinder, dessen Wände mit Motiven aus den Märchen der Brüder Grimm
bemalt sind, die Bettchen für die Jungen haben hellblaue, für
die Mädchen rosafarbene Decken. Auch eine Betreuerin gibt es.
»Seien Sie lieb zu Ule, bis meine Mutter kommt«, sagt Greta der
überraschten Frau, als sie ihr das Kind übergibt. Trotz Gretas
Blick auf die sie begleitenden Männer versteht die Kinderfrau
überhaupt nicht, was los ist. »Wie, tagsüber auch?«, wundert
sie sich. »Aber er wird ganz allein sein.«

»Ich hoffe, es ist nur für kurze Zeit«, entgegnet Greta. »Die
Herren sagen, es dauert nicht lange.« Noch einmal blickt sie zu
den drei Beamten hin. Und ohne dass einer von ihnen es verhindern kann, sagt sie ruhig: »Ich bin verhaftet.«

»Frau Kuckhoff muss leider in ein Nervensanatorium«, schaltet Henze sich sofort ein. »Was sie eben sagte, ist typisch für
ihre Krankheit. Das ist ein Teil ihrer Wahnvorstellung. Sie leidet
unter Verfolgungswahn. – Sie vergessen also den Unsinn besser,
den sie gerade gesagt hat. Wir sind Ärzte und Pfleger und holen
Frau Kuckhoff ab. Halten Sie sich bitte daran.«

Greta verabschiedet sich von Ule, ihrem vierjährigen Sohn,
den sie vielleicht niemals mehr wiedersehen wird.

Dann geht sie mit Henze und seinen Begleitern nach draußen.
Auf der anderen Straßenseite, vor einem Milchgeschäft, steht
ein schwarzer Mercedes. Henze will Greta stützen, als sie die
Straße überqueren, da kommt freudestrahlend der Briefträger
auf sie zu. Er hat gute Nachrichten und will ihr das lang erwartete Honorar für die Aufführung von Adams Stück »Ulenspiegel« am Posener Stadttheater aushändigen, 800 Reichsmark.

»Lassen Sie nur. Ich schulde es meiner Mutter. Senden Sie es bitte dorthin«, reagiert Greta schlagfertig. Nähme sie das Geld an, würde es ohnehin nur beschlagnahmt, und ihre Mutter mit ihrer kärglichen Rente von 50 Reichsmark kann es dringend brauchen, wenn sie mit Ule demnächst einen weiteren Mund zu stopfen hat. Auf offener Straße adressiert Greta die Überweisung um, während Henze, dessen Anweisung lautet, unbedingt eine Szene zu vermeiden, ruhig zuschaut.

»Nach Charlottenburg?«, fragt der Fahrer, als sie in den schwarzen Wagen eingestiegen sind.

Henze wendet sich Greta zu: »Ach nein, wir werden Sie lieber zum Alex bringen. Dort kennen Sie weniger.«

15

Karin, die 16-jährige Tochter von John Graudenz, wird um sechs Uhr in der Früh von einem lauten Geräusch geweckt. Irgendwo im Haus ist Unruhe, eine harte Stimme ruft: »Halt! Stehen bleiben, oder ich schieße!«

Nie hat die Familie Graudenz ihren Schäferhund *Tasso* mehr vermisst als in diesen Momenten. John Graudenz rennt in den Keller, verlässt von dort das Haus, eilt die äußere Kellertreppe nach oben, um über den großen Garten, der an ein Waldstück grenzt, zu entkommen. Er sieht das Licht, es ist die Sonne im Osten zwischen den Blättern, die sich bereits herbstlich zu verfärben beginnen, und er sprintet los – doch dort ist ein Mann postiert, in langem Mantel. John Graudenz zögert, der frühere Reporter der *New York Times* schlägt einen Haken, es geht gen Westen, aber auch dort steht ein Beamter. Ein Grünspecht fliegt erschreckt davon.

Es sind junge Kerle, die sie verhaften, und der Teenager Karin hat das Gefühl, dass sie es gar nicht so gerne tun – dass sie viel lieber mit ihr und ihrer Schwester flirten würden, wie sie alle zusammen auf der Terrasse sitzen, die Hände von John Graudenz hinter dem Rücken gefesselt. »Sie hatten wohl nicht damit gerechnet, eine so friedliche und glückliche Familie zu finden«, erzählt mir Karin 75 Jahre später in ebendiesem Garten vor der kleinen Villa, in der sie noch immer wohnt.

16

Rumms rumms wuchtet vor dem *Aschinger* auf dem Alex die Dampframme, staubige Luft, September, die Menschen wissen nicht so genau, was sie anziehen sollen: Ist es noch Sommer oder schon Herbst – auf jeden Fall Hut, aber auch Mantel? Die Frauen gerne noch in dünnen Strümpfen, selbst wenn sie's ein wenig fröstelt: sieht hübsch aus. Penner breiten sich den *Stürmer* über die für Juden verbotenen Bänke. Da ruht sich's ideologisch einwandfrei. Schnaps süffeln sie, aber was für welchen. Nicht als Leiche möchte man schwimmen darin.[397]

Direkt da am Alex steht eines von den Backsteinmonstern, die diesem Teil der Stadt ihren Charakter verleihen: *Rote Burg* wird es genannt, das Polizeipräsidium, mit eigenem Untersuchungsknast. Dasselbe Gebäude, in dem Marie Luise am 1. Mai 1933 für die Freiheit ihres Sohnes Harro kämpfte. Sogenannte Zucht und Ordnung herrschen hinter diesen Mauern: Wassersuppe in angeschlagenen Emailleschüsseln, keine Löffel, direkt daraus trinken, bisschen eklig, aber egal. Wegen der vielen Verhaftungen ist der sture Apparat durcheinandergewirbelt, im fünften Stock wird eine Extraabteilung für Frauen eingerichtet. Auf einer Schiefertafel oben beim Empfang stehen die Neuzugänge und ihre Zellennummern. Greta Kuckhoff liest den Namen der im siebten Monat schwangeren Hilde Coppi. Wertsachen abgeben, Schal, Gürtel, alles, womit das Strangulieren möglich ist. In Gretas Handtasche befinden sich die Erbstücke aus der Familie von Adam und was sie im Verlauf ihres nun fast vierzigjährigen Lebens erhalten oder erworben hat: Broschen, Ketten, Armreife und Ringe. All das wird in Verwahr genommen, und sie hofft, dass der Schmuck den Weg zu ihren Eltern finden wird und zu dem kleinen Ule.

Nun sieht Greta die 16-jährige Karin Graudenz mit ihrer Mutter Antonie und denkt: Na, die werden auch keine silbernen Löffel gestohlen haben. Als die Frauen ins Gespräch kommen, erzählt Greta, wie sie Ule zurücklassen musste, und die jugendliche Karin versteht, wie schlimm nicht nur ihr eigenes Schicksal ist.

17

Am 16. September 1942 verlieren Erika von Brockdorff, Oda Schottmüller, Hannelore und Fritz Thiel, Maria Terwiel, Helmut Himpel, Cato Bontjes van Beek und Heinz Strelow, Elfriede Paul und Walter Küchenmeister, Heinrich Scheel und noch andere ihre Freiheit.

Am 17. September kann Helmut Roloff mit dem Mozart-Spielen aufhören. »Wo ist der Koffer?«, ist die erste Frage der Polizisten, die in seinem Klavierzimmer stehen.[398]

»Welcher Koffer?« Mit seinen grauen Augen sieht er die Eindringlinge an.

»Lügen Sie nicht. Herr Himpel hat uns schon alles gesagt.«

Damit hat ihm der Beamte zwei wichtige Informationen verraten: Helmut Himpel ist verhaftet worden, und die Gestapo weiß von dem Koffer. Leugnen macht in diesem Fall keinen Sinn. »Ach, diesen Koffer suchen Sie«, sagt Helmut Roloff und zieht ihn, als wäre nichts dabei, hinter dem Notenschränkchen hervor.

»Was befindet sich darin?«

»Darüber kann ich Ihnen nichts sagen. Das weiß ich nicht.«

»Besitzen Sie den Schlüssel?«

»Nein.«

Mit Zangen, die sie bei sich führen, knipsen die Beamten den Draht durch und machen sich am Schloss zu schaffen. Der Pianist sieht ihnen gespannt dabei zu. Als es ihnen gelungen ist, den Koffer zu öffnen, erkennt er auf den ersten Blick, dass es sich tatsächlich um den Sendeapparat handelt.

Flankiert von zwei Beamten wird der 29-jährige Helmut Roloff abgeführt. Sein gerades Gesicht unter den braunen Haaren ist röter als sonst, auch wenn er versucht, möglichst unbeteiligt zu wirken, und seiner Mutter und auch seiner sie besuchenden Tante gegenüber eine Aura von Normalität aufrechterhält. Bevor er sich von ihnen verabschiedet, bestärkt er sie in ihrem Wunsch, am Abend in die Oper zu gehen. Er selbst müsse nur kurz weg und mit den Herren etwas klären.

Vor der Tür steht ein kleiner schwarzer Wagen mit Fahrer. Obwohl hinten kaum Platz ist für drei, nehmen sie ihn in die Mitte, der dritte Beamte setzt sich mit dem Koffer nach vorne. »Heute haben wir nun endlich Glück gehabt und das Ding gefunden«, sagt einer von ihnen zum Fahrer. Als sie nach einer Viertelstunde im Innenhof des Reichssicherheitshauptamtes halten und mit dem Lift nach oben fahren, wo zwei der Männer mit dem Koffer in einem Zimmer verschwinden, sagt der dritte Polizist leise: »Das haben Sie vorhin alles sehr gut gesagt. Nun bleiben Sie mal bei Ihrer Geschichte.« Ohne eine Regung blickt Helmut Roloff ihm in die Augen. Genau wie Harro es gesagt hat: Widerstand gibt es mittlerweile überall – sogar bei der Gestapo. Der Beamte legt ihm Handschellen an und bringt ihn in die Zelle.[399]

18

Stundenlang lehnt Harro an der Wand und schaut der Sonne zu. Vierzehn Tage hat es nach Anwendung der Wadenschrauben gedauert, bis er wieder laufen konnte.[400] Die Sonntage kehren immer schneller wieder, die Akazien verlieren ihre ersten Blätter. Was sind schon zwei, vier, sechs Wochen? Die Fenster der Kellerzellen sind ebenerdig, das bisschen Grün, das zu sehen ist, eine Wohltat. Bei jedem Fliegergebrumm keimt die Hoffnung auf einen Bombentreffer auf: Chaos, in dem man flüchten könnte.

Frische Luft gibt es nur beim Hofgang, der immer zu kurz ist und den weiten, grenzenlosen Himmel in einem Rechteck zwischen dunklen Mauern zusammendrängt. Harro wird dabei von einem Gestapomann begleitet, Strübing meist, mit dem er sich unterhält und der darauf achtet, dass sonst niemand mit ihm spricht und nichts ausgetauscht wird. Stets findet der Ausgang so statt, dass Sichtkontakt zu den Freunden so wenig wie möglich besteht.

Aber manche sehen ihn dennoch und erzählen den anderen, wie er einen Trainingsanzug trägt, seinen blauen Pullover dazu, und gymnastische Übungen vollführt, um die lädierten Beine wieder zu stärken, seinen bedrohten Körper in Form zu halten.[401] Wie er zwar blass sei, doch in jeder Sehne gespannt und einen Ausdruck im Gesicht trage, der alles überwunden zu haben scheint.

Im Reichssicherheitshauptamt geht es mittlerweile zu wie in einem Taubenschlag. Der Strom an Leuten, die eingeliefert werden, reißt nicht ab. Insgesamt sind es über einhundertzwanzig, ihre Verbindungen zum Widerstand können noch so vage sein. »Oh, oh, schlimm. Jeden Tag kommen neue«, kommentiert der Kalfaktor Heinrich Starck, der mit dem Säubern der Zellen beauftragt ist. Fast täglich werden Menschen als »Schutzhäftlinge« der Gestapo gebracht: Günther Weisenborn mit seiner Frau Joy, John und Eva Rittmeister, Marcel Melliand aus Heidelberg, der Dramaturg Wilhelm Schürmann-Horster, der bei Brockdorffs verkehrte. Die Gestapo muss einen Teil des Militärgefängnisses in Spandau beschlagnahmen, so überlastet ist das System. Die 38 Einzelzellen im Keller der Prinz-Albrecht-Straße sind längst belegt, ein erkennungsdienstliches Foto nach dem anderen wird von den Neuzugängen geknipst, die Schreibmaschinen klappern im Akkord. Es ist stickig im obersten Stockwerk, wo die Vernehmungen stattfinden und die angewinkelten Fenster, die erst in Mannshöhe beginnen und als Atelierfenster noch an die alten Zeiten der Kunstgewerbeschule erinnern, stets geschlossen bleiben. Durch Zwischenwände hat man die ehemals großen Räume in ein Labyrinth unterteilt, einzelne Kammern und Kabuffs, untereinander mit Türen verbunden, welche ständig aufgehen und wieder zu, weil die Beamten andauernd woandershin gerufen werden.[402] Immer wieder kommt es bei den Verhören zu Unterbrechungen, und bis sie an der Reihe sind, müssen die Gefangenen im Untergeschoss warten, wo zwei Bänke mit einer Reihe von Querwänden stehen, sodass jeder in seiner Nische vereinzelt sitzt.

Es ist nicht so, dass sich die erschöpften, Kette rauchenden Beamten wegen ihrer Arbeitsüberlastung beschweren. Mitglied der »Sonderkommission Rote Kapelle« zu sein wird als Privileg empfunden und gut bezahlt. Kriminalkommissar Büchert äußert während eines Spaziergangs mit einem der Gefangenen im Garten des Prinz-Albrecht-Palais, »dass er noch nie einen so interessanten Fall wie diesen« bearbeitet hätte. »Das gäbe einen wunderbaren Stoff, wenn es nicht so verboten wäre.« Auch den Ort, an dem das Drama sich vollzieht, die ehemalige Kunstgewerbeschule, empfindet der Beamte als passend, »da in dem Verfahren Ateliers wie Künstler eine große Rolle spielen«.[403]

Die Vernehmungen laufen stets nach dem gleichen Schema ab. Zunächst geht es um den Werdegang des Einzelnen, mögliche Auslandsreisen und Bekanntschaften, schließlich um die illegalen Tätigkeiten. Da das lose Netzwerk um Harro und Libertas keine Hierarchien aufweist und Aufgabenbereiche nicht bestimmten Personen zugeordnet sind, gelten prinzipiell alle aller Taten verdächtig. Das Leben eines jeden Einzelnen ist in höchster Gefahr, was einige der Gefangenen zunächst nicht realisieren. Unerfahren im Umgang mit den Profis der Gestapo, versuchen Cato Bontjes van Beek, die Schülerin Liane Berkowitz, die Tänzerin Oda Schottmüller, die Ärztin Elfriede Paul oder Fritz Thiel und seine verängstigte Frau, ihre Harmlosigkeit unter Beweis zu stellen, indem sie etwas tun, was sie nicht tun sollten: Sie geben kleine Vergehen zu, scheinbar Belangloses, von dem sie nicht denken, dass es ins Gewicht fällt. Das erweist sich als Fehler, denn mit solchen auf den ersten Blick harmlosen Zugeständnissen gärtnert die Gestapo: gießt sie sorgfältig, lässt sie wachsen, nach Möglichkeit ins Monströse wuchern. »Als große Könner«, wie Heinrich Scheel später erinnert, »haben die Beamten diese Kleinigkeiten geschickt aufgegriffen und als große Sache aufgezogen. (…) Sie leben von den Fehlern, die die vor uns Verhafteten gemacht hatten. Und bei den nach uns Verhafteten lebten sie von den Fehlern, die wir gemacht hatten.«[404] Wer von vermeintlich unpolitischen, persönlichen Treffen spricht, schaufelt sich bereits sein Grab, da in der paranoiden Gestapowirklichkeit nichts unbedenklich sein kann, sondern alles Teil einer großen Verschwörung ist. Alles dient dem Feind, im schlimmsten Falle – wie hier – dem Bolschewismus. Alles gilt als Verrat am Vaterland, spielt der Kriegsführung der Sowjets in die Hände, die gerade Paulus' 6. Armee in Stalingrad in den Würgegriff nehmen. Selbst die kleinste Tätigkeit wird als ein Rädchen einer viel größeren Aktion gedeutet, die das Deutsche Reich vernichten und in den Rachen der roten Horden werfen, die Kultur in Europa zerstören will. Alles versucht die Gestapo, die Verhaltensweisen eines jeden Einzelnen, der mit Harro und Libertas zu tun hatte, als moralisch verkommen darzustellen: Menschen ohne sittlichen Halt, verdorbene Charaktere, die das Abendland kaputt machen wollten.

Kleine Missgeschicke sind es, die Preisgabe eines Namens, eines Freizeittreffens, die solche vorgefassten Schablonen ausfüllen. Die Beschreibung eines Zelturlaubs – alle nackt am Wasser, Harro mit Pfeife im Mund – wächst in den Protokollen zu einem konspirativen Treffen, bei dem das Leben der tapferen Wehrmachtssoldaten an der Ostfront aufs Spiel gesetzt wurde. »Selbst den leersten Schmus drehen sie einem solange im Mund rum, bis sie ihn als Strick für einen rausziehen können«, bringt Oda Schottmüller die Arbeitsweise der Beamten auf den Punkt.[405]

So tippt auch die Sekretärin Erna Januszewski, nachdem sie sich die Nägel lackiert hat, nicht etwa das, was Harro aussagt, sondern jene Worte, mit denen Strübing diese Aussagen zusammenfasst. Alle Formulierungen zielen auf das eine: Belastung. Es bedarf größter Hartnäckigkeit, auch nur den geringsten Einfluss auf das Protokoll auszuüben. Werner Krauss, dessen Strategie es ist, sich als eigenbrötlerischen Spinner darzustellen, der mit niemandem wirklichen Kontakt hatte, besteht als Einziger darauf, sein Protokoll in seinen eigenen Worten zu schreiben, was sein gutes Recht sei. »Alle Vernehmungen des Prof. Krauss sind *zum größten Teil* von ihm selbst formuliert oder in ihrer Formulierung *beeinflusst* und in die Maschine diktiert worden«, notiert sein Vernehmer konsterniert.[406] Doch sonst hat niemand die Chuzpe, so etwas durchzusetzen, und die Beamten fassen die Aussagen, die über Leben und Tod entscheiden, in ihre eigenen Worte. »Einwendungen gegen die primitive Fassung der Protokolle, die keinerlei sprachliche Nuancen erlaubten, obwohl die Anklage nachher sich gerade auf *diese* Nuancen stützte, waren nicht erlaubt«, berichtet Greta Kuckhoff.[407] Selbst wenn ein Einspruch gegen eine Formulierung berücksichtigt wird, bleibt diese bestehen und wird lediglich durch eine Richtigstellung überschrieben, meist nur ergänzt. »Ich habe gewusst, dass« mutiert zu: »Ich leugne, gewusst zu haben, dass …« Schon ist man eine Stufe tiefer gerutscht, hat sich weiter verheddert in das klebrige Netz der riesigen Spinne.

Die beste Lösung wäre das Schweigen. Doch kann man das schaffen, die ganze Zeit über nichts zu sagen und sämtliche Bekanntschaften abzustreiten? Alle werden nach all ihren sozialen Kontakten befragt. Im Prinzip gilt die gesamte Berliner Bevölkerung als potenziell verdächtig. Bei tagelangen Verhören von so vielen Festgenommenen entsteht in kurzer Zeit ein gewaltiger Datenpool, mit dem die Gestapomänner manipulieren können, aus dem sie schöpfen. Dann kommen sie auf einen zu und halten einem die Aussagen eines Freundes vor, der ja schon dies oder das zu Protokoll gegeben habe, und man erhalte natürlich die Gelegenheit zu bestätigen, ob es damit seine Richtigkeit habe. Oder wie es nun genau gewesen sei. Auch mit überraschenden – oder verweigerten – Gegenüberstellungen wird gearbeitet. Es ist ein großes Spiel um Information; alle Taschenkalender und Notizhefte, alle beschlagnahmten Tagebücher werden von der ersten bis zur letzten Seite durchkämmt, alle darin erwähnten Namen unter die Lupe genommen.

Theoretisch müssten die Vernehmer beispielsweise niemals etwas erfahren von dem Treffen in der Wohnung von Fritz Thiel am 17. Mai 1942, bei dem über die Zettelklebeaktion beratschlagt wurde. Es gibt keinerlei Aufzeichnungen von dieser Zusammenkunft, dennoch puzzelt sich die Geschichte irgendwie zusammen. Erst erzählt Hannelore Thiel, der man das drei Monate alte Baby weggenommen hat, um es als Druckmittel einzusetzen, dann ihr Ehemann und so weiter – bis ein Mosaiksteinchen neben dem nächsten liegt. Hätten alle hartnäckig den Mund gehalten, hätten die Verfolger nie etwas von jenem Abend erfahren, nichts von Harros Dienstpistole, mit der er die Küssenden gedeckt hat. Aber der Mensch schweigt nicht, nicht immer jedenfalls, nicht über Tage hinweg und vor allem nicht, wenn er darauf nicht trainiert worden ist. Jetzt offenbart sich, was für ein loser Verbund es war, ein idealistischer Haufen. Jetzt zeigt sich, dass hier keine von Moskau trainierten Kader sitzen, sondern ganz normale Berliner, die mehrheitlich keine Verhörerfahrungen haben. Eben noch in Freiheit, wird ihnen plötzlich ein sowjetischer Funkspruch vorgelegt, von dessen Existenz sie keine Ahnung hatten. Plötzlich ist da ein Gestapobeamter und schleudert ihnen ins Gesicht, Moskau habe sie verraten.

Helmut Roloff bleibt bei seiner Strategie, von nichts etwas gewusst zu haben. Hartnäckig streitet er alles ab. Was seine Vernehmer nicht ahnen: Vor ihnen sitzt nicht der versponnene Musiker, als der er sich ausgibt, sondern Roloff hat ein Jurastudium abgeschlossen. Ihm ist bewusst, dass der Kardinalfehler darin besteht, etwas zuzugeben. Im Gestapo-Universum birgt nur die Lüge eine Chance, sein Leben zu retten. Immer wieder geht es in den Verhören um den Koffer mit dem Funkgerät und dass er dessen illegalen Inhalt hätte vermuten müssen. Irgendwann gibt der Pianist zu, wahrhaftig gedacht zu haben, dass Himpel darin etwas verstecke: Äpfel nämlich, die er von Patienten als Dankeschön erhalten habe. Aber mehr Gedanken habe er sich zu dieser Sache wirklich nicht gemacht, sondern schlicht und ergreifend weiter Klavier gespielt. Er hoffe, nicht allzu sehr bestraft zu werden, weil er diese Sache mit den Äpfeln nicht gemeldet habe. Da weder Helmut Himpel noch seine Verlobte Maria Terwiel Aussagen machen, die Roloff in irgendeiner Form belasten, wird an einem der folgenden Tage seine Zellentür aufgerissen und er mit den Worten »Nu ma los! Die Mutter hat schon Kaffee gekocht!« nach Hause geschickt.[408]

Ohnehin beweisen die engen Vertrauten Harros durch die Bank weg ihre gegenseitige Loyalität. Gerade auch die Frauen verhalten sich mutig und mit Rückgrat. Maria Terwiel nimmt die gesamte Verantwortung für ihr Handeln auf sich, um Helmut Himpel zu helfen, und er tut es genauso für sie.[409] Die Kunst besteht darin, etwas zu sagen, das glaubwürdig erscheint, einen selbst entlastet und niemanden verrät.[410]

Die Zwischenstände der Ermittlungen werden per Sonderboten regelmäßig an Hitler übermittelt. Hin und wieder spaziert auch Gestapochef Müller zu Fuß rüber ins RLM, um Göring auf den neusten Stand zu bringen. Am 25. September 1942 treffen sich Göring, Himmler und Gestapo-Müller, um zu beraten, wie mit Harro und Libertas und den anderen weiterhin zu verfahren ist. Was die Fahnder erstaunt, ist die sich allmählich enthüllende Vielfältigkeit der illegalen Tätigkeiten. Diverse Flugschriften, die Zettelklebeaktion *Das Nazi-Paradies*, Unterstützung von jüdischen Mitbürgern, Einmischung in den Spanischen Bürgerkrieg, wilde Partys, um immer mehr Leute zu rekrutieren, eine mehrsprachige Zeitschrift für Zwangsarbeiter – eine regelrechte Verschwörung gegen den Nationalsozialismus. So etwas hat es bislang nicht gegeben in Hitlers Reich – und wird danach auch nicht mehr vorkommen. Über den zunächst angenommenen, eng gesteckten Rahmen der Spionage geht das weit hinaus, weshalb eine Entscheidung ansteht. Welche Stoßrichtung soll das Regime bei der Bestrafung der bunten Truppe verfolgen? Göring, Himmler und Müller werden sich einig: Es bleibt dabei. Das Netzwerk soll wegen Spionage und Landesverrat vor die Richter kommen. Sämtliche Widerstandsaktivitäten will man diesem Hauptvorwurf unterordnen, um zu verschleiern, was sich da wirklich im Herzen der Reichshauptstadt zugetragen hat.

Auch Goebbels hat die ersten Berichte der Sonderkommission gelesen – und bläst in das gleiche Horn. »In Berlin ist eine Hoch- und Landesverratszentrale ausgehoben worden, die auf dem

Wege über Kurzwellensender mit der SU in Verbindung steht«, schreibt der Propagandaminister in sein Tagebuch, und es klingt im Folgenden durch seinen Seitenhieb auf Göring auch etwas über die Intrigenwelt in der Nazispitze heraus, die seit den militärischen Niederlagen immer frenetischer nach einem Sündenbock für die Schwierigkeiten der Wehrmacht sucht. Dass nicht stimmt, was der Propagandaminister schreibt, wird auch an kleineren Ungenauigkeiten deutlich. So stellt er beispielsweise die Position von Libertas in seiner eigenen Behörde fehlerhaft dar: »Man hat z. T. sogar wichtigste militärische Geheimnisse nach dort durchgegeben. Außerordentlich erschwerend wirkt, dass in diesen Fall eine Reihe von Offizieren aus dem Luftwaffenführungsstab verwickelt sind. Einer dieser Offiziere war verheiratet mit einer Sekretärin aus unserer Kulturfilmzentrale, die auch an diesem Unternehmen beteiligt war und infolgedessen neben den Offizieren verhaftet wurde. Die ganze Angelegenheit ist höchst peinlich und für die Luftwaffe außerordentlich kompromittierend. Es wird mit Energie und Umsicht untersucht, und man hofft, hier einen großen Teil wenigstens der bolschewistischen Bazillenträger ausfindig zu machen. (...) Eine Nachgiebigkeit oder Säumigkeit im Kampf gegen diese Kriegssabotage wäre ein Verbrechen an der Kriegsführung selbst.«[411]

21

Am Nachmittag des 28. September 1942 erhält Erich Edgar Schulze ein Telegramm von seinem Bruder aus Berlin. Es enthält eine Telefonnummer kombiniert mit der Bitte, sofort anzurufen, »da schlechte Nachrichten wegen Sohn«.[412] Am nächsten Morgen um 7 Uhr kommt E. E. am Potsdamer Bahnhof in Berlin an, nimmt sich ein Zimmer im *Hotel Fürstenhof* am Potsdamer Platz und macht sich auf zum RLM. Mit Raumangabe wird er in eines der oberen Stockwerke geschickt: »Doch das angegebene Zimmer und die Nachbarräume sind leer«, wie er später notiert. Der Gang durch die verwaisten Büros hat etwas Gespenstiges. Harros Abteilung, die Attachégruppe, sei wegverlegt worden und Oberst Bartz im Lazarett, heißt es von einem Offizier, der zur Abwicklung zurückgeblieben ist. Harro sei zu einer anderen Dienststelle beordert worden – aber nie dort angekommen. Auf Fragen hätten sie im RLM die Auskunft erhalten, dass Nachforschungen dieser Art zu unterbleiben haben. Man vermute deshalb, dass Harro im Gewahrsam der Gestapo sei. Genaueres wisse man nicht. Als Erich Edgar daraufhin ankündigt, sich an Admiral Canaris zu wenden, den Chef der Abwehr, einen alten Kameraden aus Marinezeiten, stimmt der abwickelnde Offizier ihm zu, dass dies wohl der richtige Weg sei. Er telefoniert bei der Abwehrstelle des O. K. W. an. Doch Canaris befindet sich auf Dienstreise. Dafür ist sein Vertreter Oberst von Bentivegni bereit, Harros Vater um zwei Uhr am Nachmittag bei der Abwehr am Tirpitzufer 80 zu empfangen. Im strömenden Regen macht Erich Edgar sich auf den Weg. Bentivegni, der den hochgebildeten Stabsoffizier und Neffen des Großadmirals von Tirpitz zuvorkommend begrüßt, zeigt sich informiert. Schließlich hat er selbst zugestimmt, dass der Fall der Gestapo übergeben wird. Freimütig teilt er mit, dass Harro im Reichssicherheitshauptamt sei, und lässt einen Wagen rufen, der den 61-jährigen Vater in die Prinz-Albrecht-Straße bringt. Dort solle er sich direkt an den Regierungsrat Panzinger wenden, der die Sache bearbeite.

Der Sonderkommissions-Chef empfängt E. E. um 14 Uhr 30 in Zimmer 306 des Geheimen Staatspolizeiamts. »Ausnahmsweise sind wir bereit, Ihnen als verdientem Offizier Auskunft zu geben«, sagt Panzinger korrekt und höflich:»Es handelt sich bei Ihrem Sohn um einen ernsten, wohl hoffnungslosen Fall.

Um Ihnen mehr sagen zu können, möchte ich den zuständigen Sachbearbeiter rufen, Kriminalrat Kopkow.« Als dieser sich zu ihnen gesellt, fällt Erich Edgar auf, wie jung der Beamte wirkt, wie steif mit seinen»stechenden Augen«.

»Ihr Sohn hat sich kommunistisch betätigt«, sagt Panzinger.»Können Sie, als Vater, der ihn doch besser kennen müsste, uns erklären, wie das möglich ist?«

Erich Edgar überlegt einen Moment.»Harro ist in einer politisch verworrenen Zeit aufgewachsen, wo die Jugend an der staatlichen Führung keinen Halt gehabt und nach dem unglücklichen Ende des Weltkrieges alle Autorität erschüttert gewesen ist«, antwortet er in gewohnt didaktischem Duktus.»Die Einflüsse des Elternhauses haben da, gerade bei einem geistig sehr beweglichen Jungen, kein volles Gegengewicht geben können.« Im Frühjahr 1933 sei dann das Verbot des *Gegner* erfolgt, sowie Harros Verhaftung. Er sei zwar darüber hinweggekommen, aber vielleicht hätten diese Tage doch einen Stachel in ihm zurückgelassen, da er die Tendenzen des *Gegner* nicht mit dem nationalsozialistischen Gedanken für völlig unvereinbar gehalten habe.

»Diese Lehre ist Ihrem Sohn damals sehr zu Recht erteilt worden!«, wendet Kopkow unvermittelt und scharf ein.

»Ihr Sohn hat gestanden, dass er seit Jahren mit allen Mitteln gegen den Führer und die nationalsozialistische Regierung arbeitet, vor allem durch Hetzschriften aller Art, die er selbst verfasst und verbreitet hat«, sagt Panzinger und kommt nun auf etwas zu sprechen, das ihm Sorgen bereitet. Es stehe nämlich die Vermutung im Raum, dass Harro hochwichtige Informationen ins

Ausland geschafft habe, nach Schweden. Es handele sich dabei um etwa sechzig Schriftstücke geheimer und geheimster Art, teils militärischen, teils politischen Inhalts, teils auch Gräuelberichte. Die Liste dieser Dokumente habe Harro vorgelegt. Noch lagerten sie in Schweden wohl in sicherem Verwahr und seien noch nicht weitergegeben oder veröffentlicht worden, aber Harro behaupte, er brauche nur »auf den Knopf zu drücken«, so würden sie dem Feind ausgeliefert. Dies bedeute Landesverrat.

Als der überraschte Erich Edgar antwortet, nichts von alledem zu wissen und sich eine solche Vorgehensweise bei Harro nicht vorstellen zu können, bietet Panziger ihm an, seinen Sohn am nächsten Tag um 17 Uhr zu treffen. Dann könnten sie auch über diese beiseitegeschafften Dokumente sprechen.

Zurück im »Fürstenhof« nimmt Erich Edgar einen Bleistift zur Hand und schreibt auf, was er an diesem Tag erlebt hat. »Trotz der Erschütterungen, die mich bewegten, habe ich mich bemüht, alle Eindrücke und Worte genau wiederzugeben.« Seine Hoffnung besteht darin, dass diese Aufzeichnungen »dazu beitragen, später einmal manches aufzuhellen, was jetzt noch dunkel ist«.

Abends ist Erich Edgar bei Engelsings zum Essen eingeladen, in die Villa im Grunewald, wo Harro mit Libertas in seinen dreißigsten Geburtstag hineintanzte, an jenem Tag, an dem der Zweite Weltkrieg begann. Dr. Hartenstein, der Direktor der Schering-Werke, ist ebenfalls zu Gast, er ist mit dem Rechtsanwalt Graf Goltz befreundet, der seines Erachtens für die Sache am besten geeignet wäre. Doch Erich Edgar glaubt nicht, dass eine ordentliche Verteidigung möglich ist. Er berichtet, dass seinem Sohn Landesverrat vorgeworfen werde, das schlimmste Vergehen von allen.

Am nächsten Nachmittag erscheint der Vater pünktlich in

der Prinz-Albrecht-Straße. Wieder empfangen ihn Panzinger und Kopkow und berichten nun, dass Harro im Falle, dass er und seine Freunde die Todesstrafe erhielten, veranlassen wolle, dass diese Materialien an die britische Regierung gelangten. »Bitte fragen Sie Ihren Sohn, ob solche Dokumente wirklich in Schweden liegen. Wir nehmen an, dass er Ihnen gegenüber die Wahrheit sagen könnte. Und versuchen Sie bitte, ihn dazu zu bewegen, diesen Akt des Landesverrats rückgängig zu machen, indem er einen Weg angibt, die Dokumente fortzuholen und wieder nach Deutschland zu bringen.«

»Ich wünsche meinen Sohn sofort zu sprechen und von ihm selbst zu hören, was ihm zur Last gelegt wird und wessen er sich schuldig fühlt«, sagt Erich Edgar in seiner leisen, aber bestimmten Art.

»Dann gehen Sie bitte mit Kriminalrat Kopkow. Er bringt Sie zu ihm.«

Kopkow verlässt mit Harros Vater das Büro, ruft den Lift, und sie fahren in den obersten Stock. Dort führt er ihn in ein Zimmer, das wenig benutzt wirkt. In der Ecke steht ein leerer Schreibtisch, an der Längsseite ein Sofa, zwei einfache Sessel, ein kleiner Tisch. Zwei Minuten lang wird Erich Edgar alleine gelassen. Plötzlich öffnet sich eine weitere Tür, und Harro kommt herein, begleitet von Kopkow und Strübing, der sich mit den Worten »Ich bin der Betreuer Ihres Sohnes« vorstellt. Mit langsamem, etwas schwerem Schritt, als sei er des Gehens ungewohnt, läuft Harro auf seinen Vater zu. Dabei hält er sich steif aufgerichtet, mit beiden Händen hinter dem Rücken, sodass Erich Edgar zunächst annimmt, sein Sohn sei gefesselt, doch das ist er nicht. Harro trägt einen grauen Zivilanzug und ein blaues Oberhemd. Sein Gesicht ist aschfahl und abgemagert. Die ohnehin deutlichen Konturen seiner Physiognomie treten noch plastischer hervor als früher. Ansonsten sieht er gepflegt aus, ist rasiert und mit frischem Scheitel, gerade so, als habe er sich für die Begegnung zurechtgemacht. Tiefe Schatten liegen um seine hellen blauen Augen, mit denen er seinen Vater warm und tief anschaut, der ihn nun bei der Hand nimmt. Sie setzen sich in die beiden Sessel. Dicht rückt Erich Edgar an Harro heran und greift nach seinen Händen. So halten sie sich für einige Augenblicke ganz fest und sehen sich wortlos an. Die Beamten setzen sich übers Eck an den Schreibtisch und beobachten die Begegnung. Erich Edgar dreht seinen Sessel so, dass die Polizisten sein Gesicht, das von Gefühlen übermannt wird, nicht sehen können. »Ich bin so spät erschienen«, sagt er, »da ich erst vor zwei Tagen von deiner Verhaftung erfahren habe. Ich bin gekommen als dein Vater, um dir zu helfen und für dich einzutreten. Zu hören, wie das am besten geschehen kann und weshalb du überhaupt in Haft bist.«

»Es ist unmöglich und aussichtslos, mir irgendwie helfen zu wollen«, antwortet Harro ruhig. »Seit Jahren habe ich bewusst ›Hochverrat‹ betrieben, das heißt, gegen den heutigen Staat gekämpft, wo ich konnte.« Die Berührung der Hände ist wie ein stilles, innerliches Zwiegespräch, das neben dem anderen einhergeht. »Ich habe im vollen Bewusstsein der Gefahr gehandelt«, fährt Harro fort, »und bin nunmehr entschlossen, die Folgen auf mich zu nehmen. Aus taktischen Gründen habe ich mich manchmal gewisser Methoden und Mittel bedienen müssen, die der üblichen Auffassung nach nicht immer einwandfrei waren.« Er nimmt seine Hände von denen des Vaters weg, hält sie zusammengefasst über den Knien und schaut unbewegt vor sich hin, um sich besser auf seine Formulierungen zu konzentrieren, die von Strübing mitgeschrieben werden. »Landesverrat habe ich nicht begangen.«

Bei diesen Worten flüstern sich die beiden Beamten etwas zu, und als Erich Edgar sich zu ihnen umdreht, machen sie eine Kopfbewegung, die andeuten soll, dass sie anderer Meinung sind.

»Ist es denn wahr«, fragt Erich Edgar seinen Sohn, »dass du wichtige Dokumente, politische Geheimstücke und Ähnliches nach Schweden hast schaffen lassen, um dir eine Rückendeckung zu verschaffen?«

»Ja.«

»Kannst du den Ort nennen, wo die Dokumente liegen, und eine Angabe machen, ob du behilflich sein möchtest, sie wieder zurückzubringen?«

»Das kann und will ich nicht tun.«

»Auch nicht, wenn ich dich darum bitte?«

»Nein, auch dann kann ich es nicht tun. Es würde Verrat an meinen Freunden sein, für die diese Papiere die einzige Sicherung bedeuten. Um mich selbst geht es nicht. Ich weiß, dass ich verloren bin, und bin bereit, für mein Handeln einzustehen. Aber auch sonst würde ich die Dokumente nicht preisgeben, sie sind von allerhöchster politischer und militärischer Bedeutung. Ihre Veröffentlichung würde für Hitler und die deutsche Regierung mehr als eine verlorene Schlacht bedeuten. Die Folgen würden unabsehbar sein.«

»Ich will nicht in dich drängen und dich nicht veranlassen, etwas gegen deine Überzeugung und gegen dein Gewissen zu tun«, sagt Erich Edgar, der spürt, wie ihn seine Kräfte verlassen, die ihn bis dahin die äußere Haltung bewahren ließen. »Du hast einen schweren Weg vor dir, ich will ihn dir nicht schwerer machen.«

Harro und Erich Edgar stehen auf. Angesichts der beiden Beamten bemühen sie sich, ihre Gefühle nicht zu zeigen. Harro steht dicht vor seinem Vater, sieht ihn fest und stolz an, seine

Augen sind feucht. Eine Träne, so viel ist erlaubt. Erich Edgar kann nur noch sagen:»Ich habe etwas anderes für dich erhofft, ich habe dich immer lieb gehabt.«

»Das weiß ich«, antwortet Harro leise.

Erich Edgar gibt ihm beide Hände, die Harro fest ergreift. Der Vater geht zur Tür, dreht sich noch einmal um und nickt seinem Sohn zu. Harro steht steif aufgerichtet, wie ein preußischer Offizier, zwischen den beiden Beamten der Geheimen Staatspolizei.

22

Erich Edgar wird noch einmal in das Büro des Leiters der Sonderkommission gebeten.»Dass Ihr Sohn sich weigert, die Dokumente zurückschaffen zu lassen, ist bedauerlich«, sagt Panzinger.»Der Reichsmarschall Göring hat verlangt, dass sämtliche Mittel angewendet werden, damit es dazu kommt.«

Erich Edgar schaut ihn konsterniert an.»Ich rate unter allen Umständen davon ab, gegen meinen Sohn Gewalt ausüben zu wollen, um eine Aussage zu erzwingen. Das hat nur die entgegengesetzte Wirkung.«

Panzinger sagt daraufhin nichts.

Am Abend schreibt Erich Edgar im Hotel:»Mochte er geirrt haben in seinem Wollen und in seinem Tun gefehlt haben, er war, wie er sprach und stand, Verkörperung menschlicher Größe und Würde. Das hätte ich empfunden, auch wenn ich nicht sein Vater gewesen wäre. Hier vollendete sich ein in echtem Sinne tragisches Schicksal, das, wie alles Unerforschliche, mit Ehrfurcht hinzunehmen ist.«

Zwei Tage später, am 2. Oktober 1942, schaltet sich der

Reichsführer-SS in die Ermittlungen ein: Himmler nimmt um 16 Uhr 30 an einer Vernehmung Harros teil. Am 8. Oktober spricht er mit Gestapochef Müller über die den NS-Staat angeblich schwer belastenden Akten, die Harro ins Ausland geschafft haben will.[413] Am 12. Oktober wird Erich Edgar erneut nach Berlin gerufen. Sein Sohn wünsche ihn noch einmal zu sprechen. Obgleich der Vater befürchtet, nun selbst in Haft genommen und als Druckmittel gegen Harro verwendet zu werden, steigt er in den Zug nach Berlin.

Dieses Mal empfängt ihn Panzinger mit den Worten, Harro habe sich bereit erklärt, über den Verbleib der Papiere auszusagen, unter der Bedingung, dass man für seine mitverhafteten Freunde Aufschub der zu erwartenden Todesstrafen bis zum 31. Dezember 1943, also erst Ende des folgenden Jahres, zusichere. In hochpolitischem Staatsinteresse hätten sich die maßgebenden Stellen nach langer Überlegung zur Annahme dieser ungewöhnlichen Abmachung entschlossen. Panzinger zeigt dem überraschten Erich Edgar die von Harro aufgesetzte, von ihm bereits unterschriebene schriftliche Erklärung:

»Ich bin bereit, in Gegenwart meines Vaters, des Fregattenkapitäns E.E. Schulze, über den Verbleib der Dokumente die Angaben zu machen, die erforderlich sind, um ihre Verbreitung und Veröffentlichung zu verhindern. Hierzu habe ich mich auch deshalb entschlossen, um zu zeigen, dass ich nicht Landesverrat beabsichtigt habe. Ich habe mir die Waffe der Dokumente geschaffen für den Fall, dass man meine Freunde und mich wegen unserer politischen Einstellung und

Handlungsweise nicht als Deutsche betrachten
und behandeln will.«

Es folgt ein Verzeichnis der Personen, für die der Strafaufschub gelten soll. Die Erklärung endet mit dem Zusatz:

»Dasselbe soll für meine Frau gelten, obwohl
ja für diese Todesstrafe nicht infrage kommen
wird. Diese Zusage soll wiederum in Gegenwart
meines Vaters abgegeben werden und soll auch
eine Zusage meinem Vater gegenüber sein.«

»Wie Sie sehen, verlangt Ihr Sohn hier nur Strafaufschub für seine mitangeklagten Freunde. Nicht für sich selbst«, kommentiert Panzinger. »Doch wir haben diese Zusage auf ihn ausgedehnt.«

Der überraschte Vater wird in den gleichen Raum im obersten Stockwerk geführt, in dem er schon einmal Harro getroffen hat. Wieder ist Kopkow präsent sowie Strübing, der Harro hereinführt.

Erich Edgar betrachtet seinen Sohn aufmerksam. Obschon wieder äußerst bleich, wirkt Harro frischer als beim letzten Mal. In seinen Augen liegt ein Ausdruck der Befriedigung und Zuversicht, und er tritt mit einem sichtbaren Gefühl der Überlegenheit den Beamten gegenüber auf. Kann es wirklich sein, dass es ihm gelungen ist, die Kräfteverhältnisse zwar nicht umzudrehen, aber doch zu seinem Vorteil zu nutzen? Vater und Sohn geben sich lange die Hand. Sie setzen sich wieder an den kleinen runden Tisch an der Seite des Zimmers, Harro dieses Mal auf das Sofa, Erich Edgar auf einen der beiden Sessel.

»Bevor ich Ausführungen mache«, sagt Harro zu den Beamten, »möchte ich noch einmal bestätigt bekommen, dass die Vereinbarung in Kraft tritt, sobald ich eine wahrheitsgemäße Erklärung über den Verbleib der Dokumente abgegeben habe.«

»Ich kann Ihnen das in diesem Sinne bestätigen«, sagt Kopkow.

Harro nickt. »Ich habe seit Langem gemerkt, dass meine Lage gefährdet war, und habe hin und her überlegt, auf welche Weise ich solche Dokumente wohl als Schutz ins Ausland befördern könnte. Schließlich habe ich mir klargemacht, ich würde denselben Zweck erreichen, wenn ich die Dokumente gar nicht tatsächlich nach Schweden schaffe, sondern nur die Behauptung aufstellte. Ich musste dann bei den Vernehmungen nur ›hart‹ genug bleiben und trotz aller Androhungen fest darauf bestehen, die Papiere seien draußen. Hart genug bin ich ja geblieben, obwohl mir mit äußerstem Nachdruck zugesetzt wurde. Das kann Herr Kopkow bezeugen. Nunmehr kann ich die Erklärung abgeben: Ich habe gar keine Dokumente im Ausland hinterlegt. Es ist alles ordnungsgemäß bei meinen Akten im Luftfahrtministerium.«

»Ist das wirklich wahr?«, fragt Erich Edgar verwirrt.

»Es ist die volle Wahrheit. Ich würde dir gegenüber in dieser Stunde keine Lüge aussprechen.« Harro blickt seinen Vater fest an, und in seinen Augen glimmt der alte Fechterglanz. »Du kannst getrost für mich bürgen.«

Erich Edgar wendet sich an Kopkow: »So wie ich meinen Sohn kenne, habe ich die unbedingt feste Überzeugung, dass seine Aussage wahr ist.«

»Ich würde es nicht ohne Weiteres glauben, wenn Ihr Sohn

das nur mir erzählen würde«, sagt Kopkow, der auf diesen Ausgang nicht gefasst war. »Aber da er es seinem Vater gegenüber in dieser feierlichen Form versichert, will ich es als glaubhaft hinnehmen.«

»Ist nun die Vereinbarung als gültig zu betrachten?«, fragt Erich Edgar verunsichert. Kopkow bejaht dies ohne Einschränkung.

Die siegesgewisse Miene seines Sohnes hilft dem Vater dieses Mal etwas über die Schwere des Abschieds hinweg. Beinahe strahlend sieht Harro ihn an, befriedigt über den Ausgang der Unterredung. »Ja, Papa, du kannst ganz beruhigt sein, es geht mir gut.«

»Es ist seltsam«, sagt Kopkow am Ende eisig, bevor Erich Edgar das Reichssicherheitshauptamt verlässt: »Wie Ihr Sohn in der letzten Woche so häufig von Ihnen geredet und nach Ihnen gefragt hat. ›Mein Vater soll noch einmal herkommen‹, hat er immer wieder gesagt.«

23

Der Beamte, der Arvid und auch Mildred Harnack vernimmt, heißt Walter Habecker, hat Metallpolierer gelernt und ist mit seinen 49 Jahren lediglich Kriminalinspektor und ohne weitere Aufstiegschancen: zwei Ränge unter Kopkow, dem siebzehn Jahre Jüngeren, dem er zuarbeiten muss. Habecker ist »klein und breit gebaut mit einem primitiven grauen Glatzkopf und einer Hitlerfliege unter der schweißigen Nase, ein Gesicht, wie man es als eine typische Verbrechervisage gezeichnet findet«.[414] So beschreibt ihn Günther Weisenborn, der ebenfalls von Habecker vernommen wird: »Die graue, unreine Farbe des Gesichts,

durch das zwei schmutzfarbene Scharfschützenaugen unheil-
verkündend blicken, liegt auch über der brutalen Härte der
breiten Kiefer. Er schneidet eine Zigarette in zwei Hälften, ent-
zündet eine, ordnet Papiere und Bleistifte pedantisch.« Gerne,
wenn seine Opfer in sein Büro geführt werden, beginnt er zunächst einmal, ohne aufzuschauen, sehr langsam und fast ge-
nießerisch einen weiteren Bleistift haarscharf anzuspitzen. Es
dauert lange. Sehr lange. Es ist totenstill im Zimmer. Habecker
gehört nicht zu den jungen, gebildeten Kriminalisten wie Kopkow oder Strübing. Er ist alte Schule, legt seine Dienstpistole
sichtbar auf den Schreibtisch und schlägt unvermittelt zu,
wofür er mitunter eine tibetische Gebetsmühle benutzt. Für die
Gefangenen ist es unmöglich, sich gegen diese Schläge, die häufig auf das Gesicht zielen, zu wehren, weil sie an Händen und
Füßen gefesselt sind.[415] Auch mit seinen Stiefeln tritt Habecker
zu, und besonders gerne verwendet er seine Bleistiftspitzen.[416]

Mildred Harnack belegt zunächst Zelle 25 in der Prinz-Albrecht-Straße, dann kommt sie in das Polizeigefängnis am
Kaiserdamm 1, ohne Kontakt zu anderen Häftlingen oder Angehörigen. Weder wird ihr gestattet, einen Brief an ihre Familie zu schreiben, noch darf sie Post oder Besuch empfangen.
Offenbar macht man ihr die Haftzeit besonders schwer, weil
sie Amerikanerin ist. Beim täglichen Freigang, wenn die anderen Gefangenen an der Mauer des rechteckigen Gefängnishofes entlanglaufen, muss Mildred die Diagonale durchmessen.
Sie trägt dabei einen dunklen Mantel mit grüner Kapuze, die
sie tief in die Stirn gezogen hat, um ihre plötzlich ergrauten
Haare zu verbergen. Erschreckend zart sieht sie aus, und mit
einer gewissen Scheu lassen die anderen Häftlinge stets einen
gebührenden Zwischenraum zu ihr frei, um nicht den Verdacht
auf sie zu lenken, dass sie verbotenerweise mit jemandem zu

sprechen versucht.[417] Mit großen Schritten schreitet sie auch an ihrem vierzigsten Geburtstag von einer Ecke in die andere, blickt niemanden an und wiederholt wie ein Mantra das Gedicht *Vermächtnis* von Goethe, an dessen Übersetzung ins Englische sie arbeitet, immer noch:

>*»Kein Wesen kann zu nichts zerfallen!*
>*Das Ew'ge regt sich fort in allen,*
>*Am Sein erhalte dich beglückt!*
>*Das Sein ist ewig: denn Gesetze*
>*Bewahren die lebend'gen Schätze,*
>*Aus welchen sich das All geschmückt.«*[418]

24

Am 15. Oktober 1942 gibt es einen Toten. John Sieg aus Detroit, Mann mit Auge für Details und Sinn für Dialoge, der mit Adam Kuckhoff den »Brief an die Ostfront« geschrieben und die illegale Zeitschrift »Innere Front« herausgegeben hat, erhängt sich vier Tage nach seiner Festnahme in seiner Zelle, bestimmt sein Ableben dadurch selbst und vermeidet unerwünschte Aussagen unter Folter.

Gestapochef Müller schlägt in der zweiten Oktoberhälfte eine rasche Verurteilung von Harro und seinen Freunden am Volksgerichtshof vor, dessen neuer Präsident der gefürchtete Roland Freisler ist. Himmler greift die Idee auf und unterbreitet sie Hitler. Der aber will, dass Göring die Suppe auslöffelt, die er sich durch die Beförderung Harros im RLM selbst eingebrockt hat, und beauftragt den Reichsmarschall, »das Geschwür auszubrennen«.[419] Damit eröffnet er Göring gleichzeitig die Chance,

Gnadenlose Gesinnung, die Bereitschaft,
über Leichen zu gehen, Babyface:
Oberstkriegsgerichtsrat Dr. Manfred Roeder.

sich zu schützen, nämlich den Prozess so zu organisieren, dass er darin nicht bloßgestellt wird.

Auch aus anderer Richtung wird Göring dieser Tage auf die Angelegenheit angesprochen. Tora zu Eulenburg, die ihm einst die Rosenlieder sang und bei der er zum Jagen zu Gast war, bittet ihn, sich für das Leben ihrer Tochter einzusetzen. Unwirsch schmettert er sie ab: »Nichts tut mir so Leid, als dass ich damals auf dieses Geschöpf hereingefallen bin und ihren Mann auch noch in den aktiven Offiziersstand erhoben habe. Ich denke nicht daran, auch nur irgendwie zu helfen!«[420] Durch die verlorene Luftschlacht um England hat sein Ruf arg gelitten, und nun will er ihn nicht weiter ramponieren. Deshalb muss er *diese* Sache todsicher erledigen und ordnet an, dass der Prozess gegen seinen Luftwaffenoffizier vor dem Reichskriegsgericht – kurz *RKG* – stattfindet. Das gilt auch für Harros Mitstreiter, selbst wenn es Frauen sind oder Zivilisten, die mit dem Militär nicht das Geringste zu tun haben. Von Anfang an sollen »Feindbegünstigung« und »Landesverrat« im Vordergrund stehen, denn für solche Delikte ist das höchste deutsche Militärgericht zuständig.

Diese Entscheidung birgt für das Regime auch Risiken. Das *RKG* sieht sich als preußische Institution, die auf ihren Ruf einer gerechten Prozessführung stolz ist. Dennoch ist Göring zuversichtlich, dass alles so vonstattengehen wird wie von Hitler gewünscht. Dafür soll ein Mann sorgen, den er am 17. Oktober 1942 im ukrainischen Kalyniwka trifft, nahe dem zwischenzeitlichen Führerhauptquartier *Werwolf.* Es ist Görings Sonderbeauftragter für politische Fälle, Oberst Dr. Manfred Roeder, der mit seinen 42 Jahren genauso alt ist wie das Jahrhundert, auf seinem Luftwaffenporträt aber aussieht wie ein erst kürzlich aus seiner Rolle herausgewachsener UFA-Kinderdarsteller, mit jugendlichem Gesicht und einer Uniformmütze, die für seinen Kopf zu groß wirkt. Gnadenlose Gesinnung, die Bereitschaft, über Leichen zu gehen, und kriminalistischer Spürsinn sind die Eigenschaften, die Göring an ihm schätzt. Roeders gesellschaftliche Umgangsformen sind tadellos, er besticht durch Lebhaftigkeit, kann ebenso gut nach oben buckeln wie nach unten treten und wird seit Beginn seiner Karriere stets für bevorzugte Beförderungen vorgeschlagen, auch wenn er kein geistiger Überflieger ist – und nicht einmal Parteimitglied, wenngleich der SA und dem *Bund Nationalsozialistischer Deutscher Juristen* angehörig. In Roeders Augen geht es bei diesem Fall ohnehin um etwas Elementareres als die Partei: um die Verteidigung des *Staates* nämlich.[421] Göring rennt offene Türen ein, als er ihm erklärt:»Hohe Freiheitsstrafen haben im Allgemeinen wenig

Sinn, weil sie keine Besserung des Verurteilten erwarten, sondern dessen Entwicklung zum Staatsfeind befürchten lassen. Handelt es sich um einen als hoffnungslos erkannten Staatsfeind, so ist bei der Wahl zwischen hoher Freiheitsstrafe und Beseitigung des Täters der letztere Weg vorzuziehen.«[422] Hitler segnet die Vorgehensweise des Reichsmarschalls ab. Obgleich er dem Reichskriegsgericht nicht über den Weg traut, da es seines Erachtens zu milde Urteile fällt, verlässt er sich auf die Versicherung Görings, dass mit dem »Bluthund Roeder« alles im Sinne der Anklage verlaufen wird.[423] Ohnehin behält sich Hitler die Urteilsbestätigung vor.

Zurück in Berlin wird Roeder in der Prinz-Albrecht-Straße vorstellig, tritt wie ein Pascha auf und kehrt bei jeder Gelegenheit seine Freundschaft zu Gestapochef Müller und Göring hervor, was ihm unter den obrigkeitshörigen Kommissaren Respekt verschafft. Zwar bezieht er sein Büro im Gebäude nebenan, in Zimmer 4256 des RLM, doch wirklich zu Hause fühlt er sich auf der anderen Straßenseite, im *Amt IV für Gegner-Erforschung und -Bekämpfung*.[424] Hier ist Roeder in seinem Element und hält mit seinen Ambitionen, der skrupelloseste Verfolger von allen zu sein, nicht hinterm Berg. So gibt er die Richtung vor, die die Angelegenheit weiterhin zu nehmen hat, eine erbarmungslose Richtung, die bei den Gestapobeamten, die sich in ihrem harten Vorgehen bestätigt fühlen, gut ankommt.

Das System, gegen das Harro kämpft, hat damit ein Gesicht. Roeder ist ein Widersacher, wie er gefährlicher nicht sein könnte. Er will nicht nur dafür sorgen, dass alle sterben, die auch nur die geringste Unterstützung für Flugblattaktionen und Ähnliches an den Tag gelegt haben, sondern dass auch die Erinnerung an Harro und Libertas und ihre Freunde für alle Zeiten ausgelöscht wird.

Am Vormittag des 26. Oktober 1942, eines trotz der Jahreszeit milden Sonntags, begibt sich Arvids jüngerer Bruder in die Prinz-Albrecht-Straße 8. Dr. Falk Harnack ist 29 Jahre alt und arbeitet als Dramaturg am Nationaltheater in Weimar. Einem Freund, der ihn begleitet, händigt er seine Wertsachen aus und bittet ihn, in einem nahe gelegenen Lokal zu warten. Würde er nach zwei Stunden nicht zurück sein, solle er Alarm schlagen. »Wenn man dieses Haus betrat«, schreibt Falk später über seinen Besuch, »ich will nicht übertreiben – tat man es mit größter Sorge, denn man wusste niemals, ob man wieder hinauskommt.«[425]

»Ihr Bruder ist verloren«, sagt ihm Panzinger zur Begrüßung: »Das Beweismaterial ist erdrückend, da kann er nichts ableugnen.«[426] Falk soll im Vorzimmer warten. Nach einer Viertelstunde wird er hereingebeten und steht Arvid gegenüber. Sie umarmen sich fest. »Ich habe gewisse Dinge getan«, beginnt Arvid, der deutlich gealtert aussieht. »Ich habe es zugegeben.«

Falk reicht ihm die zuvor überprüften Geschenke: einen halben Kastenkuchen, Zigaretten und Streichhölzer, 20 Tabletten *Cebion*, ein Vitamin-C-Präparat der Firma Merck, die gleiche Menge eines B-Vitamins.

Als ein Beamter eintritt, um etwas abzugeben, und Panzinger für Momente abgelenkt ist, fragt Falk seinen Bruder durch Handzeichen, ob er geschlagen worden sei. Arvid beugt sich über den Tisch und flüstert: »Sie haben mich gemartert.« An seinem Gesichtsausdruck sieht Falk, dass es grauenvoll gewesen sein muss.

»Bisher bin ich so etwas wie eine Stütze der Familie gewesen«, sagt Arvid, plötzlich wieder beherrscht. »Das kann ich nun nicht mehr. Du musst das jetzt sein.«

»Das verspreche ich dir«, entgegnet Falk. Nach einer Pause fügt er hinzu: »Wir haben schon alle Hebel in Bewegung gesetzt, um einen geeigneten Anwalt zu finden.«

»Verhandele mit Klaus.«

Falk schaut ihn an. Gemeint ist ihr Cousin Dr. Klaus Bonhoeffer, der Bruder des Pfarrers und Widerstandskämpfers Dietrich Bonhoeffer mit Verbindungen zu den Offizieren der Wehrmacht, die ein Attentat auf Hitler planen. Arvid gibt ihm, so versteht es Falk, in diesem Moment die Vollmacht, mit ihnen in Verbindung zu treten, um eine Rettungsaktion zu starten. »Ich glaube, dass ich im Prinzip richtig gehandelt habe«, sagt Arvid zum Abschied. »Der Krieg ist verloren, und als einzige Rettung gibt es den Weg, den wir eingeschlagen haben. Ich glaube, dass man uns noch brauchen wird.«[427]

26

Der Pfarrer Dietrich Bonhoeffer mit dem eierförmigen Glatzkopf und den spärlichen darübergekämmten Haaren sitzt wenige Tage später vor Falk Harnack und raucht eine Zigarette. Er ist gerade in Schweden gewesen, hat dort mit dem Bischof der *Church of England* George Kennedy Allen Bell gesprochen, einem Freund des britischen Außenministers Eden. Letzterer allerdings will von einem deutschen Widerstand noch immer nichts wissen. Ein solcher liege nicht im nationalen Interesse des Vereinigten Königreiches, bescheidet er Bell, der den Kontakt zwischen England und den putschbereiten Wehrmachtsoffizieren knüpfen wollte, abschlägig.

Falk schlägt den Bonhoeffer-Brüdern bei ihrem ersten Treffen vor, dass die verschiedensten Gruppierungen des Widerstandes sich angesichts der Festnahmen von Arvid, Harro und den anderen nun dringend zusammenschließen. Der Kampf gegen die Diktatur müsse gemeinsam geführt werden. Im Rahmen eines Staatsstreiches würde man dann auch die Gefangenen aus der Prinz-Albrecht-Straße befreien. Die eindeutige Westorientierung des konservativen Widerstandes innerhalb der Armee oder auch des früheren Leipziger Bürgermeisters Goerdeler stelle eine realpolitische Gefahr dar. Man brauche die Ostverbindung, die Arvid und Harro geschaffen haben. Doch die Reaktion der Bonhoeffers ist verhalten.

Als Nächstes kommt Falk Harnack mit Hans Scholl und Alexander Schmorell zusammen, den beiden Köpfen hinter der später *Weiße Rose* genannten studentischen Widerstandsbewegung aus München. Sie treffen sich in Chemnitz, wo Falk stationiert ist. Scholl und Schmorell steigen im *Sächsischen Hof* ab, und als sie zu dritt diskutieren, reden sie entgegen der üblichen illegalen Gepflogenheiten sofort sehr offen miteinander, da sie wissen, wen sie jeweils vor sich haben.[428]

»Bislang haben wir aus einer Art gefühlsmäßigen und idealistischen Haltung heraus gearbeitet«, sagt Alexander Schmorell, ein 25-Jähriger mit dickem dunklem Haar, gebürtiger Russlanddeutscher. Er hat die vier Flugblätter mitgebracht, die im Sommer 1942 verteilt worden sind. Die Texte sind noch stark philosophisch geprägt; künftig wollen sie einen realistischeren, politisch klareren Ansatz entwickeln. Hans Scholl, »ein dunkler Süddeutscher, energiegeladener Typus«, beschreibt es als sein Ziel, »eine breite antifaschistische Front aufzubauen, ausgehend vom linken Flügel über die liberale Gruppe bis zur konservativen militärischen Opposition«. Er ist der Überzeugung, dass auf diese Weise erfolgreich gegen die Nazidiktatur mobilisiert werden könne. Man müsse ein Fanal entzünden, dann würden sich alle Widerstandskräfte, die frei und unausgerichtet vorhanden seien, automatisch zusammenschließen und aktiv werden. Dafür will Hans Scholl die studentische Widerstandsarbeit auf eine breitere Basis stellen; an allen Unis Zellen errichten, sie miteinander verknüpfen, »um schlagartig übereinstimmende Flugblattaktionen durchführen zu können«. Das sind schöne Worte, doch sie bleiben folgenlos. Zu einem Zusammenschluss der Gleichgesinnten aus München und Berlin kommt es nicht. Auch von Dietrich Bonhoeffer erhält Falk nun eine Absage. Er selbst sei in seiner eigenen Gruppe zu exponiert, um ein zusätzliches Risiko einzugehen. Falk ist frustriert: Während in der Prinz-Albrecht-Straße im Herzen Berlins die Vernehmungslawine rollt, bleibt die zersplitterte deutsche Widerstandsbewegung passiv, ist politisch zu uneins, nicht couragiert genug und verpasst den Moment, den NS-Staat mit geballten Kräften anzugehen. Die verschiedenen Gruppierungen, die sich auch hätten durchdringen können, so wie sich die Kreise um Libertas und Harro durchdrungen haben, verharren in der Separation. »Und die deutsche Widerstandsbewegung verblutete«, lautet das konsternierte Fazit des mit seiner Mission gescheiterten Falk Harnack.

27

Am 19. November 1942 beginnt die russische Gegenoffensive bei Stalingrad. Noch dreißig Kilometer entfernt bebt die Erde von den Einschlägen der schweren Artillerie der Roten Armee. Die Wehrmacht steht auf verlorenem Posten, die Suche nach

Schuldigen, vermeintlichen Verrätern, hat längst eingesetzt, und man glaubt, sie in der Prinz-Albrecht-Straße dingfest machen zu können. Dabei ist es nicht Harro und Libertas und ihren Freunden, den Schriftstellern, Journalisten, Unternehmern, Ärzten, Angestellten, Studenten, Schülern, Arbeitern, Künstlern, Tänzerinnen, Bildhauern, Grafikerinnen, Schülerinnen, Schauspielerinnen und schwangeren Müttern aus Charlottenburg, Kreuzberg oder Mitte anzulasten, dass die Wehrmacht »in eine schwierige Lage geraten ist«, wie Stalin es kühl analysiert. Das Problem ist vielmehr, dass ihre »strategischen Pläne offenkundig nicht real waren« und sie »gleichzeitig zwei Hasen nachjagten: dem Erdöl und der Einkreisung Moskaus«.[429]

Zu dieser Zeit wird ein weiterer Verdächtiger nach Berlin gebracht, ein am 15. November 1942 in Marseille festgenommener angeblicher Kaufmann aus Uruguay, der sich als Vincente Sierra ausgibt. Nach ersten Verhören in der belgischen Festung Breendonk, wo auch sein Funker Wenzel gefoltert wurde, kommt Kent fast genau ein Jahr nach seinem Besuch bei Harro und Libertas erneut nach Berlin. Dieses Mal residiert er nicht im *Excelsior,* sondern schmachtet in einer Zelle im Kellertrakt des Reichssicherheitshauptamtes. Am 22. November legt Strübing ihm mit der Kennung *Gestapa42Spt.178* versehene Porträtaufnahmen vor, die Kent sofort erkennt, obwohl sie »seinerzeit eine andere Haartracht gehabt« habe, wie es im Protokoll heißt. Es dreht sich um Libertas. Für die Fahnder ist dies der entscheidende Beweis, dass sie aktiv eingebunden war in die Arbeit von Harro.

Zwei Tage später sitzt Kent erneut vor Strübing. Hat Harro nun gefunkt oder nicht? »Ich kann nicht mit Bestimmtheit sagen«, erklärt Kent, »ob die Durchgabe von Telegrammen erfolgt ist. Man kann aber zu der Überzeugung kommen, dass von der Gruppe *Choro* Telegramme bis zu dem Zeitpunkt damals *nicht* gesendet worden sind, da die Direktion in Moskau von der Gruppe nichts gehört hatte.«[430]

Lange Gesichter bei der Gestapo. Doch kümmert es Roeder?

28

Die hochschwangere Hilde Coppi, Frau jenes Mannes, der vergeblich versucht hat, mit Moskau Funkkontakt herzustellen, wird in das Frauengefängnis in der Barnimstraße 10 verlegt, auch in Nähe zum Alexanderplatz. Zu Zeiten des bisexuellen Kaisers Wilhelm II. saßen hier Prostituierte und Frauen, die abgetrieben, außerdem Frauen, die sich für gleiche Löhne oder das Frauenwahlrecht starkgemacht hatten. Rosa Luxemburg wurde hier ebenfalls eingesperrt, und in der knasteigenen Entbindungsstation erblickten zahllose Berliner das Licht der Welt. So geschieht es auch am 27. November 1942, als Hilde Coppi einen gesunden Sohn gebiert. Er soll heißen wie sein Vater: Hans.

Zu einem Treffen zwischen den beiden Hans Coppis kommt es ein einziges Mal, am 9. Dezember 1942. Der Säugling ist dafür in eine Decke gewickelt worden, wird mit seiner Mutter durch die Stadt gefahren. Es ist ein grauer, sonnenloser Tag, hin und wieder fällt Regen, die Temperaturen liegen bei acht Grad. Der Vater steht im Reichssicherheitshauptamt mit gefesselten Händen hinter einem Tisch, Wächter links und rechts. Er kneift die Augen zusammen, um besser sehen zu können, als Hilde endlich auf ihn zukommt. Die dringend benötigte Nickelbrille hat die Polizei ihm abgenommen – als ob es noch etwas gebraucht hätte, seine Ohnmacht zu verstärken. Es ist das Ureigenste, das Kind, das der Staat ihm vorenthält. Es ist das Liebste, die Frau, die das Regime nun ermorden will. Denn jetzt ist seine Hilde nicht mehr durch das Gesetz geschützt, das Schwangere vor der Exekution bewahrt. Sie hat geboren, hat ihre Schuldigkeit getan.

Hilde bittet die Beamten, näher an ihren Mann herantreten zu dürfen, damit er sie deutlich sehen kann. Sie schlägt die Decke zurück und zeigt ihm das Kind. Coppi, einen Meter sechsundachtzig groß, beugt sich nach vorne und schwankt, als das Baby ihn mit großen bläugrauen Augen ansieht und allmählich schärfer in den Fokus kommt.

29

Dr. Manfred Roeder hat Überstunden eingelegt, schläft, wenn es hochkommt, zwei bis drei Stunden pro Nacht auf einer Liege in seinem Dienstzimmer im RLM, hat einige der Verhafteten noch einmal verhört, jetzt übergibt er seine mehrere Hundert Seiten dicke Anklageschrift an Dr. Alexander Kraell, den Vorsitzenden des 2. Senats beim Reichskriegsgericht.[431] Es geht auf diesen Blättern um das Leben von Harro und Libertas Schulze-Boysen, Arvid und Mildred Harnack, Elisabeth und Kurt Schumacher, Horst Heilmann, John Graudenz, Hans Coppi und anderen. Sie sollen in einer ersten Welle verurteilt werden. Die Verhandlungen gegen Adam und Greta Kuckhoff, Mimi Terwiel, Helmut Himpel, Fritz Thiel, Oda Schottmüller, Ursula Goetze, Hilde Coppi und Werner Krauss, Günther Weisenborn und vieler mehr folgen im nächsten Jahr.

Ende November 1942 ist auch der von Horst Kopkow verfasste neunzigseitige Abschlussbericht der Gestapo fertiggestellt. Je eine in schwarzen Karton gefasste Kladde erhalten Hitler, Himmler, Göring, Goebbels sowie weitere ranghohe Nazis.

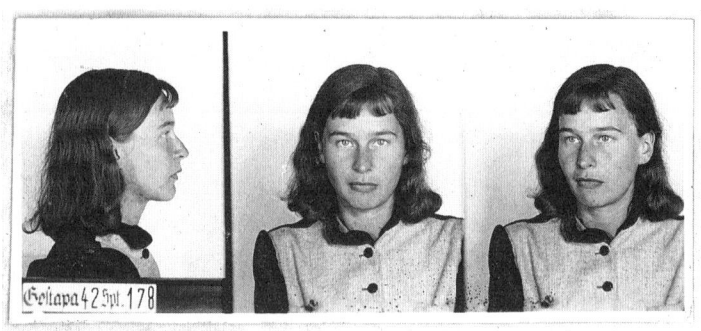

Die erkennungsdienstlichen Gestapo-Fotos von Libertas Schulze-Boysen.

»Bolschewistische Hoch- und Landesverratsorganisation« steht programmatisch auf dem Deckblatt. Fotos, Organigramme, sogar eine »genealogische Tafel der Hoch- und Landesverräter Schulze-Boysen und Frau« sind beigefügt, um die Lektüre anschaulich zu gestalten. Auf diesem Stammbaum sind die Linien zu sehen, die vom Großonkel Alfred von Tirpitz und dem Begründer der Soziologie in Deutschland, Ferdinand Tönnies, über Marie Luise und Erich Edgar sowie vom Fürsten Philipp zu Eulenburg bis zu jenen Individuen verlaufen, die es wagten, mit ihrer Liebe für das Leben aufzubegehren gegen den Hitlerstaat. Doch so etwas steht natürlich nicht in dem Bericht. Es geht darin nicht um die Begriffe Freiheit, Gerechtigkeit und Gewissen, Verantwortung und Menschenwürde, sondern um den aufgedeckten sowjetischen Agentenring in Paris, Brüssel und Amsterdam – mit Harro, Arvid und den anderen fälschlicherweise als dazugehöriger Berliner Zelle.

Über die Partys, die Harro und Libertas mit ihren Freunden gefeiert haben, die *Picknick*-Abende im Loft, weiß die Gestapo Folgendes zu berichten: »Laufend abgehaltene, nicht selten mit sexuellen Pointen gemischte Diskussionsabende, hauptsächlich in seiner Wohnung, wurden von ihm und seiner Ehefrau Libertas geschickt zur politischen Beeinflussung der Teilnehmer ausgenutzt und stellen geradezu ein klassisches Beispiel der Nachrichtenerfassung auf dem Wege der Gesellschaftsspionage dar.«[432] Libertas charakterisiert der Kopkow-Text als »eine impulsive Frau mit starkem persönlichem Ehrgeiz«, die als »Stellvertreterin ihres Mannes« fungierte: »Sie führte Kurierdienste aus, nahm illegale Treffs wahr, fertigte Zersetzungsschriften an und warb geeignete Personen zur Bildung von Partisanengruppen in Berlin.«[433]

Die Gestapo zieht durch diese Zusammenfassung ihrer Ermittlungen der zurückliegenden drei Monate einen ersten Schlussstrich. Die Stimmung ist gut in der Prinz-Albrecht-Straße, die Arbeit wird als Erfolg gewertet – und fürstlich honoriert. Göring schaltet einen Sonderfonds frei und schüttet 100 000 Reichsmark Prämie aus, »für besondere Leistungen in einem außerordentlich wichtigen Ermittlungsfall«. An über 65 Beamte wird das Blutgeld verteilt, wobei Horst Kopkow den größten Batzen erhält: knapp 30 000 Reichsmark, ein immenser Betrag. Panzinger, Henze, Strübing, Habecker werden ebenfalls belohnt – und Gertrud Breiter erhält stolze 5000 Reichsmark, ein persönliches Anerkennungsschreiben von Himmler, das Kriegsverdienstkreuz II. Klasse und eine »gehaltliche Höhereinstufung«.[434] Sie hat es geschafft, dass Libertas ihr auf den Leim gegangen ist. Alles, was sie der Sekretärin anvertraute, landete brühwarm auf dem Tisch ihres Vorgesetzten Göpfert.

30

An Marie Luise und Erich Edgar Schulze in Mülheim, handschriftlich:

10.12.42

»Liebe Eltern!

*Aus meiner Zelle gibt es nicht viel Neues zu berichten. Man
kommt leicht dazu, den Gedanken und vor allem den Erinnerungen nachzugehen, und es ist ein eigenartiges Erlebnis
zu sehen, wie vieles, was einem draußen wichtig schien, ver-
blasst, – und wie andere, als selbstverständlich genommene
Dinge sich in den Mittelpunkt stellen. Es ist ein großes Zurück-
finden, das ich nicht missen möchte in meinem Leben. Heim-
finden: vor allem zu Euch! Nach so viel unruhigem Leben
kommt da die große Gelassenheit zu mir; und nur immer wieder die Tatsache, dass ich Euch nun so viel Leid zufüge, macht
auch mir das Herz schwer.*

*Ich freue mich, dass es Hartmut etwas besser geht. Wie gern
denke ich an die Freiburger Tage mit Euch: Mama, Helga und
die vergnügten Kinder! Ich zehre von alledem, es ist mir täglich Brot. Nein, ich bin wirklich nicht allein und ›einsam und
verlassen‹. Auch im Traum tun sich Seiten des Lebens auf, die
ich bisher nicht kannte! Es ist ein eigenartiges Ding um den
Menschen, – wie sehr die Umgebung ihn formt! Es wäre natürlich ein Trugschluss zu sagen, dies sei nun die wahre Erkennt-
nis vom Leben. Aber es ist doch eine sehr wertvolle Ergänzung,*

*für die man dankbar sein muss. Ich bin's. Nicht, als ob nun die
Metaphysik alles andere verdrängt hätte, aber ich habe nun
doch wenigstens empfunden und selbst erlebt, was ich bisher
allenfalls teilweise begriff.*

*Plötzlich und spät erst wird mir klar, was ein dichtender
Freund meinte, als er einem Roman das Motto gab:*
›Opfere alles, was Du hast, –
und am Ende opfere auch noch das,
wofür Du alles geopfert hast!‹
*Natürlich sucht der geistige Selbsterhaltungstrieb eine Weile
dagegen anzugehen, und die Ehre verbietet jeden Widerruf in
der Not. Aber, ›entre nous‹ werden die Dinge ungeheuer einfach und elementar, bei Licht besehen, und der eigentliche,
unbekleidete Lebenstrieb und das Schicksalhafte werden im
Rückblick zu den Hauptkomponenten des Bildes.*

*Tut's was, wenn man immer tiefer zu sich findet? Gewiss nicht:
›Solang Du das nicht hast, dieses Stirb' und Werde ...‹*
Seid in tiefer Liebe gegrüsst.

Euer H«[435]

28

In der Nacht vor Prozessbeginn gegen die ersten zwölf Angeklagten wird um null Uhr die Zelle von Harro aufgeschlossen,
der gefesselt auf der Pritsche liegt.»Bleiben Sie liegen! Sie sind
Harro Schulze-Boysen? Sie werden morgen dem 2. Senat des
Reichskriegsgerichts vorgeführt. Sie sind folgender Verbrechen
angeklagt ...« Die Stimme rattert verschiedene Paragrafen herunter, mit jeweiliger Kurzzusammenfassung ihres Inhalts auf

Juristendeutsch. »Haben Sie alles verstanden? Gut!«[436] Der Vorgang dauert keine Minute und wiederholt sich bei Arvid Harnack und Hans Coppi, außerdem im Gefängnis am Kaiserdamm 1 bei Libertas und Mildred Harnack, im Knast am Alexanderplatz bei Elisabeth Schumacher und Erika von Brockdorff und im Militärgefängnis Spandau, wo Kurt Schumacher, John Graudenz und am Ende des Ganges Horst Heilmann einsitzen.[437]

Am Morgen des 15. Dezember 1942 stehen auf jedem Treppenabsatz des neobarocken Gebäudes des Reichskriegsgerichts in der Charlottenburger Witzlebenstraße Soldaten mit aufgepflanztem Seitengewehr. Jedes Fenster wird mit einem extra Posten gesichert, da man auf einen Befreiungsversuch vorbereitet sein will. Das Regime ist auf der Hut. Selbst in der Wolfsschanze, dem »Führerhauptquartier« im mückenverseuchten ostpreußischen Sumpfwald, werden zum Prozessbeginn die Sicherheitsvorkehrungen verstärkt.

Doch die größte Angst ist eine andere: Nichts fürchtet man mehr, als dass etwas von dem Umfang und der Wirksamkeit der Aktivitäten dieser Menschen nach draußen dringen könnte.[438] An der Tür des großen Sitzungssaales des 2. Senats hängt deshalb ein Schild: »Die Öffentlichkeit ist ausgeschlossen.« Niemand darf über den Prozess sprechen. Wer gegen diese Vorschrift verstößt, wird mit Konzentrationslager bestraft. Die Angehörigen der Angeklagten sind über den Beginn des Verfahrens nicht informiert worden. Die Pflichtverteidiger haben ihre Mandanten kein einziges Mal zu Gesicht bekommen, nicht einmal die Anklageschrift erhalten. Letzteres ist Kalkül, denn Chefankläger Roeder hat außer den unter Folter erzwungenen Aussagen wenig in der Hand. Wird er sich vor dem Reichskriegsgericht damit durchsetzen können? Dr. Alexander Kraell, der Vorsitzende des 2. Senats, gilt als konservativer Militärjurist, der im Spannungsfeld zwischen Parteizugehörigkeit und seinem Willen agiert, die Wehrmachtsjustiz vor nationalsozialistischen Missbräuchen zu bewahren. Ein Freund Roeders ist er nicht, rümpft die Nase über den Emporkömmling, dessen Barschheit und Kälte er im Unterschied zu den Gestapobeamten nicht mit Schneid verwechselt. Für den Senatspräsidenten Kraell in den ihm heiligen Hallen des Reichskriegsgerichts ist Roeder ein niveauloser Scharfmacher und Ehrgeizling, der aus Gründen aufsteigen konnte, die als nicht ehrbar gelten. Doch Roeder hat sich vorgenommen, es der Wehrmachtsjustiz zu zeigen. Die militärische Situation spielt ihm in die Hände: In Marokko sind die Amerikaner gelandet, Rommel befindet sich zwischen Tripolis und Bengasi auf verlorenem Posten, und die 6. Armee in Stalingrad ist eingekesselt: Hunderttausende deutscher Soldaten befinden sich bei nicht ausreichender Verpflegung und eisiger Kälte in einer aussichtslosen Situation. Es gibt keinen ungünstigeren Zeitpunkt, als Angeklagter wegen Unterstützung der militärischen Feinde vor dem Reichskriegsgericht zu erscheinen, auf einem jener Stühle Platz nehmen zu müssen, die in gebührendem Abstand zueinander vor dem flach hufeisenförmig gebogenen Richtertisch stehen, an dessen rechter Seite sich der erhöhte Platz des Oberstkriegsgerichtsrats Roeder befindet.

Noch ist an diesem Morgen des 15. Dezember 1942 niemand im Saal. Vor den fünf leeren Plätzen des Senats – neben Kraell gehören diesem ein weiterer Jurist sowie drei hohe Wehrmachtsoffiziere an – liegen je ein sauber geschichtetes Häufchen unbeschriebenen Konzeptpapiers sowie drei vollendet angespitzte Bleistifte verschiedener Farbe, außerdem die Kopfbedeckungen der Offiziere: zwei Generalsmützen und ein Admiralshut mit silbernem Adler. Die Plätze für die Pflichtverteidiger sind links und rechts an der Seite und so weit von den Stühlen für die Angeklagten entfernt, dass Absprachen während der Verhandlung unmöglich sind. An der Stirnseite des Raumes thront eine Büste Hitlers, des »obersten Kriegs- und Gerichtsherrn«, der mit dunklen, faustgroßen Höhlen, wo die Augen sein sollten, den Raum mit leblosem Starren beherrscht. Eine zweite, kleinere Büste repräsentiert Justitia, deren Augen verbunden sind. Um kurz nach neun Uhr werden die Türen für die wenigen handverlesenen Zuschauer geöffnet. Ein paar subalterne Kommissare vom Reichssicherheitshauptamt treten ein, wie harmlose Bürger. Dann werden die Angeklagten hereingeführt: Harro, Libertas im grauen Kostüm, Mildred und Arvid Harnack, Horst Heilmann, Elisabeth und Kurt Schumacher, Hans Coppi, Erika von Brockdorff und als letzter John Graudenz.[439] Um 9 Uhr 15 betritt der Senat den Raum.[440] Alle im Saal erheben sich, reißen den rechten Arm in die Höhe, außer die Angeklagten. Es war ihnen vorher mitgeteilt worden, dass sie den Hitlergruß zu unterlassen haben. Der Senatsvorsitzende und seine Beisitzer setzen sich kerzengerade hin. Kraell ruft Namen und Geburtsdaten der Angeklagten auf und stellt ihre Identität fest. Er dreht den Kopf zur Seite: »Bitte, Herr Oberstkriegsgerichtsrat, die Anklage.«

Anders als die Richter sitzt Roeder nicht »wie eine Eins«, sondern flegelt sich auf seinem Platz, während er die Anklageschrift verliest.[441] Als erstem von den »vielen, geradezu dramatischen Vorfällen« erzählt er von dem Umschlag, den Gisela von Poellnitz in den Briefkasten der sowjetischen Botschaft in Paris eingeworfen hat. Dann beschreibt er die Flugblätter *Der Stoßtrupp, Napoleon Bonaparte* und *Die Sorge um Deutschlands Zukunft geht durch das Volk*. Darin sei »zum offenen Aufstand aufgefordert« worden.[442] Als Nächstes geht es um die Unterstützung der Alliierten. Mit schneidendem Ton erklärt Roeder, dass der Oberleutnant der Luftwaffe Harro Schulze-Boysen »in Erfahrung gebracht [hatte], dass englische Funksprüche, welche die Absendung von für Russland bestimmten Geleitzügen ankündigten, von der deutschen Abwehr entschlüsselt werden konnten. Dieses Wissen übermittelte er dem Angeklagten Graudenz, der über Heidelberger Freunde Beziehungen zu für England eingestellten Schweizer Kreisen unterhielt, mit der Bemerkung, dass man den Engländern diese Nachricht zur Kenntnis bringen müsste.«[443] Er macht eine kurze Pause und hebt den Blick. Ein Murmeln geht durch den großen Saal: *Landesverrat.*

Nun ist Libertas an der Reihe. Ihr Verteidiger trägt ein Monokel, das er immer wieder unter größten Anstrengungen in seinem rechten Auge festklemmen muss, da es ihm sonst nach unten fällt. Er schaut seine Mandantin, die er an diesem Morgen zum ersten Mal erblickt, mit einem Schimmer väterlichen Mitleids an. Auch die anderen Anwälte beäugen das »Schlossfräulein« neugierig. Ein beinahe genießerisches Wohlgefallen malt sich in ihre Züge. Dies ist sie also, die »eifrigste Mitarbeiterin« ihres Mannes, die »dem Einfluss seines Intellekts« unterlag, wie es im Gestapo-Abschlussbericht heißt.[444] Beim *Stoßtrupp* habe sie »technische Hilfe geleistet«, referiert Roeder eifrig, ebenfalls an *Die Sorge um Deutschlands Zukunft* mitgewirkt. Auch an Spionagetätigkeiten sei sie beteiligt: »Ihrem Mann hat sie Vorschläge darüber gemacht, in welchen Wohnungen ein Sender aufgestellt werden könne. (...) Sie hat mindestens zweimal Zettel mit für den Feind bestimmten Notizen dem Harnack zugetragen, von dem sie wusste, dass er sie verschlüsselte.«[445] Mindestens einen dieser Zettel, auf dem sich Produktionszahlen der deutschen Flugzeugindustrie befunden hätten, habe sie gelesen.

Auch für Libertas, die die Verbrechen der Wehrmacht archivieren wollte, sieht es plötzlich schlecht aus vor dem höchsten deutschen Militärgericht.

32

Dann geschieht, auf einer anderen Ebene, ein Wunder. Die Isolierpraktiken der Gestapo greifen im Reichskriegsgericht nämlich nicht, und alle Angeklagten kommen in der ersten Verhandlungspause in einem Warteraum zusammen. Selbst den Männern löst man die Fesseln. Es ist befreiend, sich nach den Monaten der unfreiwilligen Trennung wieder zu treffen. Doch es ist auch nicht einfach. Libertas erfährt nun von den anderen, dass Gertrud Breiter sie getäuscht hat und alles, was sie ihr erzählte, bei der Gestapo gelandet ist, mit lebensbedrohlichen Konsequenzen für einige. Der Vorwurf wird laut, Libertas habe aus Feigheit und um sich selbst die Freiheit zu erkaufen, alle verraten.

Scham und Schuldgefühle überwältigen sie. Wie konnte sie so dumm sein, der Schreibkraft zu vertrauen? Es ist genau das eingetreten, wovor sie sich die ganze Zeit am allermeisten fürchtete: Sie hat Nerven gezeigt. Sie war *naiv*, genau jene Eigenschaft, die man den Nazis gegenüber nie an den Tag legen darf. Jene Eigenschaft auch, die Harro immer zu überwinden versuchte seit den Tagen und Nächten im Folterkeller. Libertas ist am Boden zerstört. *Das* ist viel schlimmer als die schlimmste Strafe, die sie erwarten könnte. Doch dann passiert eben das Wunder. Die anderen vergeben ihr ihre Schwäche, ihren Fehler. Ein jeder von ihnen hat die Tricks der Gestapo kennengelernt, die extreme Gewalt. Jeder hat erfahren, wie schwer es ist, dem Druck standzuhalten, *keine* Nerven zu zeigen. Einige von ihnen wurden schlimm gefoltert: Kurt Schumacher, Hans Coppi, John Graudenz, Arvid Harnack, Harro. Jetzt verbietet sich jeder Vorwurf. Bei einem jeden von ihnen ist durch die Haft und die scharfen Vernehmungen das Unterscheidungsvermögen zwischen Verrat und Erschöpfung, die *beide* zu schweren Verlusten führen können, feinfühlig geworden. »Verräter hat es keine gegeben«, beschreibt es Heinrich Scheel nach dem Krieg: »Und jene, die unter der Last und Qual der Verhöre einmal strauchelten, wurden von denen, die dadurch in noch größere Gefahr gebracht waren, wieder aufgerichtet, sei es auch nur durch einen aufmunternden Blick, ein schnell geflüstertes Wort. Niemand hat das Gefühl, dass er allein und verlassen einen dunklen Weg gehen muss.«[446]

Was Libertas in diesen Augenblicken erlebt, als ihr ihre Schwäche vergeben wird, empfindet sie als »so groß und wunderbar, dass es Worte kaum mehr schildern können«. So schreibt sie wenige Tage später in ihrem Abschiedsbrief ihrer Mutter. Jetzt sind alle mit sich und den anderen im Raum im Reinen, und »in einer Gemeinsamkeit, die nur angesichts des Todes möglich ist, gehen wir dem Ende entgegen. *Ohne* Leid, ohne Bitterkeit.«[447]

Auch die Wärter spüren, dass hier etwas Ungewöhnliches geschehen ist, und als die Gefangenen ihre mitgebrachten Essensvorräte teilen, spendiert das Personal eine Kanne Bier dazu. Dann werden alle wieder in den großen Verhandlungssaal gebracht.

33

Oda Schottmüller, die Frau mit der schlanken, kraftvollen Gestalt, dem elastischen, zielbewussten Gang, dem ruhigen, offenen Gesicht mit den großen sachlichen Augen, die einige Wochen später vor dem gleichen Senat erscheinen muss, lässt kein gutes Haar am Reichskriegsgericht. »Das Kräfteverhältnis ist in keiner Weise ausbalanciert«, schreibt sie in einem Kassiber aus der Haft: »Die Rechtsprechung geschieht in dem Sinne von: Wer die Macht hat, hat das Recht. Sich schützen und wehren muss jeder Staat. Aber was ich in meinem Fall erlebt habe, sind Desperadomanieren einer Tyrannis, die sich verzweifelt wehrt.«[448]

Für Roeder hat Oda nur Spott übrig. Kannte sie ihn aus den Verhören im Vorfeld als aggressiv, schildert sie sein Bemühen, sich vor dem Reichskriegsgericht ein anderes Image zuzulegen und als »ganz flotter Bursche« zu erscheinen, mit »munter geschniegelten Redewendungen«. So lächerlich findet sie seinen Auftritt, dass es ihr schwerfällt, ernst zu bleiben: »Er ist ein unbeschreiblich eitler Gockel, ganz unerwarteter Weise seh' ich ihn dadurch viel menschlicher. (…) Nach so langer Zeit plötzlich so viel Stoff für die Lachmuskeln.« Die Offizialverteidiger bezeichnet Oda als »Weihnachtsmänner«, »bezahlte Kreaturen« und »Nullen im Superlativ«, wobei sie sich fragt, »welcher anständige Mensch sich zu einer so erbärmlichen Rolle hergibt – sozusagen als Feigenblatt dieser erheuchelten Justitia«. Auch über die Richter hat sie wenig Schmeichelhaftes zu berichten:

»Die Herren machten alle schon einen recht abgespannten Eindruck. [Der] Admiral mit Dauerwelle war auch da – aber schon reichlich mitgenommen, er hielt aber wenigstens seine Augen offen und blieb grade sitzen – wenn auch mühsam. 2 andere Herren waren ziemlich indifferent – gaben aber doch gelegentlich Zeichen von Aufmerksamkeit von sich. Eine Billardkugel mit verdächtig eingefärbtem Gesichtserker schlief gänzlich. Ich wagte gar nicht dorthin zu sehen – weil es so komisch war, wie immer sein Kopf fast auf die Tischplatte fiel, + das so Assoziationen in mir anregte. Leider mußte mich der Präsident zweimal ersuchen, das Ganze ernst zu nehmen. Ich hatte den besten Willen, denn für mich war es ja verflucht ernst – aber beim zweiten Mal kam ich doch in die Versuchung, ihn zu bitten, seinen Kollegen endlich Schlafen zu schicken oder wach zu kriegen, weil ich diese Szene des Zeitstückes, trotz aller Komik, doch zu schamlos fand.«

Günther Weisenborn verfasst über seinen Prozess 1943 ebenfalls eine ätzende Kritik am höchsten deutschen Militärgericht. So hätten ihn die »fünf blassen Offiziersgesichter« der tressengeschmückten, breitschultrigen Richter mit jener mechanischen Beschränktheit angesehen, jenem bewegungslosen Interesse, »das eine müde Skatrunde hat, wenn sie aus dem Fenster eines Speisewagens nach draußen in eine trostlose Landschaft blickt«.[449]

Nach Abschluss der Beweisführung hält Roeder sein Plädoyer.
Nun schlägt seine große Stunde, und er bleibt nicht mehr bei
der sachlichen Darstellung. Er will die Angeklagten moralisch
denunzieren, ihr Andenken attackieren. Ziel ist es, die Verwerf-
lichkeit ihrer Handlungen mit moralischer Verkommenheit
zu verknüpfen, die Feindbilder des unabhängigen intellektuellen oder künstlerischen Agierens und der politischen Links-
orientierung zum Schimpfwort des *Salonbolschewismus* zu kom-
binieren, dem der »anständige Charakter« fehle.[450] Harro und
Libertas und den anderen *Gegnern* sollen die Glaubwürdigkeit
geraubt werden. Ihr freies Sexualleben und die außerehelichen
Beziehungen, die einige während der Vernehmungen zu Protokoll gegeben haben, eben um die politische Harmlosigkeit ihrer
sozialen Interaktionen zu unterstreichen, werden ins Gegenteil verkehrt und als besonders belastend dargestellt. Auch eine
»Abendveranstaltung mit Tanz im Hause von Schulze-Boysen«, bei der ein »freier Ton« gewaltet habe, ist für Roeder ver-
räterisch und auf die härteste Weise bestrafenswert.

Die sinnliche, ihre Reize nicht versteckende Erika von Brockdorff ist ihm ein besonderer Dorn im Auge. Das Treiben dieser lebenslustigen, von ihm als »geistig wenig regsam« be-
zeichneten Mutter der mittlerweile fünfjährigen Saskia in ihrer
»Atelierwohnung« vereint für den Ankläger eine Verquickung
aus Charakterschwäche und bolschewistischer Umtriebigkeit.[451]
Nur eine Frau mit mentaler »Beschränktheit und persönlicher
Interesselosigkeit« könne, während ihr Kind ruhig schlafe, mit
dem Funker Hans Coppi, der einen Schlüssel zu ihrer Wohnung

und deshalb »ständigen Zugang« besessen habe, ein »intimes Verhältnis aus diesen und jenen Gründen unterhalten«.[452] Erika steht auf, und statt eines letzten Wortes bricht sie in schallendes Gelächter aus. »Ihnen wird das Lachen noch vergehen!«, ruft Roeder aufgebracht. Aber Erika ist offenbar doch nicht so geistig minderbemittelt, wie er sie darzustellen versuchte. Schlagfertig gibt sie zurück: »Nicht, solange ich Sie sehe!«[453]

35

»Im Namen des Deutschen Volkes!«

Die Richter haben, um die Aburteilung einfacher zu gestalten, ein Bausteinsystem entwickelt. Die einzelnen Klötzchen heißen Hochverrat, Kriegsverrat oder Landesverrat, Zersetzung der Wehrmacht, Feindbegünstigung, Spionage oder auch eine Kombination hiervon. Es ist ein Kartenhaus aus Juristendeutsch, in dessen Innenhof eine Guillotine steht. Eine wacklige Konstruktion, die für den Moment aber ihre tödliche Gültigkeit hat.

»Für die in einheitlicher Tat begangenen Straftaten der Vorbereitung zum Hochverrat, der Wehrkraftzersetzung und der Feindbegünstigung kann nach den gesetzlichen Bestimmungen gemäß Paragraph 83 Absatz 1,3 Ziffer 1,2,3,73 und 91b des Reichsstrafgesetzbuches und Paragraph 57 des Militär-Strafgesetzbuches, Paragraph 5 Absatz 1 Ziffer 1 und 2 der Kriegssonderstraf-

rechtsverordnung eine andere Strafe als Todesstrafe nicht in Betracht kommen.«[454]

So lautet das Urteil für Harro. Dann kommen Libertas, Mil-
dred und Arvid, John Graudenz, Hans Coppi, Horst Heilmann,
Erika von Brockdorff, Elisabeth und Kurt Schumacher an die
Reihe.

36

In den Gefängnissen ist der Ton nun verändert. Sie sind jetzt
Todeskandidaten, *TKs* genannt. Vor dem Schlafengehen müssen
sie sämtliche Kleidung in einem Paket auf einen Schemel legen,
der vor die Zellentür gestellt wird, damit nichts bleibt, womit
sie sich das Leben nehmen könnten. Sie müssen gefesselt schlafen und nackt.

Nur für Mildred Harnack und Erika von Brockdorff sieht die
Sache anders aus. Zu Roeders großer Enttäuschung kommen
sie – da laut Gericht nicht aktiv in die Tätigkeiten involviert –
mit Freiheitsstrafen davon: sechs Jahre für Mildred, zehn Jahre
für Erika. Der für den Informationsaustausch zwischen Reichskriegsgericht und Führerhauptquartier verantwortliche Offizier
Jesko von Puttkamer fliegt am 4. Advent in die Wolfsschanze,
wo er Hitler die Urteile vorlegt. Am Montag, den 21. Dezember
1942, diktiert der »oberste Gerichts- und Kriegsherr«, der trotz
Einnahme starker Barbiturate die Nacht über kaum geschlafen
hat:[455]

```
»I.
Ich bestätige das Urteil des Reichskriegs-
gerichts vom 19. Dezember 1942 gegen den Ober-
leutnant Harro Schulze-Boysen und andere (...).
II.
Einen Gnadenerweis lehne ich ab.
III.
Die Urteile sind zu vollstrecken und zwar
gegen (...) Harro Schulze-Boysen, Arwid (sic)
Harnack, Kurt Schumacher und Johannes Graudenz
durch Erhängen. Die übrigen Todesurteile sind
durch Enthaupten zu vollziehen. (...)
IV.
»Ich hebe das Urteil des Reichskriegsgerichts
vom 19. Dezember 1942 gegen die Ehefrau Mild-
red Harnack und Erika Gräfin von Brockdorff auf.
Mit der Hauptverhandlung ist ein anderer Senat
des Reichskriegsgerichts zu beauftragen.
gez. Adolf Hitler.«⁴⁵⁶
```

Der »Führer« lässt keine Gnade walten. Da selbst die Erinnerung an die Gruppe ausgelöscht werden soll, darf niemand überleben, um die wahre Geschichte zu erzählen. Auch Mildred und Erika nicht.

37

Die Exekutionsform des Hängens, in Deutschland seit dem 17. Jahrhundert so gut wie nicht mehr offiziell angeordnet, gilt bei den Nazis als die grausamste, für das Opfer schmachvollste Hinrichtungsart. Üblicherweise wird die Todesstrafe im NS-Staat durch Enthaupten vollstreckt, und Militärangehörige – dies als vermeintlich ehrenhafteste Methode – werden erschossen, wie beispielsweise Stauffenberg am 20. Juli 1944 nach seinem gescheiterten Attentatsversuch. Dass die Entscheidung Hitlers, einige der Widerstandskämpfer der Berliner Boheme durch die Anordnung des Hängens zusätzlich zu bestrafen, nicht spontan war, beweist ein Vermerk des Reichsjustizministeriums. Darin geht es um die Errichtung eines Galgens in der Haftanstalt Berlin-Plötzensee:

»Es ist damit zu rechnen, dass in nächster Zeit mehrere Todesurteile (...) vollzogen werden müssen. (...) Der Führer wird voraussichtlich Erhängung anordnen, um deren sofortige Durchführung die Justizbehörden ersucht werden sollen.«

Die »kriegswichtige« und »vordringliche« Anweisung lautet, eine »gleichzeitige Erhängungsmöglichkeit für acht Personen« zu schaffen.[457] Auf Anweisung des Justizministers Thierack ist deshalb im Hinrichtungsschuppen von Plötzensee ein T-Träger an der Decke angebracht worden, an dem auf Rollen acht verschiebbare Fleischerhaken laufen.

Der Vermerk stammt vom 12. Dezember 1942. Drei Tage, bevor der Prozess vor dem Reichskriegsgericht überhaupt begonnen hat, stand das Urteil schon fest.

38

Günther Weisenborn kommt in diesen finalen Tagen vor Weihnachten 1942 von einer Vernehmung im vierten Stock des Reichssicherheitshauptamtes in den Keller zurück, wo seine Zelle liegt, steigt aus dem Lift, nachdem der ihn begleitende Kommissar die Gitter geöffnet hat. Dort wartet bereits ein anderer Kommissar, um nach oben zu fahren. Auch er hat einen Gefangenen dabei. Es ist Harro.

»Er stand hoch und schlank und mit sehr bleichem Gesicht«, beschreibt Weisenborn seine letzte Begegnung mit dem Freund: »Sein Scheitel schimmerte blond unter der Lampe. In seinem Gesicht war eine Art eiserne Heiterkeit, die einen heiter machte. Er kniff mir ungeseh'n ein Auge zu, und ich blinzelte zurück. Er trug seinen blauen Sweater unter der Jacke, und seine Hände waren gefesselt. Hier stand er im Gestapo-Keller, jung, begabt, sauber, ein gefolterter Bote der zukünftigen Welt, er hatte jetzt alles hinter sich, Kampf und Qual, es war sein Lebensabend hier im Keller, hier stand die Hoffnung der Deutschen, kühn, rein und jung. (…) In jener Zeit, in der Menschenleben so billig waren wie Brombeeren, in jener Zeit begriff ich die Größe und Kraft des menschlichen Geschlechts.«[458]

Auch der frühere preußische Kultusminister Adolf Grimme, der in die Verhaftungswelle geraten ist wegen seiner Freundschaft zu Adam Kuckhoff, trifft noch einmal auf Harro. Gemeinsam werden sie in der Prinz-Albrecht-Straße zum Lift gebracht. Sie dürfen kein Wort miteinander wechseln. Grimme kennt Harro nicht und erfährt erst hinterher vom Kommissar, mit wem er sich den Augenblick einer Aufzugsfahrt teilte. Zweieinhalb Jahre lang wird Grimme inhaftiert bleiben und in dieser Zeit auf die unterschiedlichsten Menschen stoßen, unter denen, wie er später berichtet, »sehr viele waren, die bis zum Schluss eine unglaubliche heroische Haltung gezeigt haben. Aber ich muss doch sagen, dass sich das Bild Harros aus dieser flüchtigen Begegnung heraus unauslöschlich in mein Gedächtnis eingeprägt hat. Wie er mich ansah, lag in seinen Augen so etwas Menschliches, Gläubiges und zwingend Suggestives, dass ich dem mich begleitenden Kommissar sofort gesagt habe: Wenn ich Herrn Schulze-Boysen in Freiheit begegnet wäre, wäre ich unter allen Umständen dem Bann seiner Menschlichkeit und der aus seinen Augen sprechenden Überzeugtheit« gefolgt.[459]

39

Die ganze Nacht über geht er auf und ab, denkt an die Freunde in den Nebenzellen. Endlos ziehen sie sich hin, die Stunden bis zum Morgengrauen, und das überreizte Gehirn versucht, nicht an die Hinrichtung zu denken. Von der einjährigen Gnadenfrist, die die Gestapo ihm im Beisein seines Vaters aufgrund der vermeintlichen Dokumente in Schweden garantiert hat, ist längst keine Rede mehr. Vermutlich in dieser, seiner letzten Nacht zieht Harro ein Gedicht aus den Dielenritzen, das er bereits im November verfasst und dort versteckt hat. Es trägt den Titel *Gestapa Zelle 2*.[460]

Seit Harro weiß, dass Hitler seinen Tod durch Erhängen befohlen hat, muss er ein Wort ändern darin.

Der Wind schlägt nass ans Fenster
und heulend schlägt's Alarm!
In Deutschland gehn Gespenster um
Hier drinnen ist es warm ..

Sie nennen es Gefängnis,
der Leib ist auch gebannt
und doch ist das Verhängnis, ach,
dem Herz noch kaum bekannt.

Mir scheint's wie Klosterzelle:
Die hell getünchte Wand
hält fern nur jede Welle, die
mich sonst so jäh berannt.

Der Geist schweift frei ins Leben,
die Fesseln schern ihn nicht
und Zeit und Raum, sie heben sich
hinweg im blassen Licht.

Und sind wir losgeschnitten
von unruhvoller Welt,
so ist auch abgeglitten all
das Beiwerk, das nicht zählt.

Harros Abschiedsgedicht nach dem Krieg …

Es gilt nur letzte Wahrheit
dem überscharfen Blick
und ungetrübte ~~Seele~~ wird
hier stolz zum Daseinsglück.

Der stunde Ernst will fragen:
Hat es sich auch gelohnt?
An Dir ist's nun zu sagen: Doch!
's war die rechte Front.

Das Sterben an der Kehle
hast Du das Leben lieb ...
und doch ist Deine Seele satt,
von dem, was vorwärts trieb.

Wenn wir auch sterben sollen,
so wissen wir: Die Saat
geht auf. Wenn Köpfe rollen, dann
zwingt doch der G e i s t den Staat.

Die letzten Argumente
sind ~~Schuss~~ und Fallbeil nicht,
und uns're heut'gen Richter sind
noch nicht das Weltgericht.

Schulze-Boysen
Nov. 42.

... entdeckt in den Trümmern der Prinz-Albrecht-Straße.

40

Der nächste Tag ist ein kalter trüber Dienstag mit Ostwind, das Mittagessen nach dem Spaziergang im Oval des Gefängnishofes in Spandau noch nicht ausgeteilt und Nervosität zu spüren in dem großen Ziegelsteinbau, der einer mittelalterlichen Festung gleicht. Die Gefängnisbeamten rufen die TK's besonders laut und markig aus ihren Zellen und führen sie gefesselt ab. Gegen 11 Uhr 30 rumpelt eine grüne Minna durch das eiserne Außentor, das mit einem dumpfen Knall ins Schloss fällt. Rechts biegen sie in die Heerstraße ab, und von da geht es in Richtung Zentrum. Kurt Schumacher, John Graudenz, Horst Heilmann sitzen auf zwei Holzbänken an den Längswänden, innerlich hochgespannt und aufgeputscht. Am Ende des Wagens befinden sich zwei Verschläge, die so eng sind, dass man gerade eben aufrecht darin stehen kann. Sie sind reserviert für Arvid und Harro.

Rechter Hand könnten Kurt, John und Horst, wenn das Hinausschauen möglich wäre, zwischen kahlen Bäumen hindurch das schwarze Schimmern der Scharfen Lanke sehen, jener Havelbucht, in dem das Bootshaus *Blau-Rot* halb auf Land, halb im Wasser steht – wo noch immer die *Duschinka* liegt und auch die *Haizuru*, die Jolle erst von Ricci von Raffay, dann von Harro und Libertas, schließlich von Günther Weisenborn. Der Ort auch, an dem Gisela von Poellnitz 1938 festgenommen worden ist. Als Nächstes kommt der TK-Transport am Adolf-Hitler-Platz vorbei, wo in der sich anschließenden Reichsstraße Oda Schottmüllers Masken in einem verlassenen eiskalten Atelier im obersten Stock ausdrucksvoll von den Wänden starren, und wenn man links fahren würde und gleich wieder rechts, käme man in die Altenburger Allee 19, doch in der *italienischen Wohnung* wäre niemand mehr.

Sie biegen ab zum Gefängnis am Kaiserdamm 1. Dort stoppt der Wagen, das schwere Tor öffnet sich kreischend, der Wagen fährt auf den Hof, die gefesselte Libertas wird zu ihnen geführt. Nun geht es die Große Achse entlang, gesäumt von den zweiarmigen Straßenlaternen, die Albert Speer entworfen hat, über den Großen Stern mit der Siegessäule und durch das Brandenburger Tor am *Hotel Adlon* und der abgeriegelten Botschaft der Sowjetunion vorbei zum Alexanderplatz, wo Elisabeth Schumacher zu ihnen kommt. Prinz-Albrecht-Straße ist die nächste Station. Es öffnet sich die Tür, ein Wachtmeister tritt heraus, ein Gefangener, das ist Hans Coppi, noch ein Wächter, noch ein Gefangener, Arvid Harnack. Ebenso flankiert wird der schmale, aufrecht wie ein Offizier gehende Harro.

41

Hinter dem Reichstag, der neun Jahre zuvor brannte, als es den *Gegner* noch gab, biegt die Minna in Richtung Invalidenfriedhof ab. Hier ruhen »namhafte und verdienstvolle Offiziere des preußisch-deutschen Heeres«.[461] Der Güterbahnhof Moabit liegt rechter Hand. Acht Tage zuvor, am 14. Dezember 1942, ist hier der dritte Deportationszug aus der Hauptstadt nach Auschwitz abgefahren, mit 815 Berliner Juden, auch auf dem Weg in den Tod.

»Ich habe getan, was ich konnte, bis zuletzt, und falle für *meine* Idee, nicht für eine fremde, feindliche. Ich weiß, dass meine, dass *unsere* Idee siegt, wenn auch wir, die kleine Vorhut, fallen.« Das sind die Worte von Kurt Schumacher in das Schweigen hinein. »Wir hätten gern dem deutschen Volk das Härteste erspart. Wir haben aufrecht und tapfer gekämpft, unsere kleine Schar. Wir haben für die Freiheit gestritten und waren nicht feige. Dank Euch allen! Oh, Kraft bis zuletzt!«[462]

Noch anderthalb Kilometer. Jetzt überqueren sie den Hohenzollernkanal, in dem angeblich Henry Erlanger Suizid begangen hat. Doch Harro hat bei dieser Lüge nicht mitgespielt. Über neun Jahre ist es her, da hatte Henry noch gelebt und all die anderen Juden auch.

Libertas trägt ein Silberarmband, ihren geliebten Silberring und ein silbernes Kreuz zu ihrem grauen Kostüm. »Der Ring ist für meinen Vater«, sagt sie zu Harro und hebt leicht die rechte Hand. Er beugt sich zu ihr hin und küsst den Ring, bestätigt den Schwur, den er ihr zur Reichskristallnacht gab.[463] Sie sind jetzt zusammen – bis in den Tod.

42

Angekommen in Plötzensee, wird die Wagentür aufgerissen: »Raus!« Sie müssen sich in einer Reihe aufstellen. Jeweils zwei Wachtmeister bringen sie getrennt in ihre Todeszellen, an deren Tür je ein fünfzehn Zentimeter langer und zwei Zentimeter breiter roter Stoffstreifen hängt. Es sind die einzigen Farbtupfer, dazu das leuchtende Blau von Harros Pullover. Die Zellen sind kalt, weil man die Heizkörper herausgenommen und in die Innenwand eingebaut hat, um Selbstmord zu verhindern.[464] So kurz vor Schluss lässt sich der Staat seine kostbaren Schätze nicht rauben. Die Lampe in dem Ventilationsloch über der Tür erhellt den kleinen Raum nur dürftig, Schaltung wie gewohnt von draußen. Es fällt kein lautes Wort mehr, alle Vorgänge sind gedämpft: eine Rücksichtnahme, die noch viel schrecklicher ist als der raue Tonfall in der Prinz-Albrecht-Straße, im Spandauer Knast oder in der Roten Burg am Alex.[465] Wünsche wie »die Verabfolgung von Ess- und Tabakwaren sowie Getränken können bei der Gefängnisleitung vorgebracht werden«, erklärt der Wärter Libertas.

Für seinen Abschiedsbrief werden Harro die Fesseln entfernt. Der Gefängnispfarrer von Plötzensee ist bei ihm, Harald Poelchau. Er hat die Ankunft des Transports gegen 13 Uhr zufällig miterlebt; niemand hatte ihn über die bevorstehenden Hinrichtungen informiert, wie sonst üblich. Auf seine Nachfrage hatte es geheißen, die Sache sei geheim. In eigener Verantwortung hat er sich daraufhin in die Todeszellen begeben, jetzt bringt er Harro Tinte und eine Schreibfeder. »Nach meinem Eindruck fand er sich nicht, wie die anderen, mit der Vollstreckung des Todesurteils ab«, beschreibt der Geistliche die Begegnung: »Zwar war er äußerlich gefasst, aber innerlich leidenschaftlich erbittert über das Schicksal, das ihm und seiner Bewegung geworden war. Eine solche Haltung wird ja nicht von logischen und rationalen Erwägungen bestimmt, sondern ist Sache des Temperaments und der Leidenschaft. Und Schulze-Boysen hatte ein starkes Temperament.«[466]

Um 14 Uhr besucht der Geistliche Arvid, der ihm von allen den ruhigsten Eindruck macht. Man hat ihm ein Stück Schokolade gebracht, einige Cakes, zwei Brote und Kornkaffee. Bis auf die Brote nimmt er alles zu sich. Der Pfarrer hat Zigaretten dabei und etwas Wein.

»Heute morgen habe ich mir immer wieder den Prolog im Himmel aufgesagt: *Die Sonne tönt in alter Weise* …«[467] Arvid schlingt eine zweite Decke um sich, weil ihn fröstelt. »Ich denke viel an die gewaltige Natur, mit der ich mich so verbunden fühle.« Er fragt den Pfarrer, ob der die orphischen Urworte Goethes auswendig kenne, und Poelchau, der sich nie zuvor über ein geistiges Besitztum so gefreut hat, rezitiert für ihn:

»Wie an dem Tag, der dich der Welt verliehen,
Die Sonne stand zum Gruße der Planeten,
Bist alsobald und fort und fort gediehen
Nach dem Gesetz, wonach du angetreten.
So musst du sein, dir kannst du nicht entfliehen,
So sagten schon Sibyllen, so Propheten;
Und keine Zeit und keine Macht zerstückelt
Geprägte Form, die lebend sich entwickelt.«

Arvid erzählt von seinem Wunsch, später am Abend gemeinsam die Weihnachtsgeschichte aus dem Lukas-Evangelium zu lesen, eine kleine Vorweihnachtsfeier in Erinnerung an seine Kindheit und seinen schon 1914 verstorbenen Vater. Das Erhängen, fügt er dann hinzu, sei eine »persönliche Ohrfeige von Hitler«; die Seele des deutschen Volkes durch die nationalsozialistische Diktatur »ausgelaugt«.[468]

In aller Ruhe schreibt Arvid seinen Abschiedsbrief. »Vor allem aber denke ich daran, dass sich die Menschheit im Aufstieg befindet«, heißt es darin.[469]

43

Es wird früh dunkel an diesem Nachmittag. Das elektrische Licht flammt Zelle für Zelle auf, und Haus III wirkt in der Dämmerung wie ein vorweltliches Tier mit zahllosen Augen, das im unruhigen Halbschlaf zusammengeduckt liegt.[470] Ein alter Schuster kommt und bringt die Holzpantinen für Harro. Den blauen Pullover muss er endgültig ausziehen und gegen den beigen Anstaltsanzug tauschen. Der Schuster schneidet ihm die Haare kurz und fesselt ihm die Hände auf dem Rücken. Es ist dies sein Vorrecht, und er bricht noch jeden Ausflug mit seiner Familie für diesen letzten Dienst ab.[471] Der alte Schuster entfaltet seine Tätigkeiten mit Gleichmut, ohne Gemütsregungen, in einer gewissen Befriedigung, die mit der Zeit stumpfsinnig geworden ist. Als Nächstes besucht einer der Henkersknechte Harro, um ihm in den Mund zu schauen, ob es Goldzähne gibt.

44

Gegen 18 Uhr kommt der Pfarrer zu Arvid zurück. Sie lesen zusammen aus der Bibel.

»Es begab sich aber zu der Zeit, dass ein Gebot von dem Kaiser Augustus ausging, dass alle Welt geschätzt würde. Und diese Schätzung war die allererste und geschah zu der Zeit, da Cyrenius Landpfleger in Syrien war. Und jedermann ging, dass er sich schätzen ließe, ein jeglicher in seine Stadt. Da machte sich auf auch Joseph aus Galiläa, aus der Stadt Nazareth, in das jüdische Land zur Stadt Davids, die da heißt Bethlehem, darum, dass er von dem Hause und Geschlechte Davids war, auf dass er sich schätzen ließe mit Maria, seinem vertrauten Weibe, die war schwanger. Und als sie daselbst waren, kam die Zeit, dass sie gebären sollte. Und sie gebar ihren ersten Sohn und wickelte ihn in Windeln und legte ihn in eine Krippe: Denn sie hatten sonst keinen Raum in der Herberge.«

Hans Coppi junior ist mittlerweile dreieinhalb Wochen alt.

45

Der dunkle Korridor von Haus III hat einen Ausgang zum Hof.
Nur ein paar Schritte sind es bis zum Schuppen, der im Inneren
des Komplexes liegt, ein fensterloser Raum aus Ziegelmauern
und mit Zementfußboden, acht mal zehn Meter, mit einer Tür
hinein und einer anderen hinaus in die Leichenkammer, wo
man die Holzsärge stapelt und den Exekutierten hinschafft, bevor der nächste zur vorderen Tür hereinkommt.[472]
Ein schwarzer Vorhang, der durch eine Ziehvorrichtung aufgerissen und wieder geschlossen werden kann, teilt den Schuppen in zwei Hälften. Sachte bewegt er sich im leichten Zug,
der entsteht, als die Eingangstür geöffnet wird und der Henker seine Arbeitsstelle betritt. Wilhelm Röttger wohnt in der
Waldstraße in Moabit und betreibt nebenbei noch ein großes
Fuhrgeschäft. Stammen die Scharfrichter gewöhnlich aus dem
Fleischerhandwerk, wie ihre Henkersknechte üblicherweise
Fleischergesellen sind, wirkt Röttger im Umgang wie ein »bes-
serer Herr«, trägt einen schwarzen Cut, schwarzen Zylinder und
weiße Handschuhe.[473] 3000 Reichsmark erhält er jährlich für
seine Arbeit, plus 60 RM pro Hinrichtung, »eine würdige Vergütung für höchst persönliche Dienste«.[474] Dieses Mal muss er
hart schuften für sein Geld, hat sogar Bücher gewälzt, Berichte
gelesen über die für ihn neue, zum ersten Mal angeordnete Hinrichtungsart.

»*Heil Hitler!*« Im Scheinwerferlicht hebt er den rechten Arm
mit der weiß behandschuhten Hand und nimmt mit seinen
drei Gehilfen in unmittelbarer Nähe des Richtertisches Aufstellung.[475]

Im Scheinwerferlicht verläuft an der Decke von einer Wand zur anderen der schwarze T-Träger mit den acht verschiebbaren Haken. Fünf Haken sind in Position gebracht, die anderen drei an den Rand geschoben. Zwischen den Fleischerhaken sind Bahnen aus schwarzem Papier gespannt, um die Verurteilten voneinander zu isolieren. Jeder stirbt für sich allein. Vor dem T-Träger, zur rechten Seite des Raumes hin, stehen die Guillotine und ein Weidenkorb. Ein vierstufiges Podest schließt den hinteren Teil des Raumes ab. Auf dessen oberste Stufe stellt sich Röttger. In seinen Händen hält er einen Strick, der an beiden Enden in eine Öse ausläuft.

46

Um Punkt 19 Uhr wird Harro durch die beiden Oberwachtmeister der Strafanstalt zur Richtstätte geführt. Ein Vertreter der Staatsanwaltschaft schaut Harro an, stellt durch seine Unterschrift Personengleichheit mit dem Verurteilten fest. Dann erteilt er den Auftrag zur Vollstreckung des Urteils des Reichskriegsgerichts vom 19. Dezember 1942: »Scharfrichter, walten Sie Ihres Amtes.«

Die Gehilfen des Scharfrichters treten an die Stelle der Strafanstaltsoberwachtmeister. Mit einem harten Ruck an der Ziehvorrichtung reißt Röttger den schwarzen Vorhang auf, was ein knirschendes Geräusch verursacht, das auch denen, die es kennen, durch Mark und Bein geht.

»Geliebte Eltern!

Es ist nun so weit. In wenigen Stunden werde ich aus diesem Ich aussteigen. Ich bin vollkommen ruhig und bitte Euch, es auch gefasst aufzunehmen. Es geht heute auf der ganzen Welt um so wichtige Dinge, da ist ein Leben, das erlischt, nicht sehr viel. (...) Alles, was ich tat, tat ich aus meinem Kopf, meinem Herzen und meiner Überzeugung heraus, und in diesem Rahmen müsst Ihr als meine Eltern das Beste annehmen. Darum bitte ich Euch! Dieser Tod passt zu mir. Irgendwie habe ich immer um ihn gewusst. Es ist ›mein eigener Tod‹, wie es einmal bei Rilke heißt!

Das Herz wird mir nur schwer, wenn ich an Euch Lieben denke. (Libertas ist mir nah und teilt mein Schicksal zur gleichen Stunde!) Ich bin nur ein Vorläufer gewesen in meinem teilweise noch unklaren Drängen und Wollen. Glaubt mit mir an die gerechte Zeit, die alles reifen lässt!

Ich denke an Vaters letzten Blick, bis zuletzt. Ich denke an die Weihnachtsträne meiner lieben kleinen Mutter. Es bedurfte dieser letzten Monate, um Euch so nahe zu kommen. Ich habe, ich verlorener Sohn, ganz heimgefunden zu Euch, nach so vielem Sturm und Drang, nach soviel Euch fremd anmutenden Wegen. (...) Wenn Ihr hier wäret, unsichtbar seid Ihr's: Ihr würdet mich lachen sehen angesichts des Tods. Ich habe ihn längst überwunden. In Europa ist es nun einmal so üblich, dass geistig gesät wird mit Blut. Mag sein, dass wir nur ein paar Narren waren; aber so kurz vor Toresschluß hat man wohl das Recht auf ein bißchen ganz persönliche historische Illusion.

Ja, und nun gebe ich Euch allen die Hand und setze nachher 1 (eine einzige) Träne hierher als Siegel und Pfand meiner Liebe.

Euer Harro.«[476]

47

Wir suchen, fatalerweise, immer nach der perfekten Person, in der Liebe wie in unserer Geschichtsschreibung. Die Heilige, die keine Laster hat, der ideale Held, der vor einer Herausforderung steht, Läuterung und Wandel durchläuft, dann zur rechten Zeit für das Wohl aller in den ehrenhaften Kampf gegen das Böse zieht, sein Leben für die Gemeinschaft riskiert. Doch die menschliche Realität ist meist gebrochener.

»Nur die Linien benutzen! Ränder nicht beschreiben!« So mahnt der Vordruck für den Abschiedsbrief Libertas an. Nun kommt auch bei ihr der Schuster herein, schneidet auch ihr die Haare kurz. Auch ihr fesselt er die Hände auf dem Rücken.

Sie hat alles, was sie tat, nicht aus rationaler Überzeugung getan, sondern aus dem Bauch heraus. Das war ihr Antrieb, und der Bauch ist nicht so stabil wie der Kopf, er verdaut, in ihm gärt es, brodelt und schläft es. Sie war wankelmütig, voller Widersprüche und Schwächen und hat nie ein klares schriftliches Bekenntnis gegen den Nationalsozialismus formuliert, das hat sie anderen überlassen. Sie war eine Mitläuferin, erst im System, von dessen Ausgrenzungspolitik sie profitierte, dann im Widerstand. Doch sie hat ihre zunächst affirmative Meinung über das Regime geändert und ist aktiv geworden, hat bewiesen, dass eine andere Haltung möglich ist, jedem möglich gewesen wäre. So hat sie ihre Freiheit gefunden. Sie ist Libertas.

»Alle Strömungen meines bunten Lebens fließen zusammen, und alle Wünsche werden erfüllt: Ich bleibe jung in Eurem

Gedächtnis. Ich brauche mich von meinem Harro nicht mehr
zu trennen. Ich brauche nicht mehr zu leiden. Ich darf ster-
ben, wie Christus starb: für die Menschen! Ich durfte noch-
mals alles und mehr erleben, was Menschen überhaupt er-
leben können. Und – da niemand vor der Erfüllung seiner
Aufgabe stirbt – so konnte ich, aus dem Zwiespalt meiner
Natur heraus, eben nur durch dieses Sterben zur großen Leis-
tung kommen.
Ich habe als letzten Wunsch gebeten, dass man Dir meine ›Ma-
terie‹ überlässt. Begrabe sie, wenn es geht, an einem schönen
Ort mitten in der sonnigen Natur; ich würde Liebenberg wün-
schen, aber da ich mich nicht von Harro und Horst trennen
möchte, müsst Ihr Eltern das gemeinsam beraten.
So, mein Liebling, die Stunde schlägt: Zuerst geht Harro, und
ich denke an ihn. Dann geht Horst, und ich denke an ihn. Und
an mich wird Elisabethchen denken, die Liebe ...
In unendlicher Nähe und Freude – alle Kraft und alles
Licht ...«[477]

48

Dann, als Allerletztes, schreibt Libertas an Harro. Es sind Zeilen, die ihm Pfarrer Poelchau von Zelle zu Zelle überbringt und
die sie außerdem – deshalb haben sie überlebt – einem zweiten Brief an ihre Mutter beifügt mit dem Zusatz: »Das Letzte an
Sichtbarem, das Harro von mir bekam.«

»Du bist mir lieber als das Leben
Ich zahle mit dem höchsten Preis,
Mehr habe ich ja nicht zu geben –
Nun hast Du den Beweis.
Wir brauchen uns nie mehr zu trennen,
Wie ist das groß und schön!
Wir wollen stolz es Freiheit nennen –
Der Geist wird fortbesteh'n.«[478]

49

Bis spät in die Nacht richtet Tora zu Eulenburg, die Tochter des Fürsten Philipp, auf Schloss Liebenberg die Weihnachtsgeschenke und einen kleinen Weihnachtsbaum für ihre Tochter her. Am nächsten Morgen, dem 23. Dezember 1942, einem kalten, stürmischen Wintertag ohne eine einzige Sonnenminute, bricht sie auf nach Berlin. Es wurde ihr eine Stelle genannt, wo man Weihnachtspakete für die Gefangenen abgeben könne. Doch als sie dort ankommt, ist niemand da, nur ein Beamter, der von nichts eine Ahnung hat. Sie geht daraufhin zum Gefängnis am Kaiserdamm 1, wo Libertas eingesperrt war, und wird erneut wortkarg abgewimmelt. Nun schlägt sie den Weg in die Prinz-Albrecht-Straße ein, obgleich man ihr am Telefon mitgeteilt hat, dass alle Zuständigen im Weihnachtsurlaub seien. Doch es gelingt ihr, bis in den zweiten Stock vorzudringen, wo Kommissar Alfred Göpfert und Gertrud Breiter in ihrem Büro sitzen. Unangenehm berührt schauen sie Tora zu Eulenburg an. Göpfert sagt, er habe mit der Sache nichts mehr zu tun. Der Oberstkriegsgerichtsrat sei jetzt alleine zuständig. Der sei aber nicht mehr da.[479]

Im Fernsprechbuch schlägt Tora die private Nummer von Dr. Manfred Roeder nach, die tatsächlich darin steht – und der sogar den Hörer abnimmt. Doch der Oberstkriegsgerichtsrat erklärt abweisend:»Ich werde Ihnen dazu nichts sagen. Keinerlei Auskunft.«»Kann ich irgendwie in Verbindung mit meiner Tochter treten? Es ist doch Weihnachten.«

»Das ist nicht möglich«, entgegnet er kalt.

»Kann ich gar nicht erfahren, wo meine Tochter ist?«

»Sie werden schon etwas hören«, antwortet Roeder mit einer Stimme, die ihr ins Herz schneidet, und legt auf.

Am Heiligen Abend nimmt die 56-jährige Tora den Zug nach Löwenberg zurück, wo man sie mit dem Wagen am Bahnhof abholt und nach Liebenberg bringt. Sie ist gebrochen, kann kaum mehr sprechen und legt sich ins Bett.

Am 26. Dezember 1942 sucht Marie Luise Schulze den Oberstkriegsgerichtsrat auf. Nachdem er die entsetzte Mutter vorbereitungslos über den Tod ihres Sohnes Harro und ihrer Schwiegertochter Libertas unterrichtet hat, zwingt er sie, einen Zettel zu unterschreiben, womit sie sich verpflichtet, über die gesamten Vorgänge strengstes Stillschweigen zu bewahren. Andernfalls seien sie und ihr Mann, ihre Tochter Helga und ihr Sohn Hartmut den allerhärtesten Strafen ausgesetzt.

Die Herausgabe der Leichen oder auch nur der kleinsten Andenken verweigert Roeder.»Der Name Ihres Sohnes soll für alle Zeiten ausgelöscht sein aus dem Gedächtnis der Menschen«, sagt er zum Abschluss.»Dies ist eine zusätzliche Strafe.«[480]

50

Harro hat eine Verabredung mit Heinrich Starck getroffen, dem Kapo für seinen Trakt, einem gelernten Maurer. Starck hat versprochen, Harros Gedicht heimlich an einem geeigneten Ort einzumauern, um es nach dem Krieg bergen zu können und Harros Eltern zu übergeben. Und genauso geschieht es auch. Somit überlebt Harros Gedicht, eingemauert im Reichssicherheitshauptamt, mitsamt dem Wort, das er vermutlich in seiner letzten Nacht abgeändert hat. Im Sommer 1945, nachdem der NS-Staat untergegangen ist, wird es aus den Trümmern des ehemaligen Gestapo-Hauptquartiers geborgen und seinen Eltern zugestellt.

»Die letzten Argumente
sind ~~Schuss~~ Strang und Fallbeil nicht,
und uns're heut'gen Richter sind
noch nicht das Weltgericht.«

Restitutio Memoriae

»Es gibt wohl Zeiten, die der Irrsinn lenkt.
Dann sind's die besten Köpfe, die man henkt.«

Albrecht Haushofer,

exekutiert am 23.4.1945

O

Bei den Exekutionen am 22. Dezember 1942 war ein Gehilfe des Anatomischen Instituts der Berliner Universität anwesend. Er legte die Leichname in Holzsärge und transportierte sie in einem dafür eingerichteten Lieferwagen in die Charité, das älteste Berliner Krankenhaus und eine der größte Universitätskliniken Europas. Der langjährige Chef der dortigen Anatomie, Herrman Stieve, suchte vor allem jüngere Frauen aus, von denen er noch am späten Abend oder am frühen Morgen nach der Hinrichtung Gewebeproben entnahm und sie für seine Forschungen untersuchte. Die Leichname der Männer dienten Studenten als Studienobjekte für Obduktionen. Libertas' letzter Wunsch, in Liebenberg beigesetzt zu werden, erfüllte sich nicht. Den Angehörigen war es untersagt, die Leichname ihrer Nächsten zu bestatten. Nichts sollte an sie erinnern; nicht einmal die Totenruhe wurde ihnen vergönnt. Nach der Entnahme der Gewebeproben und den Obduktionen kamen die sterblichen Überreste in das Krematorium Zehlendorf. Wohin die Aschen verbracht wurden, konnte bisher nicht aufgeklärt werden.

1

»Ich kenne nicht das Ziel des Weges, den Du gehen wolltest, vielleicht lag es Dir selbst noch in der Dämmerung; vielleicht hättest Du es gefunden, wenn Du länger und geduldiger gewandert wärest. Aber tapfer und furchtlos bist Du ihn gegangen bis zum bitteren Ende. Irgendein Feuer, das in Dir brannte, hat Dich schnell verzehrt. Niemand soll Dich nun, wo Du tot bist, in meiner Gegenwart schelten und schmähen. Niemand soll meine Liebe zu Dir aus meinem Herzen reißen. Für Dich gilt das Wort: ›In der Welt habt Ihr Angst. Aber fürchtet Euch nicht, denn seht, ich habe die Welt überwunden.‹
Ich aber rufe Dir in Dein unbekanntes Grab nach, was Du vielleicht früher nicht verstanden hättest, aber zuletzt ganz tief empfunden hast: ›Die Liebe höret nimmer auf!‹
E. E.«[481]

2

Im Juni 1943 erhält der Bootsclub *Blau-Rot* Besuch von Herren in schlechten Anzügen. Die *Duschinka*, die Jolle von Harro und Libertas, wird inspiziert, von der Gestapo allerdings als wertlos eingestuft, da »Unterbau vollkommen morsch«. An Zubehör wird festgestellt: »1 Segel mit Stange (Segel stark eingerissen), 1 Kiel und die Bodenbretter«. Der Vorsteher des Finanzamts Charlottenburg-West setzt seinen Stempel darunter, und das Schreiben geht an die Vermögensverwertungsstelle. Die Kücheneinrichtung von Harro und Libertas aus der Altenburger Allee 19 reißt sich Horst Kopkow für 20 Reichsmark unter den Nagel.[482] Harros Offiziershose, sein Schutzmantel, die Schirmmütze und der kurze Degen mit Koppel sowie sein Portepee gehen an das Heeresbekleidungsamt und werden in diesem noch weitere zweieinhalb Jahre andauernden Krieg von anderen Menschen benutzt. Auch der 24-PS-Kraftwagen »Fiat-Kabrio-Limousine« wird konfisziert, die Vermögensverwertungsstelle des Oberfinanzpräsidenten Berlin-Brandenburg ist künftig verfügungsberechtigt über Caesar, der einst nach Venedig fuhr und dann zurück zur Berliner Reichskristallnacht. In die Wohnung in der Altenburger Allee 19, Vorderhaus fünfter Stock rechts, zieht ein Beamter der Sicherheitspolizei, der Kriminalrat und SS-Hauptsturmführer Dr. Werner Gornickel.[483] Er kommt künftig für die Monatsmiete von 123 Reichsmark auf. Einen Teil des Hausstandes übernimmt er, sitzt an dem Schreibtisch, an dem vorher Harro gesessen hat. Harros Schreibmaschine, eine Remington Portable Baujahr 1925, wird von einem Mann aus Berlin-Wilmersdorf gekauft.

3

Die Erhängten und Enthaupteten vom 22. Dezember 1942 sind erst der Anfang. Am 16. Februar 1943 geht nach der Wiederaufnahme ihres Verfahrens Mildred Harnack zum Schafott. Ihre letzten Worte hält Pfarrer Poelchau fest: »Und ich habe Deutschland so geliebt.« Das sagt die einstmals strahlende blonde Frau, deren Haare jetzt weiß sind und die in ihrer Todeszelle die letzten Zeilen von Goethes »Vermächtnis« ins Englische übersetzt.

Unter ihren registrierten Besitztümern ist eine zu jedem Datum gültige Schiffspassage in die Vereinigten Staaten, ein Geschenk von Arvid.

Auch Erika von Brockdorffs Fall wird neu verhandelt, mit dem gleichen Ergebnis.

Am 13. Mai 1943 werden der Zahnarzt Helmut Himpel, die Werkzeugmacher Walter Husemann und Karl Behrens, das Sprachengenie Wilhelm Guddorf, der Psychologe Dr. John Rittmeister, der Soldat und lyrisch interessierte Heinz Strelow, der anarchistische Aushilfslehrer Friedrich Rehmer, der Feinmechaniker Fritz Thiel, der freie Schriftsteller Walter Küchenmeister, der Sinologe Dr. Philipp Schaeffer und Erika von Brockdorff geköpft.

Am 21. Juli desselben Jahres lehnt Hitler 15 eingereichte Gnadengesuche ab, darunter 13 von Frauen.

Am 5. August 1943 enthauptet die Klinge den Schriftsteller Dr. Adam Kuckhoff, die Philologin Ursula Goetze, die musisch begabte Juristin Maria Terwiel, die Maskentänzerin und Bildhauerin Oda Schottmüller, die Sekretärin Rose Schlösinger, die Sachbearbeiterin Hilde Coppi, die Studentin Eva-Maria Buch, die Wahrsagerin Annie Krauss, die Keramikerin Cato Bontjes van Beek, die Schülerin Liane Berkowitz, den Fräser Stanislaus Wesolek, den 81-jährigen Möbelhändler Emil Hübner, die Stenotypistin Klara Schabbel. Am 9. September 1943 wird auch der Schauspieler Wilhelm Schürmann-Horster in Plötzensee ermordet.

Die Ärztin Dr. Elfriede Paul, der Schriftsteller Günther Weisenborn, die Bibliothekarin Lotte Schleif, der Romanist Werner Krauss, der Historiker Heinrich Scheel, der Heidelberger Publizist Marcel Melliand, die Schauspielerin Marta Husemann und Greta Kuckhoff erhalten Freiheitsstrafen und überleben das Ende der Nazidiktatur.

Marie Luise und Erich Edgar Schulze feiern 1968 ihre Diamantene Hochzeit. Harros Mutter stirbt 1973, sein Vater 1974.

4

Was sich in der Vergangenheit abgespielt hat, entzieht sich stets dem präzisen Zugriff. Das Protokoll des Prozesses gegen Harro und Libertas ist vernichtet, ebenso ihre Vernehmungsprotokolle bei der *Gegner-Bekämpfung* der Gestapo. Ein Offizialverteidiger des Verfahrens, Dr. Behse, berichtet nach dem Krieg, dass man beim Reichskriegsgericht schamvoll die Prozessspuren vernichtete. Auf diese Weise habe der NS-Staat versucht, die »Geheime Reichssache« fortzuschreiben. Der Bombenhagel, in dem viele Akten verbrannten, erledigte den Rest.

Nach dem Krieg haben Ost wie West die von Horst Kopkow für 30 000 Reichsmark kreierte Legende um eine sowjetische Agentenzelle im Herzen Berlins übernommen und für ihre jeweils eigene Ideologie zurechtgebogen. Im Ministerium für Staatssicherheit und beim KGB wurde eine Heldengeschichte gebastelt um jene angebliche »Kundschaftertruppe«, die, von der schlauen Zentrale in Moskau gesteuert, im Namen des Weltfriedens und des Sozialismus aus dem Herzen der Nazihauptstadt heraus das imperialistische Böse bekämpfte. Dort hieß das lose Netzwerk bis 1966 »Schulze-Boysen-Harnack-Widerstandsgruppe« und nach 1966 sogar »Schulze-Boysen-Harnack-Widerstandsorganisation«. Harro wurde im Osten als Held gefeiert, ihm ebenso wie Arvid Harnack, Adam Kuckhoff und John Graudenz von der sowjetischen Regierung posthum der Rotbannerorden – die höchste Auszeichnung im »Großen Vaterländischen Krieg« – verliehen,

Straßen nach ihm benannt oder auch in Berlin-Lichtenberg die Mildred-Harnack-Oberschule und in Berlin-Karlshorst das Hans-und-Hilde-Coppi-Gymnasium eingeweiht. Für die Volksmarine der NVA brauste ein Torpedoschnellboot »Arvid Harnack« über die labbrigen Wellen der Ostsee – vielleicht sogar bis hinauf zur Kurischen Nehrung.[484]

Im Westen war man ebenfalls nicht an einer aufrichtigen Untersuchung interessiert: Als sich der Bruder von Harro, Hartmut Schulze-Boysen, der als Gesandter des bundesdeutschen Botschafters in Tokio, Bukarest und den USA diplomatische Karriere machte, in den Achtzigerjahren an Bundeskanzler Helmut Kohl mit der Frage wandte, ob man Harro nicht endlich eingliedern müsse in die kollektive Erinnerungskultur Deutschlands, schrieb das Kanzleramt mit patzigem Unterton zurück, dass alle Widerstandskämpfer »unsere Achtung verdienen. Wenn wir allerdings danach fragen, woran wir anzuknüpfen haben (…), dann muss als Vermächtnis des Widerstandes der Rechtsstaat gelten.«[485] Als hätte Harro dagegen etwas einzuwenden gehabt. Erst 2006 gelang es Hartmut Schulze-Boysen, das Urteil des Prozesses vor dem Reichskriegsgericht vom 19. Dezember 1942 aufheben zu lassen.[486]

So wurde die differenzierte Realität um die Gruppierung, die sich nie einen Namen gab, verfälscht überliefert – einer Gruppierung, die nicht an ihren eigenen Aktionen scheiterte, sondern an einem Fehler der vermeintlichen Profis aus Moskau. Von einer »verblüffenden Übereinstimmung« der Rezeption auf beiden Seiten des Eisernen Vorhangs spricht Professor Johannes Tuchel, Leiter der *Gedenkstätte Deutscher Widerstand* in Berlin. Das Andenken an gerade jene, die für die Versöhnung zwischen Ost und West plädierten, wurde im aufflammenden Weltkonflikt des Kalten Krieges zwischen den Blöcken zerrieben.

Dr. Manfred Roeder, der »Bluthund«, arbeitete nach dem Krieg mit dem amerikanischen CIC zusammen, dem Vorgänger des CIA. Er erzählte den wissbegierigen Amerikanern, dass die »Rote Kapelle« noch immer existiere und für Moskau tätig sei. Unter dem Decknamen *Othello* wurden Roeders Legenden abgeschöpft, um von ihm so viel wie möglich über den sowjetischen Geheimdienst zu erfahren. Ein in den frühen Nachkriegsjahren von Greta Kuckhoff, Adolf Grimme, Günther Weisenborn und anderen angestrengter Prozess gegen den Oberstkriegsgerichtsrat a. D. wurde 1951 eingestellt: Hier retteten ihn alte Naziseilschaften, die in der jungen Bundesrepublik noch eine Menge zu sagen hatten.

Horst Kopkow, bis Mai 1945 verantwortlich für die Folterung und den Tod zahlloser alliierter Agenten und deutscher Widerstandskämpfer, haben seine Handlungen ebenfalls wenig geschadet: Ihn hat der MI6, der britische Auslandsnachrichtendienst, in London zu seinen Methoden gegen die sowjetische Spionage befragt, vor möglicher Strafverfolgung geschützt und im Juni 1948 für tot erklären lassen, sodass er kurz darauf mit falschen Papieren in die Bundesrepublik Deutschland zurückreisen konnte, wo er sich als Peter Cordes ausgab und weiterhin für den MI6 tätig war.

Friedrich Panzinger, ehemaliger Leiter der Sonderkommission »Rote Kapelle«, wurde im Oktober 1946 von österreichen Behörden in Linz festgenommen, an die Sowjetunion ausgeliefert und dort zu 25 Jahren Zwangsarbeit verurteilt. 1955 wurde er im Zusammenhang mit den Bemühungen von Bundeskanzler Konrad Adenauer zur Entlassung deutscher Kriegsgefangener der Bundesrepublik Deutschland übergeben. Danach diente er beim neu gegründeten Bundesnachrichtendienst.

Auch Johannes Strübing, der Stellvertreter Kopkows und

Vernehmer von Harro, war ein gefragter Gesprächspartner bei den westlichen Geheimdiensten und kam in den 1950er-Jahren beim neu gegründeten Verfassungsschutz als Kenner der »Roten Kapelle« unter.[487]

Die Spur anderer Protagonisten verliert sich im Nebel. Was ist mit Stella Mahlberg? War sie doch mehr als eine Randfigur? Ihre Verhaftung wie Entlassung aus der Gestapohaft wurden im Unterschied zu allen anderen der über 150 Festgenommenen nicht datiert. Sie bleibt das Phantom mit dem rabenschwarzen Haar, taucht in Stuttgart unter, wo sie 1947 vom CIC verhört wird – und bei diesen Verhören stirbt. Meine Anfrage im Jahr 2019 beim FBI im Rahmen des *Freedom Information Act* brachte keine weiteren Details zutage. Auch die Archivare der *National Archives* der Vereinigten Staaten können hier nicht weiterhelfen: »*Wir konnten keine Datei über Stella Mahlberg finden. (…) Es ist möglich, dass Sie eine Datei suchen, die nicht mehr existiert.*«[488] Manches lässt sich eben nicht mehr erklären.

5

In Plötzensee, wenige Autominuten von der Berliner Flaniermeile des Kurfürstendamms entfernt, auf dem Weg zum Flughafen Tegel, ist heute eine etwas schwer zu findende Gedenkstätte untergebracht. In dem kargen Hinrichtungsschuppen hängt an der Decke unverändert der Eisenträger. Ein Abflussgitter im Fußboden, um das herum der Zement noch immer leicht eingedunkelt ist, zeigt, wo das Blut floss.

Es ist ein einsamer Raum, in dem dennoch nie Stille herrscht. Schreibmaschinen klappern wie aus weiter Ferne: die schwarzen der Gestapo mit SS-Runentaste, die dunkelgrünen mit kyrillischen Buchstaben, aber auch die geliebten amerikanischen Remingtons von Harro und Libertas, von Adam Kuckhoff, Mildred und Arvid Harnack, Dr. John Rittmeister, Professor Werner Krauss, Günther Weisenborn, John Graudenz und all den anderen, die ständig und wie im Fieber mitschrieben an dieser Geschichte des deutschen Widerstands, die so umstritten ist wie wenige Geschichten sonst.

Anhang

Dank

Ich danke Hans Coppi, der dieses Projekt mit großem Vertrauen begleitet und mir dabei geholfen hat, mich in diesem komplexen Thema zurechtzufinden. Herzlich bedanke ich mich für alle Recherchen wie auch Anregungen und all die Zeit und Geduld, mit der er meine Fragen beantwortet hat. Ohnehin habe ich am meisten jenen zu verdanken, die auf so direkte Weise mit dieser Geschichte verbunden sind, weil ihre engsten Angehörigen Teil davon waren: Karin Reetz, die Tochter von John Graudenz, die mich in ihrem Garten mit selbst gebackenem Kirschkuchen und den relevanten Informationen versorgte, Eva Schulze-Boysen, die mich in meinem Schreibturm besuchte, ihrem Onkel Harro so ähnlich, als sei dieser selbst im Raum; Regina Schulze-Boysen, die die Informationen ihrer Schwester bei einem Treffen in Goa entscheidend ergänzte; Stefan Roloff, der mir die Aktentasche zeigte, mit der sein Vater Helmut, der Konzertpianist, der so gerne Mozart spielte, *Die Sorge um Deutschlands Zukunft geht durch das Volk* bei sich trug. Auch Christian Weisenborn war von unschätzbarer Hilfe, als er mir Einsichtnahme in das unveröffentlichte private Tagebuch seines Vaters gestattete, das noch kein Historiker auswerten konnte. Vielen herzlichen Dank für das Vertrauen!

Ganz besonders danke ich Dr. Geertje Andresen, die eine unschätzbare Hilfe bei der Recherche war. Die Entdeckung der Details zu Gisela von Poellnitz im Bundesarchiv ist allein ihr zu verdanken. An dieser Stelle auch Kudos an die Gedenkstätte Deutscher Widerstand, wo ich einen idealen Recherche- und Arbeitsplatz gefunden habe, und die mich außerdem mit

Bildmaterialien unterstützte. Ich möchte mich außerdem bei Frau Professor Leiserowitz bedanken, die mir in Nidden viel zu jüdischen Flüchtlingen auf der Kurischen Nehrung erzählen konnte. Kudos in diesem Zusammenhang an Silke Kettelhake für ihr Buch über Libertas. Was meine treuen Testleser betrifft, bin ich in diesem Fall besonders Roland Zag verpflichtet, der mir in der entscheidenden Zeit geholfen hat, die Weichen zu stellen.

Nicht vergessen möchte ich das professionelle Literaturteam, ohne das dieses Buch nicht existieren würde: meinen Agenten Andrew Nurnberg, Marei Pittner, meinen deutschen Lektor Lutz Dursthoff, meinen US-Lektor Alex Littlefield und die Verleger Kerstin Gleba und Helge Malchow.

Ich möchte außerdem Nuri und Demian aus der Tiefe meines Herzens danken – einfach nur, weil sie da sind. Und auch meinem mittlerweile verstorbenen Großvater will ich danken für die Geschichte, die er mir im Garten des Hauses Morgensonne erzählt hat. Vielleicht war sie ja der Startschuss für alles.

Quellen- und Literaturverzeichnis

Die wichtigsten Quellen für dieses Buch sind unveröffentlichte Dokumente aus der »Sammlung Rote Kapelle« in der Gedenkstätte Deutscher Widerstand in Berlin (GDW, RK). Diese werden ergänzt durch speziell für die Recherche entsperrte Archivalien des Instituts für Zeitgeschichte in München, bislang unveröffentlichte Materialien sowie Reports und Akten aus bundesdeutschen, britischen, russischen und US-amerikanischen Staatsarchiven.

A. Ungedruckte Quellen

»Akte Korsikanez«, Archiv des Auslandsnachrichtendienstes Moskau, Nr. 34118, Bd. 1, GDW, RK.

»Akten des Oberreichskriegsanwaltes in der Strafsache Lotte Schleif«, 25.9.1942, GDW, RK 1/5.

»Akten des Oberreichskriegsanwaltes in der Strafsache gegen den Professor Gefr Dr. Werner Krauss wg Landesverrats«, 1943/44, GDW, RK 29/39.

»Akten des Oberreichskriegsanwaltes in der Strafsache gegen Günther Weisenborn«, GDW, RK 2/8.

Bartz, Karl, »An das Wehrbezirkskommando Berlin IX«, 5.8.1937, GDW, RK.

Bauer, Arnold, »Erinnerungen an Harro Schulze-Boysen«, GDW, RK, 37/67.

Bomhoff, A., »Begegnungen mit Harro Schulze-Boysen«, GDW, RK.

»Briefwechsel Elfriede Paul und Walter Küchenmeister«, Bundesarchiv, NY 4229/21.

Coppi, Hans, »Bericht über die Reise in die BRD vom 28.9.-3.10 1989«, GDW, RK.

Ders., »Besuch bei Helga Mulachie, Schwester von Harro Schulze-Boysen, Venedig, Ende Juni 1989«, GDW, RK.

Ders., »Gespräch mit Frau von Schönebeck am 15.4.1989«, GDW, RK.

Ders., »Gespräch mit Hartmut Schulze-Boysen, August 1989«, GDW, RK.

Ders., »Gespräch mit Werner Dissel vom 1.7.1987«, GDW, RK.

Ders., »Gespräch mit Vera und Frau Wolfgang Rittmeister«, 1990, GDW, RK.

Ders., »Nachdenken über Libertas Schulze-Boysen«, Gedenkfeier zum 100. Geburtstag von Libertas Schulze-Boysen am 17. November 2013 in Liebenberg, GDW, RK.

Dahl, Herbert, »Bericht über meine Beziehungen zu Harro Schulze-Boysen«, GDW, RK.

»Der Polizeipräsident in Berlin« (zu Gisela von Poellnitz), 6.4.1937, Bundesarchiv, R/30171, Archivnr. 5574.

Dissel, Werner, »Erinnerung an Begegnung mit Harro Schulze-Boysen im RLM«, 24.11.1988, GDW, RK.

Engelsing-Kohler, Ingeborg, »Meine Erinnerungen an Harro und Libertas Schulze-Boysen«, GDW, RK.

»Handakte in der Strafsache gegen Elfriede Paul«, GDW, RK 2/7.

Harnack, Arvid, »Das nationalsozialistische Stadium des Monopolkapitalismus«, zirkuliert als Flugschrift im Frühjahr 1942. Der Autor bleibt ungenannt. GDW, RK.

Havemann, Wolfgang: Bericht, GDW, RK.

Jedzek, Klaus, »Einer ist tot. Für Harro Schulze-Boysen«, GDW, RK.

Kerbs, Diethart, »John Graudenz (1884–1942), Bildjournalist und Widerstandskämpfer«, GDW, RK.

Küchenmeister, Rainer, »Hiddenseer Reise«, GDW, RK 1/4.

Kuckhoff, Adam und John Sieg, »Briefe an die Ostfront«. Die Autoren bleiben ungenannt. GDW, RK.

Kurzbiografie von Harro Schulze-Boysen, undatiert, vermutlich Spätherbst 1936, GDW, RK.

Linke, Magda, »Meine Erinnerungen an Libertas Schulze-Boysen«, GDW, RK 37/67.

»Polizeibericht AD II 4 vom 16.3.1933 über den Aufbau und die Tätigkeit der Vereinigung ›Gegner – Zeitschrift für neue Einheit‹«, GDW, RK.

Roloff, Helmut,»Bericht – Über die Arbeit in einem Teil der Gruppe Schulze-Boysen«, GDW, RK.

Scheel, Heinrich,»Brief an Ricarda Huch«, 23.6.1946, GDW, RK 8/13.

Ders.,»Horst Heilmann – Hitlerjunge und Widerstandskämpfer«, Vortrag gehalten an der Universität Rostock, Februar 1988, GDW, RK.

Schidlowsky, Herbert,»Brief an Günther Weisenborn«, GDW, RK 1/4.

Schmid, Joseph,»Die 5. Abteilung des Generalstabes der Luftwaffe (Ic), 1.1.1938 – 1.10 1942, Ausarbeitung des Generalleutnants Schmid«, GDW, RK.

Schütt, Regine,»50 years later. The way I saw it«, GDW, RK.

Schulze, Erich Edgar,»Zum Gedächtnis meines Sohnes Harro«, handschriftlich, GDW, RK.

Schulze, Marie Luise,»Warum ich 1933 in die NSDAP eingetreten bin«, o. D., GDW, RK.

Schulze, Erich Edgar und Marie Luise,»Brief an die Betreuungsstelle für politisch Geschädigte«, Mülheim, 13.12.1946, GDW, RK.

Schulze-Boysen, Harro (mit John Rittmeister, John Graudenz u. a.),»Die Sorge um Deutschlands Zukunft geht durch das Volk«. Die Autoren bleiben ungenannt. GDW, RK.

Tosca Grill, Antonia,»Philipp Schaeffer – mein Vater«, Vortrag am 17.06.2003 anlässlich der Ausstellungseröffnung über Philipp Schaeffer in der Philipp-Schaeffer-Bibliothek, Berlin-Mitte, GDW, RK.

»Walter Habecker, German. A Gestapo Officer in Berlin«, British National Archives, KV 2/2752.

Weisenborn, Günther, Private Tagebücher, Privatarchiv Christian Weisenborn, München.

»Zusammentreffen von Scholl und Schmorell mit Falk Harnack«, GDW, RK 23/37.

B. Gedruckte Quellen, Dokumentationen

Bergander, Hiska,»Das Ermittlungsverfahren gegen Dr. jur. et rer. pol. Manfred Roeder, einen ›Generalrichter‹ Hitlers«, Inauguraldissertation, Universität Bremen, 2006.

Coppi, Hans,»Philipp Schaeffer, Orientalist, Bibliothekar, Widerstandskämpfer«, in: IWK Internationale wissenschaftliche Korrespondenz zur Geschichte der deutschen Arbeiterbewegung, 41. Jg., September 2005, Heft 3, Seite 366 bis 386, S. 383/84.

Nakagawa, Asayo,»Das Reichsluftfahrtministerium – Bauliche Modifikationen und politische Systeme«, Magisterarbeit, Humboldt-Universität zu Berlin 2009.

Nauseda, Gitanas und Vilija Gerulaitiene (Hrg.),»Chronik der Schule Nidden«, Vilnius 2013.

Schulze-Boysen, Harro,»Gegner von heute – Kampfgenossen von morgen«, aus:»Die Schriften der Gegner«, Berlin 1932. Nachdruck: Koblenz 1994.

C. Zitierte Literatur

Andresen, Geertje,»Oda Schottmüller – Die Tänzerin, Bildhauerin und Nazigegnerin«, Berlin 2005.

Andresen, Geertje und Hans Coppi (Hrg.),»Dieser Tod passt zu mir – Harro Schulze-Boysen. Grenzgänger im Widerstand«, Berlin 1999.

Bock, Michael und Michael Töteberg,»Das Ufa-Buch. Kunst und Krisen, Stars und Regisseure, Wirtschaft und Politik«, Frankfurt a. M. 1992.

Borchardt, Rudolf,»Weltpuff Berlin«, Reinbek 2018.

Boysen, Elsa,»Harro Schulze-Boysen – Das Bild eines Freiheitskämpfers«, Koblenz 1992.

Brysac, Shareen Blair,»Resisting Hitler – Mildred Harnack and the Red Orchestra«, New York 2000.

Coburger, Marlies, Regina Griebel und Heinrich Scheel (Hrg.),»Erfasst? Das Gestapo-Album zur Roten Kapelle – Eine Foto-Dokumentation«, Berlin 1992.

Coppi, Hans,»Harro Schulze-Boysen – Wege in den Widerstand. Eine biographische Studie«, Koblenz 1995.

Coppi, Hans, Jürgen Danyel und Johannes Tuchel,»Die Rote Kapelle im Widerstand gegen den Nationalsozialismus«, Berlin 1994.

Domeier, Norman,»Der Eulenburg-Skandal – eine politische Kultur-geschichte des Kaiserreiches«, Frankfurt/M. 2010.

Eulenburg, Tora zu (Hrg.),»Libertas Schulze-Boysen: Gedichte und Briefe«, o. O. 1952.

Fechter, Paul,»An der Wende der Zeit. Menschen und Begegnungen«, Berlin 1950.

Flügge, Manfred,»Meine Sehnsucht ist das Leben«, Berlin 1998.

Fröhlich, Elke (Hrg.),»Die Tagebücher von Joseph Goebbels. Teil 1, Auf-zeichnungen 1923 – 1941 ; Bd. 2,3, Oktober 1932 – März 1934«, Mün-chen 2006.

Dies. (Hrg.),»Die Tagebücher von Joseph Goebbels. Teil 2, Diktate 1941–1945; Band 6, Oktober-Dezember 1942«, München 1996.

»Gratulatio für Joseph Caspar Witsch zum 60. Geburtstag am 17. Juli 1966«, Köln 1966.

Haase, Norbert,»Das Reichskriegsgericht und der Widerstand gegen die nationalsozialistische Herrschaft«, Berlin 1993.

Henderson, Neville,»Failure of a Mission – Berlin 1937–1939«, Lon-don 1940.

Hildebrandt, Rainer,»Wir sind die Letzten: aus dem Leben des Wider-standskämpfers Albrecht Haushofer und seiner Freunde«, o. O., 1949.

Höhne, Heinz,»Kennwort: Direktor. Die Geschichte der Roten Ka-pelle«, Frankfurt/M. 1970.

Knopf, Volker und Stefan Martens,»Görings Reich – Selbstinzenierun-gen in Carinhall«, Berlin 1999.

Kuckhoff, Greta,»Vom Rosenkranz zur Roten Kapelle«, Berlin 1972.

Malek-Kohler, Ingeborg,»Im Windschatten des 3. Reichs – Begegnungen mit Filmkünstlern und Widerstandskämpfern«, Freiburg 1986.

Mann, Klaus,»Kind dieser Zeit«, Hamburg 1987.

Mann, Thomas,»Mein Sommerhaus«: Beilage zum Wochenbericht IV/22 des Rotary Clubs München, Dezember 1931.

Mann, Thomas,»Tagebücher 1937–1939«, Frankfurt/M. 1980.

Mazzetti, Elisabetta,»Thomas Mann und die Italiener – Maß und Wert, Düsseldorfer Schriften zur deutschen Literatur«, Frankfurt 2009.

Mommsen, Hans, »Die ›rote Kapelle‹ und der deutsche Widerstand gegen Hitler«, Essen 2012.

Otto, Regine und Bernd Witte (Hrg.), »Goethe Handbuch«, Bd.1., Stuttgart 2004.

Perrault, Gilles, »Auf den Spuren der Roten Kapelle«, Hamburg 1969.

Poelchau, Harald, »Die letzten Stunden, Erinnerungen eines Gefängnispfarrers«, aufgezeichnet von Graf Alexander Stenbock-Fermor, Berlin 1949.

Poelchau, Harald, »Die Lichter erloschen – Weihnachtserinnerungen 1941–1944«, in: Unser Appell, J.2, 1948.

Roloff, Stefan (mit Vigl, Mario), »Die Rote Kapelle: Die Widerstandsgruppe im Dritten Reich und die Geschichte Helmut Roloffs«, Berlin 2002.

Salomon, Ernst von, »Der Fragebogen«, Reinbek 1961.

Schattenfroh, Reinhold und Johannes Tuchel, »Zentrale des Terrors – Prinz-Albrecht-Straße 8: Hauptquartier der Gestapo«, Berlin 1987.

Scheel, Heinrich, »Vor den Schranken des Reichskriegsgerichts: mein Weg in den Widerstand«, Berlin 1993.

Boysen, Elsa, »Harro Schulze-Boysen – Das Bild eines Freiheitskämpfers«, Koblenz 1992.

Später, Jörg, »Vansittart: britische Debatten über Deutsche und Nazis 1902–1945«, Göttingen 2003.

Trepper, Leopold, »Die Wahrheit – Autobiographie des ›Grand Chef‹ der Roten Kapelle«, München 1975.

Turel, Adrien, »Bilanz eines erfolglosen Lebens«, Zürich 1989.

Urwand, Ben, »Der Pakt: Hollywoods Geschäfte mit Hitler«, Stuttgart 2017.

Wegner, Wenke, »Libertas Schulze-Boysen: Filmpublizistin / mit Aufsätzen und Kritiken von Libertas Schulze-Boysen«, München 2008.

Weisenborn, Günther, »Memorial«, Berlin 1961.

Wizisla, Erdmut, »Benjamin und Brecht – Die Geschichte einer Freundschaft«, Frankfurt/M. 2004.

D. Weitere Literatur

Blank, Aleksandr, »Rote Kapelle gegen Hitler«, Berlin 1979.

Conrad, Robert, Uwe Neumärker und Cord Woywodt, »Wolfsschanze – Hitlers Machtzentrale im Zweiten Weltkrieg«, Berlin 2012.

Coppi, Hans und Jürgen Danyel, »Der Gegner-Kreis im Jahre 1932/33 – ein Kapitel aus der Vorgeschichte des Widerstandes«, Berlin 1990.

Demps, Laurenz (Hrg.), »Luftangriffe auf Berlin: die Berichte der Hauptluftschutzstelle; 1940 – 1945«, Berlin 2012.

Döblin, Alfred, »Berlin Alexanderplatz«, Frankfurt/M. 2013.

Fallada, Hans, »Jeder stirbt für sich allein«, Berlin 2011.

Goschler, Constantin und Michael Wala, »Keine neue Gestapo«. Bundesamt für Verfassungsschutz und die NS-Vergangenheit, Hamburg 2015.

Kettelhake, Silke, »Erzähl allen, allen von mir! Das schöne kurze Leben der Libertas Schulze-Boysen 1913–1942«, München 2008.

Krauss, Werner, »PLN«, Berlin 1980.

Larson, Erik, »In the Garden of Beasts – Love, Terror, and an American Family in Hitler's Berlin«, New York 2011.

Mommsen, Hans, »Alternative zu Hitler – Studien zur Geschichte des deutschen Widerstandes«, München 2000.

Moorhouse, Roger, »Berlin at War: Life and Death in Hitler's Capital; 1939 – 45«, London 2011.

Nelson, Anne, »Die Rote Kapelle: die Geschichte der legendären Widerstandsgruppe«, München 2010.

Neville, Peter, »Appeasing Hitler«, London 2000.

Orbach, Danny, »The Plots against Hitler«, London 2017.

Ohler, Norman, »Der totale Rausch«, Köln 2015.

Paul, Elfriede, »Ein Sprechzimmer der Roten Kapelle«, Berlin 1987.

Pynchon, Thomas, »Die Enden der Parabel«, Reinbek 2015.

Roewer, Helmut, »Die Rote Kapelle und andere Geheimdienstmythen: Spionage zwischen Deutschland und Russland im Zweiten Weltkrieg 1941 – 1945«, Graz 2010.

Sabrow, Martin (Hrg.), »Skandal und Diktatur – Öffentliche Empörung im NS-Staat und in der DDR«, Göttingen 2004.

Sälter, Gerhard,»Phantome des Kalten Krieges. Die Organisation Gehlen und die Wiederbelebung des Gestapo-Feindbildes ›Rote Kapelle‹«, Berlin 2016.

Schmidt, Helmut (Hrg.),»John Sieg, einer von Millionen spricht. Skizzen, Erzählungen, Reportagen, Flugschriften«, Berlin 1989.

Sudoplatov, Pavel und Anatoli Sudoplatov,»Special Tasks: The Memoirs of an Unwanted Witness – a Soviet Spymaster«, Boston 1994.

Vinke, Hermann,»Cato Bontjes van Beek: Ich habe nicht um mein Leben gebettelt«, München 2007.

Weisenborn, Günther,»Der lautlose Aufstand: Bericht über die Widerstandsbewegung des deutschen Volkes 1933 – 1945«, Frankfurt/M. 1974.

Weiss, Peter,»Die Ästhetik des Widerstands«, Frankfurt 2005.

Würmann, Carsten,»Zwischen Unterhaltung und Propaganda: Das Krimigenre im Dritten Reich«, Freie Universität Berlin 2013.

E. Internet-Quellen

https://www.ns-archiv.de/krieg/1938/tschechoslowakei/
wollen-keine-tschechen.php

http://www.spiegel.de/spiegel/print/d-29193277.html

http://www.foerderverein-invalidenfriedhof.de

https://www.youtube.com/watch?v=2_u8iwRlRes

https://de.wikipedia.org/wiki/Röhm-Putsch

Anmerkungen

1. Havemann, Wolfgang: Bericht, Gedenkstätte Deutscher Widerstand (GDW), Sammlung Rote Kapelle (RK), S. 41.

2. Nachlass Erich Edgar Schulze, GDW, RK

3. Siehe Schreiben von SS-Abschnitt III, Abtlg. Hilfspolizeikommando an Harro Schulze-Boysen, vom 19.5.1933, IfZ München ED 335/2.

4. Coppi, Hans, Gespräch mit Werner Dissel vom 1.7.1987, GDW, RK, S. 4. Vgl. Jedzek, Klaus, »Einer ist tot. Für Harro Schulze-Boysen«, GDW, RK, S. 5.

5. Turel, Adrien, »Bilanz eines erfolglosen Lebens«, Zürich 1987, S. 264/265 sowie S. 259.

6. Boysen, Elsa, »Harro Schulze-Boysen – Das Bild eines Freiheitskämpfers«, Koblenz 1992, S. 6.

7. Schütt, Regine, »50 years later – how I saw it«, GDW, RK. Auch die folgenden Beschreibungen dieser Sequenz.

8. Ebd.

9. Schulze, Marie Luise, »Warum ich 1933 in die NSDAP eingetreten bin«, o. D., GDW, RK, S. 3. Auch die folgenden Zitate dieser Sequenz.

10. Brief Marie Luise und Erich Edgar Schulze an die Betreuungsstelle für politisch Geschädigte, Mülheim, 13.12.1946, GDW, RK, S. 2.

11. Coppi, Hans, »Gespräch mit Hartmut Schulze-Boysen«, August 1989, GDW, RK, S. 2.

12. Dissel, Werner, »Bericht über Harro Schulze-Boysen«, GDW, RK, S. 26.

13. Fallada, Hans, »Jeder stirbt für sich allein«, Reinbek 2018.

14. Schulze-Boysen, Harro, »Gegner von heute – Kampfgenossen von morgen«, aus: »Die Schriften der Gegner«, Berlin 1932. Nachdruck: Koblenz 1994, S. 5.

15. Bauer, Arnold, »Erinnerungen an Harro Schulze-Boysen«, GDW, RK 37/67, S. 1.

16. Schulze-Boysen, Harro, »Randbemerkungen«, in: Gegner (1932) H. 9/10, Dezember 1932, S. 2: »Der Stil ihrer Sitzungen, ihre Symbole, ihre Struktur und ihre historische Entwicklung – alles stellt sie auf die Seite des Sterbenden.«

17. Schulze-Boysen, Harro, »Gegner von heute – Kampfgenossen von morgen«, a. a. O., S. 7.

18. Brief Harro an seine Mutter, 25.2.1932, IfZ München, ED 335/1.

19. Bomhoff, A., »Begegnungen mit Harro Schulze-Boysen«, GDW, RK, S. 3.

20. Vgl. Coppi, Hans, »Besuch bei Helga Mulachie, Schwester von Harro Schulze-Boysen«, Venedig, Ende Juni 1989, GDW, RK, S.18.

21. Bauer, Arnold, »Erinnerungen an Harro Schulze-Boysen«, GDW, RK 37/67.

22. Coppi, Hans, »Gespräch mit Werner Dissel«, a. a. O., S. 29.

23. Brief Harro an Alfred von Tirpitz, 12.8.1929, IfZ München, ED 335/1.

24. Gegner, März 1932, Berlin, S. 2.: »Der Gegner wird in Zukunft am 20. jeden Monats (20:30 Uhr) in einer Besprechung den an einer Mitarbeit interessierten Lesern Gelegenheit geben, die behandelten Gedankengänge in persönlicher Aussprache (z. T. mit den Verfassern selbst) zu erörtern und weiterzuentwickeln. Diese Abende sollen zu öffentlichen kontradiktorischen Aussprache-Abenden ausgebaut werden.«

25. So z. B. in Frankfurt/Main, Darmstadt, Wiesbaden, Offenbach, Heidelberg, Mannheim, Homburg, Stuttgart, Karlsruhe, Saarbrücken, Innsbruck, Leipzig.

26. Zitiert nach Der Spiegel, 17.6.1968, »ptx ruft Moskau«, S. 103.

27. Schulze-Boysen, Harro, »Der neue Gegner«, in: Gegner (1932) H. 4/5, 5.3.1932.

28. Schulze-Boysen, Harro, »Die Saboteure der Revolution«, in: Gegner, 2.4.1933. Darin weiterhin: »Es werden Leute kommen und fragen, welcher Partei wir dienen, welches Programm wir aufzuweisen hätten. Wir dienen keiner Partei. (…) Wir haben kein Pro-

gramm. Wir kennen keine steinernen Wahrheiten. Das einzige, was uns heilig ist, ist das Leben, das einzige, was uns werthaft erscheint, die Bewegung.«

29. Salomon, Ernst von, »Der Fragebogen«, Reinbek 1961, S. 357.
30. Jedzek, K., »Einer ist tot«, a. a. O., S. 3.
31. Brief Harro an seine Eltern, vermutl. Anfang Februar 1932, IfZ München, ED 335/1.
32. Brief Harro an seine Mutter, 23.5.1932, IfZ München, ED 335/1.
33. Salomon, a. a. O., S. 182.
34. Brief Harro an seine Eltern, 8.6.1932, IfZ München, ED 335/1.
35. Brief Alfred Döblin, 22.10.31, Schiller-Nationalmuseum, Marbach, Nachlass Alfred Döblin.
36. Wizisla, Erdmut, »Benjamin und Brecht – Die Geschichte einer Freundschaft«, Frankfurt/M. 2004, S. 84.
37. Brief Harro an seine Eltern, 26.8.1932, IfZ München, ED 335/1.
38. Jungk, Robert, Interview SFB 3, 21.11 1986.
39. Schulze-Boysen, Harro, »Gegner von heute – Kampfgenossen von morgen«, a. a. O., S. 17.
40. Turel, Adrien, a. a. O., S. 266 ff.
41. Goebbels, Joseph, »Die Tagebücher von Joseph Goebbels. Teil 1, Aufzeichnungen 1923 – 1941; Bd. 2,3, Oktober 1932 – März 1934«, 2006.
42. Schulze-Boysen, Libertas, »Gedichte und Briefe«, hrsg. von Tora zu Eulenburg, 1952.
43. Borchardt, Rudolf, »Weltpuff Berlin«, Reinbek 2018.
44. Domeier, Norman, »Der Eulenburg-Skandal: Eine politische Kulturgeschichte des Kaiserreichs«, Frankfurt, 2010, S. 61.
45. Turel, Adrien, a. a. O, S. 266 ff.
46. Ebd.
47. Coppi, Hans, »Nachdenken über Libertas Schulze-Boysen«, Gedenkfeier zum 100. Geburtstag von Libertas Schulze-Boysen am 17. November 2013 in Liebenberg.
48. Aufzeichnungen und Brief von Wend Fürst zu Eulenburg und Hertefeld, in: Bundesarchiv, Militärarchiv, N 239/83, auch gedruckt in: Kurt Gossweiler/Alfred Schlicht, »Junker und NSDAP

1931/32«, in: Zeitschrift für Geschichtswissenschaft 15 (1967) 4,
S. 644–662.

49. Brief Harro an seine Eltern, 17.2.1933, IfZ München, ED 335/1.

50. Zeitschrift »Gegner«, Ausgabe 15.2.1933, Berlin, S. 2.

51. Coppi, Hans, »Gespräch mit Werner Dissel«, a. a. O., S. 28 ff.

52. Ebd.

53. Brief Harro an seine Mutter, undatiert, vermutlich Februar/März
1933. IfZ München, ED 335/1.

54. Polizeibericht AD II 4 vom 16.3.1933 über den Aufbau und die
Tätigkeit der Vereinigung »Gegner« Zeitschrift für neue Einheit,
BA, Abteilungen Potsdam, St 22/165.

55. Coppi, Hans, »Gespräch mit Werner Dissel«, a. a. O., S. 21.

56. Ebd.

57. Brief Harro an seinen Bruder Hartmut, undatiert, vermutlich Februar 1933, IfZ München, ED 335/1.

58. Polizeibericht AD II 4, a. a. O.

59. Ebd.

60. Dissel, Werner, »Bericht über Harro Schulze-Boysen«, GDW, RK,
S. 23.

61. Ebd.

62. Postkarte Harros an seine Eltern, 4.3.1933, IfZ München, ED 335/1.

63. Coppi, Hans, »Harro Schulze-Boysen – Wege in den Widerstand.
Eine biographische Studie«, Koblenz 1995, S. 456.

64. Schulze, Marie Luise, a. a. O., S. 3.

65. Goebbels, Joseph, a. a. O., Eintrag 1.5.1933.

66. Ebd., Eintrag 30.4.1933.

67. Schulze, Marie Luise, a. a. O., S. 4.

68. Coppi, Hans, »Harro Schulze-Boysen – Wege in den Widerstand«,
a. a. O, S. 126.

69. Goebbels, Joseph, a. a. O., Eintrag 1.5.1933.

70. Ebd.

71. Schulze, Marie Luise, a. a. O., S. 6.

72. Urwand, Ben, »Der Pakt«, Stuttgart 2017, S. 34 ff. Die Anfänge
von Hollywoods Kuschen vor dem Hakenkreuz liegen in der

Weimarer Republik mit der kurz vor Weihnachten 1930 in den Kinos gezeigten, später Oscar-prämierten Verfilmung des internationalen Bestsellers von Erich Maria Remarque »Im Westen nichts Neues«, der die Gräuel des Ersten Weltkrieges darstellt, die Sinnlosigkeit des Sterbens an der Front zum Thema macht. Für die erste große Vorstellung in Berlin hatten die Nazis 300 Tickets gekauft und in Richtung Leinwand gebuht, als dort französische Truppen siegreich gegen die Reichswehr kämpften. »Deutsche Soldaten waren mutig!«, schrie jemand aus der Menge: »Eine Schande, dass ein solcher Film in Amerika gemacht wird!« Als die Zwischenrufe nicht endeten, stoppte der Filmvorführer die Vorführung und schaltete die Lichter an. Goebbels, schon damals Nazi-Propagandachef, stand von seinem Platz in der ersten Reihe des Balkons auf und hielt eine Rede, worin er behauptete, der Film sei nur hergestellt worden, um Deutschlands Ruf in der Welt zu zerstören. Als er geendet hatte, warfen seine Männer Stinkbomben in die Gänge und ließen weiße Mäuse frei, die sie in Käfigen mitgebracht hatten. Sechs Tage später, nachdem die Aufschreie wegen dieses »unpatriotischen Films« nicht aufhörten, zog der Verleih ihn zurück. Carl Laemmle, Chef von *Universal*, ordnete an, dass der Film umgeschnitten wurde, und im Sommer 1931 kam eine entschärfte Version in die deutschen Kinos. Zufrieden kommentierte Goebbels: »Wir haben sie auf die Knie gezwungen!«

73. Ebd.
74. Salomon, Ernst von, Harro, a. a. O.
75. Dissel, Werner, »Bericht über Harro Schulze-Boysen«, a. a. O., S. 27.
76. Ebd. S. 28.
77. Ebd, S. 2.
78. Libertas zitiert in einem Brief von Harro an seinen Vater, 1.5.1939, IfZ München, ED 335/1.
79. Vgl. Schidlowsky, Herbert, Brief an Günther Weisenborn, GDW, RK 1/4.
80. Brief Harro an seine Eltern, 31.5.1933, IfZ München, ED 335/1.

81. Brief Harro an seine Schwester Helga, 9.10.1933, IfZ München, ED 335/1.

82. Brief Harro an seine Mutter, 25.7.1933, IfZ München, ED 335/1.

83. Brief Harro an seine Mutter, 21.9.1933, IfZ München, ED 335/1.

84. Brief Harro an seinen Vater, 3.9.1933, IfZ München, ED 335/1.

85. Ebd.

86. Brief Harro an seine Mutter, 25.7.1933, IfZ München, ED 335/1.

87. Ebd.

88. Brief Harro an seinen Vater, 5.8.1933, IfZ München, ED 335/1.

89. Brief Harro an seinen Vater, 15.9.1933, IfZ München, ED 335/1.

90. Brief Harro an seine Schwester, 9.10.1933, IfZ München, ED 335/1.

91. Brief Harro an seinen Vater, 15.9.1933, IfZ München, ED 335/1.

92. Brief Harro an seine Schwester, 9.10.1933, IfZ München, ED 335/1.

93. Brief Harro an seinen Vater, 3.10.1933, IfZ München, ED 335/1.

94. Brief Harro an seine Eltern, 4.10.1933, ED 335/2.

95. Brief Harro an seine Eltern, 12.7.1933, IfZ München, ED 335/1.

96. Brief Harro an seine Mutter, 30.8.1933, IfZ München, ED 335/1.

97. Brief Harro an seinen Vater, 7.8.1933, IfZ München, ED 335/1.

98. Brief Harro an seinen Vater, 3.9.1933, IfZ München, ED 335/1.

99. Brief Harro an die Eltern, Anfang September 1933, IfZ München ED 335/2.

100. Brief Harro an Turel, Anfang November 1933, IfZ München, ED 335/1.

101. Roloff, Stefan (mit Vigl, Mario), »Die Rote Kapelle: Die Widerstandsgruppe im Dritten Reich und die Geschichte Helmut Roloffs«, Berlin 2002, S. 74.

102. Vgl. Harnack, Falk, »1. Besuch bei Arvid Harnack am 26.10.1942«, GDW, RK 32/55.

103. Brief Harro an seine Eltern, 6.12.1933, IfZ München, ED 335/1.

104. Brief Harro an seine Eltern, Ostern 1934, IfZ München, ED 335/1.

105. »Fragebogen betr. Einstellung von Angestellten und Arbeitern im R. L. M.« – Reichsgesetzblatt I S. 679, GDW, RK.

106. Brief Harro an seine Eltern, 4.4.1934 und 19.7.1934, IfZ München, ED 335/1.

107. Akten des Oberreichskriegsanwaltes in der Strafsache gegen Günther Weisenborn,»Nachweis der sichergestellten Gegenstände«, GDW, RK 2/8, und Brief Harro an seine Eltern, Ostern 1934, IfZ München, ED 335/1.

108. Brief Harro an seine Eltern, 15.5.1934, IfZ München, ED 335/1.

109. Brief Harro an seine Schwester, 9.10.1933, IfZ München, ED 335/1.

110. Brief Harro an seine Eltern, 15.5.1934 und 7.8.1934, IfZ München, ED 335/1.

111. Vgl. Coppi, Hans,»Wege in den Widerstand«, a. a. O., S. 146.

112. Brief Harro an seine Eltern, 15.5.1934, IfZ München, ED 335/1. Auch die beiden folgenden Zitate.

113. Brief Harro an seine Schwester, 1.5.1934, IfZ München, ED 335/1.

114. Ebd.

115. Brief Harro an seinen Vater, undatiert (vermutl. Sommer 1934), IfZ München, ED 335/1.

116. https://de.wikipedia.org/wiki/Röhm-Putsch.

117. Brief Harro an seine Eltern, 19.7.1934, IfZ München, ED 335/1.

118. Gedicht Libertas, 1.8.1934, GDW, RK.

119. Brief Harro an seine Eltern, 11.9.1937, IfZ München, ED 335/1.

120. Brief Harro an seine Eltern, 19.7.1934, IfZ München, ED 335/1.

121. Ebd.

122. Brief Libertas an Erich Edgar und Marie Luise Schulze, 8.1.1936, IfZ München, ED 335/1.

123. Brief Harro an Claude Chevalley, 24.8.1935, GDW, RK.

124. Ebd.

125. Ebd.

126. Brief Harro an seine Eltern, 16.7.1935, IfZ München, ED 335/1.

127. Gespräch mit Regina Schulze-Boysen, 1.2.2019, Goa. Sowie zahllose weitere Details aus dem Leben von Marie Luise und Erich Edgar.

128. Brief Harro an seine Eltern, Januar 1936, IfZ München, ED 335/1.

129. Gespräch mit Eva Schulze-Boysen, 17.11 2018, Berlin, sowie mit Regina Schulze-Boysen, 1.2.2019, Goa.

130. Coppi, Hans,»Besuch bei Helga Mulachie«, a. a. O., S. 12. Ebenso die Läufergeschichte.

131. Ebd, S. 20.
132. Brief Harro an seine Mutter, 27.7.1935, IfZ München, ED 335/1. Ebenso das folgende Zitat.
133. Brief Harro an seine Eltern, 12.1.36, IfZ München, ED 335/1.
134. Brief Harro an seine Eltern, 26.1.1936, IfZ München, ED 335/1.
135. Coppi, Hans, »Besuch bei Helga Mulachie«, a. a. O., S. 9/10.
136. Brief von Harro an seine Eltern, 10.7.1936, IfZ München, ED 335/1, in: Hans Coppi, Geertje Andresen (Hg.), »Dieser Tod paßt zu mir – Harro Schulze-Boysen. Grenzgänger im Widerstand«, Berlin 1999, S. 220.
137. Brief Harro an seine Mutter, 16.6.1936, IfZ München, ED 335/1.
138. Vgl. Brief Tora von Eulenburg an Marie Luise Schulze, 17.8.1936, GDW, RK.
139. Salomon, a. a. O., S. 397.
140. Ebd., S. 376.
141. Nakagawa, Asayo, »Das Reichsluftfahrtministerium – Bauliche Modifikationen und politische Systeme«, Magisterarbeit, Humboldt-Universität zu Berlin, 2009, S. 18.
142. Dissel, Werner, »Bericht über Harro Schulze-Boysen«, GDW, RK, S. 27.
143. Brief Harro an seine Mutter, 21.8.1936, IfZ München, ED 335/1.
144. Bartz, Karl, »An das Wehrbezirkskommando Berlin IX«, 5.8.1937, GDW, RK.
145. Coppi, Hans, »Gespräch mit Frau von Schönebeck am 15.4.1989«, GDW, RK, S. 8.
146. Coppi, Hans, »Wege in den Widerstand«, a. a. O., S. 147.
147. Brief Libertas an Marie Luise Schulze, 23.4.1936, IfZ München, ED 335/1.
148. Ebd.
149. Brief Libertas an Marie Luise Schulze, 29.4.1936, außerdem Brief vom 23.4.1936, IfZ München, ED 335/1.
150. Brief Harro an seine Eltern, 26.10.1936, IfZ München, ED 335/1.
151. Brief Libertas an Marie Luise Schulze, 29.4.1936, IfZ München, ED 335/1.

152. Brief Harro an seinen Bruder Hartmut, undatiert, GDW, RK. Ebenso die beiden folgenden Zitate.

153. Ebd.

154. Ebd. Siehe auch Coppi, Hans, »Bericht über die Reise in die BRD vom 28.9.-3.10.1989«, 1. Gespräch mit Hartmut Schulze-Boysen, GDW, RK, S. 3.

155. Brief Libertas an die Reichsleitung der NSDAP München, 12.1.1937, GDW, RK.

156. Salomon, a. a. O., S. 398.

157. Brief Harro an seine Eltern, 24.2.1937, IfZ München, ED 335/1.

158. Brief Harro an seine Eltern, 9.12.1937, IfZ München, ED 335/1.

159. Coppi, Hans, »Gespräch mit Vera und Wolfgang Rittmeister«, 1990, GDW, RK, S.2.

160. Giselas Vater ist der Neffe des Fürsten Philipp zu Eulenburg.

161. Dissel, Werner, »Jour Fixe 1936«, GDW, RK, S. 1.

162. Bundesarchiv, R/3017, Archivnr. 5574, S. 14 (»Zur Sache«).

163. Ebd, S. 24 und S. 30.

164. Bundesarchiv, R/30171, Archivnr. 5574, Der Polizeipräsident in Berlin, 6.4.1937, S. 2.

165. Ebd. »Zur Sache«, S. 13.

166. Ebd. Aussage ihres Bruders vom 18.2.1938.

167. Ebd.

168. Vgl. Paul, Elfriede, »Ein Sprechzimmer der Roten Kapelle«, Berlin 1987, S. 107/108.

169. Fechter, Paul, »An der Wende der Zeit. Menschen und Begegnungen«, Berlin 1950, S. 288 ff. Klaus Mann beschreibt Oda als »grotesk und hochbegabt, mit einem merkwürdig kurzen, mongolischen Gesicht, (die) pittoresk in sich zusammengeduckt auf Schränken oder Fenstersimsen zu hocken liebte. Sie konnte phantastische und krasse Tänze aufführen; ebenso phantastisch und krass konnte sie zeichnen und malen. Auf ihren Blättern hoben sich Gespenster aus Flaschen, Schlangen kringelten sich um verkrümmte Bäume. (...) Oft (war sie) von stummer Traurigkeit, oft von hopsender Tanzlust« (Mann, Klaus, »Kind dieser Zeit«, Hamburg 1987, S. 147,

zitiert nach Andresen, Geertje,»Oda Schottmüller – Die Tänzerin, Bildhauerin und Nazigegnerin«, a. a. O., S. 50).

170. Dissel, Werner,»Bericht über Harro Schulze-Boysen«, GDW, RK, S. 29.

171. Ebd., S. 37.

172. Dahl, Herbert,»Bericht über meine Beziehungen zu Harro Schulze-Boysen«, GDW, RK. Siehe auch, Coppi, Hans,»Wege in den Widerstand«, a. a. O., S. 184.

173. Coppi, Hans,»Wege in den Widerstand«, a. a. O., S. 276, sowie Dissel, Werner,»Bericht über Harro Schulze-Boysen«, a. a. O., S. 29.

174. Dissel, Werner,»Bericht über Harro Schulze-Boysen«, a. a. O., S. 36.

175. Der Reichsführer-SS, Persönlicher Stab an das SD-Hauptamt, 3.6.1937. Vgl. Coppi, Hans,»Wege in den Widerstand«, a. a. O., S. 185 ff.

176. Ebd.

177. Dissel, Werner,»Erinnerung an Begegnung mit Harro Schulze-Boysen im RLM«, 24.11.1988, GDW, RK, S. 3 ff.

178. Ebd. Auch die folgenden Zitate hier.

179. Ebd.

180. Kurzbiografie von Harro Schulze-Boysen, undatiert, vermutlich Spätherbst 1936, IfZ München, ED 335/1.

181. Brief Harro an seine Eltern, 12.9.1936, IfZ München, ED 335/1.

182. »Die 5. Abteilung des Generalstabes der Luftwaffe« (Ic), 1.1.1938 – 1.10.1942, Ausarbeitung des Generalleutnants Schmid, 1945, GDW, RK.

183. Brief Harro an seine Eltern, 6.9.1936, IfZ München, ED 335/1.

184. Brief Harro an seine Eltern, 12.9.1936, IfZ München, ED 335/1.

185. Archiv des Auslandsnachrichtendienstes Moskau,»Akte Korsikanez«, Nr. 34118, Bd. 1, GDW, RK, Bl. 220.

186. Brief Libertas an Harro, 11.11.1937, GDW, RK.

187. Brief Harro an seine Eltern, 23.10.1937, IfZ München, ED 335/1.

188. Brief Harro an seine Mutter, 13.10.1937, IfZ München, ED 335/1. Auch das vorige Zitat.

189. Brief Libertas an Harro, 21.10.1937, GDW, RK.

190. Ebd.

191. Brief Libertas an Harro, 1.11.1937, GDW, RK.

192. Weisenborn, Günther,»Memorial«, 1976, S. 15/16, für die gesamte Sequenz.

193. Brief Libertas an Marie Luise und Erich Edgar Schulze, 21.12.1937, GDW, RK.

194. Brief Harro an seine Eltern, 27.12.1937, IfZ München, ED 335/1.

195. Ebd.

196. Ebd.

197. Brief Harro an seine Eltern, 27.12.1937, IfZ München, ED 335/1, ebenso die drei folgenden Zitate.

198. Weisenborn, Günther, Private Tagebücher, Heft 13, Eintrag 20.1.1938. Privatarchiv Christian Weisenborn.

199. Ebd., Eintrag 27.1.1938.

200. Ebd., Einträge 10. und 12.2.1938.

201. Bundesarchiv, R/3017, Archivnr. 5574,»Zur Sache«, S. 16.

202. Bundesarchiv, R/3017, Archivnr. 5574,»Akte des Oberreichsanwalts beim Volksgerichtshof in der Strafsache gegen Gisela von Poellnitz«, 21.5.1938.

203. Insgesamt 17 verschiedene Dokumente werden sichergestellt, z. B. »The Aeroplane, Der technische Stand der britischen Luftwaffe«, 12.5.1937, oder der»United Services Review«, 18.3.1937:»Luftkrieg über Spanien«, siehe auch:»Nachweisung der sichergestellten Gegenstände« in: Durchsuchungsbericht Geheimes Staatspolizeiamt, 17.2.1938 (Bundesarchiv, R/3017, Archivnr. 5574).

204. Weisenborn, Günther,»Memorial«, a. a. O., S. 15.

205. Bundesarchiv, R/3017, Archivnr. 5574,»Zur Sache«, S. 31.

206.»Akten des Oberreichskriegsanwaltes in der Strafsache gegen den Professor Gefr Dr. Werner Krauss wg Landesverrats«,»Vernehmungsprotokoll der Gestapo von Fritz Thiel«, 23.9.1942, S. 3, GDW, RK 29/39. Siehe auch Roloff, Stefan,»Rote Kapelle«, a. a. O., S. 170, sowie Weisenborn, Günther, Private Tagebücher, Notiz 3.3.1938.

207. Brief Harro an seine Eltern, 27.1.1938/28.1.1938, IfZ München, ED 335/1.

208. Weisenborn, Günther, Private Tagebücher, Notiz 3.3.1938.

209. Brief Libertas an Marie Luise Schulze, 12.1.1939, GDW, RK.

210. Weisenborn, Günther, Private Tagebücher, Notiz 27.3.1938. Mitte Mai fahren die beiden Verliebten außerdem zum Kurzurlaub auf die Insel Hiddensee (Notiz 17. und 18.5.1938):»Den ganzen Tag nackt in den Dünen gelegen, gelaufen, gespielt, geliebt, glühend heiß, animalisch, geklettert, geschwommen, Libs und ich, braun. (...) Haben wunderschönes Schlafzimmer: Vollmond, Nachtigall, Mai, Ostsee vor der Terrasse, Liebe!«

211. »A-Kartei«, 17.10.1938, GDW, RK 15/17–15/20.

212. Silone Ignazio, in:»Gratulatio für Joseph Caspar Witsch zum 60. Geburtstag am 17. Juli 1966«, Köln 1966, S. 272.

213. Mann, Thomas, »Tagebücher 1937–1939«, Frankfurt/M. 1980, S. 267.

214. Gestapo-Abschlussbericht, GDW, RK, S. 51.

215. Brief von Libertas an Marie Luise Schulze, 21. August 1938, GDW, RK. Darin weiter:»Weisenborn will, dass ich überall hin mit zur Regie u. Inszenierung fahre; dabei lernt man nat. auch sehr viel u. ich freue mich darauf. Die Monologe sind allgem. sehr umstritten. Ich fürchte fast, wir werden auf sie verzichten müssen, weil den Menschen dafür noch etwas das Verständnis fehlt. Der Schluss ist ganz v. mir ... ich gebe zu, ich hatte da auch den Film vor Augen, aber er lässt sich auch bühnentechnisch herausbringen. Uebrigens haben wir verschiedene Angebote wegen Verfilmung. Dann würden wieder Weisenborn u. ich das Drehbuch schreiben, was sehr viel Geld bringt.«

216. https://www.ns-archiv.de/krieg/1938/tschechoslowakei/wollen-keine-tschechen.php.

217. Brief Harro an seinen Vater, 1.10.1938, IfZ München, ED 335/1.

218. Weisenborn, Günther, Private Tagebücher, Eintrag 30.9. und 1.10.1938.

219. Brief Harro an seinen Vater, 1.10.1938, IfZ München, ED 335/1.

220. Coppi, Hans, »Wege in den Widerstand«, a. a. O., S. 187.

221. Handakte in der Strafsache gegen Elfriede Paul, Anklageverfügung, Reichskriegsgericht, 16.1.1943, GDW, RK 2/7, S. 2.

222. Bartz, Karl, »An das Wehrbezirkskommando Berlin IX«, 5.8.1937, GDW, RK.

223. Brief Harro an seine Eltern, 11.11.1938, IfZ München, ED 335/1. Ihren alten Wagen, den »Spengler«, hat Libertas an Günther Weisenborn verkauft.

224. Ebd.

225. Ebd.

226. Silone, Ignazio, a. a. O., S. 272/273.

227. Ebd.

228. Brief Harro an seine Eltern, 11.11.1938, IfZ München, ED 335/2.

229. Vgl. Weisenborn, Günther, »Memorial«, a. a. O., S. 191.

230. Kuckhoff, Greta, »Vom Rosenkranz zur Roten Kapelle«, Berlin 1972, S. 236.

231. Brief Libertas an Harros Eltern, 21.11.1938, IfZ München, ED 335/2.

232. Brief Libertas an Erich Edgar Schulze, 1.10.1939, IfZ München, ED 335/2.

233. Brief Harro an seine Eltern, 3.1.1934, IfZ München, ED 335/1.

234. Brief Libertas an Harros Eltern, 1.10.1939, IfZ München, ED 335/2.

235. Brief Harro an seine Eltern und seinen Bruder Hartmut, vermutl. Anfang Juli 1939, IfZ München, ED 335/1.

236. Brief Harro an seine Eltern, 8.7.1939, IfZ München, ED 335/1.

237. Hotelprospekt »Herm. Blode, Nidden (Kurische Nehrung) Memelgebiet«, Museum Blode, Nida, Litauen.

238. Werbeannonce der Memeler Dampfschiffahrts-Gesellschaft, »Nehrungs-Bäderdienst«, Museum Blode, Nida, Litauen.

239. Vgl. Mann, Thomas, »Mein Sommerhaus«, erstmals erschienen: »Beilage zum Wochenbericht IV/22 des Rotary Clubs München«, Dezember 1931.

240. Mündlicher Bericht von Johannes Haas-Heye an Silke Kettelhake. Vgl. Kettelhake, Silke, »Erzähl allen, allen von mir! Das schöne kurze Leben der Libertas Schulze-Boysen 1913–1942«, München 2008, S. 248.

241. Vgl. Brief Harro an seinen Vater, 4.8.1939, IfZ München, ED 335/1.

242. Akten des Oberreichskriegsanwaltes in der Strafsache Lotte Schleif, Vernehmungsprotokoll der Gestapo, 25.9.1942, GDW, RK 1/5, S. 5.

243. Ebd., S. 1.

244. Brief Elfriede Paul an Walter Küchenmeister, 13.11.1939, Bundesarchiv, NY 4229/21, Briefwechsel Elfriede Paul und Walter Küchenmeister.

245. Ebd., auch das Folgezitat.

246. Weisenborn, Günther, »Memorial«, a.a.O., S. 19.

247. Vgl. Brief Harro an seinen Vater, 30.8.1939, IfZ München, ED 335/1.

248. Weisenborn, Günther, »Memorial«, a.a.O., S. 19, auch die folgenden Zitate und Beschreibungen in dieser Sequenz.

249. Vgl. Henderson, Neville, »Failure of a Mission – Berlin 1937–1939«, London 1940, S. 288.

250. Brief Elfriede Paul an Walter Küchenmeister, 8.9.1939, Bundesarchiv, NY 4229/21, Briefwechsel Elfriede Paul und Walter Küchenmeister.

251. Engelsing-Kohler, Ingeborg, »Erinnerungen an Harro und Libertas Schulze-Boysen«, GDW, RK.

252. Ebd.

253. Malek-Kohler, Ingeborg, »Im Windschatten des Dritten Reiches. Begegnungen mit Künstlern und Widerstandskämpfern«, Freiburg 1986, S. 181.

254. Engelsing-Kohler, Ingeborg, »Erinnerungen an Harro und Libertas Schulze-Boysen«, GDW, RK, S. 5.

255. Ebd., S. 2.

256. Vgl. Brief Harro an seinen Vater, 1.5.1939, IfZ München, ED 335/1.

257. Vgl. Brief Harro an seine Eltern, 16.9.1939, IfZ München, ED 335/1.

258. Brief Libertas an Marie Luise Schulze, 12.1.1939, GDW, RK.

259. Brief Libertas an Erich Edgar Schulze, 1.10.1939, GDW, RK.

260. Brief Libertas an ihren Vater Otto Haas-Heye, 16.8.1939, LA-1.23.

261. Brief Libertas an Erich Edgar Schulze, 1.10.1939, GDW, RK.

262. Ebd.

263. Scheel, Heinrich,»Vor den Schranken des Reichskriegsgerichts: mein Weg in den Widerstand«, Berlin 1993.

264. Roloff, Stefan,»Rote Kapelle«, a. a. O., S. 48, auch das Folgezitat.

265. So helfen Helmut und Mimi beispielsweise bei der Verbreitung der Predigt des Bischofs Clemens August Graf von Galen, der die sogenannte Euthanasie, die Tötung von »lebensunwertem Leben«, als das darstellt, was es ist: Mord. Die Aktion des Bischofs hat Erfolg: Die *T4* genannte Aktion wird nicht wieder aufgenommen.

266. Weisenborn, Günther, Private Tagebücher, Eintrag 8.5.1940.

267. Brief Harro an seine Eltern, 9.8.1940, IfZ München, ED 335/1.

268. Brief Libertas an Erich Edgar Schulze, 13.12.1940, GDW, RK.

269. Auch Harro hilft ihr dabei: Zwei Filmkritiken schreibt er selbst und zieht dabei derart »vom Leder«, dass er scherzt:»Hoffentlich sperrt man Libs nicht dafür ein.« Siehe Brief Harro an seine Eltern, 21.8.1940, IfZ München, ED 335/1.

270. Wegner, Wenke,»Libertas Schulze-Boysen – Filmpublizistin«, München 2008, S. 107. Hingewiesen sei z. B. auf Libertas' Rezension der Verfilmung von »Das Mädchen von Fanö« nach einer Romanvorlage von Günther Weisenborn. Der *Zeitschriften-Dienst* fordert,»bei der Behandlung dieses Films (...) vom *Bild* auszugehen.« Aber für Libertas ist etwas anderes entscheidend: die Abweichung des Drehbuchs vom Original. Die filmische Umsetzung der beiden weiblichen Hauptfiguren missfällt ihr, da sie ihrer Ansicht nach an zeitgenössischer und realistischer Kontur verloren haben und zeigen, wie weibliches Heldentum auf Duldsamkeit gründet und nicht auf Unabhängigkeit:»Aus der Hauptfigur, dem leidenschaftlich-kapriziösen Mädchen von Fanö wird am Ende doch ein braves Fischerweib, und aus Angens, ihrer Rivalin, deren im Roman so trefflich geschilderte blutarme Engelhaftigkeit den Fischer Ipke der andern in die Arme treibt, eine heldisch-starke Dulderin, die am Schluss reich ausgeht« (Ebd., S. 119).

271. Vgl. Würmann, Carsten,»Zwischen Unterhaltung und Propaganda: Das Krimigenre im Dritten Reich«, Freie Universität, Berlin 2013, S. 256 ff.

272. George Messersmith an Herbert Feis, 4.6.1938, State Department Documents RG 59, 123, H 353/214, NA, zitiert nach Brysac, Shareen Blair, »Resisting Hitler – Mildred Harnack and the Red Orchestra«, S. 225. Siehe auch: State Department cable von Ferdinand Mayer, chargé d'affaires, to the Secretary of State, August 13, 1937. State Department Documents RG 59, 862–50, NA. Attaché's report on espionage, Sept. 16, 1937.

273. »Akte Korsikanez«, a. a. O., Bl. 63.

274. Ebd., Eintrag 2.10.1940, Bl. 23.

275. Brief Harro an seine Eltern, 23.1.1941, IfZ München, ED 335/1.

276. Brief Harro an seine Eltern, 3.2.1941, IfZ München, ED 335/1.

277. Schmid, Joseph, »Entstehung, Aufgaben und Wesen des Generalstabes der deutschen Luftwaffe«, GDW, RK, S. 140.

278. Gestapo-Berichte 1939 bis 1943, Bd. 2, Berlin 1989, S. 184.

279. Brief Harro an seine Mutter, 11.3.1941, IfZ München, ED 335/1.

280. »Akte Korsikanez«, a. a. O., Bl. 206.

281. Ebd., Bl. 243, auch das Folgezitat.

282. Ebd., Bl. 225, auch das Folgezitat.

283. https://www.youtube.com/watch?v=2_u8iwRlRes, ab Minute 2.

284. Libertas an Marie Luise Schulze, 28.5.1941, GDW, RK.

285. Ebd.

286. Vgl. Coppi, Hans, Jürgen Danyel und Johannes Tuchel, »Die Rote Kapelle im Widerstand gegen den Nationalsozialismus«, Berlin 1994, S. 136.

287. Weisenborn, Günther, Private Tagebücher, Eintrag 17.6.1941.

288. Kuckhoff, Greta, »Vom Rosenkranz zur Roten Kapelle«, a. a. O., S. 284/285.

289. Brief von Libertas an Marie Luise Schulze, 13.6.1941, GDW, RK.

290. Kuckhoff, Greta, »Vom Rosenkranz zur Roten Kapelle«, a. a. O., S. 287.

291. Das erste hat Korotkow laut Greta Kuckhoffs Berichten an sie übergeben.

292. Kuckhoff, Greta, GDW, RK, 34/62, Bl. 389 ff.

293. »Akte Korsikanez«, Bl. 346/347.

294. Siehe in diesem Zusammenhang: Höhne, Heinz, »Kennwort: Direktor. Die Geschichte der Roten Kapelle«, Frankfurt/M., 1970, S. 117.

295. »Akte Korsikanez«, a. a. O., Bl. 347 sowie Coppi, Hans et al., »Die Rote Kapelle im Widerstand«, a. a. O., S. 137.

296. »Akte Korsikanez«, a. a. O., Bl. 50.

297. Coppi, Hans et al., »Die Rote Kapelle im Widerstand«, a. a. O., S. 138.

298. Weisenborn, Günther, Private Tagebücher, Eintrag 3.9.1941.

299. Für die Reise Kents nach Berlin siehe »Protokoll der Vernehmung des Verhafteten Gurewitsch Anatolij Markowitsch«, 13.5.1946, GDW, RK.

300. Ebd., ebenso Rest der Sequenz. »Nach Prag habe ich mich deswegen begeben, weil ich von dem Direktor in Moskau Anweisung erhalten hatte, in Prag eine Bildersammlung aufzusuchen, um dort unter Bezugnahme auf ein Heiligenbild ein Zusammentreffen mit einem mir unbekannten Mann, der ebenfalls in unserer Organisation tätig sein muss, herbeizuführen«, wie Kent es in einer Vernehmung konkretisiert.

301. Protokoll Vernehmung Kent durch die Gestapo am 23.11.1942, S. 12 ff., GDW, RK.

302. Bock, Michael und Michael Töteberg: »Das Ufa-Buch. Kunst und Krisen, Stars und Regisseure, Wirtschaft und Politik«, Frankfurt a. M. 1992, S. 438–443. Neumann: »Es ist notwendig, mit den Kulturfilmschaffenden, um sie wirklich führen und steuern zu können und sie auf die Wünsche des Staates auszurichten, einen ständigen engen Kontakt herzustellen. Dabei darf man bei ihnen nicht die Empfindung aufkommen lassen, dass sie unter Zensur stehen.«

303. Nach heutigem Geldwert ca. 3200 Euro. Einen letzten Artikel schreibt Libertas noch für das Feuilleton der National-Zeitung. Er wird am 13. November 1941 veröffentlicht und stellt ihre Freundin Oda Schottmüller vor: »Auferstehung der Maske im Kunsttanz.«

304. Andresen, Geertje, »Oda Schottmüller – Die Tänzerin, Bildhauerin und Nazigegnerin«, Berlin 2005, S. 295.

305. Brief von Libertas an Marie Luise Schulze, 6.1.1942, GDW, RK.

306. Flugschrift »Die Sorge um Deutschlands Zukunft geht durch das Volk«, GDW, RK.

307. Andresen, Geertje, a. a. O., S. 236.

308. Brief Harro an seine Eltern, 29.10.1940, IfZ München, ED 335/1.

309. Ebd.

310. Brief Harro an seinen Vater, 3.5.1942, IfZ München, ED 335/1.

311. Flügge, Manfred, »Meine Sehnsucht ist das Leben«, Berlin 1998, S. 116 ff.

312. Vgl. Scheel, Heinrich, a. a. O., S. 214.

313. Hildebrandt, Rainer, »Wir sind die Letzten: aus dem Leben des Widerstandskämpfers Albrecht Haushofer und seiner Freunde«, o. O. 1949, S. 138.

314. Scheel, Heinrich, »Vor den Schranken«, a. a. O., S. 214, auch das Folgezitat.

315. Vgl. Poelchau, Harald, »Die letzten Stunden, Erinnerungen eines Gefängnispfarrers, aufgezeichnet von Graf Alexander Stenbock-Fermor«, Berlin 1949, S. 69.

316. Roloff, Stefan, a. a. O., S. 84.

317. Flugschrift »Die Sorge«, a. a. O., ebenso die folgenden Zitate.

318. Roloff, Helmut, »Bericht – Über die Arbeit in einem Teil der Gruppe Schulze-Boysen«, GDW, RK, S.1.

319. Roloff, Stefan, a. a. O., S. 63 ff.

320. Ebd.

321. Ebd., S. 65/66.

322. Ebd, S. 67.

323. Schmidt, Helmut (Hrg.), »John Sieg, einer von Millionen spricht. Skizzen, Erzählungen, Reportagen, Flugschriften«, Berlin 1989.

324. Flugschrift »Offener Brief an die Ostfront«, GDW, RK.

325. Vgl. Feldurteil gegen Harro Schulze-Boysen u. a. vom 19.12.1942, GDW, RK 1/2, S. 15/16 und S. 21.

326. Bericht Alexander Spoerl, GDW, RK 11/14, S. 1.

327. Ebd., S. 3. Nach dieser Unterredung unterzeichnet Spoerl den Vertrag. Abends wird er in die Altenburger Allee eingeladen, wo er bei

einer dreistündigen Besprechung mit Libertas auch Harro kennenlernt. Vom Vorhandensein eines Widerstandsnetzwerks erfährt er
nichts und hält Libertas zunächst lediglich für eine politische Idea-
listin, bei der ihm »manches etwas kühn« vorkommt.

328. Brief Harro an Stella Mahlberg, 6.4.1942, GDW, RK 9/13.
329. Ebd.
330. Brief Harro an Stella Mahlberg, 12.4.1942, GDW, RK 9/13.
331. Tosca Grill, Antonia, »Philipp Schaeffer – mein Vater«, Vortrag
am 17.06.2003 anlässlich der Ausstellungseröffnung über Philipp
Schaeffer in der Philipp-Schaeffer-Bibliothek, Berlin-Mitte.
332. Coppi, Hans, »Philipp Schaeffer, Orientalist, Bibliothekar, Widerstandskämpfer«, in: IWK Internationale wissenschaftliche Korrespondenz zur Geschichte der deutschen Arbeiterbewegung, 41. Jg.,
September 2005, Heft 3, Seite 366–386, S. 383/84.
333. Später, Jörg, »Vansittart: britische Debatten über Deutsche und
Nazis 1902–1945«, Göttingen 2003, S. 193.
334. Brief Harro an seine Eltern, 25.7.1942, IfZ München, ED 335/1.
335. Harro und seine Mitstreiter sind nicht die Einzigen, die etwas gegen
die Propagandashow im Herzen der Hauptstadt unternehmen.
Herbert Baum und einige seiner jüdischen Freunde betreten am
18. Mai 1942 die Ausstellung. Sie haben eine Tasche bei sich, in
der ein Sprengstoffkanister verborgen ist, und stellen sie in einem
unbeobachteten Moment in einer Kate ab, wo ein verwahrlostes
»russisches Bett« präsentiert wird. Als die Tasche brennt, verlassen sie, da ein Aufseher erscheint, rasch die Ausstellung. Ihre als
Brandbeschleuniger mitgebrachten Brandplättchen kommen nicht
mehr zum Einsatz, weshalb nur geringer Schaden entsteht. Baum
kommt in Gestapohaft ums Leben, 28 Mitglieder seiner Gruppe
werden vom NS-Regime ermordet.
336. Vgl. Plakat zur gleichen Ausstellung in Wien vom 13.12.1941 bis
1.2.1942: »In ungezählten Soldatenbriefen, Berichten und Erleb-
nisschilderungen wird immer wieder festgestellt, dass die leben-
digste Phantasie nicht ausreicht, sich nach dem gedruckten oder
gesprochenen Wort oder auch nach dem Bild die tatsächliche,

abgrundtiefe Verkommenheit und das Elend des bolschewistischen Sklavenstaates zu vergegenwärtigen.«

337. Goebbels, Joseph, »Die Tagebücher von Joseph Goebbels. Teil 2, Diktate 1941–1945; Bd. 6, Oktober–Dezember 1942«, München 1996.

338. »Indem wir diesen Gegner zerschlagen, nehmen wir vom deutschen Reich und ganz Europa eine Gefahr hinweg, wie sie seit den Zeiten der Mongolenstürme entsetzlicher nicht mehr über dem Kontinent schwebte«, steht in großen Lettern am Ausgang des Sowjet-Paradieses.

339. Schmid, Joseph, »Entstehung, Aufgaben und Wesen des Generalstabes der deutschen Luftwaffe«, GDW, RK, S. 47.

340. Kerbs, Diethart, »John Graudenz (1884–1942) Bildjournalist und Widerstandskämpfer«, GDW, RK, S. 7.

341. Bock, Michael und Michael Töteberg, a. a. O., S. 438–443.

342. Brief Harro an seine Schwester, seinen Bruder und seine Mutter, 19.5.1942, IfZ München, ED 335/1.

343. Brief Harro an seine Mutter, 8.1.1934, IfZ München, ED 335/1.

344. Siehe »Akten des Oberreichskriegsanwaltes in der Strafsache gegen den Professor Gefr Dr. Werner Krauss wg Landesverrats«, GDW, RK 29/39, Bl. 40 sowie RK 28/38, Bl. 38, 302, 303, 374.

345. Im Gestapo-Verhör gibt Professor Werner Krauss an, er habe die Uniform bewusst angezogen, um der Unternehmung eine zeitliche Grenze zu setzen. Siehe »Akten des Oberreichskriegsanwaltes in der Strafsache gegen den Professor Gefr Dr. Werner Krauss wg Landesverrats«, GDW, RK 29/39, Bl. 40.

346. Engelsing-Kohler, Ingeborg, »Erinnerungen an Harro und Libertas Schulze-Boysen«, a. a. O., S. 4. Siehe auch: Coppi, Hans, »Gespräch mit Frau von Schönebeck am 15.4.1989«, GDW, RK, S. 13.

347. Brief Harro an Stella Mahlberg, undatiert, GDW, RK 9/13.

348. Boysen, Elsa, a. a. O., S. 9.

349. Brief Harro an seine Eltern, 22.6.1942, IfZ München, ED 335/1.

350. Brief Harro an Stella Mahlberg, 20.6.1942, GDW, RK 9/13. Sowie das folgende Zitat.

351. Brief Harro an Horst Heilmann, 18.6.1942, GDW, RK.

352. Brief Harro an seine Eltern, 22.6.1942, IfZ München, ED 335/1.

353. »Protokoll über die Befragung des Genossen Johann Wenzel vom 19.10.1967«, GDW, RK 43/112, S. 60/61.

354. »11 Gebote für das Verhalten Verhafteter«, GDW, RK 39/84, S. 8.

355. Wenzel, a. a. O., S. 61 ff.

356. Brief Harro an seine Eltern und seinen Bruder, 6.7.1942, IfZ München, ED 335/1.

357. Brief Harro an Stella Mahlberg, 5.8.1942, GDW, RK 9/13.

358. Brief Harro an seine Eltern und seinen Bruder, 6.7.1942, IfZ München, ED 335/1.

359. Ebd.

360. Ebd.

361. Brief Libertas an Marie Luise Schulze, 6.1.1942, GDW, RK.

362. Harnack, Arvid, »Das nationalsozialistische Stadium des Monopolkapitalismus«, zirkuliert als Flugschrift im Frühjahr 1942. Der Autor bleibt ungenannt. GDW, RK.

363. Brief Harro an seinen Vater, 24.12.1941, IfZ München, ED 335/1.

364. Brief Harro an seine Eltern, 6.2.1942, IfZ München, ED 335/1.

365. Brief Harro an seine Eltern, 25.7.1942, IfZ München, ED 335/1.

366. Brief Harro an seine Eltern, 6.7.1942, IfZ München, ED 335/1.

367. Brief Harro an seine Eltern, 23.8.1942, IfZ München, ED 335/1.

368. Schattenfroh, Reinhold und Johannes Tuchel, »Zentrale des Terrors – Prinz-Albrecht-Straße 8: Hauptquartier der Gestapo«, Berlin 1987, S. 378.

369. »Falk Harnack: über Arvid und Mildred Harnack«, GDW, RK 32/55, S. 10.

370. Für den Historiker Hans Mommsen stellte das Kreisauer Programm einen »[...] umfassenden Zukunftsentwurf dar, dessen Kühnheit und innere Stringenz von anderen politischen Reformkonzepten des deutschen Widerstandes gegen Hitler nicht übertroffen worden ist«.

371. Trepper, Leopold, »Die Wahrheit – Autobiographie des ›Grand Chef‹ der Roten Kapelle«, München 1975, S. 134.

372. Trepper, Leopold, a. a. O., S. 134. Dieser Darstellung ist mit Vorsicht zu begegnen, da Trepper seine Quellen nicht benennt.

373. Weisenborn, Günther, »Memorial«, a. a. O., S. 66. So wird Günther Weisenborn einige Tage später seine eigene Erfahrung beschreiben. Seine Formulierungen sind hier auf Harro übertragen.

374. Roloff, Stefan, a. a. O., S. 36/37.

375. »Falk Harnack: über Arvid und Mildred Harnack«, GDW, RK 32/55.

376. Ein paar Gaswagen sind dort auch geparkt, doch die meisten Königsberger Juden werden von achtzig Schutzpolizisten und Angehörigen der Waffen-SS erschossen: genau jene Einsatzgruppen und Polizeihauptmänner, an die Adam Kuckhoffs »Brief an die Ostfront« adressiert ist.

377. Postkarte an Gertrud Müller (Haushälterin), 2.9.1942, GDW, RK 13/15.

378. Siehe z. B. Interview mit Heinrich Scheel in »Erfasst? Das Gestapo-Album zur Roten Kapelle – Eine Foto-Dokumentation«, Berlin 1992, S. 300.

379. Höhne, Heinz, »Kennwort: Direktor. Die Geschichte der Roten Kapelle«, a. a. O., S. 189, sowie Brief Heinrich Scheel an Ricarda Huch, 23.6.1946, GDW, RK 8/13, S. 4.

380. Schattenfroh, Reinhold und Johannes Tuchel, a. a. O., S. 381. Siehe auch: »Auszüge von einer Vernehmung M. Roeders durch Kempner«, GDW, RK 8/13, Bl. 45. Roeder: »Verschärfte Vernehmungen sind angewendet worden bei Schulze-Boysen …«

381. Bergander, Hiska, »Das Ermittlungsverfahren gegen Dr. jur. et rer. pol. Manfred Roeder, einen ›Generalrichter‹ Hitlers«, Inauguraldissertation, Universität Bremen, S. 13.

382. http://www.spiegel.de/spiegel/print/d-29193277.html. Die Beschreibung der möglichen Erfahrungen Harros im »Stalinzimmer« beruht auf der Annahme, dass sich die Prozedur bei den Folterungen in diesem Zeitraum in der Prinz-Albrecht-Straße 8 ähnelt. Eine Quelle für die tatsächlichen Folterungen an Harro existiert nicht, nur Quellen, wonach solche Folterungen stattgefunden haben.

383. Egmont Zechlin, »Arvid und Mildred Harnack zum Gedächtnis – Aus der Geschichte der deutschen Widerstandsbewegungen«, GDW, RK 13/15, S. 22.

384. Mann, Thomas, »Mein Sommerhaus«, a. a. O.

385. Brief Arvid Harnack an Mildred Harnack, 14.12.1942, GDW, RK 32/55, Bl. 123 ff.

386. Zechlin, a. a. O., S. 22, ebenso das folgende Zitat.

387. Mann, Thomas, »Mein Sommerhaus«, a. a. O.

388. Egmont, a. a. O., S. 22 ff. Alle Zitate und Beschreibungen in dieser Sequenz.

389. »Aufzeichnung von Johannes Haas-Heye, Bruder von Libertas«, GDW, RK 37/67.

390. Linke, Magda, »Meine Erinnerungen an Libertas Schulze-Boysen«, GDW, RK 37/67, S. 3.

391. »Gespräch mit van Hoffmann-Breites«, 23.3.1968, Nachlass Heinz Höhne, Spiegel-Archiv

392. Vgl. Roloff, Stefan, a. a. O., S. 166/167.

393. Ebd., S. 45.

394. Ebd.

395. »Werner Krauss: über meine Beteiligung an der Aktion Schulze-Boysen mit Anmerkungen von Greta Kuckhoff«, GDW, RK 33/58.

396. Kuckhoff, Greta, »Vom Rosenkranz zur Roten Kapelle«, a. a. O., S. 326–333. Siehe auch RK 35/64, Bl. 119.

397. Vgl. Döblin, Alfred, Berlin Alexanderplatz, Frankfurt/M. 2013, S. 144.

398. Vgl. Roloff, Stefan, a. a. O., S. 35.

399. Ebd., S. 36.

400. Brief Heinrich Scheel an Ricarda Huch, 23.6.1946, GDW, RK 8/13, S. 3.

401. Bauer, Arnold, »Erinnerungen an Harro Schulze-Boysen«, GDW, RK, 37/67, S. 8, siehe auch Bauer in RK 11, Bl. 105/106 und 194 ff.

402. »Protokoll über die Befragung des Genossen Prof. Dr. Heinrich Scheel vom März 1968«, GDW, RK 42/102, S. 1.

403. Havemann, Wolfgang, »Arbeitsmaterial zur Widerstandsorganisation Rote Kapelle, Juni 1968«, GDW, RK 39/81, S. 41.

404. Scheel, Heinrich, »Vor den Schranken«, a. a. O., S. 201 sowie Roloff, Stefan, a. a. O., S. 162.

405. Andresen, Geertje, a. a. O., S. 283.
406. Roloff, Stefan, a. a. O., S. 180.
407. »Bericht Greta Kuckhoff, 6. Februar 1947«, GDW, RK 11/14.
408. Roloff, Stefan, a. a. O., S. 275.
409. Ebd., S. 176.
410. Ebd., S. 185, 191 und 193. So leugnet Ursula Goetze hartnäckig, dass ihr Freund Werner Krauss an der Zettelklebeaktion beteiligt war: »Ich bin ganz allein kleben gewesen und zwar ohne Begleitung«, gibt sie zu Protokoll: »Krauss machte mir deshalb Vorwürfe und bezeichnete meine Teilnahme an der Klebeaktion als falsch und erklärte, dass ich so etwas nicht tun dürfe.« Dieses Bekenntnis stützt die Aussage von ihm selbst, dessen Strategie es ist, alles abzustreiten: »Mir ist schon der Begriff *Klebeaktion* völlig unbekannt.« Erst als Ursula Goetze zugibt – wieso sie dies tut, ist nicht mehr zu rekonstruieren –, dass ihr Freund in der Nacht des 17. Mai 1942 doch am Sachsendamm mit ihr unterwegs war, ändert er seine Darstellung und behauptet, er sei hinter ihr hergelaufen, freilich völlig ahnungslos. Im Gestapo-Protokoll liest sich seine Aussage so: »Ich habe selbst an dem fraglichen Abend nicht gewusst, dass Ursula Goetze Hetzzettel kleben wollte. In der Gegend des Sachsendamms bin ich etwa 30 m hinter ihr gegangen, um in ihrer Nähe zu bleiben. Ob die Goetze Zettel geklebt hat, habe ich nicht gesehen. Ich habe nur von weitem ihre Umrisse erkennen können und folgte ihr durch die einzelnen Straßen. Wenn mir vorgehalten wird, dass nach 23 Uhr die Umrisse der Goetze noch von weitem zu erkennen waren und es daher unglaubhaft erscheint, wenn ich behaupte, nicht gesehen zu haben, dass die Goetze mehrere Zettel an Haltestellen, Laternenpfählen, Anschlagplakaten und Häuserfronten geklebt hat, so erkläre ich hierzu, dass ich kein Interesse an der Wahrnehmung ihrer Tätigkeit hatte und nur die Fühlung mit ihr aufrecht erhalten wollte.« So merkwürdig diese Darstellung auch ist, sie wird aktenkundig, da die Gestapo keine Hinweise hat, dass es anders war.
411. Kriegstagebuch Joseph Goebbels, Eintrag 23.9.1942, Bundesarchiv Koblenz, FB 5849.

412. Schulze, Erich Edgar,»Zum Gedächtnis meines Sohnes Harro«, handschriftlich, GDW, RK. Siehe außerdem: Aussagen von Erich Edgar Schulze am 13.2.1950 gegenüber Staatsanwalt Dr. Finck zur Verhandlung gegen Manfred Roeder. Alle Zitate und Beschreibungen dieser Sequenz.

413. Siehe Dienstkalender Heinrich Himmlers, 1941–42, Hamburg 1999, S. 577, 584.

414. Vgl. Weisenborn, Günther,»Memorial«, a. a. O., S. 47, auch das vorige Zitat.

415. http://www.spiegel.de/spiegel/print/d-29193277.html:»Fußfesseln waren an jedem Fußgelenk, dazwischen eine Kette. (...) Die Fußfesseln waren so eng, dass man keinen Schritt machen konnte.«

416. »Walter Habecker: German. A Gestapo Officer in Berlin«, British National Archives, KV 2/2752.

417. Abschrift 14.2.1947 Ingrid Kamlah, S. 1–3, siehe auch Brief Heinrich Scheel an Ricarda Huch, 23.6.1946, GDW, RK 8/13, S. 7.

418. Otto, Regine und Bernd Witte (Hrg.),»Goethe Handbuch«, Bd. 1, Stuttgart 2004, S. 501.

419. Perrault, Gilles,»Auf den Spuren der Roten Kapelle«, Hamburg, 1969, S. 279.

420. Bericht Alexander Spoerl, GDW, RK 11/14.

421. Greta Kuckhoff schreibt:»Dr. Roeder hat die Gefahr für den Nationalsozialismus – nicht für Deutschland – besonders deshalb gefürchtet, weil keine einseitige politische Ausrichtung, sondern eine breite, sich auf alle Schichten stützende Arbeit geleistet wurde. Die Verhaftungen geschahen in einem Augenblick, als er als hoher Offizier die militärische Lage Deutschlands übersehen konnte und verpflichtet gewesen wäre, die Notwendigkeit der Erledigung des Nationalsozialismus zum Wohle Deutschlands und der Welt zu erkennen. Aus persönlicher Eitelkeit, die aus jedem seiner Worte sprach, und aus persönlicher Machtgier und Rachelust hat er dafür gesorgt, dass die Urteile schwerer ausfielen, als sie vor dem 2. Senat des Reichskriegsgerichts sonst ausgefallen wären. Er hat die Methoden der Gestapo-Voruntersuchung, über die er informiert war, gut-

geheißen – wenn er nicht sogar die Befehle zu den Methoden gegeben hat.« (»Ausführungen zu Roeder«, GDW, RK 35/63, S. 4).

422. »Vortrag des Senatspräsidenten Kraell bei Göring über die ergangenen Urteile in der Strafsache Rote Kapelle«, in: Akten des Oberreichskriegsanwaltes in der Strafsache gegen den Uffz. Heinz Strehlow u acht andere, Band I und II, GDW, RK 27/38, Bl. 465 ff.

423. »Kennwort: Direktor«, in: Der Spiegel, Nr. 21, 20.5.1968, S. 80.

424. Bergander, Hiska, »Das Ermittlungsverfahren«, a. a. O., S. 18.

425. Harnack, Falk, »1. Besuch bei Arvid Harnack am 26.10.1942«, GDW, RK 32/55.

426. Harnack, Falk, »2. Besuch bei Arvid Harnack am 15.11.1942«, GDW, RK 32/55. Aus dramaturgischen Gründen sind die beiden Besuche Falks bei seinem Bruder hier zusammengezogen.

427. Ebd., Bl. 16.

428. »Zusammentreffen von Scholl und Schmorell mit Falk Harnack«, GDW, RK 23/37, S.19. Ebenso alle Zitate und Beschreibungen dieser Sequenz.

429. Der Spiegel, 9/2005, S. 77.

430. Protokoll Vernehmung Kent durch die Gestapo am 23.11.1942, GDW, RK, S. 11. Auch das vorherige Zitat.

431. Bergander, Hiska, »Das Ermittlungsverfahren«, a. a. O., S. 20.

432. Gestapo-Abschlussbericht, GDW, RK, S. 54.

433. Ebd., S. 55.

434. Tuchel, Johannes und Reinold Schattenfroh, »Zentrale des Terrors – Prinz-Albrecht-Straße 8: Hauptquartier der Gestapo«, Berlin 1987, S. 385: »Aus dem Sonderfonds des Herrn Reichsmarschall wurden ausbezahlt ...«

435. Brief Harro an seine Eltern, 10.12.1942, IfZ München, ED 335/1.

436. Brief Heinrich Scheel an Ricarda Huch, 23.6.1946, GDW, RK 8/13, S. 6.

437. Scheel, Heinrich, »Horst Heilmann – Hitlerjunge und Widerstandskämpfer«, Beitrag gehalten in der Universität Rostock, Februar 1988, S. 8.

438. Brief Heinrich Scheel an Ricarda Huch, 23.6.1946, S. 6.

439. Weitere Angeklagte an diesem Tag sind der 31-jährige Herbert Gollnow, ein Vertrauter von Arvid und Mildred Harnack, der außerdem mit Harro zusammengearbeitet hat, sowie der 47-jährige Kurt Schulze, der für die sowjetische Aufklärung tätig war und Hans Coppi im Funken unterrichtet hat.

440. Senatspräsident Dr. Kraell als Verhandlungsleiter, Reichskriegsgerichtsrat Dr. Schmitt und als weitere Beisitzer General Mußhoff, Vizeadmiral Arps, Generalmajor Stutzer.

441. Scheel, Heinrich, »Vor den Schranken«, a. a. O., S. 8.

442. Siehe auch Gestapo-Abschlussbericht: »Wie geschickt Schulze-Boysen zum Teil seine Zersetzungsarbeit betrieb, ergibt die von ihm verfasste politische Abhandlung über Napoleon Bonaparte, die er an eine Vielzahl von Intellektuellen u. a. auch an Offiziere bzw. an im Offiziersrang stehende Beamte verteilt hat.«

443. Feldurteil des Reichskriegsgerichts gegen Harro Schulze-Boysen u. a. vom 19.12.1942, GDW, RK 1/2.

444. Gestapo-Abschlussbericht, GDW, RK, S. 55.

445. Feldurteil des Reichskriegsgerichts gegen Harro Schulze-Boysen u. a. vom 19.12.1942, GDW, RK 1/2.

446. Brief Heinrich Scheel an Ricarda Huch, 23.6.1946, GDW, RK 8/13, S. 4.

447. 2. Abschiedsbrief von Libertas an ihre Mutter Tora, 22.12.1942, GDW, RK, S. 2.

448. Andresen, Geertje, a. a. O., S. 280. Ebenso die weiteren Zitate von Oda Schottmüller hier.

449. Weisenborn, Günther, »Memorial«, a. a. O., S. 95.

450. Feldurteil des Reichskriegsgerichts gegen Harro Schulze-Boysen u. a. vom 19.12.1942, GDW, RK 1/2, S. 12.

451. Ebd, S. 20.

452. Ebd.

453. Brief Heinrich Scheel an Ricarda Huch, 23.6.1946, GDW, RK 8/13, S. 7.

454. Feldurteil des Reichskriegsgerichts gegen Harro Schulze-Boysen u. a. vom 19.12.1942, GDW, RK 1/2.

455. Bundesarchiv Koblenz N1348, Eintrag Morell, 21.12.1942:»Zwei Eßlöffel Brom-Nervacit und eine Phanodorm.«

456. Oberkommando der Wehrmacht an den Präsidenten des Reichskriegsgerichts vom 21.12.1942, GDW, RK 29/43, Bl. 165.

457. Vermerk des Reichsjustizministeriums über die Errichtung eines Galgens in Plötzensee, 12.12.1942.

458. Weisenborn, Günther,»Memorial«, a.a.O., S. 8.

459. Schulze, Erich Edgar,»Harro Schulze-Boysen«, a.a.O., S. 16.

460. Harro Schulze-Boysen, gefunden im Sommer 1945 in Zelle 2 des Kellergefängnisses im RSHA, GDW, RK

461. Vgl. http://www.foerderverein-invalidenfriedhof.de

462. Schumacher, Kurt, Kassiber aus der Haft in der Prinz-Albrecht-Str., 27.11.1942, GDW, RK 36/66.

463. Abschiedsbrief Libertas an ihre Mutter Tora, 22.12.1942, GDW, RK.

464. Vgl. Poelchau, Harald,»Die letzten Stunden«, a.a.O., S. 40/41.

465. Poelchau, Harald,»Die Lichter erloschen – Weihnachtserinnerungen 1941–1944«, in: Unser Appell, J.2, 1948. Auch folgendes Zitat und Beschreibungen dieser Sequenz.

466. Ebd.

467. Ebd.

468. Poelchau, Harald, a.a.O., S. 61.

469. Abschiedsbrief Arvid Harnack, GDW, RK.

470. Poelchau, Harald, a.a.O., S. 81.

471. Ebd., S. 29.

472. Ebd., S. 28ff.

473. Ebd., S. 25.

474. Aus dem Beschluss des Landgerichts Magdeburg vom 27.11.1933, zitiert nach Poelchau, a.a.O., S. 25.

475. Bergander, Hiska, a.a.O., S. 21.

476. Abschiedsbrief Harro an seine Eltern, 22.12.1942, IfZ München, ED 335/1.

477. Abschiedsbrief Libertas an ihre Mutter Tora, 22.12.1942, GDW, RK.

478. Aus dem zweiten Abschiedsbrief Libertas' an ihre Mutter Tora, 22.12.1942, GDW, RK.

479. Poelchau, Harald, a. a. O., S. 69 ff. Auch die folgenden Zitate und Beschreibungen in dieser Sequenz.

480. Boysen, Elsa, a. a. O., S. 14.

481. Schulze, Erich Edgar, »Zum Gedächtnis«, a. a. O.

482. Landesarchiv Berlin, Bestand Oberfinanzpräsident, Az. O 5205 a/483, Verhandlung vom 26. März 1943.

483. Ebd., Schreiben des RA Siebert, 27.3.1943 sowie Schreiben der Häuserverwaltung Alfred Schrobsdorff, 7.10 1943.

484. Auch ein 1970 aufwendig produzierter Defa-Film, gedreht auf 70 Millimeter (!), gehört hierzu, der teuerste Film, der je in der DDR gedreht wurde. Unter dem sperrigen Titel »KLK an PTX« tauchen in diesem missratenen Streifen mit seinen holzschnittartigen Dialogen und schlechten Frisuren alle wichtigen Protagonisten um Harro und Libertas auf, zudem ist eine Figur ohne Namen eingearbeitet, die die führende Rolle der Berliner KPD gegenüber dem Widerstandsnetz repräsentieren soll.

485. »Der Chef des Bundeskanzleramtes an Hartmut Schulze-Boysen«, 2.8.1994, Privatarchiv Schulze-Boysen, Bad Godesberg. Gegen Hartmut selbst wurde in den Fünfzigerjahren sowohl vom Bundesverfassungsschutz als auch vom amerikanischen CIC Material gesammelt, da man in ihm – aufgrund seiner Verwandtschaft zu Harro – einen Kommunisten vermutete.

486. 1988 scheiterten die Bemühungen, am Gerichtsgebäude eine Gedenktafel für die Opfer des RKG anzubringen. Eine 1989 angebrachte provisorische Gedenktafel aus Holz ließ ein Kammerrichter entfernen und zerstören.

487. Goschler, Constantin und Michael Wala, »Keine neue Gestapo«. Bundesamt für Verfassungsschutz und die NS-Vergangenheit, Hamburg 2015.

488. »We were unable to locate a file pertaining to Stella Mahlberg. (…) It is possible that you are a seeking a file that no longer exists«, aus einer E-Mail der National Archives der Vereinigten Staaten, 24.8.2018.

Aus dem Gestapo-Abschlussbericht: »Genealogische Tafel …

... der Hoch- und Landesverräter Schulze-Boysen und Frau«.

Personenregister

Bildnachweis

Alle Titel von Norman Ohler
bei Kiepenheuer & Witsch